현실과 초월

현실과 초월

이태수 시론집

그루

책머리에

근년에 쓴 시론들을 담은 다섯 번째 문학평론집이다. 대부분이 작품 깊이 읽기와 풀이에 무게가 주어져 있으며, 시인의 개성과 시의 흐름을 따라나선 글들이다.

작고한 박훈산의 시세계를 조명한 글을 비롯해 대구 지역에서 활동하는 시인들의 시집 해설과 시에 대한 나름의 평들을 담았으나, 박훈산론은 그의 탄신 100주년을 맞아 문단에서는 처음 쓰였고, 현역 시인들의 경우 최근 활동을 집중적으로 다뤘다는 점에서 나름의 의의가 있을 것 같다.

1부와 2부에는 박훈산론과 박방희, 정 훈, 이무열, 이행우, 김봉용, 구영숙, 황세연, 권분자, 김건화, 김정아, 김건희 시인의 시집에 대한 글들을 담고, 3부와 4부에는 거의 같은 시기에 쓴 시 월평들을 실었으며, 맨 뒷자리에 저자의 시집 열일곱 권에 대해 되짚어 본 글을 곁들였다.

이 시론집은 근년에 발간한 『여성시의 표정』, 『성찰과 동경』, 『응시와 관조』와 같은 맥락에서 쓰였으며, 대구의 현대시 흐름을 개괄한 『대구 현대시의 지형도』와도 무관하지는 않다. 어려운 여건에도 불구하고 기꺼이 기획 출판을 맡아 준 도서출판 그루에 감사하고 송구스럽기도 하다.

2021년 2월

이 태 수

차례

005 책머리에

1

012 방황과 저항에서 포용과 관조로
— 박훈산의 시세계

027 이데아에의 꿈, 따뜻한 휴머니티
— 박방희 시집 『사람 꽃』

050 올곧은 사유와 서정의 변주
— 정 훈 시집 『식스시그마』

071 서정적 서사, 질박한 휴머니티
— 이무열 시집 『묵국수를 먹다』

089 향수와 회귀의 시학
— 이행우 시집 『그 바람은 꽃바람』

106 자기 성찰과 그리움의 정서
— 김봉용 시집 『저녁 무렵의 랩소디』

2

128 정갈하고 단아한 서정
— 구영숙 시집 『오래된 풍경』

150 온전한 사랑과 본향 회귀의 꿈
— 황세연 시집 『음표와 음표 사이』

168 활달한 상상력과 내면 풍경
— 권분자 시집 『엘피판 뒤집기』

190 꿈꾸기, 그 번짐과 스밈
— 김건화 시집 『손톱의 진화』

211 초월을 향한 사유의 변주
— 김정아 시집 『채널의 입술』

231 신성 추구와 전복적 상상력
— 김건희 시집 『두근두근 캥거루』

3

252 서정적 자아와 시적 변용
— 김종택, 김상환, 김청수, 김 석, 김찬일, 이정애의 시

264 복고적 서정과 현대적 서정
— 서지월, 황인동, 김숙이, 박숙이, 강해림, 김주완의 시

275 화해와 나눔, 연민과 무상, 환상과 초현실
— 김병해, 박윤배, 김상윤, 박상옥, 방종헌, 이재하, 정 숙, 이인주의 시

290 '코로나 19' 팬데믹 시대의 시
— 장하빈, 박지영, 신윤자, 유가형, 이자규, 정하해, 이진엽의 시

302 서정시의 다양한 개성과 변주들
— 김창제, 곽도경, 함명숙, 한선향, 장혜랑, 최규목, 서 하, 김찬일의 시

315 은유, 인유, 환유, 해학과 언어유희
— 김상환, 강문숙, 손영숙, 김욱진의 시

4

328 존재와 내면 탐구
— 최애란, 지정애, 장혜승의 시

338 사랑, 비움, 지움, 야성의 시학
— 이진흥, 김연대, 박태진, 김정옥, 이진엽의 시

349 순수 서정시와 서사적 서정시
— 윤희수, 이희춘, 유종호, 김주완의 시

359 세 시인의 세 시각
— 윤일현, 손영숙, 이희숙의 시

368 낯설게 하기, 절제와 함축
— 김민정, 김정신, 이채운, 권국명, 이진흥, 박방희의 시

377 이상理想 세계 꿈꾸기와 그 변주
— 나의 시, 나의 길

방황과 저항에서 포용과 관조로
— 박훈산의 시세계

ⅰ) 박훈산朴薰山(1919~1985)은 당대의 고통, 억압, 상실의 정서에 천착穿鑿하면서 역사적 변전變轉이 거듭되는 암울한 시대를 떠도는 정신의 투영도를 진솔한 육성으로 노래한 시인이다. 현실과 꿈의 괴리乖離에서 빚어지는 갈등과 방황, 좌절과 박탈감으로 점철된 그의 1960년 이전의 시에는 어김없이 저항정신抵抗精神이 자리매김하고 있으며, 전망부재의 비관적인 세계관이 관류한다.

하지만 1960년대 이후에는 그 이전과는 달리 점차 자연과 자신의 내면內面을 관조觀照하거나 세상을 너그럽게 포용包容하는 방향으로 변모하는 모습을 보여주었다. 특히 이 무렵의 시에는 자연이나 고향 회귀回歸, 자기성찰을 통한 깨달음의 정서, 그 바탕 위에 구축된 달관達觀의 경지가 수묵화水墨畵처럼 수수하고 은은한 빛을 발산한다.

1946년 《예술신문》에 시 「길」을 발표하면서 등단한 그는 반세기에 가까운 시력詩歷을 통해 70편 남짓한 시를 남긴 과작의 시인이다. 1958년에 발간한 첫 시집 『날이 갈수록』(철야당)에 36편이, 1976년에 빛을 본 『박훈산 시선집』(유림문화사)에는 자선 시 50편이 실려 있다. 시선집에는 첫 시집에서 자선自選한 시에 그 이후의 신작 29편이 보태졌다. 이들 신작 중에는 첫 시집의 작품 제목이 바뀌는 등 극히 부분적으로 개작改作된 작품 몇 편도 들어 있다.

아쉽게도 시집과 시선집에 실리지 않았거나(못하거나) 그 이후에 쓴 작품들도 극소수만 전하고 있으며 노랫말을 위한 개작이 2편이다. 1945년 광복光復 이전의 습작들은 물론 1950년 이전 작품들과 그 이후 몇 년간 쓴 작품들도 적지 않겠지만, 시선집 이후의 작품은 4편만 기록으로 남아 있다.

일찍이 시인 자신도 시집 후기에 "6·25 전까지의 작품 수십 편은 전란 중 모두 실고失稿해버린 데다가 또 어인 셈인지 그 후의 작품마저 재작년 겨울 서울역에서 송두리째 도둑을 맞았기 때문에 내가 꼭히 넣고 싶은 시를 여기 수록하지 못하는 것을 나 자신 아무리 뼈아프게 생각했댔자 단념하지 않을 수 없는 일이 되어버렸다"고 아쉬움을 토로吐露한 바 있다.

이 같은 아쉬움과 미련은 그로부터 19년이 지난 뒤 시선집을 내면서도 후기에 "여기 들어가야만 했을 몇 편의 시가 빠지게 된 것은 부득이하지만 서운한 일이 아닐 수 없다"고 언급돼 있다. 그러나 "옛날 우리 조상들은 아무리 훌륭한 글을 썼어도 그의 생전에는 문집이라는 걸 내는 법이 없었다"는 사실과 "그 글이 뛰어났으면 사후死後에 후진들이 책으로 내었고 아니면 자손들이 자랑삼아 내었던 것"이라는 점을 들추면서 그 아쉬움을 내려놓는 모습도 보인다. 더구나 당시 시집을 내면서도 "시집 한 권을 내놓아야 할 마땅한 이유가 떳떳하게 서지 않는 터"라는 겸손을 잊지 않았다.

사실 옛 선조들뿐 아니라 광복 이전에 활동하면서 빼어난 작품들을 남긴 시인들도 단 한 권의 시집이 사후에 발간되는 경우가 적지 않았다. 당시는 문단 형성이 제대로 되지 않았고, 시인들이 살아생전에 감히 시집을 낼 엄두를 내지 않거나 그럴 여건이 따라주지 않았기 때문인지도 모른다. 한용운韓龍雲, 김소월金素月, 윤동주尹東柱를 비롯해 대구·경북 출신인 이상화李相和, 이장희李章熙, 이육사李陸史의 경우도 그러했다.

ii) 박훈산이 습작기를 거쳐 본격적으로 활동하기 시작한 광복 직후에는 잃어버린 우리의 언어(말과 글)를 되찾고, 위축돼 있던 얼과 민족정신을 다시 불러일으키고 일깨우는 시기였다. 광복은 식민지 지배에서 벗어나기 위한 끈질긴 저항의 결과로 누릴 수 있게 됐지만, 열강列强 세력의 미묘한 균형과 갈등 속에 빠져들어 혼란과 격동激動을 겪지 않을 수 없었던 때다.

해방 공간에는 사회 전반이 그랬지만, 문단文壇도 우익과 좌익으로 갈라져 대립하는가 하면, 극심한 이념적 갈등에 휩싸인 가운데 좌익의 목소리만 두드러졌다. 우익(순수)문학은 김동리金東里, 조지훈趙芝薰 등 극소수의 문인들이 옹호할 정도였지만, 한국전쟁 이전에 좌익문인들의 활동이 점차 가라앉고 남한에서는 급격히 퇴조했다. 미국과 소련의 세력 다툼과 맞물려 국토가 남북으로 분단分斷되고, 1950년에 일어난 한국전쟁으로 동족상잔同族相殘의 엄청난 비극을 겪어야만 했다. 전시戰時에는 우익문인들을 중심으로 한 문인단체들이 전선戰線문학을 펼쳤으며, 박훈산도 이 대열에 적극 동참했다.

6·25 전쟁은 그 자체의 참혹성에다 잃어버린 문학의 시대를 가져다주기도 했다. 이 때문에 전쟁 뒤의 폐허에는 광복이 안겨 준 민족적 감격도, 새로운 삶의 의욕도 송두리째 흔들릴 수밖에 없었다. 이런 정황으로 전후戰後 시인들은 현실의 황폐성과 삶의 고통을 개인인식의 내면으

로 끌어들여 그 아픔을 노래하는 경향으로 기울었다.

그의 시는 이 같은 암울한 시대를 자신에 비춰 반영했다고 할 수 있다. 일제日帝 강점기에 태어나 대학교육까지 받았지만 정신적 상처와 소외감, 상실감과 절망의 농도가 짙지 않을 수 없었을 게다. 광복 이후에도 남북 분단과 이념적 갈등과 혼란, 전쟁 발발과 전후의 폐허는 시인을 고통과 억압, 상실과 좌절, 갈등과 허무의 수렁에 빠져들게 했을 것이다. 그는 더구나 젊은 시절 한동안 외에는 평생을 야인野人 생활로 일관했다.

박훈산은 첫 시집 『날이 갈수록』 후기에 "내가 걸어온 길은 참으로 험한 가시넝쿨 속이었다. 생사의 고비에 선 것이 한두 번이 아니었고 또한 정신의 방황은 몇 차례였는지, 그리고 오늘날까지 방랑과 표박漂迫. 그러나 거창한 역사의 테두리 안에서 나는 살고 있는 것이며, 그러다가는 또 내가 그 테두리 안에 묻히어 갈 것을 안다."고 그 심경을 진솔하게 토로해 놓았다.

그의 시에 관류하는 저항정신은 시대의 흐름에 따라 다소 빛깔을 달리했다. 비교적 안정을 찾은 1960년대 이후에도 사회를 바라보는 시각이나 더 나은 삶을 지향하는 꿈꾸기에 적용돼 있는 것으로 보인다. 이 같은 저항의식은 '자유自由'라는 명제에 초점이 맞춰져 있어 주목된다.

무참無慘히도 학대虐待받고 속박된 인간人間의 꿈… 시詩를 저항抵抗이라고 생각해 온 나의 신조信條에는 예나 지금이나 변함이 없다.

가뭄에 논바닥이 갈라터진 것 같은 윤기라곤 찾을 길 없는 풍조風潮.

메마른 이 풍토風土를 그러나 기름지게 가꾸어야 할 사람은 다름 아닌 우리라는 걸 다짐한다.

『박훈산 시선집』에 육필肉筆로 실려 있는 이 서문은 그의 시가 일관되게 지향하는 바와 시인으로서의 소명召命과 사명감을 떠올려 보인다. 특히 인간의 꿈이 무참하게 학대되고 속박된다는 시각은 그가 왜 저항으로 일관하는가를 단적으로 시사示唆한다.

iii) 광복을 맞은 직후인 등단 초기부터 6·25 한국전쟁의 처참한 비극을 겪고 난 1958년까지의 작품들을 담은 시집 『날이 갈수록』은 해방공간과 한국전쟁 시기, 휴전休戰 이후 몇 년간의 역사적 변전과 맞물려 있는 시편들을 보여 준다.

시인은 당시 자신의 처지를 "눈[眼]만이 호흡할 수 있는 이 세계는 / 나 혼자 살 수 있는 기막힌 영토領土"(「위치位置」)라면서 당대 현실에 대해 "헤쳐도 헤쳐도 가시밭길"(같은 시)이라고 한탄한다. '눈만이 호흡할 수 있다'는 말은 '숨을 제대로 쉴 수 없다'의 다른 말이라면, 그 세계가 왜 자신만 살 수 있는 '기막힌 영토'였다는 것이었을까. 시 「위치位置」의 문맥으로 보아 "몸부림치는 괴로움"이 곧 자신의 삶이라는 등식 때문이라고 읽어야 할 것 같다. 아무튼 당시 그의 현실공간은 그런 기막힌 영토이며, 끝 간 데 없는 가시밭길에다 어둠 속의 벼랑 끝이었다고 할 수 있다.

칼날 선
벼랑 한 끝에
아스라이 서 있는
나의 모양

한발 내어 디딜
위태로운
나의 모양.

—「절벽 위에서」 부분

이 시를 보면 그 벼랑도 칼날이 서 있는 데다 어두운 밤(한밤)의 벼랑이라 발을 내딛기가 위태롭기 그지없던 상황이었다. 시인은 그런 절벽 위에 서 있는 자신을 처절하게 들여다본다, "산산이 / 구겨 넘어진 / 세월 안에 / 줄을 탄 눈짓이 말없이 흐르고"(「바라보는 얼굴」)라거나 "밟히어도 밟히어도 / 끊어버리지 못하는 목숨이라서 / 보내는 세월에 / 삭막한 안개가 낀다"(「다시 부산에서」)는 한탄도,

하나하나 또 하나의
이름을
불러가면서
슬픔을 넘지 못한
욕된 삶을
홀로 중얼거리고…….

모두 떠나 버렸는데도
오늘
이렇게 나는
여기 섰노라.

—「홀로 거리를 지나치며」 부분

라는 처절함도 같은 맥락으로 읽을 수 있게 한다. 이 같은 비극적 현실 인식은 대상에도 거의 그대로 투사되게 마련이다. 밤하늘의 유성流星을 바라보면서 "아픈 생채기 / 어디다 지녔길래 / 저토록 먼 나라로 / 푸른 불을 지고"(「흐르는 별 하나」) 간다고 보며, 그 "떠나가는 것에게 / 나는 / 손짓해야지"(같은 시)라는 대목이나 "누렇게 익은 저 이삭이랑 / 숱한 사람 사람의 절망을 / 함께 싣고서 물굽이 황토 빛깔은 / 그냥 흐른다. <중략> 나를 멀리 / 또 머얼리 실어간다."(「탁류濁流」)는 구절

역시 마찬가지로 읽힌다.

그런가 하면 시인이 바라보는 현실은 어둡고 무거우며, 전망 부재의 도가니에 다름 아니었다. "잘나면 쫓겨난다는 이 거리엔 / 짐승들의 아우성으로 소란"(「무더운 날에 있은 이야기」)하다고 보는 부정적인 시각이나 "오늘도 네거리를 가로막고 곡예단이 논다."(같은 시)고 보는 비판적인 시각은 "앞으로 나아가는 바른 자세는 / 비틀거리는 걸음 틈에 / 가로막"(「실향기失鄕記」)힐 수밖에 없다.

이 때문에 시인은 "어제와 꼭 같이만 / 되풀이되는 오늘"(「돌팔매나 치던 날」)이라거나 "내일이란 / 오늘로 되도는 / 어긋난 바퀴"(「실향기失鄕記」)라고 여기듯이 과거도 현재도 미래도 비관적인 전망 부재의 어둠으로 바라볼 따름이다. 심지어 시인이 처해 있는 현실은 감옥의 구형矩形진(직사각형의) 방에 갇혀 의지意志대로는 아무 행동도 할 수 없이 죽음을 기다려야 하는 수인囚人(사형수)의 생활에 비유되기까지 한다.

> 살아 있는 사람이
> 부시지 못하는 창살문
> 저 바깥 벌에는
> 태양이 붉게 타고
> 저렇게 펴졌는데
> 파리한 얼굴을 쬐여보지 못하고
> 무엇을 기다려 살아가고 있는지
> 참으로 주검만을 믿고
> 내가 죽을 것을 기다리며
> 살아가는 날이다
>
> —「영어囹圄」 부분

감옥 생활은 형벌 때문에 하게 되지만, 그런 경우가 아니라면 크나큰 비극悲劇이 아닐 수 없다. 두말할 나위 없이 감옥의 창살 너머의 바깥과 그 안은 완전히 다른 세계다. 창살문을 부수면 태양이 작열하는 바깥으로 나갈 수 있는 사람이라도 그럴 자유가 없으면 그 안에 갇혀 있을 수밖에 없다. 수인은 그럴 자유가 없이 목숨만 일정하게 부지되는 사람이다.

그래서 현실적인 삶은 시인에게 "죽는 것보다 / 미치는 것보다 / 더 무서운 굴욕屈辱"(「억압抑壓된 상황」)이며, 삼킬 수 없는 고통이기도 했던 것 같다. 게다가 "어디서 / 야무지게 나를 겨눈 / 돌멩이나 철鐵붙이가 / 날아올지 모른다"(같은 시)는 극도의 피해의식에 빠져들게 하는가 하면, 불안과 공포감에서 자유로울 수 없게 했다.

영어생활과 같은 이 같은 삶의 파토스는 "볼수록 / 나의 얼굴은 추醜하여라"(「보릿고개」)거나 "불을 꺼라. 거울 속에 서러움이 비치지 않아야만 나는 얼마든지 웃어볼 게 아니냐."(「결별訣別」)는 자괴감에 닿게 한다. 손바닥으로 하늘을 가리는 행위와 다르지 않다고 하더라도 자신마저 들여다보지 않으려는 굴욕감은 오죽해서이겠는가. 한편 시선을 내부로 돌리면서는

> 나는 거짓 살아온 것만 같구나
> 구김살 없이 왔노라 스스로 일러 왔거늘
> 거짓말이다
> 그것은 거짓말이다
> 잘못 나는 나를 속여 왔노라.
>
> —「나의 별이 있다면」 부분

고까지 자책自責하게 된다. 구김살 없이 살려고 다짐해도 진정한 자아自我를 잃어버려 그 다짐마저 거짓이 되고 스스로를 속였다고 여기게 한다. 하지만 "내 가슴 속속들이 도랑이 지고 / 잔금이 늘어가도 / 오히려 빨간 피를 나는 피우리니"(「나의 별이 있다면」)라는 대목에서 읽게 되

듯 희망의 끈을 완전히 놓지는 않고 '나의 별'을 꿈꾸는 초극에의 의지를 완곡하게 떠올리는 경우가 없지는 않다. 이 같은 실낱같은 꿈은

가슴에 화살을 받는 나와
빛나는 눈망울이
지켜주는 어떤 나와
두 날의 내가 간다.
—「한 아름 안은 날은」 부분

는 대목에서 느낄 수 있듯, 시인의 내면에 "빛나는 눈망울이 / 지켜주는 어떤 나"가 여전히 살아 있다는 방증이다. 여기서의 '빛나는 눈망울'은 "푸른 나의 희망은 / 이미 멀어진 어린 날"(「보릿고개」)이 암시하는 '어린 날'과 연계되고, 같은 시의 구절인 "나는 지금 / 어머니를 기다린다"에서와 같이 모성의 포근한 품을 떠올리는 '마음 골짝'과 연결돼 있다고 볼 수 있을 것이다.

하지만 그럼에도 불구하고 그는 어쩔 수 없이 '서러운 사람'이었다. 그는 사람들과 마주치면서 사람을 간절히 그리워하고, '무거운 마음'이 숙명처럼 포개어져 오는 현실에 놓여 있어야 하며, 날려야 날 수 없는 아픔과 갈등, 그로 인한 떠돎의 세월 속에 있을 수밖에 없었기 때문이다.

사람이 그리워서
차라리 사람을
나는 피해 간다.

잘못 그 자리에
앉았나 보아 나는
또 일어나 본다.

날이 갈수록
겹겹으로 포개어 가기만 하는
무거운 마음.

잊어진 줄로
알았던 것만이 아물아물
되살아오는 밤.

어느 하늘이 있기에
나는 날아 볼까
서러운 사람.

—「날이 갈수록」 전문

사람이 그리워서 되레 사람을 피한다는 건 사람을 그리워하는 마음이 얼마나 간절한가를 역설적으로 말해 준다. 그런 심경과 함께 사람다운 사람으로 거듭나려는 비상飛翔의 꿈을 겸허한 자성自省으로 떠올리는 이 표제시는 가장 그다운 면모를 정제된 서정적 언어로 완성도 높게 보여 주는 작품으로 읽힌다.

이같이 아름다운 시인의 꿈은 좋은 시를 쓰려고 부단히 지향指向하면서도 "아, 이방異邦의 표류漂流런가 / 낙엽처럼 바싹바싹 밟히면서 / 어디든 굴러가 보자는 / 나는 여기 있는데"(「낙엽처럼 밟히면서」)라는 마음자리가 담보돼 있었기 때문인지도 모른다.

ⅳ) 박훈산의 시선집에 실린 작품들 가운데 시집 『날이 갈수록』에 실리지 않은 당시의 근작 시들은 저항정신을 바탕에 깔고 있는 경우에도 한결 부드럽고 원숙圓熟해지는가 하면, 저항정신이 물러선 자리에 포용과 관조의 시선이 들어앉는 등 뚜렷한 변모를 보인다. 특히 자연이나 고

향에로의 회귀의 정서, 자기 성찰을 통한 깨달음과 달관의 경지가 담백한 수묵화처럼 은은한 빛을 뿜어낸다. 이 같은 변모의 이면裏面에는

나를 지켜보는 무서운 눈이 있다.
그저 놀라움뿐이다.
그건 나다
나는,
나를 응시凝視하면서
무거운 걸음을,
이제 내어디딘다.

—「자성自省」 부분

는 구절들에서와 같이, 자신을 향한 응시로 마음눈을 돌리고 있다. 이 응시는 곧 시적 변모를 추동하는 힘으로 작용했던 게 아닐까 하는 느낌을 안겨 준다. 바깥을 비판과 저항으로 바라보던 시선이 자신을 향한 '무서운 눈'이 되고, 그런 자성의 눈이 새 길 트기의 걸음으로 이어지게 하는 것 같기 때문이다. 뿐 아니라 "목마른 자여 / 기울어진 / 시간이여!"(「형해形骸」)라고 호명하거나 "남루襤褸를 걸친 / 뼈마디는 길기만 하여 / 죄와 채찍이 맴도는 / 내일에 주저앉"(「심연深淵」)는 절규와도 무관하지는 않아 보인다. 더구나 비관적인 전망의 지난날과는 달리

동짓달 눈보라에 덮인
하나의 노래
하나의 생명

분노를 아로새겨
지나가는 상흔傷痕이여

모든 것이 지나가도

또 그러한 것이 형성되어
가는 밤일지라도

움트는 새싹
가득한 만경萬頃에 뻗쳐진 지맥地脈
숨쉬는 소리.

—「맥심麥心」 부분

라는 대목에서 감지되듯, "꽃이 필 날이 올 것"(「맥심麥心」)이라는 믿음과 "보석과 유리를 바꿔 본들 / 유리는 유리 / 보석은 보석"(「유리는 유리」)이라는 냉철한 인식, "푸른 잎과 푸른 잎 사이의 / 작은 공간이 어찌 / 심한 격차隔差를 이루어 가는가 / 여기 수직으르 뚫린 / 거리에서 도도히 흐르는 / 격류激流를 본다"(「푸른 잎과 잎 사이」)는 깨달음에 이르기도 한다.

육지와 바다는 한없이 펼쳐졌다만 대대를 어어만 갈 사람은
신고辛苦의 언덕에서
회향懷鄕.

<중략>

가지를 떠난
낙엽을 보듯 접어든 연륜은
서글프다 또한
어느 흉내를 내나.

—「신고辛苦의 언덕」 부분

라는 구절들에서, 누대의 선조先祖들이 그랬듯이, 대를 이으며 '한없이 펼쳐진' 세상에서 살아갈 사람이 어려움에 처해 안간힘으로 애쓰는 언덕에서 자신을 낳았던 고향을 그리워한다. 하지만 시인에게 그리움과 서글픔은 지나온 길뿐 아니라 나아갈 길도 막막하게 하기 때문에 가중될 수밖에 없지 않았겠는가. 더구나 그간의 연륜年輪이 낙엽 같고 가야 할 길도 또 다른 흉내를 내는 일과 같다면 여간 서글프지 않았을 것이다. 하지만 그는 지난날과는 확연하게 다른 길을 향해 발길을 돌리게 된다. 시 「문」에는 그런 완강한 결의가 떠올라 있다.

있을 수 있는 것은
오히려 없는 것만 못하여
두들겨 보라마는
아무것도 아니지.

잘못 열리어지지 않을 문에
인생의 엄숙嚴肅한
구두점句讀点을 찍는다.

—「문」 전문

박훈산의 작품으로서는 드물게 간결하지만 울림이 단조롭지 않은 시다. 문은 안과 밖, 밖과 안을 막고 열게 한다. 그 '문'의 열림에 대해 시인은 강렬한 메시지를 던지면서 없는 것만 못한 문이 아니라 그렇지 않을 문에 대한 시인의 단호한 지향志向도 암시한다.

시인은 옛날 독립투사였던 지기와 동물원에 가서도 "사자와 호랑이가 / 풀이 죽은 건 / 동행한 옛날 독립투사의 / 모습과 같아"(「창경원昌慶苑에서」) 보인다며 "사람도 동물도 싫어 / 총총히 나는 산사山寺로나 가야겠다"거나 "알 수 없는 / 인간의 지친 냄새 / 동물을 볼 바에야 / 되레 한적한 곳이 좋다"(「종묘에서」)는 대목에서도 읽게 되듯, 시인은 갈등과 방황, 저항으로 일관했던 인간 세상에서 자연으로 회귀하는 발길을 재촉한다.

고향 역시 회귀하고 싶은 대상으로 떠오른다. 도심의 시그널이 켜진 건널목에서 "마음 내킨 대로 자라난 / 고향의 빈 텃밭"(「길을 건너다가」)을 상기하며, 세상일이 답답해서 술잔을 기울이다가 "선고先考의 의연毅然한 모습"(「코너에서」)이 떠오르는 것도 고향 회귀의 정서 때문일 것이다. 시인은 나아가 자연의 순리에 순응하면서 달관의 경지에 이르는기도 한다.

영원은
바로 저 허허로운 것
별도 아닌 지구도 아닌
하물며 모래알만도 못한
인간은 또한 아니니

<중략>

영원은
허공이다.

—「영원永遠」 부분

라고 우주감각으로 영원에 대한 생각을 피력한다. 이 같은 거시적巨視的 시각은 자연현상과 그 철리哲理를 두고 "굽이치는 이 큰 강줄기에 / 귀기울인들 / 흘러가는 물소리 / 흘러오는 물소리"(「낙동강에서」)가 환기하는 바 무상감이나 "지심地心에 뿌리를 둔 / 형형한 수목樹木과 / 대화를 하면 / 이슬지는 마음 / 계곡을 굴러간다"(「진계塵界」)는 인생관을 내비치고 있다.

한편 이와는 대조적으로 미시적微視的 시각으로 거시적 세계를 바라보는 자연관을 산수형상의 수석壽石을 통해 투사해 보인다. 「산수석山水石」 연작을 통해 시인은 그 「Ⅰ」에서 "나의 사상을 향하여 / 웃음 짓는 / 유원幽遠의 침묵沈默"이라며 "생기 있는 / 자연의 소리"를 듣는가 하면, 「Ⅱ」에서는 "안으로 안으로만 들여다보는" 눈으로 "불멸의 염원을 / 정情으로 보여준다"고 느끼며, 그 「Ⅲ」에선 "영겁永劫이여 / 공空이여 / 그것 아닌 과거의 / 심연深淵"이라고 노래한다.

또한 「한 자씩 부각浮刻할 수 없나」라는 시에서는 "공허空虛에 한 자씩 부각浮刻될 시", "애타는 마음 구석에 / 단 한마디 노래로 피어 / 굽이칠 시"를 그 무게가 공간에 못 박히도록 쓰고 싶어 한 것도 궁극적으로 그의 시 쓰기가 지향했던 바는 그런 '문 열기'요, 이를 위한 '엄숙한 구두점 찍기'였는지도 모른다. (2019)

이데아에의 꿈, 따뜻한 휴머니티

— 박방희 시집 『사람 꽃』

ⅰ) 박방희 시인은 '시인의 말'에서 이 시집이 "가혹한 시절 / 한뜸 한뜸 // 내 정신精神에 새긴 / 문신文身들이다"라고 넉 줄의 시구처럼 짧게 밝히고 있다. 이 발언처럼 그의 시는 가혹하게 흘러간 당대 현실을 되돌아보며 그 아픔들을 다각적으로 되새김질하는 한편 가까이 마주치는 현실에서는 맑고 깨끗한 세계와 더 나은 삶을 지향하고 꿈꾸는 두 방향으로 길항拮抗한다. 이 두 방향의 시선은, 역시 시인의 말대로, 지우려야 지우기 어려운 문신같이 한 뜸 한 뜸 새긴 정신의 올이나 그 집적集積임을 여실히 보여 준다.

그의 당대 현실 안팎 풍경 들여다보기와 깃들이기는 미제未濟들을 향한 물음들을 대동하면서 그 이면裏面에 자리매김하고 있는 비애의 정서를 떠올려 보이며, 다른 한편으로는 올곧고 정결한 정신을 추스르고 일깨우는 자기성찰自己省察에 무게를 싣는 구도적求道的 길 걷기의 양상을 띠고 있다. 하지만 서사敍事로 기울든, 서정抒情으로 경도되든 담백淡白(담박

淡泊)하면서도 발랄한 감성과 언어감각이 일관되게 번지거나 스미는 모습을 보이기도 한다.

그의 시에는 거시적巨視的이면서도 미시적微視的인 시각과 미시적이면서도 거시적인 시각이 마치 톱니바퀴처럼 맞물리고 있을 뿐 아니라 지금, 여기에서의 현실을 관조觀照하는 경우에도 더 나은 삶과 그런 세계에의 꿈을 길어 올리며, 내밀한 사물(대상)들의 비의秘義와 불가시적 '순간 속의 영원'이라 부를 수 있는 이데아idea의 추구에 무게가 실리게 마련이다.

산문적 구문과 서사적敍事的 묘사에 기울어진 시편들에는 대체로 오랜 세월을 거슬러 오르며 치유되지 않고 있는 상처들을 불러내 반추하는가 하면, 그 미제들은 현재진행형이거나 희화화戱畵化 속의 가혹한 아픔으로 자리매김한다. 특히 특정 시대(6·25 한국전쟁 전후)에 거의 집중되는 비애의 정서 추구는 주로 보편적 진실眞實을 겨냥하는 '미궁 속의 해법解法' 찾기에 주어지고 있다.

그러나 상대적으로 형이상적인 자기성찰에 마음눈이 주어질 경우, 대개 간결한 운문적 문체에 경도되면서 '말 없는 말'이 더 많은 말을 하게 하는 함축의 미덕이 강화되는 촌철살인적寸鐵殺人的 시법詩法이 구사되고, 그 의미망이 아포리즘과 같은 성격을 띠거나 깨우침과 기구祈求를 담은 불교의 선시禪詩와 가톨릭의 화살기도를 연상케 하는 특성들도 두드러져 있다.

그의 시적 특성이 가장 뚜렷하게 짚이는 후자의 시(짧은 시)들에는 끌어들여지는 어떤 사물에도 화자의 감정이입感情移入으로 인격을 부여받게 되는 활유법活喩法이 빈번하게 구사되고, 동시나 동화적인 순결하고 정갈한 정신의 결들이 묻어나기도 한다. 이 때문에 시 속의 동식물이나 무생물들까지도 인간과 같은 반열, 또는 그 이상의 존재로까지 승격되는 경우마저 적지 않다.

게다가 철리哲理로 불리기도 하는 우주와 자연의 순리에 착안하고 성찰하면서 생성보다는 소멸에 대한 관심과 연민憐憫에 무게를 실으면서 길어내는 따뜻한 휴머니티가 시 전반에 관류貫流하는 점이 그의 시를 더욱 돋보이게 하는 특장特長으로도 보인다.

ii) 지나간 당대 현실에 대한 시인의 아픈 기억과 상처감들은 오랜 세월의 흐름에도 치유治癒는커녕 여전히 덧날 뿐인 1950년에 발발한 6·25 한국전쟁과 그 후유증에 연계해 집중적으로 조명된다. 처절한 동족상잔同族相殘과 그 미증유未曾有의 비극이 안겨준 상처는 마치 정신에 새겨진 문신처럼 개인적 경험의 차원을 넘어 민족과 국가, 나아가 인류 사회라는 거시적 시각과 맞물린 채 반드시 극복돼야 할 과제로 인식되고 있기 때문일 것이다.

전쟁은 필연적으로 다양한 빛깔의 고통과 상처들을 거느리며 다가오게 마련이다. 전쟁 참여 당자뿐 아니라 연관되는 많은 사람들이 그 고통과 상처를 겪지 않을 수 없기 때문이다. 그 모습은, 편법(불법)이겠지만, 형이 징집 안 되게 하려고 봉답 몇 마지기를 받은 몫으로 대신 신체검사 하러 가기 전에 작두로 검지를 자른 아저씨 이야기를 담은 「사술이 아제」에는 그 참담慘憺한 비극이 극명하게 떠올라 있다.

아저씨가 잘라서 팔팔 뛰는 손가락 쥐고 그날 몹시 울었을 뿐 아니라 "지금도 꺼이, 꺼이, 뒤란 황토에 묻은 울음 솟아나"온다는 서술에서 읽게 되는 바와 같이, 목숨을 위협받는 전쟁의 아픔에다 생존生存문제(가난) 때문에 치러야 했던 아픔까지 현재진행형으로 부각시킨다. 시인은 이 시를 통해 전쟁의 아픔과 그 파장들까지 정면으로 떠올리며, 가난이 부른 전쟁의 참화慘禍는 또 다른 비극을 부른다는 사실도 환기喚起한다.

도갓집은 부잣집, 주인은 피난가고

술 머슴만 집 지키며 술 담가 팔았다
붉은 놀 내리는 저녁답이면
머리 허연 술 머슴도 발갛게 익어
김일성 장군 노래 부르며 배 두드렸다
그마저 훌쩍 떠난 어느 가을날
마당가 석류나무만 석류 등 달고
빈집 지키며 주인을 기다렸다

—「6·25—도갓집」 전문

전쟁이 일어나도 가난해서 피난 가지 못한 채 집을 지켜야 했던 도갓집 머슴의 비극적 삶을 조명한 이 시는 적군敵軍에게 술 담가 팔고 그들의 비위를 맞추며 생명을 구걸하다 끝내 숨지고 마는 비극을 호소력 있는 서정적 서사로 그려 보인다. "김일성 장군 노래 부르며 배 두드렸다"는 대목과 끝내 "마당가 석류나무만 석류 등 달고 / 빈집 지키며 주인을 기다렸다"는 표현은 전쟁 참화의 극대화에 다름 아니다.

> "국가는 아직까지 형의 사망 사실을 통보하지 않고 있으며 유해를 인도하지 않고 있다. 사망한 형을 교도소에서 출감시키지도 않았고, 명예 회복 등을 위한 노력도 하지 않고 있다. 이것은 국민의 모든 기본권을 박탈하고, 행정 독점주의를 남용한 것이다. 지금이라도 국가는 유족에게 사망 통보를 하고, 명예 회복과 사과를 해야 한다. 아울러 고문이 아닌 '학살'이라고 인정해야 한다. 이런 것들이 관철될 때까지 끝까지 싸우겠다."
>
> —「국가를 고소하다」 부분

언론에 보도된 기사(2012년 3월 17일자, 시사저널)를 인용하고 있는 이 대목은 6·25 동란動亂(한국전쟁)의 와중에 국군에 끌려가 대전형무소에서 1951년 1월 4일 고문사한 것으로 알려진 박치선의 동생 박치융(65세)이 국가를 대상으로 고소한 내용을 인용해 시화詩化했다. '고문'이 아닌 '학살虐殺'이라는 사실에 심증을 두면서 그런 사실의 은폐를 밝히려는 휴머니티의 기록이라고도 할 수 있다. 이 또한 전쟁과 그에 따르는 미치유 문제에 대한 절절한 고발이 아닐 수 없다.

그러나 시인은 이념적 갈등이나 이를 둘러싼 비극을 ㅊ 열한 현실의식으로 떠올리기보다는 그 이면에 은밀하게 각인된 비애의 실상實狀들을 들춰내는 데 더욱 무게를 싣고 초점을 맞추기도 한 시편들을 여럿 보여준다. 그 비극과 공포의 모습은 '전쟁은 여자를 슬프게 한다'거나 '이념적 충돌 이전의 원초적 본능이 빚는 비애'라는 명제에 착안되고 발화發話되기에 이르기도 한다.

"유엔군이 마을에 진주해 왔습니다 머리 색깔 눈 색깔은 만국기처럼 각각이고 흰둥이 아니면 검둥이들인데다가 수왈라거리며 돌아다니는 바람에, 사람들 모두 사립문 닫아걸고 겨우 문구멍을 통해서나 세상을 내다보고 있었습니다"라고 시작되는 「월장越牆」에서는 전쟁의 본질적인 문제보다도 전쟁의 와중에도 참기 힘든 본능(정욕情慾) 탓으로 담을 넘어 쳐들어온 병사의 "마당을 가로지르던 그 군화 발자국 소리"가 "찢어놓은 하늘은 아직도 저녁이면 한 번씩 피 흘리곤 한"다는 묘사로 그 공포감을 극대화한다. 이 같은 공포감은 부녀자들이 다락같은 곳에마저 숨다가 못해

> 군인들 불쑥불쑥 담 타넘고 쳐들어온다니, 차라리 낮 동안은 한데 모여 있기로 공론이 돌아 마을 한가운데 마당 훤한 우리 집에 모이기로 했습니다 동네 부녀자들 해바라기 꽃판처럼 둥글게 모여 앉아 서로서로 울이 되어 지켜주기로 한 것인데, 양지쪽에서 겨울나기 하는 인동초忍冬草처럼 전쟁나기를 한 것이지요 그날부터, 우리 집엔 사람 꽃이 피었다 지곤 하여 난리 중에 팔자에도 없는 꽃피는 세월 있었다는 거지요 아침이면, 누가 먼저랄 것도 없이 하나둘 모여들어 젊은 각시나 처녀들은 꽃술처럼 가운데 앉고 늙은 할미들은 여왕 호위하는 시녀 꽃들도 둘러앉다 눈부신 꽃판 이루

고 있었습니다

—「사람 꽃—전쟁나기」 부분

라고 위기에 대처對處하는 모습을 여실하게 그려 보이는 한편 "발갛게 달아 탱글탱글하게 치솟은 좆 외면한 채 살려 달라 애원哀願하던 어머니, 흰 땀 뻘뻘 불숨 식식 양담배 내놓고 사정하던 미군, 흰둥이 하나와 검둥이 하나, 멀리 산등성이 밭갈이하는 황소 좆만 하던 그것, 아무리 고함쳐 불러도 흰옷 입은 사람은 오지 않고 싫단다고 개머리판으로 찍은 이마빡 솟구치는 피를 보고야 물러나던 이국 병정들"(「크디요? 크디요?」)이라는 처절한 정황 묘사로 이어지게도 하며

마을 사람들은 크디요? 크디요? 전쟁도 끝나 40년 어머님 작고 10년, 이마의 혹도 삭고 역사의 혹도 삭아 갈 무렵, 아직도 들리는 마을 아낙들 목소리, 크디요? 크디요? 그때 그 미군은 살아 돌아갔을까? 여섯 살 나는 또 왜 울지도 않고 보고만 있었을까?

—「크디요? 크디요?」 부분

라는 기막힌 기억들까지 거침없이 불러내 떠올려 놓기도 한다. 오죽하면 그 황당하고 처참한 상황을 "크디요? 크디요?"라는 조롱조嘲弄調의 어투로 희화화했겠는가. 전쟁의 피해는 순한 백성들에게 엄청난 부정적 여파를 안겨 줄 뿐 아니라 피난민들마저 경계의 대상으로 삼게 만든다는 것이다. 전쟁의 피해자로서의 공동운명체共同運命體라고 할 수 있는 피난민들에게도 불가피하게 피해를 입을 수 있기 때문에 현지 주민들의 인심人心이 점차 야박해질 수밖에도 없게 되는 건 전쟁 중의 각박한 세태 탓일 게다.

피난 생활의 한 단면을 보여 주는 「별밭」에서도 화자는 "그 해 여름

우리 마을 앞 냇가에는 노숙하는 피난민들, 살판났다 달라붙는 모기들과 싸우며 남도 인심 욕하느라 감자 많이 먹였지요"라고 어릴 적 기억을 넉살스럽게 불러내는가 하면, "가끔씩 별똥별들 길게 불타며 지고 유성 따라 명命 다한 목숨들도 한둘씩 지기도 하는데, 그때마다 와-하고 터트리는 산 자들의 호곡도 캄캄한 죽음 너머로 길게 다라가곤 했"다고 토로하겠는가. 비애의 반어反語로 등장하는 희화적인 너스레는 또 어떤 빛깔인가. 그 비애는 전쟁 통에 숨어살던 방공호防空壕(대피호)마저

> 남녀 연애 굴로도 안성맞춤인지라, 그 굴이 전쟁 중엔 물론 끝나고도 한참 동안 낮이고 밤이고 요새 러브호텔처럼 이용되었다는데요 거기 출입하여 낳은 아이를 굴 아이라고 불러 마을에 굴 아이가 한둘이 아니었답니다 <중략> 그 은밀한 장소를 오래 못 만난 남남북녀南男北女 데이트 장소로 삼으면 어떨까 싶은데요 그리하여, 굴 아이들 태어나 통일 세대 간들면 이 땅의 남북통일 절로 되지 않겠나, 하는 거지요!
>
> —「굴 아이」 부분

라는 비약적 발상發想으로까지 나아가게 한다. 전쟁의 산물인 방공호가 비극의 현장이 아닌 반대상황의 남북 남녀의 데이트 장소로 활용되기를 바란다는 건 남북 분단分斷 비극에 대한 역설적 표현이면서 실현 가능성이 실낱같은 남북 화해和解의 분홍빛 꿈과도 다르지는 않은 것으로도 봐야 하지 않을까. 전쟁이 안겨 주는 비극과 비애는 이처럼 그야말로 끝 간 데가 안 보일 정도다.

iii) 전쟁이 휩쓴 뒤 오랜 세월이 흘렀음에도 시인의 가슴에는 그 상처가 깊이 각인돼 있고, 상흔傷痕의 그림자들로부터도 자우로울 수 없는 건 치유를 향한 남다른 열망 때문일 것이다. 불행하게도 세계 유일의 분

단국가에 살고 있으므로 그 비애에 민감한 시인으로서는 당연히 그럴 수밖에 없을는지도 모른다. '이 같은 숙명宿命과 소명召命의식은 마주치는 사물(대상)들에 서정적 자아가 다각적으로 구사되는 경우에도 빈번히 전쟁의 상흔과 무관해 보이지 않는 상실과 비애의 이미지, 그 아픔을 초극하려는 꿈들이 다양한 무늬를 거느리며 등장한다. 때로는 그 풍경들이 은유와 상징의 옷을 입은 모습으로도 형상화된다.

「도깨비불」, 「왜관대교 지나며」, 「조국祖國」, 「뼈」 등에서는 그 상흔들이 직접적으로, '구름', '기러기', '앉은뱅이꽃'을 부제로 단 「휴전선休戰線」 연작과 「수평선」, 「삼팔선」 등은 다소의 역설적인 빛깔과 함축된 이미지로 다가오지만, 넓은 의미로는 같은 맥락의 작품들로 볼 수 있다.

「도깨비불」에서 화자는 비 오거나 궂은날 저녁의 '도깨비불'이 사변(6·25 전쟁) 때 이편저편 무더기로 죽은 주검의 인골人骨이 흘리는 인燐불이라는 걸 소년 시절에 알게 된 이후 작금의 시선으로는 "한恨이 삭아 새살 돋거나 / 통일되어 한나라 꿈 이루어지는 날 / 비로소 도깨비불 사라지고 / 도깨비로 떠도는 혼령도 잠들겠지요"라고, 전사자들의 진혼鎭魂과 남북통일에의 꿈을 진솔하게 노래한다.

겨울 너른 낙동강 빈 벌 지날 때

까마귀 떼들 불티처럼 떠올라 날아다닌다

전쟁 끝난 지 반세기인데 아직도 떠도는 원혼 있는가?

저녁노을은 피처럼 붉게 지고

저문 강물은 쏟은 물처럼 좍– 퍼져 흐른다

—「왜관대교 지나며」 전문

전쟁 당시 낙동강 전투가 치열했던 왜관의 대교에서도 시인은 「도깨비불」에서와 같이 원혼들을 까마귀 떼나 붉은 저녁노을, 노을이 비친 강물에서 비유적 이미지로 착색해 진혼을 염원하며 바라본다. 까마귀 떼를 여태 떠도는 원혼冤魂으로 여기는 화자는 붉은 저녁노을이 비친(물든) 대교 밑의 강물을 피처럼 퍼져 흐른다고 바라본다.

"조국은 자석 / 국민은 쇳가루 // S극이든 N극이든 / 온몸으로 달라붙는다"(「조국祖國」)고, 자석에 비유되는 남북의 잠재된 소망을 끌어당겨 바라보기에 이르기도 하며, 그의 시로서는 드물게 긴 시 「뼈」는 1986년 6월에 설악산 소청봉 아래서 6·25 때 전사한 것으로 보이는 한 국군國軍의 시체가 발견 이후의 서사와 목격 체험을

한지 위에 곱게 진열한 그의 뼈가
갑자기 웃기 시작했다
갸갸갸갸갸갸갸……
포탄을 보고 또 미치기 시작하는지
백일하에 드러난 뼈다귀가 가려워서인지
갈갈갈갈갈갈갈갈……
진실의 뇌관을 가지고 간 그가 구름 뒤에서
하얗게 웃고 있었다
빛처럼 안개처럼 풀꽃처럼 피어 나가며
흙 묻은 그의 뼈가 하얗게 폭발하고 있었다

—「뼈」 부분

고, 이 시의 후반부에 묘사해 보인다. 전쟁이 빚은 참화의 극단적이고 역설적인 패러디가 아닐 수 없다. 특히 전사자의 "뼈가 / 갑자기 웃기 시작했다", "구름 뒤에서 / 하얗게 웃고 있었다", "뼈가 하얗게 폭발하고 있었다"에서와 같이 안 보이는 동작을 가시적인 동작으로, 그 뼈의

안 들리는 소리를 들리는 소리인 "갸갸갸갸갸갸갸……", "갈갈갈갈갈갈갈갈……"로 묘사하는 건 환각幻覺이나 환청幻聽이 아니라 시인의 서정적 자아에 의한 극단적 비애의 감정이 이입되고 투사된 경우에 다름 아닌 것이라 할 수 있다.

그러나 시인은 휴전선에서 전쟁의 아픔을 알 리 없거나 분단과는 무관하게 남북을 자유자재로 넘나들 수 있는 구름과 기러기, 비무장지대에 피어 있는 풀들과 앉은뱅이꽃, 인간과는 달리 전쟁 없이도 하늘과 땅을 갈라놓는 수평선水平線(또는 지평선), 막힌 변기를 뚫는 광고에서 군사분계선의 단절을 안타깝게 통감하는 마음 등을 극도로 압축된 구문과 이미지들로 그려 보인다.

> 이 세상에서 가장 한가로운 건
>
> 휴전선 위에 뜬구름!
>
> —「휴전선休戰線—구름」 전문

> 하늘에도 안 보이는 금 그어놓고
>
> 사람들 멀찍이 뒷짐진 채 물러서면
>
> 그 선에 안 닿게 날갯짓하며
>
> 줄지어 넘어오는
>
> 기러기, 기러기, 기러기
>
> —「휴전선休戰線—기러기」 전문

이 시집의 시 가운데 가장 짧은 시의 하나인 「휴전선休戰線—구름」은

단 두 행, 두 연으로 함축되고 압축된 시지만 화자의 심상 풍경이 호소력 있게 투사되고 있다. 단절과 압박감의 상징이며 전쟁이 잠정적으로 멈춘 상태인 분단의 최일선인 휴전선과 그 위 하늘에 떠 있는 구름을 통해 비애를 역설적으로 극대화한 시라 할 수 있다. 더구나 그 구름이 이 세상에서 가장 한가롭다는 건 분단 없는 날에 대한 열망의 다른 표현이기도 할 것이다.

「휴전선休戰線—기러기」도 분단시대를 살고 있는 우리와 너무나 대조적인 기러기의 대비를 통해 자재로 삶의 터전을 찾아 철따라 줄지어 경계도 없이 자유를 만끽하는 철새에 부러운 마음을 투영하고 있으며, 「휴전선休戰線—앉은뱅이꽃」은 비무장지대에 풀꽃처럼 "마음 먼저 앉은 걸음으로 뭉그적뭉그적 / 천지간 / 앉은뱅이꽃으로 / 환하게 피고 싶"은 심경을 토로한다.

「수평선」 역시 면도날로 누가 길게 금을 그은 듯 "피 한 방울 안 흘리고 / 하늘과 땅을 갈라놓"은 것 같은 수평선(지평선으로 봐도 좋을 듯)을 부러워하는 까닭은 너무나 많은 피를 흘리고도 단절의 경계로 만들어진 군사분계선과는 다르게 절대자가 섭리로 빚었다는 인식 때문일 것이다. 하지만 저물 무렵 노을을 보면서는 그(수평선의) "그은 틈으로 핏물 번지네"라고 덧붙여 바라보게 되는 건 화자의 마음눈에는 붉은빛이 인간들의 핏빛과도 같이 느껴지기 때문이 아닐는지…….

막힌 것 확— 뚫어줍니다
시원하게 뻥! 뚫어줍니다

변기 위에 붙은
용역회사 뚫어— 광고

분단分斷 43년 어느 날

술 취한 눈에 확, 띄던 그거

—「삼팔선」 전문

「수평선」에서의 일말의 의문도 시 「삼팔선」이 시원하게 풀어 준다. 첫 연의 두 행은 화장실 변기 위에 붙어 있는 용역회사의 '뚫어—' 광고 문구다. 화자가 막힌 것을 "확—", "시원하게 뻥—" 뚫어준다는 문구가 독도 술 마시고 취한 눈에 "확" 띄었다는 대목은 그야말로 눈에 확, 띈다. "분단分斷 43년 어느 날"이라는 구절과 용역회사의 '뚫어—' 광고의 "확—", "시원하게 뻥—"이라는 문구가 마음을 잡아 흔들었을 것이다.

'겨울나무', '길', '얼룩', '억새꽃' 등을 부제로 거느리는 「지리산」 연작은 전쟁과 그 이후의 정황을 직접적으로 그리지는 않아도 그런 아픔과 동떨어져 보이지는 않으며, 비애의 그림자와 전혀 무관하지도 않아 보인다. 「지리산—겨울나무」에서 시인은 감정을 이입하고 투사해 인격을 부여받은 겨울나무들의 수척한 모습이 더 큰 산 속 더 큰 어둠 속으로 총대 하나씩 거꾸로 메고 가는 패잔敗殘의 걸음에 비유된다.

또한 「지리산—길」에서는 이 산과 이 산이 품고 있거나 연해 있는 모든 사물들과 산 속의 천둥소리, 바람소리, 휘파람소리, 물소리, 부엉이 울음소리 뿐 아니라 심지어 하늘의 별빛마저 길을 내놓거나 수천 갈래로 풀어내는 것으로 그리며, 인간이 사물화事物化되는 상징체계를 빚어 보이는 「지리산—얼룩」에서는

산山사람
더 이상 갈 데 없어
봉우리에 달 오를 때
달 속으로 들어가
얼룩이 되었다

—「지리산—얼룩」 전문

고, 사람의 하강 이미지를 사물의 상승 이미지로 환치시키면서도 그 사물(달)의 '얼룩'으로 비하하는가 하면, 역시 상승과 하강 이미지를 교차시키는 「지리산—억새꽃」에선 산 능성마다 핀 억새꽃을 이 땅이 그대에게 바치는 헌사獻詞라면서도 그 꽃이 천왕봉 꼭대기에 핀 모습은 '꽃구름'이나 '하늘이 그대에 내리는 면류관'으로 격상시켜 놓는 상징체계를 보이고 있다. 이 시에서는 비의秘義 속의 '그대'를 '하늘'과 '땅'으로 환치하면서 높낮이 다르게 핀 억새꽃을 '그대를 향한 헌사'로, '그대를 향한 꽃구름이나 면류관'으로 격상된 모습을 하강 이미지에 싣는 상징체계를 떠올리고 있다.

ⅳ) 시인은 더 나은 삶과 더욱 살 만한 세상, 현실 너머의 이상理想 세계를 꿈꾸는 사람이며, 시는 그런 지향과 꿈꾸기의 기록이라 할 수 있다. 동양적 가치관으로는 시인을 '시=사람'으로 보아 왔다. 그만큼 시인에게 의미를 부여했으며, 상대적으로는 그런 덕목을 요구하는 셈이다. 하지만 시인도 생활인으로 일상의 안팎에서 마주치는 애환哀歡이나 파토스, 그 밝음과 어둠(그늘)들을 비켜설 수 없으며, 어떤 방식으로든 대응할 수밖에 없는 범인凡人이기도 하다. 시도 그 속에서 빚어진다는 점에서도 일상인으로서의 시인의 모습도 눈여겨보지 않을 수 없다.

> 살평상에 앉아 국수 한 그릇 합니다
> 저녁이 와서 앉고, 지나가던
> 바람도 와 젓가락질을 합니다
> 초저녁별이 하나 둘 떠오르고
> 비워 낸 국수 그릇에 어둠이 채워집니다
> 국숫물에 가라앉은 어둠까지 마시니
> 반짝하고 전깃불이 켜집니다
> 불빛 속에 환히 드러나는 바닥

알 수 없는 부끄러움이 가득합니다
보리차 물로 소리 나게 입을 헹궜습니다

—「저녁 국수」 전문

이 시는 국수 한 그릇으로 저녁 식사를 하는 일상을 아름다운 서정적 언어로 빚어 보이면서 시인의 내면을 차분한 어조로 두루 내비치고 있으며, 일상의 애환과 파토스들을 담백하게 떠올린다. 삶의 밝음과 어둠, 채움과 비움, 연원도 모를 부끄러움까지 성찰하지만, 이 행위行爲와 사유思惟는 어디까지나 자연의 질서(순리) 안에서 이루어진다.

시인의 서정적 자아는 하강과 상승이 교차되는 내면과 자연을 하나로 아우르며 바라보고 들여다보기도 한다. 국수를 먹고 있는 살평상에 저녁이 와서 앉고, 바람도 국수 젓가락질을 하며, 하늘에는 초저녁 별들이 뜨지만 국수가 비워지는 만큼 어둠이 채워진다. 국숫물에 가라앉은 어둠까지 마시니 전깃불이 켜지고, 그 불빛에 드러난 그릇 바닥에는 어둠 대신 알 수 없는 부끄러움이 가득 채워지기도 하며, 식사가 끝난 뒤의 어둠과 부끄러움을 먹은 입을 헹구게 된다. 내면을 바깥으로 번지게 하고 자연이 안으로 스미면서 빚어지는 한 폭의 수묵화水墨畵를 연상케도 한다.

그렇다면, 시인의 저녁 시간 이전과 이후의 일상적 안팎의 시간들은 어떻게 흐르면서 어떤 표정을 짓게 되는 것일까. 낮에 참깨를 볶으면서는 “희고 동실하던 이가 불그스레 벼룩 되어 / 열 길 절벽 위로 튀어 오른다”(「참깨 볶기」)고 본다. 게다가 시인은 사람들을 볶으면 “더러 솥 바깥으로 떨어진 깨알처럼 자기를 넘어 / 이승 밖으로 뛰쳐나가기도 하리라”(같은 시)는 비관적인 상념과 허무虛無에 젖게 된다.

한편 바깥으로 눈길을 돌리면서는 봄 길목에 자주 터트려지는 최루탄(데모 탓) 가스 탓으로 산에 피는 진달래꽃을 편도선을 터트리는(「진달래꽃」) 것 같다거나, 내리는 눈을 "까마득한 높이에서 / 아득한 절망으로의 투신"(「눈[雪]」), 또는 "하늘에서 땅으로 유배된 / 가여운 영혼들"(같은 시)이라고 묘사하듯, 화자가 발 딛고 있는 일상적 현실이 뒤틀려 있거나 절망에서 자유롭지 못한 곳으로 그려지고 있다. 뿐 아니라 심지어는

고요가 커져 하늘에 닿았다

세상은 마치 속 빈 자루 같았다
이따금씩 햇볕이 일제히 울어
매미 소리는 노란 땀을 좍, 좍 흘렸다

한낮은 점점 더 빨리 부풀어 올라

까마득히 우리는 기함氣陷하고 있었다

—「대낮」 전문

고도 절규絶叫한다. 한낮의 세상은 속 빈 자루 같고, 그 고요가 온 세상에 충만해 이따금 햇볕마저 일제히 울게 한다. 이 같은 일상적 현실에서는 매미 소리마저 노란 땀을 좍, 좍 흘리며, 더 빠른 속도로 악화되는데 하물며 인간(우리)은 기력이 없어 푹 가라앉지 않고 베길 수 있겠는가. 이 대목에서처럼 시인은 때때로 절망적인 현실과도 조우遭遇한다.

시인에게는 한낮의 수탉 울음도 "한낮이 제 흥에 겨워 / 한번 닭 모가지를 빌어 뽑아 보는 것"(「수탉 울음」)일 뿐, "긴 봄날 / 첩첩 고요에 / 금이라도 낼 요량"(같은 시)으로 보이게 하는 것도 같은 맥락으로 읽힌다. 더구나 그런 절망감을 빚는 한낮은 급기야 태양마저 먹어버리기까지 한다.

밝고 뜨거운
빛 덩어리를
야금야금
먹어치운

흡혈귀 같은 대머리 달
몇 년은 굶어도 환할 것이다
　　—「달의 오찬—일식日蝕」 전문

달에 의해 태양이 가려지는 현상인 '일식'을 '달의 오찬'으로 읽는 이 시는 한낮의 안 보이는 달이 밝고 뜨거운 태양을 야금야금 먹어치운다고 화자의 심상풍경을 극대화한다. 게다가 그 달은 '흡혈귀吸血鬼'나 '대머리'에 비유하면서 오찬으로 그 밝고 뜨거운 태양을 먹었으니 몇 년을 굶어도 환할 것이라고 '안 보이는 그 무엇'에 시의 초점을 맞춰 놓기도 한다.

배추가 속이 알차도록 묶는 아낙네들을 보면서 정작 자신의 근심거리나 "시퍼런 삶은 속이 차오르도록" 단단히 묶지 않고, 스스로의 몸을 말뚝이다 묶는다는 「배추를 묶다」, 홍대 청소부의 노래를 끌어들여 그런 기층민基層民들을 "바닥에 기어 다니거나 / 하수구 속을 오가거나 / 벽을 타고 오르내리는 벌레"이며, 인생의 밑바닥에 사는 그림자라는 「우리는 벌레입니다—홍대 청소부의 노래」는 외부로 시선을 돌려 그늘진 현실에 연민의 휴머니티를 발산하는 경우에 다름 아니다.

그런가 하면, 저녁과 밤 풍경에 대해서는 도살장에서 도살되는 황소에 착안하면서 "커다란 눈망울 굴리며 올라가 / 저녁마다 불을 물어 / 황소별자리가 된다"면서 "밤마다 내 꿈엔 소름이 돋고 / 사람들 머리엔 뿔이 자란다"고 현실적 비애를 노래하고 있는 「도살장 근처」라든가

통금이 없어지고
통금 사이렌이 사라진 지 오래인데
세상에 아직 호각소리 남았다
쫓기는 발자국 소리도 남았다
방범대원 손전등 불빛 한 줄기에
하늘 한 귀퉁이씩 무너지고
밤을 찢는 호각소리 한 흡吸에
까마득히 별 하나씩 진다

—「호각소리」 전문

고, 사회에 대한 불안 심리를 묘파한 이 시도 일상적 현실에 대한 날카로운 비판이 아닐 수 없다. 특히 이 시에서 시인은 사회의 질서 유지를 위한 제도가 거느리는 모순矛盾에 시선을 보내면서, 통금 사이렌 대신 남아 있는 방범대원의 호각소리가 심야의 별 하나씩 까마득히 지게 한다는 역기능逆機能을 적시하고 있다.

이 같은 일상적 현실에 대한 비관적 시각은 보다 근원적인 자기성찰을 그 뿌리로 하고 있으며, 안팎으로 스미고 번지는 비애의 정서는 궁극적으로 더 나은 세상을 향한 꿈꾸기에 주어진다고 할 수 있다. "그늘진 창에 / 비치는 나"(「자화상自畵像」)라든가 "실종당한 / 내가 거기 // 서늘하게 / 살아 있다니!"(같은 시)라는 대목에서 암시되고 있듯, 나는 현실의 그늘진 창에 비치고 있을 뿐 아니라 안 보이는 '나'가 보이는 '부재不在 속의 실재實在', '실재 속의 부재'라는 전제를 깔고 있으면서도, 「텅 빈 운동장에서 나를 만나다」에서처럼 그 쓸쓸하게 긴 그림자(자신의 허상)를 그림자가 아닌 진정한 실상으로 채우려는 의지를 끌어안고 운동장(현실)을 걷고 있기 때문이다.

v) 이 글의 모두에서 언급한 바 있지만, 박방희 시인의 시가 보여주

는 가장 두드러진 특징과 개성個性은 특유의 간결한 문체와 함축된 문장, 진솔하고 담백하면서도 촌철살인적인 시법, 현실 너머의 이데아 추구, 안팎으로 번지고 스미는 휴머니티다. 동화童話(우화)의 발상처럼 빈번하게 구사되는 활유법과 거시적이면서도 미시적이고 미시적이면서도 거시적인 시각 아우르기 역시 특유의 시적 묘미를 증폭시켜 주기도 한다.

내 동맥動脈을 끊어

새파랗게 언

저 들녘의

겨울보리를 덥히랴!

—「동맥冬麥」 전문

단 한 문장, 네 행, 네 연으로 짜인 이 시는 얼어붙은 겨울 들녘에서 인동忍冬하는 '동맥冬麥'을 내면으로 끌어당겨 화자의 '동맥動脈'에 흐르는 피로 덥혀보려 하듯, 보리에 인격을 부여하는 활유법이 구사되면서 물아일체物我一體의 경지를 떠올리고 있을 뿐 아니라 외부로 열리고 번지는 휴머니티를 시사하기도 한다.

같은 발음의 어휘를 통해 발화되는 의미의 비약飛躍과 그 비약을 추동하는 연상聯想 기법의 언어 감각도 돋보이는 이 시에서 자신의 혈관을 끊어 그 따뜻한 피로 언 들녘의 보리를 덥혀 보려 하는 건 다른 한편으로 자기 헌신과 아가페적인 사랑을 암시하면서 차가운 세상을 향한 일깨움의 의미도 거느리고 있는 것으로 보이게 한다.

세상을 지우며

하얗게 눈 내렸다

새 세상에 나

또한 없으렷다!

—「백설白雪」 전문

짧은 두 문장, 네 행, 네 연으로 구성된 이 시는 물아일체의 문맥으로 읽히게 한다는 점에서 「동맥冬麥」과 같은 맥락에 놓인다. 다간 서정적 자아가 대상(세계)을 내부로 끌어들여 내적 인격화를 이루게 하는 동화同化 기법과는 달리, 화자의 감정이입感情移入으로 자아와 세계(대상)가 일체를 이루도록 하는 투사投射 기법이 끌어들여지고 자기성찰에 무게를 실린다는 점이 변별된다.

세상이 순결하지 않듯이 화자도 별반 다를 바 없다는 전제 때문일까. 시인은 '세상=나'라는 등식을 통해 '지움'의 미덕에 마음눈을 가져간다. 눈이 내려 세상을 하얗게 지우듯이(덮듯이) 화자도 그 눈으로 지워지고 순결하게 거듭나기를 바라기 때문일 게다. 이렇게 본다면 이 시는 백설을 매개로 '지워짐→거듭남'이라는 명제를 암시한다고 할 수 있다.

아포리즘 성격을 띠기도 하는 그의 적잖은 시들은 짧은 문장(문맥)에 감정을 이입하는 투사 기법이 빈발하며, 이 투사에는 시인의 이데아가 오롯이 자리 잡게 마련이다. 강을 바라보면서

여기 누가 먼 백사장에
푸른 넋 풀어놓았는가

끝없이 이어지는 자유自由의 숨결이여!

—「강」 전문

라고 한다든지, “가을 하늘 까마득히 // 한 점 점으로 박힌 새 // 먹이 때문이 아니다 // 우주의 눈이고 싶어서다”(「새」 전문), “풀밭에 가면 // 직면하는 // 민주주의의 힘 // 나를 떠받치는 // 작고 여린 팔들의 // 꿋꿋한 버팀”(「민주주의民主主義」 전문)이라는 대목들도 마찬가지다.

‘강’을 누가 풀어놓은 넋들이 끝없이 이어지는 자유의 숨결이며, 하늘에 잠시 멈춰 날갯짓하는 새는 우주의 눈이고 싶어서이며, 풀잎들을 민주주의의 화신化身이라고 보는 바와 같이 시인은 어떤 사물이나 자연 현상에도 감정을 이입해 현실 너머의 이데아를 떠올려 놓게 마련이다. 「길」, 「수수」, 「겨울보리도 그렇듯이 이 같은 예를 들자면 끝이 안 보일 정도이다.

같은 맥락의 「심산 김창숙金昌淑」과 「독도는 섬이 아니다」의 경우는 그 특유의 신선한 발상과 상상력으로 소중한 향토나 향토가 배출한 인물과 우리 국토(자연)에 대한 예찬이라 할 수 있다.

경상북도 성주에는 가야산이 있고
가야산보다
더 높고
깊은

심산心山
김창숙 옹이 있다

—「심산 김창숙金昌淑」 전문

푸른 동해에
낙관한

삼천리

금수강산

대한민국의
국새國璽이다

―「독도는 섬이 아니다」 전문

「심산 김창숙金昌淑」은 성주(시인의 고향이기도 함) 출신의 고매한 인물인 김창숙을 우러러 떠받드는 시다. 김창숙의 호인 '심산'에 착안한 듯한 이 시는 향토에 대한 자긍심自矜心을 바탕으로 높고 깊은 자연으로서의 산(가야산)보다 더 높고 깊은 이데아로서의 산(심산心山)을 칭송하고 일깨워 준다고 할 수 있다.

한편 「독도는 섬이 아니다」는 우리 국토를 그림(한국화나 문인화)에 대입시켜(비유해) 독도가 '삼천리금수강산'(대한민국)의 작은 섬이 아니라 '푸른 동해'에 찍어 놓은 '낙관落款'이자 '국새國璽' 자체로 환치해서 얼마나 소중한 존재인가를 환기하고 있다. 낙관은 작가가 그림이나 글씨를 완성했을 때 마지막으로 찍는 인장이며, 국새는 국가적 문서에 사용하는 인장으로 국권國權의 상징이라는 사실을 떠올리면 이 비유의 뉘앙스가 쉽게 다가올 것이다.

'우리', '나팔꽃', '편지'를 부제로 달고 있는 연작시 「남남북녀南男北女」는 분단의 아픔과 그 극복에의 열망을 상징 기법으로 떠올리는 애달픈 '사랑시'들로 읽힌다. 시인에게는 이뤄지지 않는 사랑에의 목마름처럼 아픈 미제로만 남아 있는 민족 공동체 의식을 곡진한 상징으로 떠올려 보이기 때문이다.

'남남북녀'라는 말은 '남자는 남녘의 남자가, 여자는 북녘의 여자가 잘났다'는 속설俗說이듯이, 이 연작시의 화자는 남녘에 살고 있는 남성이며, 연인은 북녘에 있는 여성으로 설정돼 있다. 김소월의 시적 화자와는 정반대지만, 우리 민족 정서의 뿌리라 할 수 있는 '한恨'과 '체념'을 노래하고 있다는 동질성同質性을 보여 주기도 한다.

그대 하늘 위에
짓 글자 써놓고 가네
북행 기러기
꼬동꼬동 언 발은
내 가슴에 찍어 두고
끼룩끼룩
울음도 심고 가네
—「남남북녀南男北女—편지」 전문

하지만, 이 시에서 드러나듯이 한과 체념의 정서는 역시 여성의 몫이다. 겨울 철새인 '기러기'(연인)는 북녘으로 가면서 '짓 글자'를 쓰고 '언 발'과 '울음'을 찍거나 심으며 가기 때문이다. 그러나 때로는 그 사정이 반전反轉되기도 한다. "네게서 오는 소리 들으려고 <중략> 네게만 말하려고 <중략> 하나인 몸 / 갈가리 찢어 발겨 // 온몸이 귀 / 온몸이 입 / 나팔꽃이 피었다"(「남남북녀南男北女—나팔꽃」)는 상징적 묘사는 남성인 화자가 '나팔꽃'으로 여성화되고 있지 않은가. 하지만 화자의 성별은 다시 반전된다.

내 사랑 영변 약산 진달래꽃으로 붉으리니

그대 그리움 낙동강 푸른 물로 굽이쳐라!
—「남남북녀南男北女—우리」 전문

여기서는 북녘의 '내 사랑'은 붉게 핀 '진달래꽃'으로 여성화되고, 남성인 화자는 남녘 낙동강의 '푸른 물'이 된다. 시인은 결국 이같이 화자의 성별 뒤집기를 거듭하면서 화자를 온전한 '남남南男'으로 회복(회귀)시키고 '우리'(공동체)이기를 열망하기에 이른다. 그것도 붉은 진달래꽃의 그리움이 능동적으로(남성화되듯) 낙동강 푸른 물까지 굽이치기를 열망하고 있지 않은가.

이같이 화자 성별의 '반전의 반전'을 통한 낯설게 하기도 「남남북녀南男北女—나팔꽃」에서의 그 "하나인 몸 / 갈가리 찢어"진 '불구不具'의 몸을 온전한 '하나인 몸'으로 회복시켜 「남남북녀南男北女—우리」에서는 분단 극복에의 꿈(열망)을 뜨겁게 노래한다고 봐도 좋을 것이다. 이 같은 미묘하고 긴장된 시적 장치 역시 박방희 시의 매력이라고 할 수 있다.

시인은 근년 들어 동시, 시조, 시 등 운문의 모든 장르를 넘나들며 폭발적인 활동을 펼치고 있어 각별히 관심을 모은다. 이 같은 열정의 바탕에는 어김없이 동심童心과도 같이 순수한 마음과 극도로 정제된 시정신詩精神이 공고하게 자리매김하고 있기 때문일 것이다. 더구나 비록 마주치는 현실이 "길은 어디에서도 // 정지해 있으나 // 언제나 목적지에 // 먼저 닿아 있"(「길」 전문)는 모순을 안겨 줄지라도, 궁극적으로는 부단히 더 나은 삶과 이상세계(이데아)를 향한 꿈꾸기에 가열하게 불을 지피고 있기 때문이기도 할 것이다. (2020)

올곧은 사유思惟와 서정의 변주
— 정 훈 시집 『식스시그마』

ⅰ) 정 훈鄭 壎 시인의 시는 다채롭지만 일관성이 두드러져 보인다. 스무 해가 훨씬 넘는 동안의 작품들을 한자리에 모은 이 시집은 다양한 메시지와 빛깔들을 거느리고 있으면서도 선비정신처럼 한결같이 올곧은 생각과 느낌들에 무게중심이 주어져 있다. 서정抒情 속의 서사敍事든 서사 속의 서정이든 외양의 결과 무늬들만 다소 다를 뿐 그 다양성의 이면裏面에는 어김없이 따스한 휴머니티가 관류한다.

큰 틀로 보면 '현실의식의 정서화情緖化'나 '서사구조의 서정시'라 불러도 좋을 그의 시는 다분히 복고 성향復古性向을 띠는 향토적인 서정에 뿌리를 두고 있지만 다각적인 길 트기로 그 폭과 영역을 넓히고 있으며, 그 모습은 사회문화 현상의 안팎으로 시선과 관심을 확대하고 확산하는 양상으로 펼쳐진다.

때로는 유장한 서사적 구문으로 체험들을 진솔하게 육화肉化하거나 자기 성찰自己省察을 바탕으로 사회와 정치 현실에 대해 날카롭게 풍자諷

刺하고 비판하는데 무게를 싣고 있으며, 사회학적 상상력을 근간으로 현실의식과 역사의식, 나아가서는 민족의식을 일깨우는 메시지들을 유연한 변주로 떠올린다.

한편 지난날의 추억 반추와 잊히는 옛것들에 대한 향수鄕愁, 가족 사랑과 그리움, 소외된 사람과 사물들에 대한 곡진한 연민憐憫이 번져 흐른다. 이 같은 정조情調는 그의 모든 시를 아우르는 정서情緖의 모태母胎를 이루고, 더욱 고양된 삶 꿈꾸기의 원형으로도 자리매김하고 있는 것으로 읽힌다.

ii) 대기업(삼성)에 입사해 일하다가 젊은 시절에 기업을 창립해 입지를 굳힌 그는 그 초기의 체험들을 몇 편의 시에서 생생하게 육화해 보인다. 대구에 성서공단이 조성되면서 그 대열에 뛰어든 그는 기업을 살리고 키우기 위한 도전挑戰과 산업화사회 이면의 그늘들을 동시에 따뜻하면서도 비판적인 시선으로 성찰, 그 실상들을 유장하고 진솔한 구문으로 떠올린다.

「1981」이라는 부제가 붙어 있는 「성서 가는 길 1」에서는 그 공단工團 형성과정의 "성서로 가는 길은 만원"이라고 했다. 과거와 현재가 급속히 바뀌는 그 변화의 번잡한 모습들이 어떤 측면으로든 '만원'이라고 본 시각視覺 때문으로 보인다. "고분 같은 산들이 / 살코기 뭉텅이처럼 잘려나"가고 "그 위로 공단이 들어서고 아파트가 치솟"는 개발의 현장은 물론 그 뒤안길의 "쟁기날 엿 바꿔버린 / 기억"과 "달빛 산자락 밭 갈던 손길들"도 간과하지 않은 이 시각에는 가시적인 길뿐 아니라 기억 속의 불가시적인 길들 역시 번잡하다고 여겼기 때문일 것이다.

더구나 이 시각에는 산업(직물업) 현장에서 일하는 여성들을 "흐릿한 세월을 직조하고 있을 뿐"이라든가 "볼모 잡힌 청춘의 멀건 눈동자는 / 푸른 하늘이 눈부실 뿐"이라고 보는 연민의 시선과 "기계 소리에 깔린 공복 / 소리만큼 부풀어오른 포만이 / 공단 하늘 아래 푸르름을 막고 있다"는 문명의 이기利己와 노동 이면의 그늘들도 함께 들여다보는 휴머니티가 자리매김해 있다.

시인은 그 산업현장에서 몸과 마음으로 부딪치면서 "우리는 또 무엇을 위해 톱니바퀴 돌리고 / 끊임없이 돌리며 부서져 내리는가"라는 회의懷疑와 자괴감自愧感에서도 자유롭지는 않지만, 이 한탄恨歎은 '거인'으로 상징되는 '성취'에의 도전과 좌절, 그 걸림돌에 다시 도전하는 의지와 무관하지 않아 보인다.

거인의 뱃가죽, 그 두께를 가늠해 본다
칼을 뽑는다 떨리는 손
칼이 흔들린다
날선 패도佩刀도 거인 앞엔 무력하다

<중략>

성서벌 빈 굴뚝이 자꾸만 보인다
독한 술을 뿜으며 쇠를 담금질한다
칼! 다시 거인 뱃가죽을 겨누고 있다

―「성서 가는 길 2」 부분

시인이 성취로 나아가는 이 도전의 길은 '빈 굴뚝'을 바라볼 수밖에 없는 '무력감'과 다시 일어서야겠다는 '담금질'이 교차하는 가운데 담금질한 "칼이 다시 거인 뱃가죽을 겨누"는 양상으로 이어진다. 또 한편으로는 창업 10년을 넘긴 1993년의 노사勞使간 갈등과 임금투쟁, 실명제 개혁과 도산倒産, 폐업과 해외 진출 등으로 얼룩지던 중소기업들의 애환과 그 아픔들을 적나라하게 부각시킨다.

임투와 노쟁의 붉은 깃발이 휩쓸고 간
염색공장의 굴뚝은 연기 멎은 지 오래다
심포니처럼 장중하던 철강공장 문은 굳게 닫히고
금융기관 붉은 압류딱지가
분단선처럼 걸린 총성 없는 전선이여
오늘도 중소기업 사장의 죽음에
활자마저 얼어붙은 일간신문
아 개혁이 개핵 되어 핵 핵 가쁜 숨 몰아쉬는
한여름 늘어뜨린 개의 혓바닥이여
야윈 어깨 고사목 같은 앙상함이여

—「성서 가는 길 3—1993」 부분

내우외환內憂外患의 당시 정황을 래디컬하게 그린 이 시는 노동현장의 폐해弊害와 정부의 정책, 언론의 외면도 강한 어조로 비판한다. 그 비애와 참상이 한여름 개의 혓바닥과 고사목에 비유될 정도다. 공단의 이웃들이 "낡은 머신들을 화물선에 싣고 / 만주 땅 봉천이며 칭다오로 / 너른 들판 싼 새경 찾아 천만리 피난 길 떠나"지만 "고수의 무예처럼 전신을 죄어오는 / 대륙의 손 그 족쇄를 피할 수가 없"(같은 시)다는 사실을 목도하면서는 당시 정부의 경제정책을 "개핵과 실명제와 갱제갱제갱제"라며 희화적戲畵的으로 질타한다. 이 같은 시선은 공단 내부와 그 바깥을 향해서도

다닥다닥 붙은 집 소방차가 없다
황사바람 드세게 불길 번진다
딸아이들 봄 따러 집 나서고
사내들 지자체 훔치러 가고
공복은 목숨 따러

정객은 배 갈아타려 할 때
황제는 하늘 따려 한다
수표가 터진다 펑펑 터진다
꽃향기 봄바람에 웬 불길
수표 터진 파편에 불길 번진다
초록이던 성서벌
검붉은 녹, 녹바다를 이룬다

—「성서 가는 길 4」 부분

고 비판의 화살을 날린다. 공단이 무분별하게 형성된 데다 본분을 잊은 채 바람 든 남녀, 무소불위無所不爲의 권력만 추구하는 정치인 등으로 인해 파경으로 치닫는 공단 풍경을 특유의 걸쭉한 비아냥거림으로 풍자한다. 더구나 이 풍자에는 부도不渡로 얼룩지는 '불길'이 '초록'과 '녹'으로 대비되는 '추억'과 '현실' 사이의 안타까움으로 타오르는가 하면, 현실 너머의 근원적인 비애까지 환기하면서 언제나 변함없는 자연의 "꽃향기 봄바람"과 포개어 바라본다.

이 같은 시인의 따스한 휴머니티는 「성서 가는 길 5 —1998」에서 묘사되는 바와 같이 "길고 길었던 겨울 / 나라님은 이불과 양식으로 삼으라고 / 말씀의 성찬을 베풀"었다는 비판을 낳고, 따스한 털옷 한 벌 구하지 못해 얼어죽거나 그 추위를 견디다 못해 야반도주夜半逃走해 미국에서 집시처럼 떠도는 공단의 이웃들에게 짙은 빛깔로 번지며, 건설됐다가 무산돼 비어버린 자동차공장의 굴뚝이 더 높아 보인다는 심경에 이르게도 한다.

성서공단에서 나름의 우여곡절迂餘曲折을 겪으며 입지를 굳힌 그는 첨단(전자)산업에도 새롭게 도전, 대구 인근의 성주에 새 터를 잡는다. "거대한 폭풍 자루를 / 파산선고의 이 땅에 풀어헤칠 때 / 자욱한 안개 뚫고 성주로"(「성주에 가다」) 가서 새로운 활로를 열게 된 것이다.

잡풀 위에 잡풀 우거진 땅 갈아엎고
집 한 채 지으며
텍스타일 섬세한 가닥을
빛살 같은 전자파에 접목시킬 때
쥐라기, 억만년 전 씨알 같은 새 생명이
잘게 파닥임을 느낄 때
죽지 않은 삶이 삶으로 다시 태어나
우리의 가슴에 빛을 주었다

—「성주에 가다」 부분

역시 개척자 정신으로 신축한 공장에 "텍스타일 섬세한 가닥을 / 빛살 같은 전자파에 접목"시키면서 희망을 향해 열린 짜릿한 희열喜悅도 맛본다. 이 도전은 "억만년 전 씨알 같은 생명이 / 잘게 파닥이는" 느낌을 안겨 주고, 다시 태어난 삶이 가슴에 빛을 주었기 때문이다. 이 희열은 그 이전의 "그 무중력의 중력에 / 부푼 가슴은 삭은 흐박잎처럼 엷어졌"(같은 시)던 기억과 연계되고, 이 시의 마지막 구절 '아, 지금 푸른 마음밭 깊이 박고 있는 / 내 중심의 철주鐵柱"(같은 시)가 말해 주듯 새 중심을 확고하게 잡는 전기 마련에 직결돼 있다.

「마일리지」는 그 가속화 장면을 선명하게 보여 준다. 그 어지러울 정도의 활기는 "BK0414 ABC0016 바람이 되어 / 돌개바람이 되어 / 끝간 데 없는 바다를 가로질러 / 산 첩첩 물 첩첩 돌아간다"라는 묘사에서도 읽을 수 있다. 그 돌개바람은 감당하기조차 힘겨운 속력이 붙어 우수憂愁와 눈물을 자아내게도 했지만 "돌고 도는 기쁨으로 / 팽글팽글 돌지 않을 수 없는 / 채찍 하나"이기도 했다. 시인은 이 때문에 "오늘 또 내일 팽글팽글팽글 돌"지 않을 수 없는 것 같다. 그는 아직 그 정서를 유지하며 꿈꿔 오던 성취를 일구고 가꾸는 현역 기업인이다.

iii) 정 훈은 향토적인 정서에 뿌리를 둔 서정시를 지향하면서도 사회 문화 현상을 날카롭게 성찰하는 사회학적 상상력, 역사적 현실에 무게를 싣는 역사의식으로 그 외연外延을 넓혀 나간다. 이 때문에 그의 시는 질박한 서정 속에 비판적인 시각의 서사가 자리매김하는 양상을 보이며, 서사구조의 서정시라는 느낌을 안겨 준다.

시인은 「돌개바람」에서 세상은 사시장철 돌개바람 부는 곳이고, 그 바람은 "희한한 세상 하나 등에 지고 돌아가는 돌개바람"이라고 통찰한다. 또 그 돌개바람은 발원發源도 끝도 알 수 없고 세찰수록 중심을 잃는 바람으로 그려져 있다. 이 같은 비판적인 시각과 위기의식은 역사3 적 현실을 바라보거나 현실을 직시하는 데도 마찬가지의 빛깔을 띤다.

검은 구름이 빠르게 몰려온다

<중략>

남태평양에서 발원한 태풍이
혼슈와 야마구치를 지났다고 한다

강렬하다

여의도까진 그리 멀지 않다
옷깃에 가짜 무궁화꽃을 단 사람들

아는 듯 모르는 듯 한물간 디스코만 춘다
생화를 달아 주어야겠다
등신 같은 감각을 기요틴에 올려야겠다

—「예감」 부분

이 시에서는 「돌개바람」에서와는 달리 연원이 분명한 바람(태풍)에 대한 위기감을 역사적 사건과 연계해서 성찰하면서 위기의식에 둔감한 정치권 풍토에 직격탄을 날린다. 검은 구름이 몰려올 때 화자는 그 위기를 예감하고 있지만 위정자爲政者들은 너무 무감각하다고 비판하고 있다. 역사적 현실을 불러들여 위기감을 극대화極大化하고 현실 직시로 일깨움을 환기하고 있는 점이 돋보인다.

남태평양에서 발원한 강력한 태풍이지만 옛날 우리나라를 침탈侵奪했던 이토 히로부미와 현 일본 총리 아베 신조의 고향이며 사상적 본거지인 혼슈와 야마구치를 지나 북상한다는 것은 국운國運과도 깊은 함수관계를 가진다는 발상이다. 더구나 자신들에게 바로 닥칠지 모르는 위기 앞에서도 한물간 '디스코'만 추는 국회위원들을 향해 무궁화 생화를 달아 주겠다거나 그들의 감각을 단두대斷頭臺에 올려야겠다는 극언極言은 그만큼 위기가 절박하다는 일깨움에 다름 아니다.

일본뿐 아니라 중국을 향해서도 "동방의 큰손, 큰손으로 식언을 식언처럼 씹었다. 되놈들의 눈빛 좀 봐! 눈동자 속에 잠긴 비수를, 의안義眼은 놓쳤다"(「엽전 —1993」)고 토로하듯, 경계의 시선을 떼지 않으면서 잃어버린 옛날 국토에 대해 안타까움을 반추한다. 한편 "극군이 사열할 때 / 등짐 지고 산을 오"르지만 "시월, 국군은 아직 무장을 풀지 못한다"(「다시, 10월 1일」)는 대목에서도 국군의 날에 되새김질하는 민족분단民族分斷 현실에 대한 비애와 나라 사랑의 충정이 내비쳐져 있다.

시인의 사회적 상상력은 황사바람과 마주쳐 "황사바람, 대륙의 바람 불어와 흙먼지 자욱이 내려앉은 공업단지엔 / 오뉴월 무서리가 시리도록 내리고"(「황사」)라고 그 피해를 인식하는 데 주어지기도 하며, 대구 지하철 공사장 폭발사고를 상기하면서 "메캐한 도시는 폭발하여 허망한 가슴마다 파편이 박혔"(같은 시)다고 치유되지 않는 아픔을 되씹는 휴머니티에 무게를 싣는다.

비가 내린다 반고갯길,
아직은 겨울에 발목 잡힌
백일홍 빈 나뭇가지를 적시고 있다
서현교회 첨탑 십자가에도
눈물 같은 떨림으로 떨어지는 비
파삭한 대지를 흔들어 깨운다
물 뜨러 다니면서
길바닥에 휘발유 뿌려 온 우리는
이제 비가 되어야 하는가
그 옛날 신라의 금관 위에
일백 년 전 전봉준의 상투머리에
내리꽂히던 비, 빗소리
빗물을 삼키며
밑씻개 흥건히 시커먼 빗물을
쏟아내야 하는가
비는 목젖 타는 도시를 적시지만
고이지 않고 또 그렇게
봄의 길목을 두드리는
우수雨水의 비, 나직한 빗소리

—「우수의 비」 전문

정 훈의 시적 특성을 총체적으로 보여 준다고도 할 수 있는 「우수의 비」는 우수에 내리는 비를 심상 풍경과 겹쳐서 다각적으로 성찰한다. 비스듬한 고갯길에 서 있는 백일홍 나목에서 봄의 기미를 느끼지만 "아직은 겨울에 발목 잡힌" 것으로 보는 건 겨우살이의 인고忍苦와 소생蘇生의 봄에 대한 기대감이 교차하며 뇌리에 다가오기 때문일 것이다.

백일홍 빈 나뭇가지와 교회 첨탑의 십자가에 내리는 비를 대비해 바라보면서 봄을 재촉하는 우수의 비가 어디서 내리든 메마른 대지를 흔들어 깨우기는 마찬가지라는 인식이 그 기저에 깔려 있다. 하지만 이어 도시의 거리에 공해公害를 유발하는 사람들이 거꾸로 공해를 씻는 역할을 해야 한다는 자각에서 출발해 오랜 옛날 왕의 권위를 상징하던 금관과 동학혁명東學革命을 주도하다 처형된 전봉준全琫準의 상투머리에 내리던 비와 그 빗소리에까지 타임머신을 타고 오르듯 관심의 폭을 넓히는 발상과 상상력으로 역사적 현실을 오늘에 되새기게 한다.

우수에 내리는 비를 긍정적으로만 보지 않고 자성 촉구와 역사의식의 반추로 비약해서 바라본다든가 '밑씻개'와 '시커먼 빗물'까지 끌어들이고, 아무리 내려도 고이지 않는다는 유한성有限性으로 인한 '근심과 걱정의 비'로 그린 대목도 눈길을 끈다. 이같이 일련의 시들은 어떤 사물(대상)이든 사회적 상상력과 역사의식에 늑여 재구성한 심상 풍경으로 떠올려 놓는 게 그의 시가 거느리는 또 하나의 뚜렷한 특징이라 할 수 있다.

ⅳ) 가족을 향할 때 시인의 마음은 한결 따스하고 애틋하다. 가족이 낮 한때 풀밭에서 네 잎 클로버를 가족 수만큼 일곱 개나 찾고 다섯 잎 클로버까지 찾던 이야기를 담은 「클로버」는 동심같이 맑고 깨끗한 마음을 길어 올려 그려 놓은 수채화 같다. 부부가 '나이든 철부지'처럼 가족의 행운을 바라는 염원도 포근하게 포개져 있다. 그러나 그 이면에 무상감無常感의 그늘이 없는 건 아니다. 시인은 갑년甲年을 넘긴 아내에게 "활달하기 그지없던 그녀도 이제 자주 눈물을 보인다. 손가락 사이 스쳐 간 바람 같은 생, 그 무상함을 뒤늦게 안 것일까."라고 연민을 끼얹는 모습이 내비쳐진다. 그런 마음자리에는 은근한 사랑과 겸허한 감사의 마음이 아로새겨져 있음은 물론이다.

허리가 부실한 아내가

곤히 잔다
그래도 잘 자니 고맙다

'행복은 내 가슴에' 기댄
베갯머리 맞은편
사각의 액자가 허허롭다

저만치 돌아누운
아내 등 뒤로
봄밤이 미등처럼 흐른다
—「봄밤」 전문

그의 시로서는 드물게 담백하고 간결하며 군더더기도 없다. 허리가 부실한 아내가 깊이 잠든 모습을 바라보며 고맙게 여기는 마음자리가 따스하다. 아내의 평소 소망을 담은 액자를 허허롭게 바라보면서 "아내 등 뒤로 / 봄밤이 미등처럼 흐른다"고 하는 묘사는 여백을 거느리는 수묵화水墨畵와 같이 낮고 따스하게 '말하지 않은 말들'을 속삭이는 듯한 느낌을 안겨 준다.

고향과 어린 시절의 고향집과 부모님에 대한 기억(추억)들은 더욱 애틋하고 절절하다. 고향은 언제나 그리움이 거처하는 공간이며 한결같이 되돌아가 안기고 싶은 품속과 같은 건 그 공간에는 부모와 함께 한 기억들 때문임을 말할 나위가 없을 것이다.

면사무소 지나 시오리 길
우산리 있다
고갯마루 오르면
시린 감나무 가지 사이로

피어오르던 저녁연기,

나 오늘 우산리愚山里 간다
잣밭, 살고개 지나 우산리 간다

<중략>

하지만 우산리, 하늘만 있다
―「우산리」 부분

시골 풍경이 고즈넉하고 정겹다. 면사무소, 시오리 길, 고갯마루, 감나무, 저녁연기, 잣밭, 살고개 등의 어휘들만도 고향을 떠나 대처에서 사는 현대인들에게는 꿈결 같은 향수를 불러일으킬 만하다. 그러나 화자가 찾은 고향에는 하늘만 옛날 그대로일 뿐 그리운 얼굴들은 부재不在한다. "아슴한 기억 같은 산들 하늘과 아우르고 / 옛 강가에 노닐던 바람 / 솔숲 휘저으며 울어 쌓는"(「네 눈동자가 붉구나」)가 하면, 봄이 오면 아버지와의 기억들은 더욱 그리워지지 않을 수 없게 한다.

―정직해라, 쉬지 말라
근엄하시던 아버지 기침 소리 들린다
수담手談으로 도타운 정 쌓던 아버지
―아버지, 산에 살고 싶어요
―산엔 왜?

―야야, 네 눈동자가 붉구나
그곳에 다녀오너라
우산愚山재 넘고, 그때처럼 걸어서 넘고
기와 백 장을 잊었느냐?

—아아, 아버지
잔설 스쳐 온 바람 한 줄기 목을 휘감고
산비알 땅 풀린 물기에 빛살이 절이는데
봄이 왔구나, 왔어

—「네 눈동자가 붉구나」 부분

어릴 적 아버지가 교훈으로 들려주던 옛 현자賢者 이야기 '기와 백 장'을 화두話頭의 중심에 들앉힌 이 시는 아버지와의 대화(수담)을 통한 부자간의 정을 절절하게 떠올린다. "네 눈동자가 붉구나 / 그곳에 다녀오너라"라는 당부의 말은 독자들에게는 의미를 헤아리기 어려울 정도의 여백을 거느리지만, 시인에게는 언제까지나 잊힐 수 없는 기억으로 남아 있을 수밖에 없을 것이다.

"흰 연달래꽃 핀 봄밤 / 스무 해 전 아버지의 흰 고무신"(「고무신」)을 신으면 발바닥의 감촉이 어릴 적 볼을 얼려 주던 아버지의 손길이 느껴진다는 대목은 그런 심경을 그대로 떠받친다. 역시 같은 시에서 "쏴 한 별빛 하나 발등 위로 떨어져 / 눈물 맺힌 가슴속으로, / 떨어져 내린다"고도 한다. 고무신은 아버지에 대한 기억을 선연하게 불러 주고, 아버지는 화자가 그 고무신을 신은 발등과 가슴속에 떨어져 내리는 별빛으로 형상화形象化하고 있어 그 애틋한 감성의 결들을 찬찬히 들여다보게 한다.

살아생전의 어머니를 만나고 아버지 제사 올리러 가는 모습은 "아흔 살 노모 입으실 옷 한 벌 / 저승에 계신 아버지께 올릴 / 조기 몇 마리, 달랑 싸들고 / 정년퇴직한 형님 계신 서울로"(「아카시아꽃」) 가는 것으로 묘사된다. 그 길에서 "아카시아꽃은 흐드러지게 피는데 / 아버지 흰 두루마기 자락 / 펄럭거린다"(같은 시)고 느끼는 건 아버지가 얼마나 그리운 대상인가를 에둘러 말해 준다.

어머니는 또 다른 빛깔의 그리운 모습으로 그려진다. 어머니가 돌아

가신 뒤에는 그 그리움의 농도가 한층 짙게 묻어난다. 어머니의 무덤에 핀 제비꽃을 보면서

우리들 올 줄 알고 피어나서
어머니 고운 마음처럼
흰 모시 적삼 기품 서린 자태처럼
푸른 하늘을 이고 있네

<중략>

우리를 베적삼 입혀 고이 키울 때
파란 하늘을 이고
흰구름을 이고
산처럼 강물처럼 푸르러라 하셨는데

<중략>

두 송이, 열두 송이 무덤 위에 제비꽃
적막강산을 이고 팔랑거리네

—「제비꽃」 부분

라고 그 꽃들을 어머니의 모습에 비유한다. 마음 곱고 기품 있는 자태姿態로 파란 하늘과 흰 구름을 이고 있는 어머니를 기리며 무덤에 핀 제비꽃을 마치 생전의 어머니를 만난 듯이 마음을 끼얹는다. 더구나 "우리들 올 줄 알고" 어머니가 같은 모습의 제비꽃으로 피어 있다고 여기는 것은 평소 찾아가면 그런 마음으로 반겨 주던 어머니가 더욱 그립기 때문일 것이다.

ⅴ) 시인이 일상日常의 느낌이나 생각(사유思惟)들은 떠올리면서는 그 애환에 초점이 맞춰질 때도 없지 않으나 자기 성찰에 무게 중심을 두면서 주위나 길 위에서 조우하는 사물들과 사람들, 그 안팎의 풍경들과의 만남이 촉발하는 정서 길어 올리기에 주로 주어져 있다.

범속한 일상인으로서는 "밤하늘에 별 두어 개 목물 소리에 // 돌담 사이 가시내의 목물 소리에 // 호박꽃 젖고 젖어 목물 소리에"(「여름 밤」) 감각과 감성이 예민하게 열리고, 「밤차」에서 묘사되는 바와 같이 시집들을 읽고 청첩장과 연체 카드 독촉장을 들여다보며, 이불 속에서 잠든 아내의 "사타구니 속으로 / 시린 밤을 넣으니 / 아, 따습다"고 느끼는 범부凡夫의 모습을 드러내 보인다.

그러나 "인제 외출의 유혹을 잠재우고 / 둥근 식탁 앞에 모여 앉아 / 밀려드는 어둠을 부드럽게 맞이할 때 / 난은 밤새 비상飛翔의 꽃잎을 / 터뜨리고 있었다"(「외출」)고 겸허하게 마음눈을 돌리는가 하면, '사랑', '용서', '겸손', '희생'이라는 덕목德目들을 자신은 물론 외부를 향해서도 실천하고 있는지 묻고 있다. 이는 특히 자신을 향한 적극적인 다짐으로 봐야 할 것이다.

> 가을이 오면 티 없는 하늘처럼 사랑한 적 있느냐
>
> 가을이 오면 구름 품은 산처럼 용서한 적 있느냐
>
> 가을이 오면 정처 없는 바람처럼 겸손한 적 있느냐
>
> 가을이 오면 빈 그루터기처럼 희생한 적 있느냐
>
> —「가을이 오면」 전문

가을의 티 없는 하늘, 구름을 품은 산, 정처 없는 바람, 빈 그루터기에 비유되는 이 덕목들은 시인의 가을에 대한 느낌과 함께 신선한 일깨움으로 다가오며, 감성적感性的으로 접근해 이성적理性的으로 변용시킨 '부드러움 속의 완강한 메시지'들로 호소력을 증폭시킨다. 시인의 이 같은 마음자리는 「팔월」에서처럼 한여름에 일하는 농부들과 그들의 새참을 한 손에 든 채 오토바이를 타고 달리는 배달원, 길가에 핀 철 이른 코스모스, 붉게 익어 가는 고추들, 미루나무 잎들에 번지며, 「여수항」에서처럼 고물을 모으고 팔아 연명延命하는 초췌한 노인의 조는 모습에도 가 닿는다.

한편 일련의 서정시들은 외양으로 보면 감성 쪽으로 기울고 일상의 느낌들을 담담하게 길어 올리는 듯하지만, 그 정서 속에는 현실(정치·사회)의식이나 역사의식, 민족의식이 은은하게 배어 있을 뿐 아니라 자기성찰(수양修養)과 구도求道에의 겸허한 발길이 이어지는 모습도 느낄 수 있다.

봄날 저녁에 "바람꽃인지 봄 안개인지 낮달 가린 하늘이 / IMF 한숨처럼 풀어지고"(「저녁 무렵」) 있다든가 사람들이 모여 사는 초여름 아파트의 초저녁 풍경을 묘사하면서 첫 지자체장 선거(1995년 6월 23일) 직후의 외면적인 평온 속의 우려감을 표출한 「일몰, 아파트」는 현실의식이 두드러지는 경우다.

역사의식이나 민족의식이 배어나는 경우로는 「남한산성」, 「길, 하늘바다」, 「유월 편지」, 「만추 서정」, 「캘리포니아 2」 등이 있다. 「남한산성」에서는 병자년의 한이 촘촘히 박혀 봄을 붉히며, 민들레 홀씨 발길질에 빈 산울림 소리를 듣고 있다. 「길, 하늘바다」에서는 "억겁 침묵의 말할 수 없는 경외 / 하늘바다, 그 끝없는 기다림"에 마음 가져가고 "이념과 녹슨 포화에 / 신음하는 산하 / 나그네 마음에 천 년 말발굽 되어 / 내리꽂힌다"고 의식에 준열한 불을 지피고 있다.

역사는 거침없이 흘러가고
또다시 거부할 수 없는 물결이
세상을 휩쓸고 지나가는데

<중략>

다시 찾아온 유월,
열일곱 소녀의 유두처럼 포도알 영그는 날들
너에게 편지 한 장 띄우고 싶다
사랑한다고 사랑하자고
유월의 빗줄기 속을 함께 걸어가자고

—「유월 편지」 부분

하는 이 시에서는 1950년 6월 25일의 한국전쟁을 떠올리며 지극히 서정적인 언어로 비극적인 역사와 그 소용돌이, 여전히 그 상처가 치유되지 않은 채 덧나는 분단의 비애와 갈등을 반추하며 화해和解와 사랑을 꿈꾼다. 또 우리 사회와 정치 현실을 "동과 서 중도中道에서 갈라터진 대지처럼 / 이념이 편 가르고 / 요설이 민심 거스를 때 / 거덜나지 않은 땅이 있더냐"(「만추晩秋 서정」)라고 각성을 촉구한다. 먼 이국(미국)에 머물면서도 시인은 그 나라와 견주어 우리의 현실을 안타까워하는 애국충정愛國忠情이 묻어난다.

넓고 큰 대륙
저마다 활기차게 돌아가는데

지금 조국은 폭염 오후 두 시

오로지 맞선 이념과

중심을 이탈한 모든 것들,
붉은 깃발은 자꾸만 보폭을 넓히려 하고
모두 먼먼 바다 건너
피난을 엿보는 것인지

—「캘리포니아 2」 부분

시인의 발길이 산사山寺에 이르러서는 석가모니 부처를 흠모하고 따르려는 마음을 애써 다지지만 여전히 속인俗人임을 되돌아코며, 다시 세속사회로 돌아와야 하는 비애에서도 자유롭지 않다. "부처의 미소 속으로 스며들 때 / 바람결에 스쳐 오는 풍경 소리는 / 몽매한 내 영혼을 깨운다"(「사리암 가며」)는 대목에서와 같이 깨달음에 근접하는 데까지 이르지만

삭은 창호에 배어오는
젖은 염불 소리, 저 산 아래
벗어 놓은 모자와 신발
때묻은 남루를 떨치지 못함인가

애끓는 저 단장 뉘 나눌 수도 없는데
청암사 서서히 산그늘에 잠기고
다 쓸어가지 못한 가랑잎
오소소 소소 바람에 쓸리는데
언제 그치려나 하염없는 목탁 소리
무거운 내 발길을 감고 돈다

—「청암사 2」 부분

는 비애에 빠져든다. 염불 소리와 자기 모자나 신발의 남루는 사뭇 이질적이며 그 남루를 떨치고 동화同化되기 어렵다는 인식이 깔리어 있는

데다 그 애끊은 단장斷腸을 아무와도 나눌 수도 없다는 비애와 소외감이 겹쳐진다. 그래서 역설적으로 무거운 발길을 감고 도는 목탁 소리가 그치기를 바란다고 말하고 있는지 모른다.

"산문 지나 머리 파란 여승의 / 회색 목도리엔 / 아직 산협의 찬바람이 감기는데 / 먼지 낀 마음 한 잎 탑신에 걸어 두고 / 발길 돌릴 때"(「청암사 1」)라는 표현도 마찬가지 뉘앙스를 거느린다. 세속 사회로 돌아온 시인이 체념과 비애, 허무와 무상감에 빠져드는 건 어쩌면 숙명에 다름 아닐 것이다.

설한 뒤에 아득히 땅기운 일고
장마는 부름 없이 와서 명아주 꽃잎 지우듯이
모든 건 이렇게 가고 오는 거

입동 들판에 내려앉는 적막의 그늘
무채색 기다림으로 다가오는 여백 무게여

—「겨울 초입」 부분

소멸과 생성, 떠남과 돌아옴의 자연 순환과 그 철리哲理에 순응할 수밖에 없다는 체념의 빛깔이 묻어나는 이 자탄 속의 '무채색 기다림'과 '여백의 무게'가 시사示唆하는 의미를 깊이 들여다볼 필요가 있다. 더구나 그 겨우살이를 해야 하는데도 불구하고 "겨울을 준비하지 못한 마음은 백야 같"(「백야」)아 퍼붓는 눈을 맞으며 "무장무장 폭설에 묻히노라면 / 읽히리라, 세상이"(「폭설」)는 대목 역시 그 이면까지 들여다봐야 할 것이다.

또한 "꿈속 갇힌 길 안개 속 그 길"(「양수에 서서」)인데도 "구름 따라 흘러온 길 물길 따라 빠져나갈 때, 다시 올 나의 봄을 셈하며 가는 길에 / 고즈넉이 낙조가 깔리고 우리는 깃을 접는 새가 되었다"(「봄, 합천

호」)고 체념에 빠져드는 것 같지만, 이 같은 체념도 기실은 그 반대 방향의 또 다른 지향일 것이리라는 유추類推도 해 보게 한다.

정 훈의 이 시집은 1994년 등단 이후의 시를 두루 포용하고 있기 때문에 이 속에는 젊은 시절의 시들이 큰 비중을 차지하고 있다고 하더라도 무려 스물세 해 이상의 정신적 궤적과 그 사유의 집적集積들이 녹아들어 있다고 볼 수 있다. 여기 실린 작품들은 그 세월의 흐름이나 변화와 맞물려 있으므로 다양한 빛깔을 띠고 다채로운 모습을 보이는 건 당연해 보인다. 하지만 그렇지만도 않다는 데 더욱 주목하지 않을 수 없다.

그는 초심初心을 여전히 버리지 않고 있으며, 한결같은 사람이라는 건 다양성 속의 일관성을 보여 주는 작품들을 통해서 새삼 느낄 수 있다. 그는 기업인뿐 아니라 시인으로서도 언제나 최상의 혁신적 품질관리 기준인 '식스시그마'를 가슴 깊이 새기며 살고 있을까. 거시적이면서도 미시적인 감성과 지성을 겸비해야 그 기준을 넘어설 수 있을 것이다. 산문적 풀이는 여백으로 남겨둔 채 근래의 모습을 짚어 보게 하는 시 한 편을 되풀이해 읽어 본다.

어둠을 더듬어 등불을 켜고
책장을 넘기니
잠잠하던 공기청정기가
소리를 내며 돈다

등불 하나와 잠 깬 숨소리에도
저리 민감한 건지
식스시그마와 감시 카메라,
고화질의 거리

여인의 등만 스쳐도

불려가 조사 받는다는
활자가 어지럽다

—「식스시그마」 전문

(2018)

서정적 서사, 질박한 휴머니티

— 이무열 시집 『묵국수를 먹다』

i) 이무열의 시는 서사적敍事的이면서 서정적抒情的이고, 서정적이면서도 서사적이다. 그의 서정적 자아는 주로 서사적 대상에 주어지며, 그 서사들은 어김없이 그 자아의 세례를 받으면서 '서정적 서사'로 빚어지게 마련이다. 더구나 대부분의 시에는 향토적, 토속적 정취가 물씬한 복고 성향의 기억들과 떠도는 삶의 현실이 연계되고 있으며, 그 분위기를 고조시키는 걸쭉한 해학諧謔과 희화화戲畫化에 사투리의 묘미가 포개지는가 하면, 한결같이 짙은 연민과 질박한 휴머니티가 관류하고 있다.

시인의 발길, 눈길과 마음눈이 가 닿는 곳은 그야말로 방방곡곡이며, 그 풍경들의 안과 밖에 다채로운 연결고리가 달려 있을 뿐 아니라 언제나 그늘지고 소외된 사람들과 그 애환의 결과 무늬들로 채워지고 있다. 이 다양한 서사에는 또한 삶의 파토스들이 스미고 퍼져 흐르며, 허무와 무상감無常感, 애틋한 그리움의 정서들이 시인 특유의 시니컬하면서도 질펀한 언어 구사를 동반하고 있다.

ii) 이무열의 글쓰기는 대개의 문인들과는 달리 산문에서 운문으로 방향을 틀고 있다. 대학시절부터 소설을 썼던 그는 그 시기(1981)에 대학의 문학상 공모(영남대 천마문학상과 대구대 영광문학상)에 두 차례나 잇달아 입상했다. 그러나 1990년대 중반에는 동화로 관심이 쏠리면서 대구일보의 대구문예(1996), 매일신문 신춘문예(1997)에 당선된 뒤 동화작가로 활동해 왔고, 2010년 시전문지 《유심》의 신인 추천을 거쳐 시로 창작 영역을 넓히면서 시인으로 무게중심을 잡는 활약을 하고 있다.

이런 과정을 거치는 세월 동안 그는 겸허謙虛하고 완만緩慢하면서도 부단히 자신을 채찍질해 온 면모들이 산견된다. 동화를 쓰기 이전인 문학청년 때부터 은밀하게 시에 뜻을 두고, 이를 위한 담금질을 해 온 사실을 그의 시가 말해 준다. 소설에서 동화로 이행하는 과정의 심경도 뒷날의 시에 다음과 같이 쓰여 있다.

> 안동시 일직면 조탑리
> 오층 전탑을 배경으로 연꽃이 피었다
>
> 청련 홍련 백련 천상연 가시연 어리연
> 절정을 이룬 신문 보다가
> 권정생 선생 생각을 했다
>
> 언젠가 동화를 선보인 인연이 있는데
> 소설 쓴 사람 같다고
> 거친 표현 고치도록 해 당선시키셨지만
> 탑처럼, 감감
> 이십수 년 세월을 탕진하고 말았다

세상사 아득한 낭떠러지
동화 한 편 제대로 못 쓰고
어두운 물에서도 용서나 반성처럼 피는 꽃,
오래 앓고 난 뒷날처럼
조탑리 연꽃 공양하러 갈거나

—「조탑리 연꽃」 전문

조탑리 전탑을 배경으로 피어 있는 연꽃들을 신문 지상을 통해 보다가 그곳에 살았던 동화작가 권정생을 떠올린다. 등단 무렵 심사를 맡았던 그의 충고와 배려를 되새기면서 이십 몇 년을 동화 한 편 제대로 못 쓴 것 같다는 자괴감自愧感도 진솔하게 토로된다.

"어두운 물에서도 용서나 반성처럼 피는" 연꽃들과 그와는 거리가 멀게 "세상사 아득한 낭떠러지" 같았던 날들을 대비시키면서 그 연꽃들(권정생과 동화들로도 읽힘)을 공양供養하러 가보려는 생각도 한다. 하지만 그 공양은 기실 "오래 앓고 난 뒷날처럼"이라는 수식을 받고 있듯, 오랜 세월이 그냥 '탕진蕩盡'만은 아니었다. 오래 앓았을 뿐 아니라 "용서나 반성"을 역설적으로 전제하고 있기 때문이다.

가까이 지내는 홍승우 시인의 출판기념회에서도 여러 가지 생각을 하지만 역시 자성自省으로 마음눈을 돌린다. "제 호즈머니 털어 책 내고 신바람 나 공짜로 돌리면서 / 야, 오늘 장사 잘 된다 기분 참 조타!"(「마른 봄날」)고 그 풍경을 희화적으로 그리면서도 "목 매단 30년 시업 춥고 외로웠던 모양"이라고 연민을 끼얹지만, 그 시선은 이내 자신에게로 돌아온다. "이날 입때껏 책 한 권 펴내지도 못하고 / 명색이 신춘문예 출신 동화작가인 나는 / 갑자기 똥마려워 전전긍긍 / 마른하늘 별이라도 따고 싶은 봄날"(같은 시)이라고 쓴다. 이 같은 자책의 마음자리에는 안으로는 얼마나 치열하게 글쓰기를 열망해 왔는지도 암시한다.

이런 자조自嘲와 자책自責은 늦깎이 시인으로 등단했을 때 또 다른 양상으로 번지면서 '낭패'라는 반어反語를 끌어들여 딴전(너스레)을 피우게도 한다. 쉰을 훌쩍 넘어 받은 신인 추천 소식에 "잠시 허청거렸던가 더듬거렸던가 / 맹독이 심장 쪽으로 스멀스멀 퍼지면서 / <중략> / 말이 궁색하던 오랜 병통 / 허물 벗으며 드러났다"(「낭패」)면서

이것 참, 낭패로구먼
무심하게 딴전 피워 보는데
이 보게 신인!
앞발 긴 이리[狼]와 뒷발 긴 이리[狽] 함께
업고 업혀야만 다닐 수 있다는 그 깊은 뜻 아는가
치명에 들리도록 서른 해
가뭇없이 허우적거리던 진창길에서 만난
우리 서로 낭패 볼 일만 남았다네
축하 축하함세!
이제 밤잠 설칠 일만 기다린다며
모르핀 같은 극약 처방이라고 낄낄거리는 이 누구신가

—「낭패」 부분

라는 익살로 자기 희화화를 한다. 이는 완곡한 역설이 아닐 수 없다. 그런 날을 기다려 온 서른 해가 치명致命에 들리도록 허우적거리던 진창길이었다면 이제 그 길을 벗어나게 되고 낭패 볼 일이 밤잠 설칠 일이더라도 극약처방이 됐다면 정진이 담보돼야겠지만, 일단 목숨이 끊어질 지경은 넘어서게 되지 않았는가. 이 같은 역설 속의 안도감과 새로운 마음가짐은 「난실이」에서 더욱 구체화된다.

시마詩魔 들린 옛사람 누구는

시 짓느라 이빨이 다 빠지고 눈썹이 떨어져 나갔다는데
온갖 적요와 갖은 마음의 궁기와 세상살이 부끄러움 온전히 감당하지 못할 때
때로 비겁한 변명인 듯,
아니 막판에는 뜬소문에 홀린 것처럼
남몰래 숨겨둔 애첩 난실이 만나러 가곤 했다

아무도 모르리라
오십 줄 넘어 돈 안 되는 시인되어 끙끙 늦바람인 양 꿍꿍이속 감추었다가
장다리꽃 같은 수줍음, 깻단 같은 설렘 머금고
님 보고 온 듯 다시 씽씽해지곤 하던 내 얼굴을

<중략>

종종걸음으로 하늘거리는 꽃대 끝
난꽃 향기 품은
하늘의 말씀과 부지불식간 땅의 언약을
시시때때
총, 총, 총
오체투지로 받아쓰기 하고 싶은 것이다

—「난실이」 부분

동화적인 발상에다 시니컬하면서도 구수한 수사의 옷을 입힌 이 시의, 앞부분 열네 행은 건너뛰어 그 부분의 서사를 언급하지 않고 넘어가는 게 다소 아쉬우나, 인용한 부분만으로도 그 심경을 짚어 볼 수 있다. 그의 시로서는 드물게 감성적感性的이고 감각적이면서도 시인으로서의 완강한 결의가 내비쳐져 있다.

시인은 "온갖 적요와 갖은 마음의 궁기와 세상살이 부끄러움 온전히

감당"하고 싶을 뿐 아니라 "남몰래 숨겨 둔 애첩 난실이 만나러 가"듯 시에 빠져든다. 더구나 그 '늦바람'은 "장다리꽃 같은 수줍음, 깻단 같은 설램"으로 얼굴이 씽씽해지게 하는가 하면, 급기야 "애첩 난실이"가 "하늘거리는 꽃대 끝 / 난꽃 향기"로 환치되면서, 그 "향기 품은 / 하늘의 말씀과 부지불식간 땅의 언약을 / 시시때때 / 총, 총, 총 / 오체투지로 받아쓰기 하고 싶"다고 하는 말은 거듭 곱씹어 보게 한다.

시인은 이슥고 향기 그윽한 '하늘의 말씀'과 알게 모르게 '땅의 언약'을 한결같이 온몸으로 경건히 절하듯 받아쓰려 한다. 그러나 이 같은 마음가짐도 자연 앞에서는 부끄러우며 무색해지는 건 역시 겸허한 마음자리 탓일 것이다. 채석강을 바라보면서 시인은 "저 책 짓는데 누구는 일만 년 걸렸다 하"(「채석강에서」)는 말에 마음 가져가면서는

젊은 날
하고많은 공수표
밀린 외상값,
벅찬 문장을 좇아 끙끙대던 일
나는 왜 바다의 빈손만 비비며
자꾸 딴전을 피우고 있는가
—「채석강에서」 부분

라고 자신을 들여다보는 겸양지덕謙讓之德을 잊지 않는다. '하늘의 말씀'과 '땅의 언약'을 저버리지 않고 받들려면 언제나 이 같은 자성이 담보돼야만 할 것이기 때문이다. 그렇다면 본격적으로 시를 쓰면서는 그 길을 어떻게 나서며, 과연 어떤 자세로 시를 쓰고 있는 것일까.

내 홀로 어쩌자는 마련도 없이
배낭 하나 달랑 메고

운주사 거쳐 유달산 지나 보길도까지
어기적어기적
세상의 끝이라 싶던 그때가 언제던가
목숨은 마냥 서러웠다
어인 밤 기우뚱
섬 하나 지울 듯 파도는 쳐쌓는데
민박집 전등불 촉수가 낮거나 말거나
썼단 구겨버리고 다시 쓰며
밤새도록 버려지던 헛된 반성문이여

—「섬」 전문

이 짧은 시에서는 '지금, 여기'에서의 떠돌이 행각行脚을 '최대공약수'로 떠올린다. 연 구분 없이 열한 행으로 구성된 이 시는 몸과 마음의 행로를 압축해서 보여줄 뿐 아니라 '시 쓰기=삶 자체'라는 등식으로 그 떠돎과 서러움(고난), 부단한 지향과 자성의 과정을 그려 보인다. 시인은 어떻게 하겠다는 작정도 없이 홀로 길을 나서지만, 산사山寺를 찾게 되고 바다 인근의 산을 지나 남도의 섬에 다다른다. 그 섬에서 밤을 맞으면서는 '섬'을 '나'와 '시'로, 다시 '삶=시'로 들여다보면서 반성적 자기 성찰自己省察을 하게 된다.

하지만 화자(시인)의 이 길 나서기는 "어쩌자는 마련도" 없고, 어기적거리며 가는 떠돎의 연속이다. 게다가 "세상의 끝"이라는 절망이나 좌절감을 거쳤음에도 "마냥 서러"우며, 깃들어 머물게 된 곳도 밤새워 거센 파도가 치는 작은 섬일 따름이다. 그러나 그럼에도 불구하고 섬을 지울 듯 치는 파도와 민박집 전등불 촉수와는 아랑곳없이 반성문(시)을 밤새도록 쓰고 지우고 다시 쓰는 시간에 놓인다.

이 대목은 시인이 바로 그런 정황 속에 놓인 '섬'에 다름 아니며, 시인의 삶(시 쓰기)이 홀로 "헛된 반성문"을 썼다 버리고 쓰는 것과 다르지 않다는 무상감에서 자유롭지 않다고 하더라도 그럴 수밖에 없는 숙명이 '시(시인)의 길'이라는 뉘앙스를 끌어안고 있는 것으로 읽히게 한다.

iii) 이무열의 시는 소설과 동화를 써 온 작가답게 이야기가 담긴 서사를 바탕으로 동화적인 환상이나 상상력을 끌어들이고, 질펀한 서정적 자아가 투사投射되는 점이 두드러지는 특징이다. 마치 타임머신을 타고 옛날로 거슬러 오르며 향토적이고 토속적인 정취가 물씬 풍기는 추억들을 불러 모아 그에 걸맞은 사투리들을 포개 놓음으로써 질박한 분위기도 고조된다. 더구나 이 와중에 그 중심에는 거의 어김없이 사람을 끌어들여 입김을 불어넣는 휴머니티가 관류한다.

시인은 역사의 뒤안길로 사라진 성냥공장의 숱한 애환과 그리움의 정서들을 질박하고 해학적인 입담으로 풀어놓은 「다황을 긋다」에서 지난날의 시대상時代相과 화자의 추억을 불러모으면서 "오늘은 유황 냄새 피어오르던 그때처럼 / 따닥 따닥, 다황이든 당황이든 / 다시 못 올 낭만의 마찰판을 그어 보고 싶다"고 그리는가 하면, 가고 오지 않는 옛날을 회상하는 「어떤 흐린 날」에는 "먹다 밀쳐 둔 수제비 같은 / 유년의 운동장 가에는 / 분홍의 바람개비 저 혼자 돌아가"고 "아직도 국기 게양대 옆 미루나무 잎사귀는 / 저요 저요 선생님 저요! 잎잎이 눈부신데"라는 그리움의 환상이 마치 동화 속의 아련한 장면들처럼 펼쳐진다.

그의 언어 구사는 돌이킬 수 없는 '당황'마저도 성냥을 켜듯 "낭만의 마찰판에 그어 보고 싶다"거나 추억 속의 학교 운동장을 "먹다 밀쳐 둔 수제비 같"고, '미루나무 잎사귀'를 '어린 학생'으로 바꿔 바라보는 발상의 전환과 특유의 풋풋한 희화적 상상력을 대동한다.

그런가 하면, "너와 나 사이의 연분도 / 연분홍 봄길 혹은 밀물 드는 가을 강가에서 / 기우뚱 저물거나 / 온 발목 무장 젖어 흘러간 세월 같다"(「'사이'라는 말—K에게」)에서와 같이 언어(어휘)가 촉발하는 연상

聯想과 낯선 비유를 통해 신선한 표현의 묘미를 돋운다. 이 같은 표현의 묘미는 "그리워라 애니로리 / 머나먼 스와니강 출렁거려 / 노랫말이 생각나지 않는다", "아리 아라리로 엮는, / 산다는 일의 곡절 / 그 가쁜 숨결"(같은 시)과 같은 대목에 이르면 더욱 번득인다.

시인의 발길, 눈길과 마음눈이 닿는 곳은 그야말로 종횡무진縱橫無盡이다. 성악가 지망생이던 이창수(1921~2011)가 대구 도심을 전전하며 어렵사리 평생 꾸려온 국내 최초의 고전음악 감상실 '녹향' 이야기, 어린 시절 기억을 되살린 경기도 파주의 미군부대 풍경, 젊은 시절 회상에 삽입된 1998년 안동 고성 이씨 무덤에서 '원이 엄마'의 사랑 편지와 함께 출토된 미투리(마와 머리카락을 섞어 짠 신발) 애사哀史, 청도 한재 미나리꽝이나 초등학생 시절 쥐잡기와 쥐갈비에 얽힌 슬픈 일화, 전남 곡성 오일장의 한 할머니 좌판과 대구 서문시장 열 뼘 가웃 외할머니 점방을 배경으로 한 질펀한 애환의 서사들은 삶의 풍경들을 다각적으로 희화화하면서 걸쭉한 입담과 해학으로 풀어놓은 경우다.

어디 그뿐인가. 이 같은 사례들을 열거하자면 가히 그 끝이 안 보일 정도다. 홍콩 마카오 성 바울 성당, 경남 남해 문항마을 개펄, 경북 영천의 거조암, 경남 산청의 심원사, 경북 영주의 무량수전, 대구 팔공산의 부인사, 경남 하동의 쌍계사, 대구의 출판사 만인사와 파티마병원 장례식장, 경상감영공원 뒷길의 국숫집, 대경교통충전소, 동아백화점 수성점 앞 횡단도로변, 전남의 순천만, 경남 남해의 죽방렴, 경북 안동의 지례예술촌 앞 강변, 경기 부천의 현대요양병원 중환자실, 브인과 함께 경영하는 '박가분朴家粉' 앞 난전 등도 삶의 다채로운 파토스들과 질펀한 추억들을 특유의 서사적 어법으로 떠올린다.

「녹향에 간다」에서 시인은 6·25 한국전쟁 피난 시절 '녹향'에 자주 드나들었던 이중섭, 박태준, 양명문, 유치환, 양주동 등의 당시 활동상(일화)과 64년간 1,510회나 열렸던 예육회 정기음악감상회 등을 더듬

어 부각시키면서

> 녹향, 푸르른 세월의 향기를 품고
> 향촌동 남일동 사일동 포정동 동성로 화전동 옮겨 다녔건만
> 끝내 임대료도 못내 문닫는단 풍문에
> 내 청춘의 18페이지 하단, 붉은 잉크로 밑줄 그어진
> 차이콥스키의 안단테 칸타빌레
> 죄 많던 어느 가을날의 눈물을 떠올렸거니
>
> 첫사랑 애뜯는 안부를 묻듯
> 개망초 술패랭이 하늘나리 쑥부쟁이 구절초의 노래
> 오선지 나달나달한 악보 같은 길 걸어 녹향에 간다
>
> —「녹향에 간다」 부분

고, 그 "푸르른 세월의 향기"와 재정난으로 끝내 문을 닫게 된 '녹향'에서 듣던 음악이 "내 청춘의 18페이지 하단, 붉은 잉크로 밑줄 그어"질 정도로 절절했던 첫사랑 사연과 함께 되새기며 안타깝게 그리워하는가 하면, 애틋하고 오래된 추억의 길을 더듬어 찾아 나선다.(이 음악감상실은 현재 대구문학관 지하에 복원해 운영되고 있음)

"저벅저벅 코 큰 양코백이 쏼라쏼라 걸어오는 거 자알 보인다"로 시작되는 「연풍리 가는 길」에서는 미군부대가 있던 파주의 풍경을 "한 됫박의 그리움과 설렘과 신열이 덕지덕지 껴묻은" 곳으로 그리면서 당시 모습을 특유의 걸쭉한 재담才談으로 되살려 보인다.

> 솜틀집 기계는 숨죽인 솜을 터느라 연신 툴툴 털털, 바께쓰 숯불에 달구어진 양철집 인두는 납땜을 하느라 푸시시식, 도르래 고장난 왕대포집 판자 문짝은 삐딱하게 열리다 말다 덜컹 덜커더덩, 순댓국집 조선솥 뚜껑은

뿌연 수증기를 뱉어내며 연락부절로 스르렁 스렁, 불콰해진 강냉이 김 씨와 조선팔도 칼갈이 강 씨거나 운전수 털보의 따따부따 언성은 높아만 가고 오리 궁둥이 주모는 뒤뚱뒤뚱 혼자 바빴다

아슴푸레하여라 이음매마다 총총 도려낸 깡통 뚜껑을 박아 둔 루핑 지붕에는 자글자글 햇살 녹아내리고 문득 끝 간 데 없이 장대비가 내렸다 부인상회 우리양행 파주목욕탕 나무 간판은 반나마 페인트칠이 벗겨진 채 건들거리고, 신영균 최무룡 황정순이 얼굴이 주름잡던 문화극장 옆 낡은 앰프는 신 프로가 들어올 때마다 진종일 왱왱거렸다

—「연풍리 가는 길」 부분

세월의 흐름에 묻힌 오래된 추억을 이같이 애틋하거나 질박하게 끌어당겨 그리는 시편들은 거의 부지기수다. 봄밤에 페이스북으로 소식을 접하며 대학 시절 한 새내기와의 추억을 "꽃이 왔다"그 "먹먹하"게 떠올리는 「사월, 꽃이 왔다」는 그 그리움의 정서를 "못다 한 노래 잊힌 후렴구 같은 것"이라고 노래한다. 안동의 한 무덤에서 출토出土된 '원이 엄마'가 삼은 미투리의 애달픈 사랑 이야기를 인유引喩해 "옛 여인의 머리카락짚신 같은 맹세"에 비유하는 발상이나 홍콩 마카오 성 바울 성당의 "첨탑에 걸려 웅얼거리는 / 그 옛날의 종소리에 오래 귀를 열면서"는

산다는 건 문득,
지지마꿈 등 기대고 서서 불러볼
화살기도 하나 바치고 싶은 것이려니…

—「시월에」 부분

라는 대목 역시 같은 맥락脈絡으로 보인다. "기돗발 좋다는 소문 듣"고

영천 거조암에 가서는 “세상에나! 영산전에 들자 앉은걸음으로 다가오는 것 있지요 / 똥기마이 할배가 키득키득, 김칫국 아재는 킥킥, 빼빼장구 당숙이 멀뚱멀뚱 / 웬걸 해파리 숙부님 둘레둘레 화등잔만 한 눈 치뜨는데요”라고 너스레를 떨면서 오백 나한五百羅漢을 향해

아재요, 탁배기 한 잔 자실랍니꺼?
사는 일 좀스럽고 짜잔해지는 이 노릇 우야만 좋겠는교?

<중략>

애오라지 곰삭은 절 한 채 품었다 뱉어 놓는 일로
하루가 한 생이 저물도록
마 괘않타, 전부 괘않을 끼다
앉으나 서나 오백나한님은 다 알아주실 것만 같았지요
—「거조암 오백나한」 부분

와 같은 능치기도 순전히 그만의 몫이 아닐 수 없다. 만인사(출판사)에서의 화투놀이를 통해 시인들의 캐릭터를 경상도 사투리로 희화화한 시에서는 “동양화 마흔여덟 장 요리조리 아코디언처럼 접었다 폈다 트집도 잡아 보고, 뜬 구름의 경전 패를 읽느라 도끼자루 썩어 나자빠질 토요일 봄밤”을 “시름을 달래보는 뷰티풀 선데이”(「만인사 1」)로 그리지만, 이 역시 그 자리에 초대받아 “행장도 못 꾸린 맨발로 부르면 피바가지 쓰듯 불리가는 기 세상살이”(「만인사 2」)라는 비애와 짝을 이루고 있는 게 아닐까. 이 같은 파토스의 정서는 영주 부석사 무량수전에 엎드려 목어木魚를 바라보면서

오장육부 구석구석 비우도록

천수경인지 해탈경인지
차마 그 많은 독경 혼잣말로 다 삭인
목어는 어찌 그리 우렁우렁거리던지요
무량 무량
저, 헤아릴 수 없는 물소리로 흘러간 이름
백골단청 배흘림기둥이나 부여잡고 불러 보는
탑 그늘은 오소소 깊고
무진장으로 우는 짐승 소리 오래오래 들렸습니다
—「물소리 무량하다」 부분

라는 경지로 승화昇華시켜 놓기도 한다. 하지만 그럼에도 다시 "온전히 천년을 견딘 고리비사리나무조차 사랑하다 끝내 앉거나 선 채로 죽어 버릴 수도 있으려니 외로운 스님들, 쌍계사 구유가 되었다는 소식 어느 먼 바람결에 나부끼고 있었다"(「쌍계사 지나며」)거나, 부인사 요사채 앞마당의 낙엽을 주우며 "주장자로 때려 줄까 보다 / 서들러 얼굴을 가리고 / 안간힘으로 버티고 선 석탑 너머 / 천년 전의 빗즐기 서서히 그치는가"(「지윤 노스님」)라는 무상감에로의 회귀에서도 자유롭지 않게 돼 버린다.

ⅳ) 시인의 삶을 바라보는 시선視線은 기억(추억) 여행에 주어지는 경우가 많지만, 그 그리움의 정서는 궁극적으로 허무와 무상감을 끌어안게 마련이다. 특히 사람들을 향해서는 흥건한 휴머니티를 바탕에 깔면서 짙은 연민을 끼얹거나 애틋한 그리움을 착색하는 양상을 띠고 있으며, 때로는 고향이나 자연 회귀의 빛깔을 띠기도 한다.

봄날 오후 한재 미나리꽝에 가서는 어린 시절에 위암을 오래 앓아 수척한 큰 외숙부外叔父가 약으로 쓰게 하기 위해 외종과 함께 "미나리꽝에 부록같이 엉겨붙던" 거머리를 잡던 기억들을 반추하는 「봄날, 거머리

같은」, 약밥 싸 들고 모처럼 그 외갓집에 갔을 때 작은 외숙부모의 근황(노후생활)을

> 뭘 이런 걸 다 가져 왔냐
> 외숙모 연방 손사래 치시고
> 우물가 석류나무 볼그족족 잇바디 수줍게 드러났다
> 외삼촌은 요즘 어떻게 지내세요?
> 아파트 경비 일도 떨어지고
> 내외간 조곤조곤 얼굴이나 맞대고 있지 뭐
>
> ―「쭈뼛쭈뼛 석류나무」 부분

라고 담담하게 그려 보이는 「쭈뼛쭈뼛 석류나무」는 삶의 비애와 그 무상감을 연민의 휴머니티로 감싸 떠올리는 경우라 할 수 있다. 초등학교 시절 동화책을 읽어주곤 하던 이모의 박복薄福한 삶과 죽음을 회상하며 동화 속에서처럼 "상아가 지천으로 쌓여 눈부신 곳 / 세상모르는 그런 곳"을 찾아갔기를 염원하는 「오래된 동화」, 열 뼘 가웃 비좁은 외할머니 점방에 들면 1원짜리 붉은 종이돈 하나 꼭 쥐어 주던 기억을 더듬으며 그 돈으로 주전부리 함께하던 "서울내기 다마네기 맛 좋은 고래고기 날 놀려먹던 / 상고머리 땜통머리 도장밥 버짐 기계총 비루먹은 / 꼬찔찔이 동무들 다 어디 갔을까"라며 "그 보랏빛 향기와 풋것들"을 회상하는 「장터에 갔더란다」 등도 그 빛깔이 다소 다르게 연민과 그리움의 정서를 보여주는 작품들이다.

「아버지의 입맛」은 군에서 휴가 왔을 때 중국집에 데려간 아버지가 "그날따라 입맛 없다며 / 세 젓가락 뜨고 내 앞으로 물리던 짜장면"도, 평소 식사 때 "머리는 내 주렴, 생선은 자고로 머리가 맛있는 기다!"라던 그 생선도 기실은 "갈고 심고 거두고 찧고 까불고 지져 나를 키워 오

신" 바 그 눈물겨운 배려였음을 반추하며 선친先親을 곡진히 기리는 마음의 그림이라 할 수 있다. 한편, 예전 여름날 저녁의 어머니의 사랑을 그리워하면서는

구불구불 말린 멍석 다 펼치기도 전에
들들들들 맷돌에는 되직하게 녹두가 갈리고
채 썰고 버무리고 기름 둘러 온갖 양념에 채소 돼지고기로 빚은
고스톱 판처럼 걸쩍지근한 녹두전과 막걸리 한 상을 차린다
오글오글 사촌 아니면 육촌 계집애들과 장맛비에 척척 감기는 손목 때리기 패를 돌리랴
외할머니 어깨 너머로 훔치던 신수보기 화투장을 떠어 보랴
그 예전 젊은 어머니는
곰방대에 풍년초 쟁이고 연신 구름과자 피워 올리던 외할머니처럼
—목 맥히겄다 년석아 좀 천천히 묵어라
—논빼미 물 들어가고 자석 입에 밥 들어가 좋을래라
뭉게뭉게 자꾸 그런 군말을 털어내고 있는데
님 소식이나 돈 횡재 그런 패를 꿈꾸던 날은 굴뚝같은데

—「굴뚝같다」 부분

라고, 토속적인 정취 속의 전통적인 어머니상을 성생하게 형상화形象化하면서 그 시절의 그 내리사랑의 농도를 그대로 착색해 보인다. 아파트 마당귀에 버려진 꽃나무 화분 보면서는 요양병원에서 "이젠 여가 내 집"이라며 치매 앓다 94세로 세상 떠난 장모 생각을 풀어놓은 「여가 이젠 내 집이다」 역시 같은 맥락의 따스한 정한과 무상의 서정적 서사에 다름 아닐 것이다.

그런가 하면, 「쥐덫 생각」은 코베이 경매 사이트에 올라온 '쥐덫'에 착안, 아들이 몸 약해 밤눈 밝게 해 준다고 "연탄불 석쇠 위에 기름기

좔좔 흐르던 쥐갈비"를 먹이던 "곱슬머리 옥니박이 최가네 철수 아버지"의 사랑법을, 한 시인(박곤걸)을 문상하는 지기(문인)들의 모습을 고인이 즐겨 가던 "춘자 아지매 국시집 / 먹다 남긴 국숫발마냥 / 맥짜가리 하나 없는 등신 어바리가 되어 / 모두들 한세상 개개풀린 낯빛"(「춘자싸롱 가고 싶다」)이라고 특유의 어법으로 형상화해 시인의 마음자리를 오롯이 보여 주고 있다.

시인이 부인과 함께 경영하는 '박가분' 매장 앞 텃밭머리에 난전을 편 세 할머니들이 오물오물 떡볶이 먹는 장면을 바라보며 "저승꽃에도 미소란 게 있다면 이런 때 만화방창 절창이겠다"는 「할머니들, 난전을 펴다」나 "머리 터져 뿌가 할매 박스도 못 줍고 오늘 박스 팔아 국밥 한 그릇 못 사묵꼬 결국 지가 박스처럼 구급차에 실려 가뿠는데……"라고 폐품주이 할머니 부상 이야기를 사투리의 묘미로 극대화한 「박스 이야기」는 또 어떤가.

외지고 소외된 사람들에 대한 이 같은 연민의 휴머니티는 월급 칠십만 원으로 불우한 아이들을 후원하는 게 유일한 보람이자 희망이었던 '철가방 아저씨'(중국집 배달부)가 뺑소니 차에 치어 죽은 뒤에도 장기기증으로 보험금 사천만 원을 후원회에 남기고 쪽방 영정影幀사진 속에서 웃는 모습을 그린 「김수우 씨」에 이르면 그 절정에 이르듯 뜨겁기 그지없다.

하지만 눈을 안으로 돌리면 산다는 게 무상과 고해苦海, 허무와 고행苦行에 다름 아닐 따름이다. "사는 일, / 수수백년 구부야구부구부가 열두 고개"(「순천만 풍경」)라는 상두꾼 소리에 귀를 기울이는 것도, "질라래비훨훨 / 내 흘러온 길 뒤집히고 흐트러진 신발짝만 같다"(「노래나 한 곡」)는 자기 희화화의 독백도 그런 빛깔을 묻히기는 한가지지만, 이 절절함은 그 초극과 초월을 향한 역설로 읽어도 좋을 것 같다.

이 시집의 표제시 「묵국수를 먹다」를 각별히 거듭 읽게 하는 까닭은 무얼까. 깊은 울림을 대동한 서정적 서사로 고단한 삶의 파토스를 진술하면서도 절실하게 떠올릴 뿐 아니라 시인 특유의 질박한 언어 구사와 그 묘미들이 이를 떠받들어 주기 때문일 것이다.

백 년 만의 폭설暴雪이 내린 먼 곳과 흩날리는 눈발로 질척거리는 시장통은 거리가 떨어져 있으면서도 시인이 가깝게 느끼며 떠도는 '하나의 현실'이며, '허기진 시간'과 '위로받고 싶은 시간'이 함께 어우러진 현실이기도 할 것이다. 허름하고 비좁은 난전 묵집의 주인 노부부와 삶의 터전이 흔들리는 설운 심사로 묵국수를 먹는 화자는 그 모습이 다르더라도 공동운명체共同運命體가 아닐 수 없으며, '분노와 용서'를 아우르며 살 수밖에 없는 삶의 현장이요 현실이긴 마찬가지이지 않겠는가.

연신 메밀 솥을 휘젓고 묵을 치는 노부부의 모습과 묵국수 사발에 꾸역꾸역 고개를 쳐박는 화자의 모습은 그 빛깔이 다를지라도 목이 메도록 쓸쓸한 삶의 단면斷面이기는 한가지일 것이다. 다만 이 시에서 화자가 떠올리는 현실은 화자의 시선을 통한 현실의 결과 무늬들이며, 화자의 서정적 자아가 대상에 투사되거나 투영된 경우이기도 하다.

> 강원도에 백 년 만의 폭설 내린 날
> 질척거리는 불로시장을 어슬렁거렸다
> 식욕에도 무장 눈발 어룽진 얼룩 같은 것이 있다면
> 더러는 위로 받고 싶은 허기진 시간도 있어
> 묵밥, 묵국수 팝니다 허름한 현수막 펄럭이던 묵집에는
> 마지막 끼닛거리처럼 식탁이 달랑 두 개뿐
> 주인 할아버지는 끓는 메밀 솥을 주걱으로 연신 휘젓고
> 묵 치는 할머니의 등은 해거리 비탈밭처럼 꾸부정한데
> 답답하고도 설운 심사 달래듯
> 묵국수 사발에 꾸역꾸역 고개를 처박았다
> 십 년 넘게 꾸려 온 화장품 점포를

무조건 비우라는 집주인의 건물인도 청구 소송에
오늘은 어쩔 수 없는 답변서를 작성해야겠다
애꿎은 송사에 변호사도 사지 못한 자에게
때로 산다는 건 쓸쓸한 식탐처럼 자꾸 목이 메는 것이라서
귀때기 파랗게 질리는 난전 시장통을 돌아
지지눌러 온 분노와 용서 사이
봉두난발로 분분한 눈길을 하염없이 걸었다

—「묵국수를 먹다」 전문

"식욕에도 무장 눈발 어룽진 얼룩", "마지막 끼닛거리처럼 식탁이 달랑 두 개뿐", "할머니의 등은 해거리 비탈밭처럼 꾸부정한데", "쓸쓸한 식탐처럼 자꾸 목이 메는", "귀때기 파랗게 질리는 난전", "봉두난발로 분분한 눈길" 등의 표현이 특유의 시적 분위기를 북돋워 주며, 시인의 걸쭉하고 질박한 체취體臭처럼 구수한 매력을 발산하는 것으로도 읽힌다. 이무열의 매력은 바로 이런 데 있지 않을까 하는 생각도 해 본다.

(2019)

향수와 회귀의 시학
― 이행우 시집 『그 바람은 꽃바람』

i) 이행우는 토속적이고 향토적인 정서에 뿌리를 두면서 사라져 가는 전통서정을 지향하고 추구하는 시인이다. 그는 태어나서 자란 고향과 그곳의 고즈넉한 자연 공간, 그 속에서 살아가는 사람들에 대한 그리움과 연민憐憫, 애틋하고 담백한 추억과 향수鄕愁를 거의 집중적으로 소박하게 노래하고 꿈꾼다.

다분히 복고적인 성향의 자연회귀自然回歸와 인간성 회복의 길을 나서는 그는 현실적 삶의 터전인 도회 공간에서도 끊임없이 지난날로 되돌아가듯, 삭막하고 황량荒涼한 세속적 삶을 인정이 따스하게 번지는 옛 꿈의 공간으로 이끌어 가는 느낌을 안겨 주기도 한다.

시인이 한결같이 천착穿鑿하는 친자연적 추억과 향수의 공간은 잊혀가거나 밀려나고 있는 '과거형'들이다. 하지만 그 과거형은 단순히 기억 속에 자리잡고 있는 과거가 아니라, 시인이 궁극적으로 꿈꾸는 이데아의 세계이며, 현실 초극과 초월의 소망을 품는 세계이기도 하다.

ⅱ) 이행우의 일련의 시에는 고향을 그리워하고 그 추억 속으로 회귀하는 정서의 결과 무늬들로 채워져 있다. 이 향수의 공간에는 어린 시절의 봄이 그대로 자리매김하고 있으며, 그 봄 풍경들은 포근하고 아릿한 빛깔과 향기를 머금은 채 맑고 투명하게 반짝인다.

시인은 마치 타임머신을 타고 시공時空을 거슬러 오르듯, 오래된 지난날로 되돌아가거나 지금·여기에 발을 딛고 있으면서도 먼 기억들을 불러 모아 애틋하게 다독이고 반추反芻하면서 마음을 정화淨化하고 평정을 찾기도 한다.

화자가 이토록 몽매夢寐에도 못 잊어 하는 고향은 태어나서 자란 경북 청도군 매전면 당호리다. 그 옛날의 당호리는 "보릿고개 넘어 / 삭힌 풋감으로 / 삼복 긴 하루, 더운 / 허기도 채우"(「고향의 땅」)던 헐벗은 농촌이지만, 화자에게는 소중한 마음의 본향本鄕으로 공고하게 자리매김하고 있다. 궁핍하더라도 "쑥, 냉이 같은 정으로" "풋풋한 인심"(같은 시)이 넘치고, "감나무 꼭대기에 / 까치밥 남기는 / 후한 마을"(같은 시)이었기 때문이다.

시인은 당호리를 중심으로 매전梅田과 청도淸道로 확산되는 그리움들을 호명하고 되새김질한다. 당호리 인근의 "송사리 몰이에 / 모래탑 쌓던 / 백사장"(「내 고향」)이 기억 속에서 여전히 눈부시며, 수박 서리를 하거나 모래무지, 피라미, 송어, 은어를 잡고 검정 고무신 가득 다슬기를 줍던 추억들이 '연지빛' 노을과 함께 '금빛'으로 환하다. 이 그리움은 현실을 거슬러 가는 물살에 함석배를 띄우게 하고, 어린 시절로 회귀하는 길을 트게도 해 준다.

별빛 담고
달빛 실어
하늘빛 바람 타고

고향으로 흐르는
물소리

냇가
모래밭에 남은
숱한 발자국
눈시울에 묻혀
희미한 눈썹달 아래
들판 너머 마을로
뜸부기 소리 따라

고향으로 흐르는
그리움

—「고향의 강」 부분

토속적 정취가 물씬 풍기는 이 시에 묘사되고 있듯이, 고향을 향한 그리움은 물소리에 하늘빛 바람을 타는 별빛과 달빛을 싣고 닿게 할 뿐 아니라 희미한 눈썹달이 뜨는 들판 너머 고향 마을로 뜸부기 소리 따라 가게 하고, 모래밭에 남은 자신의 발자국을 보게 하는 환상幻想을 안겨 주기도 한다.

당호리로 가는 길은 「매전梅田 예찬」에서처럼, 동창천東倉川이 흐르고 운문댐과 매화(매실)밭들이 자리잡고 있으며, 시인의 기억에는 눈도 녹기 전에 흰 꽃과 붉은 꽃이 필 정도로 사계절 어느 대나 '봄바람 부는' 곳으로 그려지고 있다. 그래서 꿈을 키우던 추억이 살고 있는 매전은 감꽃 이우는 소리나 솔꽃 향내마저 봄바람을 타는 것으로 여겨지게 하고, 그곳에 살던 사람들의 인정을 각별히 그리워하게 한다.

어매 있고
동무들 많고
유천교 건너들면
동창천이 흘러가고
꽃 피고, 열매 맺고
풍성한 가을 들판만큼
인정이 넘실거리는, 사람들
맑게 사는 청도清道
무심교 기차바위
꿈을 키우던
고향이다

사철 꽃이 피는
매전

—「매전梅田 예찬」 부분

더구나 "사철 꽃이 피는" 매전으로 가려면 유천교와 무심교, 기차바위를 거쳐서 가게 되고, 밤길일 경우 "밤나무 꽃그늘 / 두견새 소리"(「두견새」)를 듣게도 된다. "가슴 열고 / 하늘과 함께"(「봄은 바람이 되고」) 마음은 별빛이 되고, "꽃이 되고, 꽃은 / 봄이고 / 봄은 / 바람이 되"며, "그 바람은 꽃바람 / 봄의 향기"(같은 시)가 되는 무아경無我境에 이르게 되기까지 한다.

그런가 하면, 송사리들과 함께 건너던 맑은 개울 동창천은 "은모래빛"(「동창천」)으로 흐르고, 그 개울을 끼고 있는 "뒷산 중턱 / 소쩍새 소리에 / 하얀 찔레꽃 피면 // 어머니의 눈가에 / 주름지는 고향"(「찔레꽃 필 무렵」)은 동창천 한 굽이 소용돌이 위의 팔작지붕 정자와 예 그대로의 마을은 고즈넉한 정취情趣로 더욱 짙은 향수를 부추길 수밖에 없어 보인다.

청룡 백호의 터를 골라
우연愚淵을 굽어보는
언덕 위에
삼족대
구만리를 나는
팔작지붕

초승달
눈썹 미소에
저녁노을 붙잡고
뒷산 자락 오르는
뜸부기 소리

세상 이른 봄이
하나 둘
열리는 옛 마을
—「향수鄕愁」 부분

마을 언덕에서 물굽이를 굽어보는 팔작지붕 정자亭子의 우아한 모습에다 뜸부기 울음소리를 초승달의 '눈썹 미소'에 저녁노을 붙잡고 뒷산 자락을 오른다고 묘사하는 시인의 마음자리는 향토적이고 복고적인 아름다움을 떠올려 보인다. 청도에 가는 발길을 "이슬 머금고, 아침 / 갈지고개 넘어"간다거나 "봄바람에 / 화들짝 핀 / 복사꽃 / 꽃바람"(「청도에 가면」)과 같은 표현과 청도를 "도원향桃源鄕"(같은 시)이라고 치켜세우는 마음 역시 그렇게 보인다.

화자는 감꽃 향기에 젖어 운문댐의 물결을 그리면서는 "출렁거리는

/ 물소리 / 하늘을 걷는다"(「감꽃 향기」)는 환상에 닿기도 하지만, 이 고향에 대한 그리움 속의 애틋한 연민은 아마도 "꽃다운 갓 스물에 / 가난하게 시집와서 / 초가 단칸에서 일곱 남매 길러 / 진일, 마른일, 안일, 바깥일 / 물마를 날 없는 손 / 정성으로 다 키워 / 끝맺어 보내고, 이제 / 그 세월 흔적만 남은 / 꼬부랑 할미"(「어매요」)인 어머니의 치매癡呆 때문이기도 할 것이다. 이 안쓰럽고 곡진한 연민은

> 돌아오는 중에도,
> 밥상머리에서도,
> 마주 섰던 흰 벽이 눈에 선해
> 내일은 어매 보고 출근해야지
>
> 휴대전화를 만지작거린다
>
> —「어매요」 부분

라는 효심孝心을 낳게 하는 건 너무나 당연해 보인다. 이 같은 연민의 정서는 지난날 가난한 시절의 보릿고개 때 "한 집 건너 집집이 / 청보리 삶아 / 돌담 길 비좁게 / 훈훈한 봄 내"(「봄을 건너는 풍경」)를 풍기던 풍경과도 무관하지 않아 보이는 것도 물론이다.

iii) 시인에게 향수는 마음을 정화시키고 위무慰撫해 주는 청량제가 되고 치료제가 된다는 건 현실이 그와는 상반되게 삭막하고 가파르다는 의미일까. 매사에 긍정적이며 착실하고 온건해 보이는 그에게도 일상 속의 파토스들이 없을 수야 있겠는가. 「꿈」이라는 시에서 시인은 "꿈을 깨면, 나는 / 못내 / 목이 마르다"고 털어놓는다. 하지만 현실을 직시直視하면서도 궁극적으로는 긍정적인 시각을 저버리지 않는다.

쳇바퀴 따라
열심히 걷는다

어제 갔던 길
오늘 다시 걷는다
앵무새 소리 휘파람 불며
어제를 밀어내듯
오늘을 간다

다람쥐의 쳇바퀴

—「오늘도 걷는다」 전문

살아가는 일상은 다람쥐가 쳇바퀴를 돌리듯이 같은 일을 반복해야 하고, 언제나 '거기가 거기'라고 하더라도 주어진 일에 최선을 다하는 성실성을 흩트리지 않는다. 어제 갔던 길을 오늘도 걷지만 어제를 밀어내듯 오늘을 간다는 건 어제와 다른 오늘을 향해 간다는 이야기이며, 같은 것 같지만 새로운 길을 지향하는 의지를 완곡하게 내비쳐 보인다고 할 수 있다. 나아가 시인은 '내일로 가는 오늘'을 가려 한다.

가슴을 펴
마음을 덜고
무릎 뻗어
허리를 세운다

그리고 고개 들면
하늘이 있다

무릎 접고, 허리를 꺾어

마음을 덜어
가슴 짓누르던
어제의
하늘이 아니다

내일로 가는 오늘이다
—「내일로 가는 오늘」 전문

이 시에서는 그런 의지를 더욱 구체화하면서 미래지향적인 길을 가려는 적극성을 시사示唆한다. 어제(과거)와 달리 오늘(현재)은 가슴을 짓누르던 마음을 덜어내기 위해 가슴을 펴고, 구부렸던 허리를 바로 세우기 위해 무릎을 뻗으며, 숙였던 고개를 들어 내일을 향해 나아간다.

물론 현실은 순탄하지 않으며 느닷없고 뜬금없는 일들이 다반사茶飯事로 일어나게 마련이다. "봄 꽃잎 사이에 때 없는 단풍 / 늦은 눈바람에 화들짝 핀 코스모스 / 시끄럽게 가슴 치는 팔월의 우박 / 웬 메뚜기 떼 지나간 밀밭 / 동짓달에 부는 태풍까지"(「빈 잔」)만 예로 들어도 그렇다.

그러나 시인은 이런 현실과 맞닥뜨리면서도 이를 극복하려는 의지意志를 완강하게 내비친다. "고래에게 사랑을 고백하는 / 새우의 용기"까지도 불사한다. 심지어는 촛불처럼 "흔들리면 흔들릴수록 / 내 마음은 / 불꽃이 된다"(「촛불」)고도 한다. 하지만 그럼에도 불구하고 현실 속에서의 외로움은 피할 수 없으며, 서로 의지하고 서로를 위해 줄 동반자가 아쉬운 건 숨길 수 없는 사실이다.

함께 걸어가 줄 동행 하나 있으면
좋겠다, 내 이야기 들어줄 동행
내 속을 보고도 비웃지 않을,
부끄러운 삶 엿보지 않고

어둠에서 손 내밀어 줄
동행 있으면 좋겠다

슬플 때 눈빛으로
기쁠 때 가슴 품으로
마음을 트고
말할 수 있는 동행
하나 있으면

그를 위해 빛이 되고
꽃이 되고, 향기
은은한 동행이고 싶다

나를 위해,
그를 위한 동행
하나 있었으면 좋겠다

—「동행」 전문

인간은 결국 누구나 타인他人일 수밖에 없다. 사회생활을 하면서 많은 사람과 만나고 헤어지고 다시 만나지만, 진정으로 동행同行할 수 있는 사람을 만나기는 지극히 어렵다. 이해타산으로 얽히고설키며, 극단적인 경우는 믿는 도끼에 발등 찍히고, 어제의 동료가 오늘은 적이 돼버리기도 하는 세태라 해도 과언이 아니기 때문이다. 그래서 '불신시대不信時代'라는 말이 물러나지 않고 있으며, 진정한 친구 한 사람만 있으면 세상을 얻게 된다는 말이 나오기도 한다.

시인은 진정한 동반자를 목말라한다. 이야기를 들어 주고 허점이나 약점도 비웃지 않으며 어려울 때 배려하고 슬픔과 기쁨도 함께 나눌 수 있는 동행을 아쉬워한다. 그런 동반자를 여태 만나지 못했기 때문에 그런 동행 하나 있으면 좋겠다는 소망을 품고 있는 것 같다. 더구나 그런 동반자를 간절히 원할 뿐 아니라 자신이 그 동반자에게 빛과 꽃이 되고 은은한 향기가 되겠다는 결의까지 보여 준다.

최선을 다해 현실을 살아가면서도 기댈 수 있는 언덕은 누구에게나 요구된다. 시인이 과거 지향적이고 어린 시절의 고향에 대한 그리움이 남다른 까닭도 삭막하고 가파른 현실 때문임은 말할 나위가 없을 것이다. 그래서 "드는 길에 / 나는 길에 / 빈 고향 마을 / 머뭇대는 발걸음"이 이어지고 "비탈진 하루 // 오는 길로 / 가는 길로 / 바람결 따라 걷"(「길목에서」)게 되는지도 모른다. 이 같은 현실에 대한 비애는 팔순의 부모님 곁에서 한더위를 식히면서 한동안 안도하게도 된다.

도회의 눈을 잠시 감고
찌든 회색 바람 비껴
어머니의 벽에 기대앉는다
해변이 있고, 바다가 보이고
나무숲 따라가다 보면
푸른 계곡 맑은 물이
숲길로 이어지는 여유

잘 익은 수박 갈라놓고
모깃불도 있고
반딧불도 있는
평상에 앉아
달 없는 밤에
은하수를 건넌다

팔순 부모님 곁

피서避暑

매미 소리에 잠이 깨고
탈!탈! 탈!탈!탈!
감나무 그늘에서, 아침
갈매기 소리보다 훨씬
친절한 경운기 박자
아버지 걸음도 가벼워지고
그제야, 허리 펴는 어머니
긴 숨을 돌린다

강된장에 호박잎
어머니의 손맛

별들이 반짝반짝
흐르는 여름

—「팔순 부모님 곁」 전문

여름의 피서라지만 분명 단순한 피서는 아니다. "도회의 눈을 잠시 감고 / 찌든 회색 바람 비껴" 기댈 수 있는 곳은 어머니 곁이며, 캄캄한 밤에도 어머니 곁에서는 "별들이 반짝반짝 / 흐르는" 여우를 맛보게 되기도 한다. 바다나 산골짜기를 찾아가기보다 고향집 감나무 그늘에서 잠 깬 아침에 듣는 경운기耕耘機 소리가 갈매기 소리보다 훨씬 친절하게 들리는 것도 어머니와 아버지 곁이기 때둔이며, 강된장으로 호박잎쌈을 싸 먹는 어머니의 손맛 때문이지 않겠는가. 더구나 그 어머니는 "동생들 잘 보면 / 백고무신 사 준다고 / 보리쌀 너 되에 / 콩 반 말 이고"(「동곡장 가던 날」) 장에 가던 분이지 않았던가.

하지만 이제 시인에게도 그리운 고향은 예 그대로의 고향은 아니다. 고향에 가도 만날 수 없는 부모님은 그리움 저편 아득한 곳에 있을 따름이다. 어머니를 향해서는 "바람 몹시 차가운데 / 이 밤을 / 어떻게 보내야 할까요, 어머니 // 어두워지는 하늘 아래 / 불빛 하나 둘 깜빡거리면 / 부르시던 그 손짓이 / 더욱 그립습니다"(「그립습니다. 어머니」)라고, 소상을 맞아 어버지를 기리면서는 "즐기시던 / 다슬기 생채 한 대접 / 촛불로 길 밝히고 / 향 올리며 / 기별을 기다"려도 "쌍대 사이 내왕 흔적도 / 흠향하신 자취도 없어"(「사부곡思父曲—소상小祥」) 정토왕생淨土往生을 기원하고 그리워할 수밖에 없게 돼 버렸다.

시인은 이런 정황 속에서 까치 소리를 더할 나위 없이 반갑게 느끼는 까닭은 "부모님 안부 물고 와 / 고향 소식 전하고 / 여기저기 먼 친구들의 / 근황도 알려 주고 / 정다웠던 이웃의 / 오래된 마음도 / 옮겨"(「까치 소리」)주는 것으로 여기기 때문일 것이다.

ⅳ) 시인은 고향을 언제나 '봄'이라는 계절에 연계해서 떠올리거나 고향 자체를 한결같이 '봄 속의 공간'으로 그리는 것과는 대조적으로 현실에 발을 디디고 있을 때는 그 배경이 거의 어김없이 쓸쓸하기 그지없는 '가을 속의 공간'이다.

가을은 "산마루에서 / 능선 따라, 붉은 / 비단을 밟고 온다"(「가을은」)고 미화美化하거나 "파란 하늘 이고 / 맑은 방울 소리 / 바람을 타"(같은 시)고 온다고 그리기도 하지만, 상실감喪失感에 연결고리를 달고 있는 비애를 비켜서지는 못한다. 아마도 그래서 가을에는 저녁노을이나 고추잠자리, 타는 불빛과 같은 붉은빛이 빈번하게 끌어들여지는 건 그만큼 그리움의 농도가 짙다는 방증傍證으로 읽힌다.

고추잠자리 맴돌다 간

노을을 등진 채
그리움
붉게 번진
가을 하늘

그리움 활활 타며
서러움의 불티 날리다
눈물로 어우러져
밤이슬 맺히면

뼛속을 스미듯
배어나는 그 향기
가을 하늘에
수繡를 놓는
들국화

—「들국화」 전문

이 시에서 들국화는 산야山野에 피어 있는 가을꽃이라기보다 화자 자신의 내면에 피어 있는 꽃으로 읽힌다. 대상을 그대로 묘사한 게 아니라 화자의 감정을 이입移入하고 투사投射해 떠올리기 때문이다. 화자의 그리움이 빨간 고추잠자리가 맴돌다 간 붉은 노을을 등진 채 가을 하늘에 붉게 번진다는 표현은 그 농도가 어느 정도인가를 짐작케 한다. 게다가 그리움이 활활 타며 서러움의 불티로 환치되고 있는가 하면, 다시 눈물로 어우러져 밤이슬로 맺히고, 그 향기가 뼛속을 스미듯 가을 하늘에 수를 놓는 것으로 비약이 거듭되고 있다.

이 같은 비애悲哀의 정서는 「가을 무렵」에서 "두서없이 맴도는 / 고추잠자리 셋 / 어긋난 짝으로 / 날고" 있는 모습으로, 「만추」에서는 '가을빛'이 '노을빛'과 '익은 감의 빛깔'로 변주變奏된다. 또한 「갈대숲」에서는 "저무는 하늘은, 시방 / 타는 불빛"이었다거나 "타고 남은 / 빈 하늘 / 갈대숲에 잠긴다"고 묘사되기도 한다.

떨어지는 것 안타깝고
가는 것이 아쉬워
아픈 마음

서리 내린 새벽
뒹구는 사연들, 숨어
몰래 보내는 마음

잎 밟는 소리마다
흔들리며
떨어지며 가을은 간다

—「가을을 보내며」 부분

조락凋落의 계절인 가을에는 떨어지고 가는 게 나뭇잎만이 아니라는 사실을 이 시는 여실히 말해 준다. 화자는 아무에게도 드러내 보일 수 없는(진정한 동반자가 없어서) 아쉽고 아픈 사연들 때문에 남몰래 흔들리고 떨어지며 가을을 보내야만 하는 것일까. 아마도 그런 것 같다. 하지만 시인은 그런 아쉬움 속에서도

해 지는 대로
해 뜨는 대로
고개 내밀고
바라본다

<중략>

흘러가는 물빛을 보듯
멀어져 가는 구름을 보듯
내게로 일렁이는
파문을 안고

가을 들판을 돌아
또 어디로 떠날
노을빛 세월을
바라본다
—「바라보며 기다리며」 부분

고, 서러움과 아픔을 삭이면서 관조觀照와 달관達觀의 지평으로 나아가게 되기도 한다. "강변 저만치 / 산 그림자만 드리우고 / 아즈 건너지 못한 / 나루터의 고요 // 미명의 세월 / 타래를 감고 있"(「산 그림자 길어지면」)는 오늘을 갈 수밖에 없어 "노을빛, / 빈 잔에 담아 / 그리움을 가늠"(「빈자리 돌아보며」)하게도 된다.

시인은 이윽고 세속 사회에서와는 달리 성스러운 공간에 들어 마음의 평정을 찾게 되고, 고향을 향한 마음과 또 다른 의안을 얻으면서 현실 초월의 통로를 발견하기에 이르기도 한다. 산사山寺의 목어木魚 울음소리와 풍경風磬 소리를 들으면서는

새벽을 우는 목어木魚
애틋한 마음

빛을 구해 촛불을 밝히고
눈을 떠 진리를 찾는

이 밤

—「새벽을 우는 목어」 부분

어느 곳
돌 틈으로
아늑하게 들어

연꽃에 앉으라

—「풍경 소리」 부분

라고 토로하고 있는 바와 같이, 빛을 구해 촛불을 밝히고 눈을 떠 진리를 찾는가 하면, 성불成佛을 꿈꾸면서 연꽃에 앉을 채비도 한다. 산사의 학승學僧이 두드리는 법고法鼓 소리를 뒤로하고 산을 내려오면서 이윽고 맑고 밝은 이데아와도 조우하게 된다. 시 「산사山寺의 아침」의 일부분을 이 글의 마지막에 인용하는 까닭은 시인의 궁극적인 지향처를 암시하고 있는 것으로도 보이기 때문이다.

안개 걷고
귀를 여는 새벽
독경 소리
해묵은 바람에 실려
산문을 나서
해인사
절골로 내려서면

창호에 깊이 밴
큰스님의 죽비 소리
잠 설친

망념을 끊는다
계곡을 흐르는
경염불 소리 따라
도란거리는 햇살도
삭발할
산사의 아침

—「산사山寺의 아침」 부분

(2020)

자기 성찰과 그리움의 정서
— 김봉용 시집 『저녁 무렵의 랩소디』

ⅰ) 김봉용 시인의 시는 현실적 삶이 안겨 주는 어둠과 그늘, 그 파토스들을 진솔한 서정적 언어로 떠올리면서 애틋한 그리움과 기다림의 정서情緖를 빚어 보인다. 시인이 살아가는 세상은 삭막索莫하고 각박하지만 그 비루한 현실을 비켜서지 않는 겸허한 자기성찰自己省察을 바탕으로 지난 세월을 가까이 끌어당겨 반추反芻하는 양상으로 나아가며 더 나은 삶을 부단히 꿈꾸고 모색한다.

자연이나 그 풍경들에 다가가면서 현실에서 받은 상처나 상흔들이 치유治癒되거나 새로운 여유와 깨달음을 얻게 되는가 하면, 소외된 사람들을 향해서는 어김없이 나눔과 베풂을 저버리지 않는 휴머니티를 발산한다. 특히 고향과 고향집, 옛 가족과 그 기억들의 공간으로 거슬러 오르면서는 잊히지 않는 추억들이 따스하고 아름다운 꿈의 공간을 넓혀 주고, 연민憐憫의 정서를 대동하면서 되찾고 싶은 사랑과 정신적인 본향本鄕 회귀에의 길을 더듬어 나서기도 한다.

ii) 시인은 자신의 모습을 "부침浮沈하는 날 단단히 억누르고 / 하회탈로 재빨리 얼굴을 가"리면서 "한 사내의 허세가 / 모순의 상자에 / 알맞게 봉인되었다"(「자화상 1」)고 그리고 있다. 이 시에서 화자는 얼굴이 비칠 정도로 빛이 나는 종이 표면에 "형체 없는 사내의 불호령이 / 점점 붉게 떨어"져 두 뺨이 붉게 돼 얼굴을 가린다고도 한다.

'허세를 부리는 사내'와 '형체 없이 불호령하는 사내'가 '현실 속의 자신'과 '깨어 있는 내면의 자신'이라면, 깨어 있는 자신이 그렇지 못한 자신을 힐난하고 질책하는 경우다. 이 자성自省은 부침하는 날들을 통어統御하며 가면을 쓰니 허세가 '모순의 상자'에 알맞게 봉인됐다고 하지만, 이를 뒤집으면 모순에서 자유로울 수 없는 허장성세虛張聲勢에 대한 자책自責에 다름 아니라 할 수 있다. 가면으로 얼굴 가려도 가려질 수 없는 자신의 모습에 대한 자기비하적인 겸양의 역설逆說로도 읽힌다.

더구나 굳이 그 가면이 '하회탈'이라는 점도 눈여겨봐야 한다. 나무로 만든 하회탈 가운데 양반탈과 선비탈은 상하좌우로 움직이는 방향에 따라 희로애락喜怒哀樂의 표정이 달라질 정도로 감정의 변화를 다채롭게 드러내 보이는 가면이다. 화자(시인)가 부침하는 날(현실적 삶)을 단단히 억누르고 이 가면으로 재빨리 얼굴(자신의 본모습)을 가린다는 건 표면상으로는 본모습과는 다른 표정을 짓게 한다는 의미이지 않은가.

그런가 하면, 「자화상 2」에서는 손님들뿐 아니라 매정한 바람마저 구부러진 뒷골목으로 휑하니 날아가 버리는 '냉기冷氣 그득한' 길거리에서 "주름진 길바닥에 신문조각 깔고 / 막걸리 한잔에 눈물 반 /설움 반 타서 마"시며 좌판대 위에 과일들을 놓고 파는 노점상露店商에 자신을 비유하면서 삶의 소외감과 그 비애를 보다 구체적으로 드러내 보인다. 이 같은 자성적 비애는 「자화상 3」에 이르러서는 또 다르게 변주變奏된다.

엘리베이터 거울 앞에서

나를 본다
우주에 단 하나뿐인
앞모습을 보는 찰나 뒷모습도 보였다

<중략>

이마에 주름이 석 삼자로 흐르며
입 모양이 크게 씰룩거렸다

어머니가 엎어 키워낸 걸작품
어린 손주가 보면 얼마나 놀릴까
분명 아이는 뒤통수가 납작하다
내 것인 것 같은데
다른 데가 있는 아이를 보면
나는 어머니 쪽일 것이다

―「자화상 3」 부분

시인은 일상日常 속에서 거울에 비친 자신의 모습을 들여다보면서는 이 세상에서 유일한 자신의 뒷모습도 읽는다. 거울을 보면 보이지 않는 자신의 뒷모습(이면裏面)까지 보인다는 건 자신의 내면內面 모습도 감지된다는 의미일 뿐 아니라 그 비애의 농도가 그만큼 짙다는 의미를 내포하고 있는 것으로도 보이게 한다.

시인이 어머니가 엎어 키운 손주가 자신의 모습을 보고 조롱할 거라는 우려는 뒤통수가 납작하기는 둘 다 마찬가지더라도, 손주가 납작한 자기 뒤통수를 그렇게 볼 것이라는 생각 때문일 것이다. 하지만 자기의 납작한 뒤통수와는 다르도록 어머니가 엎어 키운 손주(걸작픔)처럼 자신은 엎어 키우지는 않았지만 공들여 키우기는 한가지였으므로 다른 데가 있어 보이는 손주를 보면서는 자신이 걸작은 아니라는 자괴감에 빠져들게 되는지도 모른다.

시인은 이처럼 자신의 내면 모습이 모순(군더더기)과 비애에서 자유롭지 못한 자화상을 다각적으로 그려 보이면서 "이마에 주름이 석 삼자로 흐르며 / 입 모양이 크게 씰룩거렸다"는 자기힐난自己詰難과 자기비하마저 불사하고 있다. 시인의 이 같은 자화상 그리기는 자신의 "시 속을 들여다보고는 / 나 자신이 부끄러워 내려옵니다. / 내 속에는 군더더기들이 그득할 뿐입니다. / 나는 그것을 숨기기 위해 허세를 떨었지요."라는 '시인의 말'과 이 구절이 들어 있는 시 「가난한 노래」의 겸허한 자기 낮추기와도 맞물려서 다가온다.

그렇다면 시인이 마주치고 있는 고통과 자괴감은 어디에서 연유되고 있는 것일까. 현실적으로 부끄럽고 고단한 삶이 코로나 팬데믹까지 겹쳐 물러빠진 '양파 인생'과 같고 '알소주잔 같은 인생'인데다 구조조정構造調整의 회오리바람에도 휩쓸렸으며, 퇴직해 세상에서 밀려난 것 같은 박탈감에서도 자유롭지 않기 때문으로도 보인다.

세상이 어지러우니
내 인생도 물러빠진다
'코로나 19' 발생으로 일손이 모자라
밭에서 20kg 한 포대기 이천 원
바닥 속의 질퍽한 삶
한 껍질씩 벗겨 낼 때마다
눈물이 새어 나온다

누더기옷으로
초라한 내 모습
애써 감춰 보려 해 보지만
자꾸만 튀어나오는 자존심

고통을 인내하며 다 벗겨 내고
자존심마저 벗어내니
보잘것없는 내 인생
더 벗길 것도
애써 가릴 것도 없어 좋다

—「양파 인생」 전문

어지러운 세상이라 자신의 삶도 일손이 모자라 밭에 방치된 채 무르면서 상품성이 떨어지는 양파와 다르지 않으며, 그 아픔과 비감悲感은 양파처럼 겉을 벗겨 내도 또 껍질이 나타나며, 벗겨 낼 때마다 눈물이 새어 나온다고도 한다. 그런가 하면, 벗겨 내는 게 아니라 거꾸로 자신의 초라한 모습을 애써 감추려 해 봐도 튀어나오는 자존심自尊心을 덮을 수는 없다고 한다. 그러나 또다시 그 고통을 참고 견디며 껍질을 벗겨 내고 자존심까지 벗어 버린다고 번복한다.

이렇듯 시인의 삶은 다 벗겨 낼 수도, 덮을 수도 없는 '진퇴양난進退兩難'의 수렁에 다름 아니다. 양파는 껍질을 다 벗겨내면 남는 게 없듯이 보잘것없다고 느끼는 화자의 삶도 다 벗겨 내면 결국 남는 게 없겠지만, 누더기옷으로 온몸을 가려 보았자 자존심까지 가릴 수 없기 때문이기도 할 것이다. 이 시의 "더 벗길 것도 / 애써 가릴 것도 없어 좋다"라는 마지막 대목은 극단적인 부재의식不在意識과 그러고 싶지 않은 자존감自存感의 복합적인 역설이 아닐 수 없다.

알소주잔 같은 인생
숨겨진 흰머리 밖으로 퍼져 나올 때
포장마차에서 마시는 잔술은 쓰기만 하다

<중략>

첫눈이 난데없이 욕처럼 내려
머뭇거리는 사이
찬 서리 내리듯 와 버린 중년
산다는 것은 상처 위에 새로운 상처를 더하여
소실점을 찾아가는 것
겨울바람이 흔들어댄다

—「포장마차」 부분

사정事情이 이쯤 되면, 주머니 사정이 바닥이라 포장마차에서 '잔술'을 달게 마신들 쓰지 않을 수 있으며, 흰 머리카락과 첫눈이 욕처럼 느껴지지 않을 수 있을까. 그런 중년中年에 산다는 의미가 시인에게는 겨울바람이 흔들어 대는 형국이기도 하니 그 소실점을 찾아나서 봤자 "상처 위에 새로운 상처를 더하"는 게 아닐 수 없을는지 모른다. 더구나 설상가상雪上加霜 "구조조정의 회오리바람에 휩쓸려 / 생경한 곳으로 굴러떨어"(「청동물고기」)졌으니 "바람에 흔들릴 때마다 / 나를 때리는 저 운판 소리 / 아프다"는 말도 안 나오고 배길 수 있겠는가.

또한 평생 일터였던 직장에서 퇴직한 시인(화자)은 "밤마다 내 자리로 돌아가는 / 꿈을 꾸는데 / 일어나면 그 자리엔 내가 없다 / 아직 멀쩡한데 세상에서 밀려나 / 시간의 갈피 속에서 헉헉거린다"(「정년퇴직 1」)는 박탈감을 느끼면서도 자신을 중고 그랜저(자동차)에 비유해 "밤사이 돋아난 자존심 / 닦고 조이고 기름칠해서 / 시동 걸어 본다"고 토로吐露하기도 한다. 나아가 배롱나무에 꽃이 피고 지는 걸 지켜보면서

나를 내려놓고
남을 쓰다듬어 주는 자리
숨죽이며 꽃피는 날 지켜본다
부지깽이로 뼈대 세우고는

봉오리로 이 봄 다 보낸다
저물어가는 여름 끝자락에 서서야
부푼 꿈 옹골지다
가지에 몽실몽실 내려앉은 불꽃처럼
구름 꽃밭 거닐고 있구나
내 마음 새들어 사는 꽃들에게
환하게 미소 한 움큼씩 쥐어 준다

—「배롱나무 일기」 부분

는 희망의 끈을 완곡婉曲하게 끌어당긴다. 시인은 이처럼 현실의 고통과 인고忍苦 속에서도 궁극적으로는 자신을 내려놓고 남을 쓰다듬어 주는 나눔과 베풂의 미덕을 저버리지 않으며 꽃 필 날을 기다리고, 꽃이 지고 난 여름 끝자락에서 배롱나무에 내려앉는 구름을 바라보며 비로소 "부푼 꿈 옹골지다"는 깨달음에도 이른다. 또한 남을 향한 베풂의 미덕은 자신의 마음이 새들어 살았던 꽃들에게 환한 미소로 화답하는 데까지 나아간다.

iii) 그러나 시인은 지나간 세월 속의 발자취와 흔적들을 되돌아보면서 그 밝음과 어둠이나 그늘들을 가까이 끌어당겨 처연하게 반추한다. 지나와서 돌아봐도 마치 파노라마처럼 그 세월 속의 자신은 물론 일터와 그 삶의 현장에서 함께했던 사람들, 마주쳐야 했던 일들과 사물들이 애증愛憎으로 덧칠된 채 잊히지 않기 때문일 것이다.

가까이서 보면
오래된 빌라 같기도 하고
멀리서 보니
연기 피어오르는 오봉산 토굴 같은데

저녁 어스름이 어머니 치마폭처럼 덮이면
개미들이 소주잔만한 먹이를 문 채
오체투지 굴속으로 들어간다
도저히 저 속 진면목을 알 수가 없다
저장 탱크에서
펄프와 회분이 만나 균형을 이루며
금망 위로 펼쳐지는 오색 제지는
세계의 문화로 꽃이 되었는데

내가 저 굴속에 살고 있을 때
보지 못한 것을
떠나오니까 이렇게 환히 들여다보이네

거기서 너는 남고
나는 떠나 그대를 쓰네
황혼의 저녁 길을 걸으면서
조심조심 그대를 쓰네

—「무림제지 앞에서」 전문

지난날 화자의 일터였던 것으로 보이는 대구 오봉산 인근의 공장인 무림제지 앞에서의 느낌들을 떠올려 보이는 이 시는 그 일터를 토굴土窟(또는 저장 탱크)로, 일하는 사람들을 개미로 바라보면서 오체투지五體投地 하듯 일하던 때와 그 바깥에서의 소회를 진솔하고 겸허하게 드러내 보인다. 하지만 화자는 여전히 그 진면목을 헤아리지 못하지만, 펄프와 돌가루가 섞여 세계적인 명성을 얻은 종이들이 만들어지는 이 공장에 대한 긍지만은 그곳을 떠난 뒤에야 환하게 들여다보인다고 술회述懷한다.

이 시의 "거기서 너는 남고 / 나는 떠나 그대를 쓰네 / 황혼의 저녁 길을 걸으면서 / 조심조심 그대를 쓰네"라는 마지막 연은 각별히 들여다보게 한다. 그 일터를 떠난 뒤 그 시절과 지금의 모습을 따뜻한 긍정肯定의 시선으로 바라볼 뿐 아니라 "저녁 어스름이 어머니의 치마폭처럼 덮이"던 지난날과 함께 근래의 모습을 "황혼의 저녁 길을 걸으면서" 바라보게 되지만, 그 공장과 화자를 '너'(또는 그대)와 '나'로 설정해 '그대'(너)를 겸허하게 예찬禮讚하고 있기 때문이다.

시인에게는 지난날들이 밝게만 보이지는 않는다. 일터는 "피가 튀고 뼈가 깎이는 / 어제까지 동료였다가 / 오늘은 파이프로 내리쳐야 / 내가 먹고 사는 세상"(「뫼비우스 띠」)이 되기도 하고, "김 부장은 새장 밖으로 떨어지고 / 최 반장도 떨어져 나간"(같은 시) 기억이 아픔으로 자리잡고 있으며, "죽도록 일만 해 봐도 지갑 내부가 훤하지 / 거리에서 몇 일치 추위와 맞바꾼 나를 / 가로등 아래서 지켜보며 눈물만 흘리"(「어느 마늘밭 일기」)게 되던 경우도 있었던 탓이다.

더구나 구조조정 때의 기억은 "길거리에 구르는 돌 하나 / 내 편 들지 않는다 / 바람은 양날의 칼을 세우고 / 황소울음소리로 다가"(「구조조정」)오기도 하며, "덜 익은 상처 안고 / 한 번도 가보지 않은 길 걷는"(같은 시) 아픔을 체험해야 했고, "밥벌이는 그만둘 수 없지만 / 통장 헐고 월차 모아서 / 더 나은 곳 찾아 / 딴짓 한번 저질러 보자"(「연말정산」)는 생각을 해 본 때도 없지 않았기 때문이다. 생활인으로서의 근검절약이 안긴 웃지 못할 애환哀歡의 일화도 지난날의 잊지 못할 체험의 한 예다.

> 1990년대 초
> 직장에서 받은 5년 개근상
> 삼익 바이오 김칫독
> 새 아파트 이사 가면 쓸 요량으로
> 아껴 두었다가 뜯어보니

아이스박스가 되어 나온다

쓰레기통이 되어서
쓸데없는 것을
잔뜩 끌어안고 살았다
이사 정리하면서
스무 해 묵은 먼지 털어낸다

써야 할 것을 쓰지도 못하는 너나 나나
다 쓰레기다

—「김칫독」 전문

상품으로 받아 새 아파트를 마련하면 쓰려고 아껴 둔 김칫독이 정작 스무 해가 흐른 뒤 이사할 땐 쓸모없게 된 것을 목도한 심정을 후회로 풀어낸 시다. 써야 할 것을 제때 쓰지 못하고 아껴 둔 김칫독이 쓰레기(폐기물廢棄物)로 바뀌어 버린데 대해 오죽하면 김칫독뿐 아니라 자신도 쓰레기라고 여기게 됐겠는가.

비슷한 일화는 또 있다. "지인 통해 개인연금 들어갔는데 / 허리띠 졸라가며 / 여덟 해 넘게 월부금 넣고 있는데 / '코로나 19'로 가치는 점점 떨어지고 / 집값은 때리고 때려도 / 여기저기서 다시 고개 쑥쑥 내민다"로 시작되는 「화, 테크」는 멀리 내다보며 했던 재테크가 되레 화禍를 불렀다는 이야기를 담고 있다.

은퇴하면 쓸 요량으로 가입했는데
연기되어 솔솔 사라진다
이러지도 저러지도 못하는 신세
고민하다가 재테크 시작했는데

화테크로 바뀌어 버렸다

—「화, 테크」 부분

가정을 이룬 뒤 간신히 백화점에 취업한 지기知己가 즐거워하는 모습을 시인은 마치 자신의 일처럼 바라보기도 한다. 「갈치 한 마리」에서 그 지기를 "초승달 모양의 입꼬리 귀에 달고 / 대차로 왁자지껄 웃음소리 실어 나른다"고 묘사하는가 하면, "퇴근 때 잠시 칠성시장 들러 / 막걸리 한잔에 흥얼거리며 / 갈지자걸음이다 / 취한 척 / 그 뒤를 꼬리 흔들며 / 따라나서는 갈치 한 마리"라는 대목에서와 같이 흐뭇한 장면을 연출하는 우정 어린 기지機智까지 보여 준다.

한편, 자연과 사물들을 바라보는 마음도 사람들을 대상으로 할 때와 거의 마찬가지다. 「친구」는 대구 인근의 헐티재에서 조우한 자작나무들을 "흰옷 걸친 자작아씨들 / 자박자박 걸어 나온다"고 자신을 반기는 여성 친구로 그리면서, 겨울에는 아파 "피부가 갈라져 / 더덕더덕 아픔을 기워 놓은 살갗 / 꼬인데 하나 없던 뼈가 뭉쳤다"며 "그 상처 밖으로 / 다 빠져나온 울음을 보면 / 옛친구 생각이 난다 / 지금 어디에서 늙어가고 있는지"라고 따스한 연민의 상상력 확산에 불 지피고 있다. 또한 민들레를 보면서도 민들레꽃과 초등학생 때의 단발머리 여자동무 생각을 포개어 그리운 마음을 따스하게 되새긴다.

당신 보면 단발머리 그녀가 생각나요
초등학생 때 십 리 길 걸으면서
하얀 이빨 드러내 배시시 웃어 주던 당신
어느 하늘 아래 있는지
그리움은 멀리 있어

오늘처럼 허전한 날

노란 모자 쓴 당신
만날 수 있다면
따뜻한 국수가 먹고 싶어요

—「민들레」 부분

이 시에서 노란 모자를 쓴 옛 동무와 따뜻한 국수를 먹고 싶다는 마음자리는 "안으로 숨겨진 흰머리 / 밖으로 솟구친다 // 별은 총총 청춘인데 / 거기 나를 섞어 보는 / 지금, 부자다"(「여유」)라는 순응의 여유와 애틋한 그리움의 정조情調와도 무관하지 않아 보인다.

iv) 시인은 빈번하게 길을 나선다. 그 길은 가까운 데서부터 먼 곳으로까지 이어진다. 누구에게나 부대끼며 살아가는 삶의 현장은 각박하고 삭막할 수밖에 없겠지만, 시인에게는 가까운 데서 먼 곳으로 발길을 옮기고 자연이나 자연이 감싸고 있는 풍경에 다가갈수록 현실에서 받은 상처나 상흔들이 치유되고 새로운 여유와 깨달음에도 이르게 마련이다.

아주 가까운 일상의 길 위에서는 「코로나 1—'코로나 19'와의 대화」에서와 같이 "소나기 바쁘게 지나가던 신작로"에서 독감과 코로나가 나누는 대화를 상상(가상)하며 그 심경을 절절하게 그린다. 지금의 세태世態를 코로나의 입을 통해서는 "이제 봄길 따라 떠나고 싶은데 / 술집에서 밀착 접촉하여 / 확진자 감염경로 거짓으로 고하고 / 자가 격리 중 탈출하여 / 꽃구경 못 참는 걸 보면 / 내가 아직 더 있기를 원하는 모양이야 아마"라고 비꼬는가 하면, 아르바이트하는 사람을 떠올리면서는 코로나 바이러스 때문에 한 달이 넘도록 문을 열지 못하는 '딱한 사정'을

한 달 뒤 문 다시 연다던

머리 덥수룩한 우리 사장님
연락이 없다
마스크 쓰고
빈속으로 쓰러지는 밤
누워서 천정을 바라보는데
먹먹하다

소주처럼 맑은 눈물을 흘리면서
밤마다 예전으로 돌아오는 꿈을 꾸다가
일어나 보면 그 자리에는 없다
내가

—「코로나 2–알바」 부분

라고 묘사한다. 코로나 팬데믹 이전의 일상은 근래의 길 위에서 어디서도 만날 수 없을 뿐더러 "소주처럼 맑은 눈물을 흘리"게 하고, 심지어는 평상平常의 자기를 잃어버릴 지경으로 좌절挫折과 절망감에서 헤어나지 못하게 하는 게 현실이지 않은가. 그래서 그럴까. 시인은 사문진나루의 지는 능소화를 바라보면서도 "입술마저 터진 채 / 담장 밑으로 떨어진 울음소리, 깊다"(「능소화」)고 의인화擬人化해 슬픔을 화신化身으로까지 비약한다.

시장에서 양파를 사오다 한 개가 떨어져 큰길까지 굴러가는 걸 목도하면서도 "하루가 빠르게 굴러가는 시간 속에서 / 생은 내가 원하지 않은 길로 갈 때가 있다"(「길」)는 비약하는 생각에 닿고, 멍든 양파에 묻은 흙을 털어 다시 굴린 뒤 "제 갈 길 찾아 / 온몸으로 굴러가는 너는 / 뒷모습이 처연하다"(같은 시)는 전복적顚覆的 상상력을 펴 보이기도 한다.

이같이 상처입고 막막해진 마음은 식당의 구석자리에 앉아서도 불안과 우려憂慮에서 자유로울 수 없기는 한가지다. "구조조정의 회오리바람에 휩쓸려 / 최 부장은 어제 날아가고 / 이 반장도 오늘 새장 밖으로 떨어”(「와촌식당」)진 직후이기 때문이라 더욱 그러하며. “단지 나이가 많다는 이유로 / 긴 하루 살얼음판을 걷”게 되고, “또 내일은 어떻게 될는지 까무룩”(같은 시)한 탓일 것이다.

와촌 아줌마 두부 쪼개고
파 썰어 넣고 고춧가루 풀어
된장지게 끓어 넘치면
이슬 한 잔씩 두드리면서
오늘 전쟁터에서 지친 피로 가라앉는다
하루해가 물러날 때쯤
무림제지 정문 건너편
와촌식육식당 구석자리

—「와촌식당」 부분

하지만 시인은 이 시에서 하루 일을 마치고 귀가歸家에 앞서서 직장 건너편 식당의 구석자리에 앉아 소주(“이슬”이라는 표현이 재미있다)를 마시며 마음을 추스르는 심정을 질박한 서정으로 풀어내 보이는 바와는 다르게 삶의 현장과 거리가 떨어진 길 위로 떠날 경우 마음의 여유를 찾는 모습을 보여 준다. 금호강가에서는 채소들이 어깨춤을 추듯 풋풋한 광경을 보며 “구경하던 강물도 / 흰머리 날리며 / 서로 비비고 // 금호강 무수한 낱말들 / 노을 되어 잠수한다”(「저녁 무렵의 랩소디」)는데 그치지 않고 “먹물 같은 어둠은 이것들 데리고 / 참선에 들어간다”(같은 시)고까지 바라보고 있다.

도회(대구) 변두리의 산에 이르러서도 “솔향기 그윽한 비슬산 자락 / 바람에 흔들거리는 / 단풍잎이 음표 되고 / 곳곳마다 튀어 오른 / 바위가 쉼표 되는 산마실”(「박새」)이라며, “청아한 얼굴에 눈망울이 초롱초롱"한 박새가 "잔디밭에 살포시 내려와 / 행간마다 시를 적고 있다"(같은 시)고도 묘사한다.

팔공산에 들어서는 "수태골 숲길은 발길 옮길 때마다 / 향이 가슴 포근하게 감싼다"(「시월」)거나 "늦가을 동봉엔 / 음표보다 쉼표가 더 많다 / 군데군데 솟아 있는 / 바위가 쉼표 되고 / 흐트러진 단풍 사이로 박새들 / 쌍쌍이 놀러 와 음표 되어 준다"(「쉼표 위에 걸터앉으면」)고 노래하면서

쉼표 위에 올라앉으면
향긋한 바람 불어와
생황 소리 들린다

떡갈나무 아래로
노을 부스러지면
다 떠난 오선지
위에 홀로 남아
음정 박자 다 내려놓고
못 갖춘 명상곡
한 소절 연주해 본다
—「쉼표 위에 걸터앉으면」 부분

라는 평온平溫에 다다르게 되며, 흐르는 세월을 사랑하고 바뀌는 계절의 아름다움을 아끼고, 떨어지는 낙엽을 보면서도 "봄이 올 때까지는 / 쉼표가 필요하다"는 넉넉한 여유를 바탕으로 한 새로운 기다림을 예비하기도 한다. 내연산 보경사 앞마당에 당도해 독경소리를 들으면서도 감나무에 달린 홍시를 "아내 닮은 볼 붉은 그녀 // 언제부터 기다리고 서 있었나 // 당신이 보내준 노란 봉투에 // 달큼한 엽서 한 통 // 서쪽 불

이문不二門에 앉아 읽는다"(「홍시」)고 홍시를 아내와 포개어 볼이 상기된 여성으로 바라보는 환상을 불러 놓기도 한다. 이 같은 환상은 우포늪의 가시연꽃과 조우하면서

늪 한복판
물안개 깔린 잎 방석 위
가시연이 홀로 아침을 먹는다
고전으로 한복 차려입은 그녀는
이슬 먹고 꽃을 피운다
한번 묻고 싶다
무엇이 세상 속으로
돌아갈 수 없게 하는지
—「가시연꽃」 부분

라고 물음에 닿게 하는가 하면, 화개장터에서 불일폭포로 가는 길에서는 넋을 놓으며 "아늑한 초가산장 / 작은 개나리가 쫑긋거리며 / 생수 한 모금 마시고 가라 한다 / 청순한 진달래가 뒤편 소망탑 / 소원 한 번 빌어 보라 한다"(「봉명산방鳳鳴山房」)는 느낌에도 빠져들게 된다. 이처럼 각박한 현실을 비켜서고 벗어날 때야 비로소 마음의 평정을 회복하고 너그러운 여유로 살아가는 참모습에 눈뜨게 되는 건 비단 이 시인의 몫만은 아닐지라도, 그런 메시지를 녹여 담아낸 시들의 서정이 돋보인다.

v) 이 시집의 적지 않은 시편들에는 고향과 고향집, 그곳에서 함께 살았던 가족과 고즈넉한 자연, 그 자연 속의 사물들에 대한 헌사獻詞에 가까운 기억 반추에 무게가 실려 있다. 이 아련하지간 처연한 되새김질은 그리움과 연민, 애틋하게 잊히지 않는 추억들로 다채롭게 아로새겨진다. 특히 어머니와 아버지에 대한 절절한 사연들은 가난하지만 따스

하며, 잃어버렸거나 잃어가고 있는 정한情恨의 정서를 바탕으로 되찾고 싶은 사랑과 정신적인 본향 기리기의 양상으로 펼쳐진다.

시인에게 고향은 "정한수 떠놓고 / 아들을 위해 비는 / <중략> / 어머니의 땀 냄새가 / 물씬 섞여 / 나를 부르고 있"(「팔월」)는 공간이며, "별이 내리쬐는 동안 / 곁에 아버지 지게가 / 나란히 쉬고 있"(「아버지」)는 곳이다. 또한 돌아가신 "아버지가 심어 놓은 장미 / 벌 나비 찾아들자 / 아버지 환하"(같은 시)다고 느끼게 하고, 아버지가 "이승에 벗고 가신 / 낡은 지게 위에 / 오늘은 장미가 활짝 피었"(「장미」)다고 여기게 하는 정한으로 물들어져 있다.

더구나 아버지와 어머니가 지키고 있었을 당시의 고향과 고향집은 잊을래야 잊을 수 없는 차원을 넘어서서 그 시절로 되돌아가고 싶게 할 정도로 '회귀의 정'을 은밀하게 품고 있으며, 전통적인 가부장제家父長制 가정의 아버지상과 어머니상을 진솔하게 떠올려 보이기도 한다.

청송군 부남면 화정리 1032번지
거동마저 불편한 노부부
밤에도 일 나가신다

지게에 기대어
잎담배 한 개비 말아 피우시는 아버지,
육자배기 한 자락 흘러나오고
어머니 숨죽인 채 땅강아지처럼
밭고랑만 기어다닌다
들판의 호박돌처럼
수십 년 비탈밭에 허리 숙여 보았지만
비탈은 놓아 주지 않았는지

밤이슬을 짊어지고 돌아오는
고샅길
은하수와 함께 보름달이
하얀 쌀밥 뿌려 놓고
처연히 가죽나무에 걸터앉는 거기

—「메밀꽃」 전문

토속적이고 향토적인 정취情趣가 물씬 풍기는 이 시에서 시인은 고향의 지번까지 적시하면서 노부모의 고단한 삶의 면면들을 진한 연민의 시선으로 떠올린다. 산골의 비탈밭에서 노부모가 낮에는 물론 밤까지 일하는 모습을 '붙박인 호박돌'처럼 수십 년 동안 비탈이 놓아 주지 않는다고 묘사한다. 이 같은 시각은 오로지 고향을 지키며 평생을 살아온 부모의 생애에 대한 받들기와 연민의 극대화極大化에 다름 아니다.

특히 이 시가 묘사하는 바, 밤의 달빛 아래 메밀꽃들이 피어 있는 광경을 은하수와 보름달이 하얀 쌀밥을 뿌려 놓은 것으로 바라보는 대목은 가난하지만 한결같이 자연(우주)과 더불어 살아가는 삶을 존중하고 신성시神聖視하기 때문이라는 생각도 들게 한다. 그러나 아버지가 세상을 떠난 뒤의 어머니의 삶을 바라보는 시선은 절절한 회한悔恨들로 미만해 있다.

시인의 회한은 "평생을 밭에서 허리 한 번 못 펴시고 / 밭둑에 엎어져 잠이 드신 어머니 / 당신의 청춘을 다 갉아 먹었다 / 가슴팍에다 / 큰 돌덩이 올려놓고 / 긴 세월 동안 치워 드리지 못했다"(「떡잎」)는 불효의식不孝意識이 일방적인 희생과 사랑을 받기만 한 참회로 나타나는데, 기동마저 제대로 할 수 없어 병원 신세를 져야 하는 어머니를 지켜보는 심정은 어떠하겠는가.

팔순이 넘은 울 어머니
나이가 무릎으로 내려와
붙박이처럼 꿈쩍 못하신다

푸른 밤
그녀를 설레게 하는
저 채전은 어쩌라고!
병원으로 실려 가는 젖은 눈
속 타는 냄새 진동한다

잠시 거울을 보는데
내 안에 가득 고인 그녀
나는 지금껏 파먹고 살았다

고향 뒷산에 참꽃 활짝 폈다
머잖아 아버지 만나면
그땐 즐겁겠다

—「참꽃」 전문

팔순이 넘자 거동하기조차 어려워 입원入院하는 어머니를 안타깝게 그리고 있는 이 시는 "나이가 무릎으로 내려와 / 붙박이처럼 꿈쩍 못하신다"거나 "푸른 밤 / 그녀를 설레게 하는 / 저 채전을 어쩌라고!"라는 표현 등이 가슴을 친다. 나이가 무릎으로 내려왔다는 말은 생명력이 거의 소진됐다는 의미이며, 채전菜田은 어머니의 평생과 맞물려 있는 삶의 주요 터전을 환기喚起해 주고 있기 때문이다.

자신을 돌아보면 어머니가 차지하는 무게감이 거의 절대적인데도 여태 되갚지 못해 "지금껏 파먹고 살았다"고 하는 자식으로서의 심경은 통한痛恨 그 자체가 아니고 무엇일까. 이 시의 마지막 부분은 더욱 처연하다. 평소 아버지를 섬기며 따르던 여필종부女必從夫로서의 어머니가 "머잖아 아버지 만나면 / 그땐 즐겁겠다"는 대목은 불효에 대한 자괴감의 다른 표현이라할 수 있다. 게다가 고향 뒷산의 활짝 핀 참꽃은 아버지와 어머니의 생애와 깊은 함수관계를 상징하는가 하면, 고향 뒷산은 아버지가 먼저 가서 어머니를 기다리는 곳이기도 하기 때문이다.

한편, 고향은 시인에게 궁핍했던 기억들로 다가오는 공간이기도 하다. 「청송」에 묘사되고 있듯 "초등학생 때 도시락 싸 가지 못해서 / 먼 거리 점심 먹으려 / 뛰어다녔던 신작로 / 고추장 비벼 혼자 먹던 꽁보리밥 / 찬물 한 대접에 가난도 함께 타서 마셨"던 기억과 중학생 시절 "중간고사 전 공납금 못 내어 / 교무실로 담임 선생님께 호출되"고, "방과 후 논두렁에서 / 소 먹이고 소풀 뜯"(「타임캡슐」)던 기억을 선연하게 불러 주는 곳이다.

그러나 그 고향은 "참나리 환하게 핀 고향 언덕배기 / 뛰어다니던"(「청송」) 아름다운 자연 속이었으며, 지금도 "짙은 사과 향기 속으로 / 잠시 들른 과수원 / 옛이야기 한 가마니 / 그대의 그 달이 들려주"(「타임캡슐」)는 곳이고, 거기 가면 옛날과 같이 "지금도 중학생"(같은 시)처럼 느껴지게 할 정도로 추억은 시공時空마저 뛰어넘게 해 준다.

그래서 시인은 고향을 찾으며 "일몰의 고갯길 / 꿈 찾아 버리고 온 청송 / 무너미가 희미하다 / 오늘은 얼마나 푸른지 / 아버지의 십팔번 / '비 내리는 고모령「' 한 자락 생각난다 / 머리칼 성근 한 사내 / 삼자현재 넘는다"(「터널」)고도 하지 않겠는가.

시인에게는 각박하고 삭막한 세상에서, 고단하고 비루한 현실을 살아가면서, 견디고 헤쳐 나아가게 하는 추동력推動力은 따뜻하고 아름다운 '기억의 보고寶庫'와도 같은 고향과 고향집, 그 속에서 살던 추억들이 받쳐 주고 있다. 시인의 간절한 그리움과 염원의 정서는 과거로 되돌아감이 아니라 현실의 아픔과 고난을 버티게 하는 '바지랑대'가 되고, 미래를 향한 새로운 꿈에 날개를 다는 '부드러움의 힘'이 되어 주기도 하는 것 같다. 그런 의미에서 고향을 노래한 아름다운 시 「바지랑대」는 거듭 찬찬히 읽어 보지 않을 수 없게 한다.

고향집 앞마당
빨랫줄에 동여매인 바지랑대
여름방학 동안
고추잠자리 자고 가고
뭉게구름 쉬어가는
가지 없이 뻗어나가 하늘 찔러
장대비 내리곤 했지
팽팽한 줄 하나
세월도 비켜 간 자리
빨래처럼, 그리움만 널렸다
시린 가을 하늘 눈부셔
이제 내 안에
고이 묻어둔 너는,
세월 저편을 지키고 있겠지
바람이 걸렸다 마르고
구름이 걸렸다 마르고

—「바지랑대」 전문

(2020)

2

정갈하고 단아한 서정
— 구영숙 시집 『오래된 풍경』

ⅰ) 구영숙 시인의 시는 정갈하고 단아端雅하다. 그리움과 기다림의 정서를 특유의 예민한 감각과 섬세한 감성으로 빚어 보인다. 돌아오지 않거나 잃어버린 세월과 사람에 대한 상실감은 애틋한 비애悲哀를 동반하게 마련이다. 하지만 궁극적으로는 그 파토스들을 겸허하고 조신한 자기성찰自己省察과 삶의 지혜로 감싸 안는 미덕을 저버리지는 않는다.

시인은 현실에서 조우하는 아픔과 상처들이 짙은 빛깔을 띠고 있음에도 그 속에 함몰되거나 좌초되지 않는 의지를 부둥켜안는다. 순응과 체념, 초극超克을 향한 은밀한 대응과 도전정신이 상호 길항拮抗하는 양상을 띠지만, 그 복합적인 감정들을 진솔眞率하게 드러내면서도 순화된 서정적 언어로 녹이고 삭이려는 예지叡智를 견지하기 때문으로 보인다.

시인은 유난히 봄과 꽃을 선호하며, 고향의 옛집과 그 시절 가족들과의 추억에 빠져들곤 한다. 생동하는 봄과 그 상징인 꽃은 상실과 인고忍苦의 계절(가을과 겨울)과는 대조적으로 그리워하고 기다리게 하는 대상이며, 고향집은 무상無常 속에 묻힌 지난날이 그립게 할 뿐 아니라 그런 삶을 꿈꾸고 회귀回歸하고도 싶게 하는 '아름다운 기억의 공간'으로 자리매김하고 있기 때문일 것이다.

시인은 가까운 가족은 물론 소외疏外되거나 고통 받는 사람들이나 하찮은 사물들에까지 따스한 배려와 연민憐憫, 나눔과 베풂을 끼얹고 포개는 휴머니티를 은은하게 발산하기도 한다. 이 같은 마음자리는 쓸쓸하고 외로울 수밖에 없는 현실적 삶을 함께하려는 공동체의식과도 무관하지 않아 보인다.

ii) 사군자 가운데 매화梅花는 봄의 전령이며 정령과도 같은 꽃이다. 옛 선비들은 이른 봄의 뜰에 핀 매화(설중매雪中梅는 늦겨울에 개화)를 각별히 좋아했으며, 책을 읽고 글을 쓰다가 한지(화선지)에 이 꽃을 즐겨 그렸다. 주로 수묵화였으나 색채를 곁들인 수묵담채水墨淡彩로 그리는 경우도 적지 않았다. 선비들뿐 아니라 글공부를 하는 여성들도 사군자를 즐기고 그림으로 옮기기도 했다.

구영숙 시인은 언어예술인 시를 쓰지만, 묵향墨香의 매력에도 탐닉하는 '현대판 여성선비'라는 느낌을 안겨 준다. 시인은 이른 봄날 고향의 옛집 마당에 서 있던 매화나무를 떠올려 그리면서 매화 같은 '마음의 그림'을 정갈한 수묵화처럼 펼쳐낸다.

> 매화 그리다
> 먹물 번지는 소리 듣는다
>
> 줄기를 타고 번져 가는
> 고요한 흔들림
>
> 옛집 마당에 서 있던

한 그루 매화나무
화선지에 기대어 놓고

검고 고요한 저녁 빛
붉은 꽃잎에 풀어 넣는다

동글동글
봄이 벌어진다

우레 같은 가슴에 봄이 매화를
슬어 놓고 간다

—「이른 봄날」 전문

화선지에 매화를 그리면서 먹물 번지는 소리를 들을 정도로 시인의 감각은 예민하고 감성은 섬세하다. 수묵으로 매화나무 줄기와 꽃들의 형상을 이루는(그리는) 과정을 "고요한 흔들림"이라거나, 옛집 마당의 매화나무를 끌어들여 그리는 이 꽃나무를 화선지에 기대어 놓는다는 표현도 섬세하고 예민한 감각과 감성의 무늬가 아닐 수 없다.

더구나 수묵을 "검고 고요한 저녁 빛"이라 여기면서 그 빛을 매화의 "붉은 꽃잎에 풀어 넣는다"거나 매화의 형상을 "동글동글 / 봄이 벌어진다"라고 묘사하고 있어 그야말로 점입가경漸入佳境을 연출한다. 특히 마지막 연의 "우레 같은 가슴에 봄이 매화를 / 슬어 놓고 간다"는 표현은 돋보인다. 자신이 그린 매화를 천둥치는 듯한 가슴에 봄이 와서 슬어 놓고 간 것으로 그리고 있기 때문이다. 시인에게는 이같이 봄과 꽃은 간절한 기다림과 그리움의 대상으로 자리매김한다.

한편, 자목련이 피어 있는 밤을 노래한 「봄밤」에서는 창문에 일렁이는 골목의 자목련 그림자를 가까이 끌어당겨 바라보는가 하면, 바깥으로 나가 "양철지붕 위로 / 신발 벗고 / 봄꽃들이 눕는다"며, 그 향기를 "아주 가끔 별이 와서 / 몸을 섞고 가는 저 향기"라고 노래하기도 하고, "속살처럼 부드러운 달빛 / 자목련 그림자 다 지우기까지 / 처마 끝에 앉아 / 가만히 귀 기울이"지만, 이 정황情況에서도 자신을 들여다보면서는 "내 몸속 / 텅 빈 꽃대궁 / 어질어질 어지러워라"고 토로吐露한다.

그렇다면 봄이 와도 시인은 여전히 "우레 같은 가슴"(「이른 봄날」)일 따름이며, 몸속은 "텅 빈 꽃대궁"(「봄밤」) 같고, "황무지 같은 이 가슴"(「꽃물 들면」)인 까닭은 '왜'일까. 봄이 와도 기다리며 그리워하는 지난날의 '그 봄'과 '그 사람'은 돌아오지 않기 때문이다. 그래서 "사람아 사람아 어디에 있느냐 / 푸른 싱그러움은 어디어 있느냐 / 혼자 떠나 버린 너는 / 산 너머 바람에 흩날리는 / 봄빛같이 아득하구나"(「꽃물 들면」)라고 절규絶叫하게도 된다. 다음의 시도 같은 맥락으로 읽힌다.

꽃은 피는데
온 세상 꽃 아닌 것이 없는데
그 봄은 돌아오지 않네

가고 오지 않는 날들
무수히 접어 만든 종이학은
병病 속에서 자라나
기억을 갉아먹었네

꽃은 피는데
콘크리트 담장 위에도
봄이 텅텅 울리는데
그 봄은 길을 잃었나

꽃은 피는데

온 세상 꽃 아닌 것이 없는데
그 봄은 돌아오지 않네
—「아직도, 그 봄은」 전문

시인은 새봄이 오고 봄꽃들이 지천에 피어나도 지난날의 '그 봄'은 돌아오지 않는다고 한탄恨歎한다. "무수히 접어 만든 종이학은 / 병病 속에서 자라나 / 기억을 갉아 먹었네"라는 대목이 암시하고 있듯이, 가버린 '그 봄'은 간절한 기다림과 그리움에도 아랑곳없이 돌아오지 않아 길을 잃었기 때문일까라는 생각까지 하게 된다. 더구나 '꽃=봄'이라는 등식을 통해서는 봄꽃들이 온 세상에 피어도 꽃 같은 지난날의 '그 꽃'의 세상이 오지 않는다는 상실감은 그만큼 지난날 홀로 떠나버린 사람과의 '그 봄'이 그립기 때문일 것이다.

미세한 기미機微에도 감각을 활짝 열어 놓고 그 소리까지 감지感知하는 시인에게 꽃은 이같이 그리움을 촉발하는 대상이며, 영영 이별한 사람을 못 잊게 하고, 철없이 푸르기만 했던 시절과 후회 많은 이별을 눈물로 되돌아보게 하는 대상이기도 하다. 시인은 잃어버려 몽매夢寐에도 그리운 사람을 향한 애틋하고 절절한 심정을

아주 늦도록 마음 앉혀 놓고
새끼손톱만큼 작아질 때까지
모란 곁에 서 있어야지

<중략>

모란이 뚝뚝 떨어지는 저녁을
오래도록 서성이다 돌아온 길

저무는 길목에 자줏빛 속의 얼굴

그 얼굴 아직도 시들지 않았네
—「모란이 피면」 부분

라고 처연하게 노래한다. 새끼손톱만큼 작아질 때까지 박늦도록 마음을 눌러 앉혀 모란 곁에 서 있겠다든가, 그 꽃이 지는 길을 오래 서성이고, 모란 꽃잎 속의 '그 얼굴'이 시들지 않았다고 여기는 건 '그 사람'을 그만큼 못 잊어하기 때문임은 두말할 나위가 없다. 이 같은 비애는 "비록 내 신발은 다 낡아 버렸지만 / 다시 그 저녁 속을 오래도록 걸을 테야"(같은 시)라는 결기까지 낳기도 한다.

봄이 오고 꽃이 필 때와는 사뭇 다르게 봄이 가고 꽃이 질 때의 감정은 어떤 빛깔이며, 마음이 어느 쪽으로 움직여가게 되는 걸까. 봄을 기다려도 기억속의 '그 봄'은 오지 않아 애태우는 심경心境과도 어떻게 다를까. 감각과 감성이 예민하고 섬세하기 때문에 더욱 짙은 비애에 젖어들게 되지나 않을는지…….

감나무와 자신을 아우르며 바라보는 「감꽃 내리는 날」은 꽃이 질 때의 '마음의 그림'을 보여 주는 시다. 너무 기다려서 그런 걸까, 시인은 "누가 왔다 갔을까 / 텅 빈 마당에 벗어 놓고 간 발자국 / 바람이 와서 쿡쿡 발을 넣어 본다"고, 그리운 사람의 보이지도 않는 발자국을 떠올리며, 바람이 그 발자국에 발을 넣어 본다는 환상幻想에 빠져든다. 이 환상은 "오래 닫아 둔 창을 열고 / 기별 없이 오는 바람의 손 잡고 / 감꽃 내리는 소리"를 듣게 한다. 심지어 그리운 '그 사람'이 '바람'으로 환치換置되는 지경에 이르게도 한다.

꽃 진 자리마다
낮익은 햇살 머물다 돌아가면
야윈 목 치켜들고
그리움만 깊어지는데

길어진 그림자 세워 두고
누군가를 기다리며
그늘 깊은 마당에 마주 서 있는
감나무 한 그루

바람이 불 때마다
휘어지는 가지 끝에
두 귀가 걸린다
—「감꽃 내리는 날」 부분

감꽃이 진 자리마다 햇살이 스쳐 가면 그리움이 그 자리마다 야윈 목을 치켜들 정도로 농도濃度를 더할 뿐 아니라, 그늘 깊은 마당에 서 있는 그림자가 긴 화자와 감나무는 마주선 관계로 바뀌게 되고, 이윽고 화자와 감나무는 공동운명체로 발전하게도 된다. '누군가'(기다리는 사람)의 발소리와 바람소리가 다르지 않게 되는 환상은 화자가 두 귀를 활짝 열고 있듯이 감나무 가지 끝에도 두 귀가 걸리게 되기 때문일 것이다. 이는 구영숙이 가고 없는 사람을 몽매에도 그리워하는 시인이라는 사실을 여실히 말해 준다.

iii) 그리움과 기다림의 시인으로서의 구영숙은 과연 일상日常 속에서는 어떤 모습으로 살아가는 여성일까. 그 모습들은 적지 않은 시편들에 진솔하고 겸허한 결과 무늬들로 아로새겨져 있다. 시인은 어쩌면 "구절초 줄기처럼 가늘게 휘청거리며 / 바람이 당기면 당기는 대로 흔들리며 가는"(「저 여자 1」) 연약軟弱한 여자인지 모른다. 「화분이 있는 창」에서 넋두리처럼 읊고 있듯이 "콘크리트 껍질에 둘러싸여 / 빈틈없이 꽉 닫힌 고요 / 그 속으로 들어가는 여자"이며, "손을 뻗으면 일용할 희망이 / 잡힐 것 같은 형광 불빛 / 그 아래서 밥을 짓는" 여자이고, 비어 있는 "저

화분 속으로 들어가 / 꽃을 피우고 싶은 여자'인 주부이기도 하지만,

꼬리 아홉 달린 여우 같은 저 여자
장미 같은 붉은 입술로
목석같은 지아비 반나절도 안 되어
수다쟁이로 만드는 저 여자
두레상 둘러앉아 시어머니와 눈 맞춤 하고
밥숟갈에 굴비 얹어 주는 저 여자
복숭앗빛 닮은 딸아이 셋
조롱조롱 매달고
봄바람 속 산수유꽃처럼 피는 저 여자
푸른 바람 부는 들녘으로
푸성귀 자라는 앞마당으로
온종일 춤을 추는 그녀의 발
몸이 가벼워
어떤 시간도 놓치지 않는 저 여자
이런들 저런들 화내는 일 없이
박꽃같이 웃는

—「저 여자 2」 전문

그런 여자와도 별반 다르지 않고, "외아들 사고로 잃고 비만 오면 / 거리를 헤매다 캄캄한 길 돌아오는 여자"요, "뒤축 무너진 만큼 몰고 온 적막감으로 / 젖어"(「저 여자 3」) 있는 한 많은 여자일는지도 모른다. 말하자면 범상凡常한 중년여성과 그다지 다르지 않을 수도 있을 것이다.

하지만 시인은 그런 범상한 차원을 넘어서서 조신하고 겸허하며 남(모든 사물)에게 배려하고 나누는 마음자리를 아름답게 드러내 보이곤 한다. 우편함郵便函의 거미줄과 거미를 목도하는 심상풍경心象風景을 그린 「봄 저녁」에서는 거미와 화자 사이를 "무수한 생각이 위태롭게" 맴돌

지경으로 예사롭게 보지는 않는다. 제집인 양 우편함 속에 웅크린 거미가 자신의 손가락이 닿을까 봐 두려워하는 눈빛 때문에 “내 숨소리 빗자루로 쓸어낸다 / 갇혀 버린 저 발길 / 저 생生을 위해 비켜서는 내 그림자 / 모과나무 뒤로 숨는다”고도 한다.

우편물이 거의 오지 않아 비어 있는 우편함이 제집인 양 살고 있는 거미에 대한 배려는 자신의 숨소리를 죽이고 자신의 그림자를 비켜서 모과木瓜나무 뒤로 숨기도 한다는 것이 어디 예사로운 일인가. 이는 모과에 대한 관찰이면서 자신의 삶에 대한 성찰로도 보이게 한다. 시장에서 사온 모과들에 마음을 끼얹고 있는 「모과 곁에서」도 이 같은 시인의 마음을 은은하면서도 선연하게 보여 준다.

빛이 모인 모과
가만히 뺨을 기대어 보면
새들이 앉았다 떠나간 소리 들리고
꿀벌들 잉잉대며 놀다 돌아간 뒤의
적막도 들리고
한때 타오르던 뜨거운 열정 지나간 뒤
그 쓸쓸함도 들리는데

모과는 알고 있을까
제 속에 저것들 죄다 데리고 온 것을
상처 난 모과에서 만들어내는 저 향기
누군가가 그리워 밤새 아파 본 적 있는 사람은 안다
상처엔 향기까지 품고 있다는 것을

오늘, 내 속에 모과나무 한 주 심어 놓고
그 향기에 오래오래 몸 지져 본다

—「모과 곁에서」 부분

모과의 결실結實 과정을 아름답고 뜨거우며 쓸쓸하게도 상상하면서 모과가 그 과정을 다 데리고 온 것을 알고 있는지 되묻기도 하는 이 시는 그중에서도 상처 난 모과의 향기에 각별히 마음을 가져간다. "누군가가 그리워 밤새 아파 본 적 있는 사람은 안다 / 상처엔 향기까지 품고 있다는 것을"이라는 대목은 특히 눈길과 마음이 머물게 한다. 이 대목은 상처 난 모과에 대한 연민이면서 바로 화자 자신의 그리워서 아픈 상처에 대한 성찰이기도 하기 때문이다. 그 여운은 마지막 연 "오늘, 내 속에 모과나무 한 주 심어 놓고 / 그 향기에 오래오래 몸 지져 본다"는 구절이 잘 받쳐주고 있다.

버려진 의자 밑 그늘에 길을 잃고 숨어든 고양이에 마음을 포개는 「의자 밑 그늘 속」, 나뭇가지에 앉아 울다 간 새와 그 여운이 울 수 없는 마음을 부추기는 「봄 그늘에」, 연꽃은 보이지 않고 배롱꽃들만 못가에 미안한 듯 피어 있는 서출지書出池에서의 느낌을 그린 「연꽃 보러 갔더니」, "영원히 떠나지 않을 것 같던 / 그 사랑도 떠나가듯 / 그렇게 연꽃은 지고 있네"라고 노래한 「연꽃 지는 길」 등에서도 일상인으로 흔히 조우하는 동물이나 꽃들이 촉발하는 느낌과 그 파토스들을 특유의 감성적인 언어로 길어 올려놓았다.

시인은 길을 나서면서도 "어제는 기억에도 없고 / 오늘은 낯설"지만 "꽃물에 젖어든 하루"(「하루」)를 보내거나, 빈 호수가 젖고 그 속에 비친 산이 젖지만 거기 눌러앉아 미동도 하지 않는 나무(「우중」)에 눈길을 보내며, "산자락 곁에 작고 눈이 젖은 / 흰뺨검둥오리가 뛰어들고 / 흔들리는 강물 속으로 / 하늘이 비켜"(「서천」)서는 모습을 목도하기도 한다. 게다가 때로는

> 십 리 벚꽃 길 따라 쌍계사 가는 길
> 바람의 손이 쓸고 간다

꽃잎 하르르 허공을 날아오르며
"너는 어디서 왔느냐"
"너는 누구냐"
툭 화두를 던진다

—「화두」 부분

라고 느끼면서 시선을 내부內部로 돌리며, "시간이 멈춘, 섬 / 언덕 위에 떠 있는 / 양귀비꽃 / 온몸으로 황홀한 춤을 춘다"(「청산도, 봄」)고, 내면의 뜨거움을 투영해 보이기도 한다. 시인의 이 같은 생활인으로서의 마음자리는 오랜 세월 동안 세상의 적잖은 풍상風霜을 겪으면서 터득한 삶의 지혜에서 비롯되고 있는 것으로 읽힌다.

살구나무 꽃 피는 아침 무늬처럼
살라 한다

눈에 가득 순한 웃음 담고
꽃잎에 맺힌 이슬방울같이
살라 한다

분노도 침 삼키듯 넘겨 버리고
시끄러운 마음 붙들어 앉혀
생각도 재처럼 가라앉히고
물처럼 바람처럼 살라 한다

듣다가 듣다가
내 귀가 너무 늘어져
이 시들한 세상에 가끔 너도
이빨을 드러내잖니

눈 말갛게 뜨고 대들어 본다

—「바람은 내게」 전문

지극히 여성적인 감성으로 세월이 안겨 준 삶의 지혜를 노래하고 있는 이 시는 박목월朴木月의 「산이 날 에워싸고」를 연상케 하기도 하지만, 지연에 순응하고 친화親和하려는 운명론을 보이는 그 시에 비해 현대적인 정서가 두드러지며, 맑고 깨끗한 삶을 지향하면서도 순응을 넘어서서 대응과 도전의 정신까지 내비치고 있는 점이 크게 다르다.

시인은 삶의 덕목德目을 살구나무 꽃 피는 아침 무늬나 순한 웃음, 꽃잎에 맺힌 이슬방울과 같이 맑고 순하고 깨끗해지려는데 무게를 싣기도 하지만, 분노를 삼켜 넘기고 시끄러운 마음을 애써 억지하며 생각도 가라앉혀 물처럼 바람처럼 살려는 자세뿐 아니라 거칠게 부는("이빨을 드러내는") 바람처럼 "눈 말갛게 뜨고 대들어" 보려는 적극적인 대응과 도전의식을 감추지 않고 있다. 이 시는 이 시인의 삶의 자세를 완곡하게 시사示唆한다는 점에서 눈여겨 읽게 한다.

ⅳ) 그러나 시인의 감정이 움직여가는 방향이 다양하고 다채로워 발길이 닿는 곳들에 따라가 그곳에서의 생각과 느낌들을 들여다보지 않을 수 없게 한다. 시인은 꽃이나 동물(벌레)을 들여다보면서 시선을 내부로 돌리고, 바닷가나 이국異國의 강에 이르러서도 궁극적으로는 자기성찰로 귀결되는 내면 풍경과 삶의 파토스들을 떠올려 보이게 마련이다.

서로 그리움만 남겨 둔 채
엇갈리는 인연
꽃은 잎을 볼 수 없고
잎은 꽃을 볼 수 없는
영원히 어긋나는

저 울음처럼 솟아나는 꽃대를 보라
가슴 찢고 나오는 저 붉은빛을 보라
손 닿으면 금방이라도
붉게 스밀 것 같은 꽃아
얼마나 외로움을 우려내면
그 빛이 될 수 있니

—「꽃무릇」 전문

꽃무릇의 꽃잎과 줄기의 잎을 서로 보지 못하는 "엇갈리는 인연"으로 바라보고 있는 이 시는 꽃무릇의 붉은 꽃대(꽃)를 가슴을 찢고 솟아난 울음으로, 꽃의 붉은빛을 외로움을 우려낸 빛깔로 들여다본다. 이 같은 시선은 꽃무릇을 통해 자신의 내면을 성찰하는 경우에 다름 아니며, 꽃무릇에 감정이입感情移入을 해 어긋난 인연의 애달픈 사랑을 노래하고 있는 경우라 할 수도 있을 것 같다. 깊은 달밤에 골목길의 귀뚜라미 소리를 들으며 외로움에 빠져드는 심경을 그린 「귀뚜라미」도 같은 선상에 놓고 읽어 볼 수 있다.

누구의 소유도 아닌 저것
저 작은 숨결에서 나온 가락
어떤 음악이 이토록 심장에
와 박힐 수 있을까

깊은 밤
명주실처럼 펴져 나간 골목길
달빛과 귀뚜라미 소리가
겹겹으로 쌓여 가을이 운다

적막보다 돌아오지 않는

푸름 안고 목말라하는
이 빈껍데기가 더 두려운 지금
물방울 같은 소리로 허공에 꽂히는
너의 목소리는 이리도 푸르다니

—「귀뚜라미」 부분

적막寂寞한 심장에 와서 박히는 귀뚜라미 소리가 "돌아오지 않는 / 푸름"을 목마르게 하는 화자의 심경은 '우는 가을'이며 '푸름을 목말라하는 빈껍데기'다. 더구나 누구나 들을 수 있는 물방울같이 투명하고 푸른 귀뚜라미 소리가 달빛과 어우러져 골목길에 명주실처럼 퍼져나가며 겹겹으로 쌓여 돌아오지 않는 날들(푸름)을 안고 목말라하게 한다.

이 시에서 화자는 '가을'이며 '적막'이고 '빈껍데기'인 것은 '푸름'(좋았던 시절)을 잃어버린 채 돌아오지 않기 때문일 것이다. 이렇게 본다면 이 시도 돌이킬 수 없는 사람에 대한 절절한 사랑 노래로도 읽을 수 있다. 이 그리움과 상실의 아픔은 바닷가에 이르러 "그리운 동해여 / 너의 파도 소리만큼 그리움이 / 몰려왔다 몰려간다"(「소래포구에서」)고 하거나 "두 귀는 닫아서 / 끝없이 질문하는 파도 소리는 / 듣지 않으리라"(「애월」)는 비감悲感에 빠져들게도 한다. 낯선 강물을 바라보는 심정도 마찬가지다.

나는 흘러가네
이방인이 되어서 흘러가네
이별은 언제나 뒤돌아보지 않고 떠나가네

마주 잡았던 손길들
악수도 없이 떠나가네

흘러간 것들은 다시 노래가 되어
미라보 다리 아래 떠오르고
고요한 별빛도 강물 따라 흘러가네

흐르는 강물처럼
다시 잡을 수 없는 시간이 흘러가네
사랑도 흘러가고 나도 흘러가네

—「센 강은 흐르고」 전문

프랑스의 시인 기욤 아폴리네르의 「미라보 다리」를 염두에 두고 쓴 듯한 이 시는 아포르네르와는 달리 센 강을 바라보며 교차하는 이방인으로서의 회한悔恨을 서정적 언어로 물 흐르듯이 그리고 있다. 흐르는 강물처럼 이방인 '나'도, 다시 잡을 수 없는 시간도, 사랑도, 고요한 별빛도 모두 강물 따라 흘러가는 아쉬움을 반추한다.

뒤돌아보지 않고 악수도 없이 떠나간 '이별'(사랑)은 그리움과 회한이 되고 다시 노래가 되어 미라보 다리 아래 떠오른다는 대목은 각별히 가슴 아리게 한다. 흘러가는 것들에 대한 안타까움과 아쉬움을 체념으로 돌리고 있지만, 그렇기 때문에 되레 더욱 처연한 분위기를 빚고 있는 것 같다.

창가에 언 달빛 꿈쩍도 않고
불면의 밤은 깊어만 가네
섬처럼 던져진 푸른 방
시간을 죽이는 일도 쉽지 않은 것

이 겨울은 오래도록 눌러앉아 있을 것만 같네

—「푸른 방, 일기」 부분

눈이 오는가
돌담길 돌아가는 흰 발자국 소리
오는 이 하나 없는
외따로이 앉은 방 안에서
마당 개 짖는 소리 듣네

저녁은 열리지 않는 덧문에도 몰려오고
푹푹 눈은 내리고
창 속 작은 방, 눈 속에 잠기네
한 여자 눈 속에 갇히네

—「근황」 전문

「푸른 방, 일기」는 겨울의 병상病床에서 쓴 시이며, 「근황」은 눈 내리는 겨울 저물 무렵의 외로운 마음을 그린 근래의 시인 것 같다. 병상에서는 강물을 바라볼 때와는 대조적으로 시간이 흐르지 않으며, 달빛도 창에 얼어붙어 움직이지 않는 것 같고, 밤이 깊어도 잠이 오지 않아 외딴 섬처럼 던져져 있다고 느끼는 건 너무나 당연해 보이기도 한다. 그러나 시인이 굳이 그렇게 느낀다고 토로하게 되는 건 병을 앓고 있는 현실의 지독한 갑갑함 때문으로 보인다.

이 같은 갑갑한 상황은 병상에서가 아닌 일상에서도 거의 마찬가지다. 오는 건 푹푹 내리는 눈발과 어둠뿐이고 찾아오는 사람은 없어 외따로울 수밖에 없다. 이 쓸쓸하고 외로운 정황 때문에 마당 개 짖는 소리가 더욱 크게 들리고, "창 속 작은 방"에 외따로이 앉아서도 푹푹 내리는 눈 속에 잠기고 갇히고 있다고 절실하게 느낀다. 이 표현은 헤어날 수 없이 짙은 소외감의 극대화에 다름 아닐 것이다. 시인의 근황이 폭설暴雪 내리는 겨울 저녁의 열리지 않은 덧문 속의 외따롭고 작은 방이라는 비유가 암시하는 바를 거듭 들여다보게 한다.

v) 이 시집의 적지 않은 시편들은 고향의 옛집과 거기서 살던 가족들과의 돌이킬 수 없는 추억들에 주어져 있다. 오랜 세월이 흘러도 기억 속의 고향집은 "어머니의 어머니가 살고 / 오래 묵은 손때가 모여 사는 / 나 태어난 집"(「쌀 안치는 저녁」)일 뿐 아니라 "대청마루 밑으로 기어 들어가면 동전도 있고 몽당연필도 있고 머리핀도 있고, 먼지 사이사이 아버지의 고함도 있고 어머니 울음도 있"(「그 여름」)던 곳이기 때문일 것이다.

그런가 하면, 그 옛집은 "반쯤 열린 대문으로 흑백 속의 아버지 / 화분마다 주술 같은 꽃말 걸어 두고 / 무수한 주름 펴졌다 접어졌다 / 사랑의 눈으로 바라보던 아버지"(「골목 집」)의 모습을 떠올리게 하지 않는가. 시인은 타임머신을 타고 옛날로 거슬러 오르듯 대가족大家族이 오순도순 함께 살던 그 옛집의 분위기를

햇볕 좋은 날
격자무늬 문짝들 모두 마당에 내놓고
온 식구 매달려 누른 창호지
벗겨내던 손길들
깡마른 외할머니 분주히 오가며
묵었던 세간의 먼지 닦으시고
우리들은 새 창호지 다 발라 놓고
곱게 말려 두었던
국화잎 단풍잎 덧붙여 모양내어
담장에 기대 놓으면
바람이 와서 팽팽히 당겨
장구 소리 내던 기억
달빛 그림자 창호지 문에 어른대는
겨울의 기나긴 밤

육 남매 화롯불에 둘러앉아
가래떡, 고구마 구워 먹으며
외할머니의 구수한 옛이야기 듣던 밤
밤새 함박눈 사락사락 내리는 날은
그 소리도 정겹던 겨울 속 풍경들

—「오래된 풍경 속으로」 전문

이라고 묘사한다. 이렇듯 시인에게는 옛집이 잊으려야 잊을 수 없는 '아름다운 기억의 공간'으로 자리매김하고 있다. 세월이 흐르면서 주인이 수없이 바뀌어 "깊이 뿌리 내린 명자나무와 석류나무만이"(「골목집」) 반길 뿐, 그 옛날의 명자나무 "잎사귀에 내려앉은 별들의 영혼"(「붉은 별무늬병」)을 더듬게도 하는 무상감과 상실감을 안겨 주어 더욱 그럴는지도 모른다.

그리운 아버지는 시인에게 어린 시절 서리 내리는 날 가꾸던 국화를 가져다주고 긴 장대로 감을 따던 기억 등이 각인돼 있어 "구절초 따다 차를 끓여 / 제에 올렸는데 / 어느 별자리 뒤뜰에 서서 / 감이라도 따고 계시는지"(「상강」)라는 회한에도 젖게 한다. 하지만 아버지보다도 전통적인 부덕婦德으로 자애慈愛로운 어머니, 여섯 남매 중 유독 병약했던 화자에게는 어머니 같았던 언니, 평생 소망하던 자식도 낳지 못한 채 살았던 고모에 대한 연민은 더욱 각별하다.

겨울 저녁
아버지 귀가 시간 늦어지는 날
어김없이 아랫목 이불 속에 묻혀 있는
밥 한 그릇, 행여 식을까
이불 꼭꼭 덮어 두었지

<중략>

다 늦은 밤
밥상 위에 올려놓은 밥 한 그릇
자다가 일어나 얼마나 남았는지
가만 보고 있으면 아버지 수저를 놓으시고
남겨 주던 그 다디단 흰쌀밥

오월이면 이팝나무 숭얼숭얼 꽃 필 때
꼭 생각나더라

—「밥 한 그릇」 부분

넉넉하지 않던 가부장제家父長制 가정의 아버지와 어머니, 자식 사이의 풍경을 떠올려 보이는 이 시는 언제나 따뜻한 쌀밥으로 지아비를 극진히 섬기던 어머니, 잠을 자다가도 그 흰쌀밥을 먹고 싶어 남은 밥을 엿보던 화자(자식), 그 다디단 밥을 남겨 주던 아버지의 배려가 오롯이 그려져 있다. 아직도 시인이 이팝나무의 꽃 필 때 그 쌀밥이 생각나는 건 겨울밤에 어머니가 온돌방 아랫목 이불 밑에 묻어두던 밥 한 그릇과 그 지극한 정성과도 함수관계函數關係를 가진 것으로 보여진다.

어머니의 자애롭고 자상한 모습은 「반짇고리」에 한결 더 선명하게 살아나 있다. 돋보기, 실패, 바늘꽂이, 헝겊 조각들이 들어 있던 반짇고리를 "어머니의 보물 상자"로 여기는 까닭은 그 속에 어머니의 가족에게 사랑과 정성을 베푸는 갖가지 바느질 도구들이 들어 있기 때문이다.

살구나무 아래 어둠이 내릴 때면
한 점 촛불을 켜고
자식들 해진 옷과 양말 꿰매시던 날들
깁고 이어 붙이는 솜씨가 좋아

명절이 오면 비단 조각
한 땀 한 땀 박음질하여
색동저고리 지어 주시던 일

반짇고리 속엔
온 하루 물소리에 감겨서
분주하게 흐르던 세월 담겨 있고
빛바랜 돋보기 위로
선명하게 남아 있는
젊은 어머니의 얼굴이 웃고 있다
—「반짇고리」 부분

시인은 어머니의 반짇고리를 너무나 소중히 여기고 있어서 그럴까. 저녁에 촛불을 밝혀놓고 바느질을 하던 솜씨가 되돌아보일 뿐 아니라 노모老母의 그 반짇고리를 보고 있으면 젊은 시절에 웃고 있는 얼굴까지 선명하게 보이는 것으로 묘사하고 있다. 이같이 애틋한 그리움과 연민은 「검은 눈물」에도 그려지듯이, 꿈속에 어머니가 나비나 항아리 형상으로 나타나기도 하고 "늦도록 틀어 놓은 TV 소리에 얹힌" 것으로 느껴지며, 어머니의 "울음이 화석이 되어 갇히"면서 화자를 천천히 가두기까지 한다.

어머니의 그림자와도 같이 어린 시절 손톱마다 봉숭아 꽃물을 들여주던 언니가 반신불수半身不遂로 병상에 있는 모습을 바라보는 시선과 평생 자식도 낳지 못하고 홀로 외롭고 괴롭게 살다가 세상을 떠난 고모姑母를 생각하는 마음은 또 어떠한가.

엄마의 그림자 같은 언니가 지금
나무 물고기처럼 몸의 반쪽이 굳어 누워 있다
쓸쓸한 그 여름 저녁 같은 병실

문을 열고 들어서니
팍팍한 삶을 살아온 주름이
날 보고 있다
반쪽의 성한 팔 내밀며 손짓하는 그녀
그 옛날 빈집 같은 풍경으로
희미하게 웃는
저 울음 같은 미소 속에서
봉숭아 씨앗들이 아프게 깨어나고 있다

―「봉숭아」 부분

가족사진 한 장 없이
몸에 깃든 생선 비린내 빠져나갈 틈도 없이
머리 위에서 함지박 내려놓듯이
생을 빠져나가 버린 그녀
지나가 버린 그 시간이 동해 파도처럼
밀려드는 저 골목
둘이 걸으면 딱 맞는 긴 골목길

―「논골담길」 부분

언니의 병상 모습에 가슴 아파하는 「봉숭아」는 시인의 표현대로 언니가 "나무 물고기처럼 몸의 반쪽이 굳어 누워 있"는 병실病室을 들어서면서는 옛날의 아픈 기억을 이입시키고 고향의 빈집을 아프게 연상하기도 한다. 이 시에서의 "그 여름 저녁"은 어린 시절 "처음으로 쓸쓸함과 적막을 알고, 갑자기 늙은 아이가 되어버린 그 저녁, 아버지 눈 속에 핀 환한 박꽃이 창백한 내 얼굴을 밝혀 주던 그 여름"(「그 여름」)의 저녁이며, 비어 있는 옛집은 상실감과 박탈감剝奪感의 상징이라 할 수 있지 않은가.

아득히 가버린 날들과 달리 반신불수인 언니는 "팍팍한 삶을 살아온 주름"뿐이라든가, 성한 팔로 손짓하며 희미하게 웃지만 그 미소微笑는 울음 같다는 심정은 비애와 연민의 극대화에 다름 아니다. 하지만 시인은 언니의 그 "울음 같은 미소 속에서 / 봉숭아 씨앗들이 아프게 깨어나고 있다"고 어린 시절 고향집에서의 아름다운 추억을 반추해 애달픔의 농도 더욱 짙게 하는 것으로 읽힌다.

시인은 「달집태우기」에서도 고모와의 이별을 "홀로 덩그러니 섬처럼 살다가 / 오늘 망자가 된 고모 / 안동포 수의 곱게 차려입고 / 달집 되어 활활 떠나가고 있다"고 애통哀痛해 했지만, 「논골담길」은 고모의 고단하고 외로웠던 생애를 짙은 연민으로 되돌아보는 절절한 애도시哀悼詩다. 생선을 함지박에 이고 나르며 묵호(동해)의 언덕바지 길고 좁은 골목길의 나지막한 집에서 살다 떠난 고모는 철저히 홀로였으며, 세상도 홀연 떠나 안타까움이 더할 수밖에 없을 것이다. 이 시의 "몸에 깃든 생선 비린내 빠져나갈 틈도 없이 / 머리 위에서 함지박 내려놓듯이 / 생을 빠져나가 버"렸다는 대목은 절절한 여운을 안겨준다.

고향과 고향 사람들에 대한 일련의 시에는 그 시절이 아름다운 기억으로 자리매김하고 회귀하고 싶은 시절과 그런 공간으로 그려지는 반면 현실에서의 삶은 상실감과 박탈감에서 자유롭지 않은 채 아름다운 기억과 그 추억들이 그리움의 대상일 뿐 아니라 거꾸로 그런 삶을 꿈꾸고 기다리게 하는 대상으로도 그려진다. 더구나 현실을 살아가면서 고통 받거나 그 무게에 눌려 세상을 떠난 사람들을 향해서는 따스한 휴머니티와 유난히 짙은 연민을 보내고 있어 이 시인의 아름다운 마음자리를 거듭 들여다보게 한다. (2020)

온전한 사랑과 본향 회귀의 꿈

— 황세연 시집 『음표와 음표 사이』

i) 자연현상에 민감한 황세연 시인의 시는 그 현상들에 예민하게 반응하면서 그 대상들을 내면에 비춰 재구성한 심상 풍경心象風景들을 보여준다. 계절 따라 바뀌는 자연의 사물과 풍경들을 그리면서도 그 대상들을 주관적인 시각으로 바라보면서 내면으로 끌어들여 감정이입感情移入과 투사를 통해 다분히 자아화自我化된 풍경들을 빚어 보인다.

시인의 서정적 자아는 궁극적으로 '온전한 사랑'을 갈망하고 '본향本鄕'에로의 회귀를 꿈꾸지만, 자신이 놓여 있는 현실은 그 꿈과는 좀체 거리가 좁혀지지 않으며, 거듭 떠돌 수밖에 없는 정황에서도 자유롭지 않다. 이 때문에 고통과 시련의 상징인 '바람'이나 '비'를 대상(매개)으로 한 일련의 시편들은 무겁고 어두우며 짙은 소외감과 자괴감, 공포와 인고忍苦의 결과 무늬들로 미만彌滿해 있다. 그러나 이 목마름의 농도가 짙은 만큼 그 반대방향의 세계를 희구하는 꿈이 절실하고 강고하며, 가혹한 자기성찰을 바탕으로 그 초극과 초월을 지향하고 있다는 방증傍證과 역설逆說로도 읽힌다.

시인은 "너도 피고 나도 피는" 마음의 봄을 열망하기 때문이겠지만 유난히 봄을 선호한다. 생동하는 봄은 원초적인 생명력을 느끼게 하고 잃어버렸거나 짓눌렸던 '사랑'에 다시 눈뜨게 하며, 짧게나마 그 꿈에 불을 지펴 보게 하기 때문일 것이다. 게다가 그 여운은 봄이 가 버린 계절의 흐름 속에서도 외부를 향한 연민憐憫과 상생相生을 향한 공동체 의식을 일깨우는가 하면, 삶의 비애를 삭이고 넘어서려는 결기와 겸허한 순응, 과거지향적이면서 미래지향적인 본향 회귀의 꿈을 잉태하기도 한다.

ⅱ) 시인은 '바람'을 자신의 내면으로 끌어들여 들여다보거나 자신과 같은 선상線上에 놓고 바라보기도 한다. '겨울바람'을 갈 길 잊은 채 떠돌고 헛발질하며 통곡하는(「겨울바람」) 모습으로 그리고 있으며, '바람'이 한자리에 머물지 못하며 제 길로 흐르지도 못하고 떠돌면서 "그 누구의 / 눈 속에 / 들지 못했다 // 그 누구의 / 가슴에도 / 안기지 못했다"(「바람의 독백」)고도 묘사한다. 겨울에 브는 바람을 가야 할 길 잊은 채 떠돈다고 표현했지만, 방향감각方向感覺을 잃어버려서 그렇다는 뉘앙스로도 읽힌다. 그렇다면 시인은 왜 바람의 격렬한 움직임을 '헛발질'로, 강렬한 소리를 '통곡'으로 듣고 보는 것일까.

바람이 강하게 불면 그 소리가 요란하기 때문에 크게 우는 소리로 듣고, 보이지도 않는 바람이 갈 길 잊은 채 헛발질하는 행우로 볼 수 있을 것이다. 하지만 다분히 주관적인 시각이다 바람을 사실적이나 객관적으로 그리는 게 아니라 시인의 감정을 이입하고 내면을 반영(투사)해 떠올리기 때문이다. 겨울 강풍을 "뿌리 깊은 모든 것 / 그들의 일탈을 부추기며 능욕하던 / 가장 자유로운 영혼"(「겨울바람」)이라는 시각도 마찬가지다.

바람이 격렬해지면 제자리에 붙박여 있는 모든 것들을 뒤흔들어 엄청난 타격을 주게 마련이다. 심한 경우 그 존재의 존립 자체까지 무너뜨릴 수도 있다. 그래서 시인은 겨울바람을 "일탈을 부추기며 / 능욕" 한다고까지 보고 있는 것 같다. 언제나 제자리에 그대로 있는 그 무엇도 바람의 움직임과 그 세례를 받아들일 수밖에 없는 '수동태受動態'이므로 뿌리를 깊게 내리고 있더라도 '능동태能動態'인 바람의 능욕에 당할 수밖에 없다는 뜻으로 읽힌다. 그런데 시인은 왜 겨울바람이 방향감각을 잃고 떠돌고 헛발질하면서 "자유로운 영혼"의 잘못된 행위를 거듭하는데도 하필 사람들이 밀집해 살고 있는 "고층 아파트 밑동에 기대어 / 한없이, 한없이 울어 댄다"(같은 시)고 묘사하고 있는 걸까.

갈 길 잊은 채
떠돌았던 허송세월의 후회인가
남모르는 헛발질의 참회인가
완전한 자유는 벗어던져 버리고
그만이 알고 있는 울음소리
그만이 알고 있는 통곡이
온종일 꺼이꺼이 윙윙거린다
—「겨울바람」 부분

인용한 부분에서도 읽을 수 있듯, 시인이 겨울바람을 떠돌고 헛발질하며 통곡한다고 보지만, 일탈을 부추기고 능욕을 하는 행위라고만 단정하지는 않는다. 온종일 "꺼이꺼이 윙윙" 부는 강풍을 두고 자유로운 영혼을 지니고 있음에도 방종放縱하게 떠돌았던 허송세월을 후회하거나 남모르는 헛발질을 참회하기 때문이라는 데까지도 생각을 가져가며, 그 까닭을 바람만 알고 있는 통곡과 헛발질이라는 여지를 남겨 놓고 있기 때문이다. 그렇다면 바람만 알고 있는 통곡은 모든 사물에 대한 가해행위이면서 동시에 허송세월과 헛발질에 대한 후회와 참회, 방종을 넘어선 또 다른 행위(통곡)라는 상반된 의미를 복합적으로 떠올린다.

그러므로 겨울바람의 모습과 소리를 묘사하면서도 기실은 겨울 속의 그 대상을 빗댄 시인의 내면(심상) 풍경을 떠올리는 경우라는 생각이 들게 한다. 자유와 떠돎, 헛발질과 통곡에는 물론 후회, 참회, 남모르는 아픔에 시인의 감정이 이입되고 대상을 주관화하며 세계를 자아화하는 서정적 자아의 소산에 다름 아니기 때문이다. 다시 말해, 시인은 겨울바람을 노래하면서 극한상황(겨울)에 놓여 있는 내면의 풍경을 드러내 보이며, 자신의 떠돎이 아무의 눈에도, 가슴에도 안기고 들지 못하고 있다는 소외감疏外感과 자괴감自愧感을 우회해서 떠올리는 것으로 읽을 수 있다.

이 같은 자괴감이나 소외감은 나아가 "생의 환희도 이런 걸음이었나 // 속살과 속살이 닮아 있었던 // 우주를 안고 세포가 분열하던 // 한 점 바람이었나"(「봄날은 간다」)라거나 세월의 흐름 속에 "절름발이처럼 // 나만 남았다"(「세월」)는 자성自省과 한탄에도 닿게 한다. 자연현상으로서의 바람과 자신의 내면을 속살이 닮은 하나의 세포로 들여다보며, 다시 자신을 그 세포가 분열된 한 점 바람이라면 그 바람은 온전할 리 없다. 이 때문에 세포가 분열되기 전의 그 우주는 "생의 환희"를 느끼게 했다면 분열 이후에는 "절름발이"처럼 불구의 모습으로 남을 수밖에 없을 것이기 때문이다.

너와 나는 한 몸이었나

강산이 몇 번이나 바뀌어 가도

봄꽃이 수없이 피었다가도

텅 빈 몸으로 정처 없이

비루한 바람 따라 떠돌고 있음은

그때 너와 나

이별 때문인지 모른다
—「고독」 전문

가장 가까운 대상을 '너'로 지칭하고 있는 이 시에서는 원래 한 몸이었던 '너'와 '나'가 세월의 흐름과 비루한 바람을 따라 헤어졌기 때문에 텅 빈 몸으로 정처 없이 떠돌아야 하는 고독孤獨을 안겨 주었다고 여기고 있다. 하지만 그 이별(분열)의 시점이 '그때'라고만 표현돼 있을 뿐 구체화돼 있지는 않다. 아마도 오래 전이었고 오래된 만큼 고독의 농도도 짙어졌을 뿐 아니라 그 고독이 삶을 지배하고 있어 "다시 돌아가는 것도 / 여기 머무르는 것도 / 생"(「길」)이라는 짙은 체념에 이르게 했는지도 모른다.

그것은 바람이었다
바람 때문에 아팠을 뿐이었다
그도 바람의 운명이었을 뿐
헤어짐이 먼저는 아니었으리라

마칼바람은 나붓거리며
잡은 손 놓고 둘이 되었어도
하나였던 기억마저 까맣게
잊혀야만 하는 걸까
—「바람이 분다」 전문

이 시에서는 바람이 아픔을 안겨 주는 대상으로 그려지고 '그'도 '바람'과 같이 여겨지는 대상이다. '바람'도 '그'도 같은 운명의 대상이기 때문으로 바라본다. 나아가 바람 때문에 아팠지만 그 헤어짐의 운명이 먼저는 아니었으리라고 말하면서도, 그 마칼바람(서북풍)은 나붓거리며 하나를 둘로 갈라지게 하는 운명을 절감하게 하며, 하나였던 기억마저 까맣게 잊히게 만든다고도 한다. 이 때문에 강풍이 불면 안 아플 수 있겠으며, 바람이 고독의 원흉이 아닐 수 있겠는가. 시인은 바람뿐 아니라 비를 바라보면서도 공포와 비감悲感에서 자유롭지 않기는 거의 마찬가지다.

거센 빗줄기 바람에 휘감길 때
실눈 뜨고 하늘을 훔쳐보았다
구름이 늘 정지된 듯했던 모양새 풀어헤치고
누가 부르는 듯 뒤쫓는 듯
쏜살같이 떼 지어 내닫고 있었다
거대한 우주의 공포
처마 밑에 개미 새끼 한 마리
희망 고문을 견뎌내고 있었다

—「생의 반란」 전문

시인은 쏜살같이 떼 지어 내닫는 비(폭우)를 누가 부르는 듯, 뒤쫓는 듯 비구름이 정지된 듯했던 모양새를 풀어 헤친 "거대한 우주의 공포"로 느끼며, 그런 상황에 놓인 처마 밑의 개미 새끼 한 마리에도 연민의 시선을 보낸다. 그 공포는 미물인 개미나 화자에게 견뎌 내야 할 인고의 대상이며 생을 뒤흔드는 반란이 아닐 수 없다는 인식에서 비롯되고 있는 것 같다.

"밤이 깊어 하루가 바뀌어도 / 빗줄기는 더 거세"(「칠월 장마」)지는 장맛비도 마찬가지의 공포와 비애의 대상이다. 그래서 시인은 "이루지 못한 소망들이 / 한이 되어 흐르는 / 저 강물"이나 "강물의 슬픔을 / 헤아리지 못하는 / 망망한 바다의 미련함 때문인가"(같은 시)라고 회의하면서 무엇을 씻어 내리려는 하늘의 '정화淨化'로 마음을 가져가기에 이른다. 게다가 눈길을 완전히 돌려 햇살을 받고 있는 강물을 "오늘이 무겁고 / 내일이 어두울 때 / 어제와 오늘을 반짝이며 흐르는 / 강물을"(「강물처럼」) 바라보기도 한다. 말하자면, 폭우나 장맛비의 공포나 무거움과 어둠에서 그 반대상황에 놓인 "유리같이 맑은 몸"의 강물에 그 반전의 마음을 포개 놓는 셈이다.

다른 시에서도 이 같은 징후를 떠올린다. 「은총」에서는 "날마다 맑은 하늘이고 싶었다"고 토로한다. 더구나 「은총」에서는 그런 소망이 "젖으면 젖은 채로 / 걸어가기로 마음먹던 날 / 저 멀리서 하늘이 조금씩 개기 시작했다"는 구절이 말해 주듯이, 가혹한 고문을 벗어나는 모습을 드러내 보이지 않는가.

'바람'이나 '비'를 매개로 한 일련의 시를 통해 읽을 수 있는 바와 같이, 시인의 떠돎, 헛발질, 통곡, 후회, 참회, 소외감, 자괴감, 한, 고독 등은 그 반대방향을 소망하고 갈구하는 마음과 길항拮抗하는 가혹한 고문과 담금질에 다름 아니다. 그 빛깔들의 짙은 농도만큼이나 정화와 초극, 초월에의 꿈이 강고하며, 희망의 지평으로 나아가려는 소망과 희구가 절실하다는 역설로 읽어야 할 것이다.

iii) 지천명知天命(쉰 살)에 이른 시인은 일상 속에서 주위 상황들을 무겁고 어둡게 바라보며 자기성찰自己省察을 바탕으로 그 초극의 길을 더듬어 나서곤 한다. "서슬 푸른 돌멩이 하나가 / 겨우 꽃단장한 / 분홍빛 연못 한가운데 / 아주 무례하게 / 풍덩 날아든다"든가 "지천명의 무수한 돌멩이들이 / 몸서리치는 운명을 / 다시 삼키고 있었다"(「지천명의 뜨락에서」)는 짙은 비애에 빠져들면서도 "많이 경험한 통증 섞인 증세들이 / 언제부턴가 / 가볍게 지나가기 시작했다"(같은 시)고 한다.

「지천명의 뜨락에서」에서 그려지는 "겨우 꽃단장한 / 분홍빛 연못"은 오랜 세월 동안 시인이 더 나은 삶을 꿈꾸고 지향하며 일궈낸 현실 초극의 공간일 것이다. 그 공간에 서슬 푸른 돌멩이가 무례하게 날아든다는 건 어떤 외부의 힘이 그 공간에 나쁜 파장을 일으킨다는 뜻으로 읽힌다. 또한 그 무례함은 오래 쌓여 온 그런 돌멩이들을 새삼 떠올리게 함으로써 몸서리치는 운명을 아프게 반추反芻하게도 한다. 하지만 시인은 그 무수한 돌멩이들이 "운명을 삼키고 있다"고 말하기에 이르며, 언제부턴가 그 통증痛症 섞인 증세들이 가볍게 지나가기 시작했다고 또 다른 초극의 길을 암시해 보인다. 시인이 마주치는 현실은 이같이 중층의 빛깔을 띠고 있다. 그래서 마침내

이승은 하늘처럼 넓지 않아
돌고 돌아 그 자리다
돌아오지 않는 것들이 떠난 자리
사랑인 줄 알았는데 구속이었거나
소망인 줄 알았는데 욕망이었거나

길을 잃으면 집이 보인다고 했던가
무딘 바람이 노는 묵정밭 기슭에서
에움길 따라 옷깃을 여미니
새벽밥 지으시던 어머니 머릿수건
배릿한 찬바람 냄새가 나를 맞는다

옛친구 집이 환히 보이는 곳
나는 본래 떠나지 않았고 늘

여기 머물러 있었다
—「귀향」 전문

고, 과거지향적인 본향에로의 회귀를 꿈꾼다. 시인이 체감하는 현실은 제자리걷기이며 사랑이 구속이고 소망이 욕망이며 길을 잃었을 때 되레 집이 보이기도 한다. 하지만 이 같은 현실이 다른 한편으로 깨달음을 안겨 주는 건 '왜'일까. 이 세상이 하늘처럼 넓지 않은 데다 돌아오지 않는 것들이 떠난 자리가 "돌고 돌아 그 자리"일 따름이며, 사랑도 소망도 구속과 욕망에 다름 아니게 부질없는 꿈에 불과하다고 절감케 하기 때문이지 않을까.

길을 잃고 헤매다가 회귀한 곳이 어머니의 머릿수건 배릿한 찬 바람 냄새가 맞아 주고 가까운 지기의 집도 환히 보이는 본향으로써의 그 옛날 그 고향이며, 떠나 있었지만 마음이 언제나 떠나지 않고 머물러 있었던 곳도 그곳이다. 이 같은 겸허한 본향 회귀의 정서는 높은 하늘을 우러러서도 마찬가지 깨달음과 마주치게 한다.

저기 저 새하얀 구름
참 높이도 떠 있다

새의 깃털 같은 저 몸은
어느 암자에서 수행했는가

저기 저 길은 땅속으로 나 있어
지름길이 허공인가 보다

간절히 원할수록 무거워지는 미혹
한 치도 버거운 부동의 비상飛翔

그래, 깊이깊이 뿌리를 내려 보자
앉은 자리에서 깊이깊이
—「저 높은 곳을 향하여」 전문

시인은 하늘 높이 가볍게 떠 있는 새털구름을 고승高僧처럼 수행했기 때문이라고 바라본다든가 낮은 땅속으로 나 있는 길을 높은 허공의 지름길로 보는 반면 간절히 원할수록 미혹迷惑은 무거워지는 부동의 비상으로 읽는다. 이 같은 깨달음은 이윽고 앉은 자리에서 깊이깊이 뿌리를 내려 보자는 결의를 낳게 한다. 풀과 나무와 새가 본래의 모습으로 평생을 살 듯이 그렇지 못했던 날들을 “꽃도 풀도 아닌 나는 / 바람을 좇느라 / 항상 아팠다”(「옛 동산에 올라」)고 되돌아보는 자성도 내려놓고 낮아지므로 높아지고 채워지며, 본래의 모습(본향)으로 되돌아오는 회귀의 깨달음을 받든다. 다음 시의 마지막 부분도 같은 맥락으로 읽힌다.

이제는 다 내려놓고
차라리 두 팔을 벌리자
하늘을 향해 가지를 뻗은
저 나무들처럼
—「그들처럼」 부분

ⅳ) 봄을 노래하는 일련의 시들은 황세연의 시적 특성의 한 단면인 ‘관능적官能的 감각’의 묘미를 떠올린다. 시인은 「다시 봄이어라」에서 노래하듯, 꽃이 졌다가 다시 피어나는 새봄을 ‘이별 뒤의 빛나는 만남’에 비유하고 있다. 신록에 밀려나 온통 착시로 일렁일 정도로 서럽게 꽃잎이 지던(울던) 그 이별의 시간을 잊었는가라고 반문하면서 그 봄을 “돌아온 사랑”이라고 부르는가 하면, 그 사랑 앞에 “반짝이는 사람”을 포개 놓기도 한다. 봄은 이처럼 돌아온 사랑이며, 다시 핀 꽃은 반짝이는

사람에 비유(은유隱喩)된다. 또한 그 서러움을 넘어 다시 돌아오는 봄을 '회춘回春의 꿈'과 '산천의 꽃불' 지피기로 그리고 있다.

겨울의 끝자락이 엉덩이를 들썩인다
우주의 유혹이 시작됐다
완벽한 회춘을 꿈꾸는 계절

움츠렸던 씨앗 주머니들
여기저기 터트리기 시작했다
일찍 바람난 꽃들
잎사귀 없는 버선발이다

운명은 언제나 낯설지만
재지 말고 불붙어 버려라
산천에 꽃불 질러 버려라

—「사랑의 계절」 전문

봄 기미를 "겨울의 끝자락이 엉덩이를 들썩인다"고 묘사하거나 외부적인 요인을 "우주의 유혹"이라고 하는 표현이 그렇듯이, 원초적인 생명력을 관능적인 감각으로 묘사하고 있는 이 시는 봄을 "완벽한 회춘을 꿈꾸는 계절"로 규정하면서 잎사귀보다 먼저 피는 꽃들은 일찍 바람난 "버선발"로 읽고 있다. 망설이지 말고 "산천에 꽃불 질러 버려라"라는 단호한 표현 역시 그렇게 보인다.

심지어 산수유꽃의 개화開花를 "아찔아찔 살인 미소의 폭죽 소리!"(「산수유 꽃길 따라」)라는 강렬한 유혹과 역동적인 소리의 표현으로 비약시키는 경우도 없지 않다. 시인은 이같이 봄을 회춘을 꿈꾸는 계절이자 그런 원초적 생명력이 뜨겁게 달아오르는 사랑의 계절로 바라보며, 이를 에워싼 환경도 같은 시선으로 읽고 있어 또 다르게 눈길을 끈다.

일찍 피어난 개나리 무리들
노란 물감 마구마구 퍼붓는다
샘난 듯 강변도로 수양버들
연초록 물감 사정없이 뿌려 댄다
늦도록 우중충한 저 대지는
젖가슴 터질 듯 부풀어 있다
나는 온통 무지개로 앉아 있다

—「봄날에」 부분

개나리의 만개滿開를 외부에서 "노란 물감을 마구 퍼붓는다"거나 수양버들의 새잎들 모습을 "연초록 물감 사정없이 뿌려 댄다"고 묘사한다. 대지大地가 "젖가슴 터질 듯 부풀어 있다"는 표현도 역시 감각적이고 관능적이다. 우중충하던 대지가 젖가슴 터질 듯 부푸는 바와 같이 개나리꽃, 수양버들의 새잎들이 환경의 힘을 받고 있을 뿐 아니라 이 광경을 차창 너머로 바라보는 화자(시인)도 "온통 무지개로 앉"는다.

시인은 봄날의 모든 사물에 관능적인 감각을 끼얹고 있기 때문에 원초적인 생명력과 생동감이 한층 증폭된다. 그런가 하면, 봄의 새 생명력이 외부로 확산되는 경우도 있다. "아픈 발 풀어 앉은 둔치는 / 묵새기는 세월 밀어내고 / 꽃물결 소리에 폭폭 잠긴다"(「사월의 언덕」)는 표현이 그렇다.

시인의 감각적 묘사는 활유법活喩法과도 긴밀하게 연계된다. 「불청객」에서 "마중물 마파람 소매 걷고 / 창공의 한기 싸악 지우니 / 햇살 점점 따스히 내려와"라는 대목에서 읽게 되듯, 마파람이 소매를 걷은 사람으로 의인화되고 있으며 "잠시 왔다가 돌아가는 것들 / 이 겁 없는 것들의 격한 심장 소리"도 사람들이 절정에서 불태우는 관능과 연계시켜 놓은 경우에 다름 아니다. 게다가 산수유꽃의 개화도 인격人格을 부여한 '파티'에 비유된다.

파티 준비는 너무나 길었습니다
무희에게 주어진 시간은 너무나 짧습니다
샛노랗게 봉긋한 내숭 열어젖히고
오늘은 지상에서 가장 아름다운 춤을 추렵니다
나의 황금빛 춤사위를 마음껏 누리십시오
이는 곧 지나가리라는 충언도
지금은 나의 것이 아닙니다

이제 곧 숲실 무대의 막이 내리면
긴긴 이별이 또 기다리고 있을 테지요

—「숲실 산수유」 전문

산수유 마을의 봄 풍경에 착안한 이 시는 산수유꽃의 개화를 무희舞姬들의 파티로 바라보며, 화자가 바로 산수유꽃(무희)으로 변신하는 의인화擬人化로 호소력을 증폭시키기도 한다. 이 무희들의 파티(산수유꽃의 개화)는 준비한 시간에 비해 너무 짧지만 내숭을 열어젖히고 황금빛 춤사위를 펼쳐내는 절정絶頂의 시간을 만끽하면서 외부로 확산하는 그 무도회에 초대한다고 본다. 더구나 이 숲실의 봄 한때의 짧은 무도회 이후에는 긴긴 이별의 시간이 올지라도 화자는 "이는 곧 지나가리라는 충언"마저 아랑곳하지 않는 지경에까지 몰입한다. 이 때문에 "지상에서 가장 아름다운 춤을 추렵니다"는 과장법마저도 아름답게 승화되어 다가오는 게 아닐까.

시인은 이같이 봄꽃들이 활짝 피어나는 짧은 한때를 「화원」에서와 같이 "너도 피고 나도 핀다"고 여기고 있으며, "오래오래 그렇게 꽃이어라"라고 염원할 뿐 아니라, 「비슬산의 봄」에서처럼 지천명의 어느 날 "꽃말이 술렁이는 봄날 / 비슬산 참꽃밭에 닿은 발걸음 / 때 아닌 열병의 포로"가 되게까지 하는지도 모른다. 또한 "너와 나의 사랑이 // 머무는 계절에는 // 이팝나무꽃 // 피었으면 좋겠다"(「이팝나무꽃」)고 이팝꽃의 '보잇한 향기'를 나직하게 반추하기도 한다. 지천명에 이른 시인은 이토록이나 봄의 절정의 순간들을 예찬禮讚하며 내면 깊숙이 끌어당긴다. 봄은 사랑의 계절이며, 절정의 한때이므로 시인이 "열병의 포로"가 되게도 한다.

v) 그러나 원하든 그렇지 않든 '사랑'과 '절정의 계절'인 봄도 가게 마련이다. 여름에서 가을로, 다시 겨울로 이어지는 게 자연의 순리이며 인생의 순리順理다. 계절의 흐름에 민감한 시인은 그럼에도 그 순리를 거스르지 않고 겸허하게 따른다. 조락凋落의 계절인 가을을 맞아서는 "꽃 피우지 못한 봄날과 / 습했던 여름과 / 삭제하지 못한 날들을 / 가을 햇살에 널"(「푸른 하늘 아래」)어 말리는 여유를 가진다. "영글지 못한 날들이 / 볼 붉히며 익어 가는데 / 먼저 입술 붉어진 고추잠자리 / 파닥파닥 낙관을"(같은 시) 하는 장면도 가슴에 끌어당겨 품으려 한다.

그런가 하면, 「지독한 사랑」에서 노래하고 있듯이, "둘이서 하나 됨은 이렇게도 난해한 정글인가요"라는 미련에서 완전히 자유롭지 않더라도 "사랑은 온유하고 오래 참는 것"이라는 성서의 한 구절을 떠올리고, 「가을, 장미」에서는 지는 장미를 보면서 "서풋서풋 다가오는 서슬 바람에 / 핏빛 언어를 쏟아내고 말았다"고 "내 안의 나"를 드러내 고백告白하면서도 "어둠이 오기 전에 돌아가야 하는 길이 / 본래는 내 길이 아니었다 할지라도 / 나도 이제 발길 돌려 가야만 하겠지요"(「노을 때문에」)라는 순응의 겸허함으로 마음을 옮아간다.

지난 계절 염천 아래서
나는 그렇게 푸르렀었나
시월의 바람에 내 옷깃
불그레하게 물들어 간다
긴 장마가 지나가던 그때
강산을 말갛게 씻어 내리던 그때
그것은 치유였던가
이 가을에
티 없이 정결한 환생을 꿈꾼다

—「이 가을에」 전문

지나간 여름을 되짚으면서는 이같이 긴 장마도 강산을 말갛게 씻어 내리는 '치유'라는 생각에 닿게 되며, 가을의 바람에 옷깃이 불그레하게 물들어 가면서도 티 없이 정결한 환생還生(거듭남)도 꿈꾸게 된다. 이 같은 순응의 미덕과 그 아름다움은 "노을에 아미 붉히는 능선처럼 / 그렇게 기다릴 수는 없었을까 // 달 아래 반짝이는 강물처럼 / 그렇게 흘러갈 수는 없었을까"(「일탈」)라는 자기성찰과 "한여름 장마에 // 꼭지만 남았어도 // 이 가을날 // 한껏 붉어 보리라"(「가을에 나무는」)는 마음자리를 담보로 하고 있다.

이 같은 순응과 깨달음은 가까운 사람들을 향해서는 한결 더 따뜻하고 그윽하게 번져 나간다. 지천명에 이르렀지만 앞으로 살아갈 날들이 까마득할지 모르는데도 벌써부터 "목숨이 다해 가면 고향을 찾듯 / 본래의 자신으로 되돌아오리니"(「만유인력」)라는 깨달음의 마음자리를 펴 보인다.

어머니를 기리면서는 모든 어머니들의 모성애母性愛로 확산되는 생각을 "세상의 어미들은 / 정갈하게 정갈하게 / 머리를 빗는다"(「어머니의 강」)고 미화하며, 「그 강은 바다로 흐르지 않아도 좋다」라는 시에서는 그 강은 좁지만 깊었으며 언제나 청정했다고 반추한다. 더구나 세월이 흘러 자신의 운명도 가끔씩 요동칠 때는 어머니의 강가에서 그 신비를 닮기 위해 기도하고, 그 강은 바다로 흐르지 않아도 좋다고까지 되돌아보기도 한다. 지아비를 향해서도 이같이 따뜻한 마음을 끼얹으며 연민의 정을 덧칠해 보인다.

저기 저 남자 늙어 가네

저 남자 저렇게 늙어 가네

바람 같은 자유를 마디마디 꺾고

제비 둥지 아궁이 지펴 온 나날들

비와 바람은 이제 한 몸으로 익어 가는데

고추잠자리 같은 저 남자 옷자락이

후드득 낙엽 따라 바스락거린다

—「지아비」 전문

늙어 가는 지아비의 삶을 바람 같은 자유를 마디마디 꺾고 제비 둥지 아궁이 지펴 왔다고 은유하면서 그 늙어 가는 모습을 고추잠자리 같은 옷자락이 낙엽 따라 바스락거린다고 아쉬워한다. 하지만 이 아쉬움도 순응의 미덕을 벗어나지는 않은 것으로 읽힌다.

병마病魔에 시달리던 지아비가 세상을 떠난 친구에 대한 연민을 떠올리는 「미망인」에서는 그 절절하고 애달픈 사랑의 모습을 목도하며 "삶과 죽음은 하나가 아니었다 / 그것은 가장 아픈 분열이었다"고 냉철하게 깨닫기도 한다. 이 같은 공동체 의식은 "상생이 아니면 호응하지 마라 / 공생이 아니면 가담하지 마라"(「마키아벨리의 간증」)는 생각과도 맞물려 있다. 독백에 다름 아닌 다음의 시는 시사示唆하는 바가 적지 않아 보인다.

피어나지 못했던 비루한 이야기
언제 피었다가 졌는지 모르는 아둔한 이야기
붉은 혈관이 햇살처럼 반짝이는
저 꽃들에게는 말하지 않는 게 좋겠다

사랑을 구걸하다 부서진 부리 이야기
바람을 좇느라 항상 아팠던 이야기
하늘 한가운데 가벼운 몸 뉘어 내는
저 새들에게는 말하지 않는 게 좋겠다

나의 말은 이미 저들의 언어와 많이 달라서
수신되지 않는 부재중 전화처럼
허공에도 덜커덕 걸려 버린다
꽃은 꽃의 길을 가게 두고 새는 새의 길을 가게 두자

—「어느새 나는」 전문

살아온 지난날을 총체적이면서도 극도로 축약해 되짚어 보는 듯한 이 시는 겸허하게 비루하고 아둔했던 지난날을 반추하기도 하고, 사랑의 추구와 그 상처, 그간의 삶과 그 아픔들을 되짚으면서 그 모든 것들을 홀로 속으로만 삭이려는 결기를 보여 준다. 새와 꽃으로 상징되는 부러움의 대상들을 향해 함구하고 눈을 감겠다는 건 여간한 결기가 아님은 물론이다. 붉은 혈관이 햇살처럼 반짝이는 꽃과 높은 하늘 한가운데 가벼운 몸을 뉘는 새에 비기면 자신의 삶은 비루하고 아둔하며 상처와 아픔으로 점철點綴됐다고 할 수 있다.

하지만 이 결기는 다분히 '너무나 인간적인' 체념의 빛깔을 머금는다. 그런 '사랑의 절정'(꽃)과 '자유로운 영혼'(새)과는 "허공에도 덜커덕 걸려" 버리는 것과 같이 거리가 떨어져 있다(소통 부재疏通不在, 또는 불성취)는 비애와 무관할 수가 없지 않을까, 그러나 그럼에도 불구하고 시인은 꽃과 새의 길과는 다른 자신의 길을 가려 한다. 어쩌면 이 같은 결기와 결의는 "거울 속으로 // 창이 열린다 // 날개가 돋는 // 또 다른 세상 // 영혼이 // 새 옷을 입는 곳 // 또 하나의 // 딘낯을 만난다"(「여자, 화장」)는 미래지향적인 삶의 추구를 은딜하게 보듬어 안고 있기 때문이 아닐까 하는 생각도 해 보게 한다. (2020)

활달한 상상력과 내면 풍경

— 권분자 시집 『엘피판 뒤집기』

ⅰ) 권분자 시인의 시는 발상과 상상력이 활달하고 진폭이 큰 서사적敍事的 서정을 특유의 분방하고 걸쭉한 언어로 펼쳐낸다. 작은 사물을 자연과 우주로 확대해서 바라보거나 거대한 우주와 자연을 축소해서 들여다보면서 거시적 시각과 미시적 시각이 교차되고 동시에 구사되는 시세계를 다양한 결과 빛깔들로 떠올린다. 대상에 감정을 이입하고 투사해 시적 묘미가 증폭되는 활유법活喩法을 다채롭게 끌어들이는가 하면, 사람을 사물화事物化하는 등 비약과 환상을 통해 내면풍경內面風景을 표출하는 점도 뚜렷한 개성이다.

시인은 일상에서 마주치는 에토스와 파토스, 상실감과 트라우마, 소통 부재와 단절감을 감내하고 희화화戲畫化하기도 하지만, 자숙自肅과 자성自省의 길을 더듬어 나선다. 또한 생성과 소멸의 순리에 순응할 수밖에 없는 무상감無常感에 젖으면서도 더불어 살아가는 사람들을 향한 공동체의식과 짙은 연민憐憫의 휴머니티를 발산한다. 나아가 비루한 현실 너머의 더 나은 삶을 꿈꾸고 갈망하며, 그런 삶과 시를 하나로 아우르려는 열망을 은밀하게 보듬어 안는다.

ⅱ) 시인은 빈번히 사물을 의인화擬人化하거나 사람을 사물화하면서 특유의 입담으로 삶의 다양한 모습을 떠올린다. 이 같은 시적 특성은 생각이 많으며 하고 싶은 말이 많은 시인의 성격과 언어를 분방하고 걸쭉하게 구사하는 체질에 연유하는 것으로 보인다.

시인은 생각이 많아 많은 말을 하고, 맞은편의 사람은 그 "생각의 틈에 앉"거나 "허공을 가만히 응시"하는 "침착한 여백餘白"(「성격 차이」)이 되게 한다. 하지만 시인에겐 상대적으로 화자와 성격이 아주 다른 사람이 "곁에 두고도 없는 듯"이 "조용히 기다리게 만드는 힘"(같은 시)이 되어 준다고도 한다. 「성격 차이」는 시인이 스스로 자신과 타인의 성격을 부각시키며 쓴 시로 읽힌다.

이 시에서 '나'와 '그'는 화자(시인)와 청자(독자) 사이 일 수 있다는 시사示唆로도 보이게 하듯이, 맞은편에 앉아 시인의 말에 귀를 가져가고 침착하게 눈을 떠보는 자세로 들리고 보이는 말의 뜻과 고습을 더듬어 볼 수밖에 없을 것 같다. 아무튼 시인의 언어 행진은 그야말로 분방하고 거침이 없다.

늘
오는 년 안 막고
가는 년 안 잡았다

그리고

시폰 치마 걸치는 날이면
날개옷 걸친 양 사뿐사뿐 가벼웠고

호피무늬 옷 걸치는 날이면
호랑이처럼 힘 불끈 솟아

누군가와도 시시비비 가려 보려는

은근슬쩍 나도 알고 보면
골격 있는
가문의 딸년

—「한정식집 옷걸이」

이 시집의 맨 앞에 배치된 이 시는 시인의 시적 특성을 집약해서 보여주는 느낌이다. 사물에 감정이 이입되고 투사되며, 요즘 세간에 쓰이는 시쳇말도 가감 없이 끌어들여진다. 식당의 옷걸이를 의인화해 인격을 부여함으로써 옷걸이는 분위기에 민감한 생명체生命體로 둔갑한다. 그 몸체에 걸쳐지는 대상에 따라 감정이 가벼워지고 힘이 불끈 솟아나기도 하며, 시시비비是是非非를 가릴 줄 아는 존재로도 그려져 있다. 옷걸이는 상대를 선별적으로 받아들일 수 없는 형편에 놓여 있지만, 그렇다고 만만한 존재는 아니라는 역설力說도 내비쳐져 있다.

누가 옷을 걸어도 막지 않고 걷어가도 잡지 않는다는 표현은 오고 가는 여성(사람)과 해가 바뀌는 세월의 흐름에 빗대 "오는 년 안 막고 / 가는 년 안 잡았다"는 시쳇말을 그대로 끌어들인다든가, 그 옷걸이를 "골격 있는 / 가문의 딸년"이라고 "은근슬쩍" 격상시켜 놓는 능치기 말솜씨도 예사롭지 않아 보인다. '시폰 치마'와 '날개옷', '호피 무늬 옷'과 '호랑이'를 짝지어 감정의 움직임을 감각적으로 묘사하는 발상 역시 그렇다.

시 「냄비의 안쪽」과 「페타이어 곁에서」는 「한정식집 옷걸이」와 거의 같은 맥락으로 읽을 수 있는 시다. 서른다섯 해 전 신혼 때 혼수로 가져온 낡은 통주물 냄비와 오래 달린 자동차 바퀴에서 굵을 대로 닳아 방치된 폐타이어에 인격을 부여해 연민의 시선으로 들여다보는 이들 시에도 시인 특유의 상상력과 언어 감각으로 빚은 서사적 서정이 두드러진다.

혼수로 가져온 통주물 냄비
비어 있는 안쪽을 가만히 들여다보는데
없는 길 만들겠다고
부지런히 오고 간 발자국의 흔적
수없이 긁히거나 눌려 있다

<중략>

둥글넓적한 풍채로
짠맛, 매운맛, 시큼한 맛에 기름까지 두르고
혹독하고 잔인하게 올리던 열기에
곳곳이 튼살이다

—「냄비의 안쪽」 부분

인용한 구절들에서 읽게 되듯, 냄비의 안쪽을 들여다보는 시선과 그 마음눈이 따뜻하고 인간적이다. 여기서의 낡은 냄비는 둥글넓적한 풍채의 포용력이 각별한 인격체人格體로 그려진다. 오랜 세월 동안 그런 포용력으로 감내堪耐해온 흔적은 긁히고 눌린 자국과 튼살 투성이다. 더구나 그 흔적들은 "없는 길 만들겠다고 / 부지런히 오고간 발자국"들과 "짠맛, 매운맛, 시큼한 맛에 기름", 혹독하고 잔인한 불길을 감내해 온 헌신적 포용력의 자국들이며, 이 기발한 묘사는 냄비의 안쪽을 그렇게 읽고 떠올리는 내면풍경에 다름 아니라고 할 수도 있다.

용도 폐기된 타이어를 목도하면서 "다친 발목 질질 끌고 참 먼 길 굴러왔구나"라는 연민을 끼얹으며 시작되는 「폐타이어 곁에서」는 낡아서 버려진 타이어는 "무릎이 물컹"하고 "늙은 여자의 가래 끓는 말투"를 떠올리게 하며, "칠흑 같은 외로움"을 이기고 "녹아내릴 사랑이 또 그리워지기"도 하는 인격체로, 감정이 생생하게 살아있는 사람처럼 그려지고 있다. 그래서 시인은 폐타이어의 방치를

강아지풀 명아주 억새 품는 이곳에서
내 슬픔도 함께 오래 묵혀두고 싶다
먼 훗날 지나던 누군가가
털썩 나를 깔고 앉으면
탱탱한 풀향기로 와락 그대 무르팍
쓸어주리라

달려온 먼 길에 얼마나 심장은 고달팠느냐고
—「폐타이어 곁에서」 부분

라고, 자신과 하나로 아우르며 바라본다. 이 대목은 폐타이어에 시인의 감정이 이입되고 투사돼 있을 뿐 아니라 시의 화자가 바로 폐타이어와 하나가 되는 데까지 나아가 있다. 다시 말을 바꾸면, 시인이 연민과 더불어 목도하는 폐타이어가 되어 감정을 드러내 보인다고 할 수 있다.

한편 사물(대상)에 감정을 이입하는 것과는 달리 대상에 의해 촉발되는 감정을 화자 자신의 것으로 환치換置해서 드러내는 시도 더러 있다. 「외출」에서는 치매를 앓는 어머니를 향해 "베고니아, 민들레, 팬지, 데이지 / 여직, 꽃 이름 기억하시나요 / 봄바람 딸들이 이끌면 / 외곽지 마당 넓은 식당에라도 / 사뿐사뿐 가실래요"라고, 그 어머니에게 갖가지 봄꽃(봄바람 딸)들이 피면(이끌면) 집이 아닌 외곽지의 마당 넓은 식

당으로 가볍게 봄나들이 가자고 권유한다. 하지만 기실은 어머니보다 화자 자신이 그 이상의 분위기를 타고 있다. 화자는 어머니를 향해

오래 닫아 두었던 옷장에서
호피 무늬 머플러 꺼내 두르면
호랑이처럼 힘 솟나요

— 「외출」 부분

라고, 오랜만에 '호피 무늬 옷'도 아닌 '호피 무늬 머플러'만 둘러도 호랑이처럼 힘이 솟아나느냐고 묻는다. 그러나 이 같은 분위기 타기는 어머니만의 몫이라기보다 화자의 몫이기도 하다. 어머니가 상시 복용하는 알약과 외출해서 식당에서 떠먹이는 꽃비빔밥뿐 아니라 호피 무늬 머플러까지 갱년기를 맞은 화자가 그런 DNA를 그대로 물려받았다고 여기며, 부처나비도 나풀거린다고 그 분위기를 더 띄워놓고 있기 때문이다.

iii) 시인의 발상이나 상상력은 진폭이 크고 자유분방하다. 미시적인가 싶으면 거시적이고 거시적인가 싶으면 미시적인 시각으로 옮아가게 마련이다. 왜소한 사물을 거대한 자연이나 우주로 확대해서 바라보는가 하면, 그와는 대조적으로 거대한 것을 왜소하게 축소해 미시적으로 들여다보기도 한다. 미시적인 시각과 거시적인 시각이 수시로 분방하게 변주變奏되는 발상과 상상력이 구사되는 셈이다.

꽃 지우는 석류나무 밑에 버려져
내장 꼬인 구름을 주르르 쏟는 곰인형
망설임을 주워 든 나는
정오 하늘을 여객기 꼬리에 매달린 구름 실탑으로

꿰매주기로 한다

<중략>

저 곰인형 뱃속에
구름 다시 구겨 넣자
아랫배 출산의 흔적이 만져졌다

—「동면의 동굴」 부분

꽃이 지는 석류나무 아래 버려진 곰인형은 자연 속의 하잘것없는 사물(물건)에 지나지 않는다. 하지만 시인은 그 인형의 속(내장물)이 터져 나온 모습을 구름을 쏟아냈다고 보고 있으며, 그 뱃속을 다시 채워 주는 걸 구름을 구겨 넣는 행위로 거시화巨視化해 놓는다. 나무 아래 버려진 곰인형을 주워 온 걸 "망설임을 주워 든"이라는 단서를 붙이고 있긴 하지만, 하찮은 물건에 대해서도 지나쳐 보지 않는 시인의 마음자리는 느껴지는 대목이다.

더구나 곰인형의 뱃속을 채워 봉합縫合하려는 것을 "정오의 하늘을 여객기 꼬리에 매달린 구름 실밥으로 / 꿰매 주기로 한다"든가, 원형이 복원된 뒤엔 "아랫배 출산의 흔적이 만져졌다"고 비약적인 상상력을 보태 놓는다. '곰인형=정오의 하늘'이라는 등식은 엄청난 비약이다. 여객기가 뿜어나는 가스를 '여객기 꼬리에 매달린 구름 실밥'으로, 속을 채운 곰인형(하늘)의 원형 복원의 마무리 봉합을 그 실밥으로 꿰맨다고 하는 표현도 마찬가지다.

시인은 이같이 거시적인 시각으로 비약적인 상상력을 구사하면서도 인형의 몸과 뱃속에 채워졌던 것을 아랫배에서 빠져나간 새 생명체로 보는 미시적인 시각과 인간적인 일로 되돌리는 발상은 역시 이 시인답고, 상상력의 진폭이 크고 분방한 점도 한가지다. 게다가 이 시에서는 곰인형이 인격을 부여받으면서 시인과 같이 기혼여성既婚女性으로 간주된다.

그런가 하면, 유리 덮개에 갇힌 인형을 대상으로 한 「인형」에서는 "며칠째 불면인 내 머리맡에 / 유리 덮개의 시간에 갇힌 저 여자 / 실눈 뜨고 무수히 발길질 한다"고 쓰고 있다. "정강이 찢긴 나를 기워 주고 싶었는지 / 바늘쌈지 꺼내들고 다가온다"고도 「동면의 동굴」에서와는 정반대로 인형이 능동적인 행동을 하는 생명체로 그려놓는다. 더구나 그 인형을 "발효하는 우주 속에 잠들어버린 나를 / 끊임없이 흔들어 깨우려 한다"고도 묘사한다.

시인의 상상은 겨울의 상수리나무에 이르러서도 어김없이 비약적이고 거시적인 이미지를 빚는다. 「겨울 상수리나무」에서는 상수리나무는 어머니가 살던 아파트로 묘사되고, 그 "아파트 한 동을 통째로 벌레가 파먹었다"고도 보고 있다. 게다가

아파트를 내어줄게 와서 살아 봐!
내 어머니 살던 집에 들어와 사는 게 어떠냐고
산책길 따라오던 다람쥐에게 넌지시 물어보는데
설레설레 고개 흔들고 달아난다

달아나다 멈칫, 뒤돌아본다
내 권유가 있기 전에 다람쥐는 벌써
어머니 살던 아파트를 다녀왔다며
상수리나무 옹이 빠진 토굴 속으로 꼬리를 숨긴다

모처럼 건넨 따뜻한 권유가 민망해졌다

—「겨울 상수리나무」 부분

고 토로한다. 가랑잎이 더러는 떨어지고 벌레들이 파먹은 상수리나무는 이미 다람쥐도 들락거린 '아파트'이며, 다람쥐도 살고 싶어 하지 않은 겨울 속의 나무다. 그러나 다람쥐는 "상수리나무 옹이 빠진 토굴 속으로 꼬리를 숨긴다"면, 옹이 빠진 나무 구멍(토굴)이 벌써 다람쥐의 보금자리이므로 화자의 권유는 결국 민망해질 수밖에 없어진다. 어머니를 상수리나무 수목장을 했는지, 산소山所의 상수리나무를 두고 이런 묘사를 했는지는 알 수 없지만, 어쨌든 겨울 상수리나무는 시인에게 비감을 안겨 주는 대상으로 그려지고 있음은 분명해 보인다.

"달의 모서리를 쿡 누르자 / 비릿한 물 냄새가 났다"로 시작되는 「달빛 씻기기」는 달마다 치르는 여성의 생리현상을 하늘의 '달'과 연계시켜 거시적인 시각으로 그리고 있다. 그 생리 치르기를 달빛을 씻어내는 행위로 묘사하면서 달에게 "너를 지우는 나를 원망 마라"고 하는가 하면, "새벽 비가 다시 저녁 창틀에 닿으면 / 달의 방뇨는 거품을 일으키며 떠내려간다"거나 "비는 흐늘거리는 속살을 핥으며 / 피 맑아질 새벽까지 오롯이 달을 씻긴다"며 "달의 손짓 안쪽은 불면의 흑점"이라고도 한다. 또한 관능적官能的인 냄새가 물씬한 「밤마실」에서는 달이 이웃집 사람(남성)으로 묘사된다.

> 꽝꽝 언 달은
> 쓸쓸한 문을 노크하고 싶을 때가 있다
>
> <중략>
>
> 101호 남자가 102호의 초인종을
> 고의적 실수인 듯 수시로 눌러
> 얼레에 감긴 타래실인 나는 달을 향해 굴러가지
> 모아 쥔 손 쿡쿡 두드린 곳에서

움츠린 자귀꽃을
애써 벌리려 드는 거였다

—「밤마실」 부분

달밤의 마을 풍경을 떠올리는 이 시에서는 이웃집 남자가 "꽝꽝 언 달"이고, 화자는 "얼레에 감긴 타래실"이자 '움츠린 자귀꽃"이다. 이 같은 상황 설정은 이미 가까이 당겨 보려 해도 가까워질 수 없는 관계임을 암시한다. 기실 달은 꽝꽝 언 채 허공에 떠 있고 타래실은 실내에 있으며, 자귀꽃나무도 베란다나 뜰에 있어서 그 거리는 멀 수밖에 없기 때문이다.

하지만 이 시의 화자는 바로 이웃집 남자가 고의적故意的 실수로 대문의 초인종을 수시로 누르는 것으로, 그러면 타래실이 그 남자를 향해 풀려나가거나 "움츠린 자귀꽃을 / 애써 벌리려 드는" 것으로, 달밤의 겨울 마을 풍경을 관능적인 분위기로 묘사하고 있다. 여성은 남성을 기다리며 쓸쓸해하고, 허공의 달(남성)은 밤에 달빛을 비출 뿐 건드리면 움츠리는 자귀나무 잎(꽃잎)을 벌릴 수 없지 않은가. 시인은 그런 인간의 원초적原初的인 심리를 그려 보이려 했는지도 모른다.

시인이 아파트 입구의 명제命題가 '사라진 욕망'인 "사과가 빠져나간 흔적을 음각陰刻한 조형물"을 보면서 우주 감정으로 펴 브이는「사라진 욕망」은 아파트단지가 "거미가 펼쳐 놓은 수직 그물의 집"이며 "문이 보이지 않는 칸칸의 방마다 130억 년 전에 출발한 별빛이 / 문고리에닿으려는 순간"을 거시적인 시각으로 표현한다.

이때, 거미 몸은 케플러-22b 행성
600년 후쯤에야 만날 사랑에
빈방의 칸칸을 숨어서 지켜보는 거였다

<중략>

누가 수시로 여닫아 주지 않을 때
몸에 달아놓은 수많은 손잡이들은 얼마나 쓸쓸할까

아파트 입구에 세워둔 조형물
사과 빠져나간 욕망의 빈자리가 그러하듯
거미인 나의 눈은 점점 움푹해질 것이다

—「사라진 욕망」 부분

이 시에서 화자는 "거미가 펼쳐 놓은 수직 그물의 집"의 거미가 된다. 이 대규모의 아파트는 수많은 사람들이 살고 있지만 누가 살고 있는지 알 수 없는 행성行星과 같으며 빈방과도 같은 존재다. 그래서 화자는 그 빈방의 칸칸을 숨어서 지켜보는 거미가 되며, 그 거미의 눈은 마치 사과가 빠져나간 흔적을 음각으로 새긴 조형물처럼 움푹해지고, 욕망의 빈자리처럼 점점 움푹해질 수밖에 없을 것이라는 생각을 하는 것일까. 일련의 시에서 산견散見되듯, 시인에게는 어떤 정신적 트라우마와 지워지지 않는 상실감이 따라다니고 있는지도 모른다.

ⅳ) 시인은 일상에서 마주치는 삶의 어둠과 그늘들에 대해서도 특유의 상상력과 은유적 어법으로 떠올려 보인다. 일상마저 잃어버린 코로나 팬데믹 시대를 살아가면서는 "어둠에 휩싸여 오갈 데 없는 내게 / 거리의 안개가 따라"(「코로나 19 안개주의보」)온다는 악몽惡夢에 시달려야 하고, "기대였다가 공포였다가 불안할 게 빤하다고 / 서성대며 찍는 과잉관심의 발자국들" (「코로나19 헛꿈들」)에서도 자유로울 수 없다. 그러잖아도 시인에게 생활의 현장은 어두운 골목과 원시시대의 알타미라 동굴에 비유되기도 한다.

골목길은 캄캄한 자물쇠 구멍이다

<중략>

내가 가진 것은 현관문 열쇠와 달 방 열쇠뿐
골목에선 어떤 만남의 기적도 일어나지 않았다
짧은 순간 어두운 골목으로 발을 밀어넣지만
철커덕 열리지 않는 마을은 동굴 감옥처럼 어둡다

자물쇠 구멍에 뜬 달을 만지기 위해
손끝에 모은 감각으로 자물쇠를 열려 하지만
이미 나는 좌우조차 잊었다

—「알타미라」 부분

시인은 일상적으로 드나드는 골목길을 "캄캄한 자물쇠 구멍"이라고 표현(비유)할 정도다. 더구나 그 골목은 아무와도 만날 수 없는 단절의 공간이며, 자신만의 공간도 현관문을 열고 들어갈 "달 방"뿐이다. 골목으로 들어서려 해도 닫힌 마을은 어두운 "동굴 감옥" 같으며, 골목길(자물쇠 구멍)에 뜬 달과도 단절돼 열쇠를 돌릴 감각조차 잊어버렸다. 일상의 마을이 까마득한 옛날의 캄캄한 동굴 같기 때문이다. 극단적으로 말하면 악성 바이러스에 감염돼 격리된 상태와도 다르지 않다. 이 때문에 스스로를 향해서도

밖의 여자와 안쪽 여자의 소통을 위해
부지런히 귓속말 마우스를 움직이자
높은 벽 허공을 더듬는 나팔꽃이 먼저 핀 순서대로

툭

툭
떨어져 그녀 팔뚝 혈관을 덮어 주고 있다
—「나팔꽃 화장」 부분

라고 토로한다. 소통 부재를 벗어나기 위해 귓속말 마우스를 움직이지만 단절의 허공을 더듬는 나팔꽃이 피었던 차례로 떨어져 자신의 팔뚝 혈관을 덮을 뿐이다. 지독한 영어囹圄의 세월과 다를 바 없다. 이 같은 단절감은 고작 SNS를 통해 "<기다리다가 간다> <다녀간다> / 삐뚤삐뚤 써놓은 갖가지 암호"(「나무의 두 얼굴」)와도 무관하지 않아 보인다.

이 같은 소통 부재와 단절감은 「밑도 끝도 없이」에서 "그 어떤 사물보다도 낮은 공간에 웅크리다 보면 / 닫힌 바닥에, 더 이상 이어지지 않는 지점이 있어 / 놀라게 되더라고요"라거나 "가끔 앞뒤 연관 관계가 없어 갈피 못 잡을 말이라 해도 / 통치고 알아들어야 하나 봐요"라는 부부 사이에도 거의 마찬가지다.

시인은 더불어 살아가는 사람들을 향해서는 인간애와 연민을 보내고, 삶의 비애를 희화화하기도 한다. 음습한 못둑에서 자라는 말밤에 공동체의식과 연민을 끼얹는 「말밤 여자」와 좌판에 쑥을 쌓아놓고 파는 옛 지기에 대한 이야기를 시화詩化한 「쑥」은 전자의 경우이며, 오십대 동창회 풍경을 그린 「접붙이기」와 고상한 척 그렇지도 않은 여자를 묘사한 「나팔꽃」은 후자의 범주範疇에 드는 시다.

먼길 걸어온 고단한여자가
못둑에 앉아 물결에 편지를 쓴다

<중략>

혼자 사는지

울타리 철조망엔 접근금지 팻말을 내다걸지만
별들에게 쓰는 그녀의 편지에는
검게 여문 물결무늬만 가득했다

—「말밤 여자」 부분

일월산 총각도사집 간판 아래
햇쑥으로 탑을 쌓은 좌판은
몸뻬바지 그녀를 쭈그려 앉혀 두었다

삼십여 년 전 친구가 거기 있었다

한때는 별이 될 수 있을 것 같았고
지구의 불빛이 될 수 있을 것 같았다고
매연 뒤집어쓴 도로에서
그녀가 들려주는 점괘는 쑥 냄새다

—「쑥」 부분

「말밤 여자」는 말밤을 여성으로 의인화하 오랜 세월 고단하게 못둑에 살아오면서 정절貞節을 지키기 위해 외부와는 단절하지만 검게 여문 물결무늬 편지를 못의 물결에 써서 별들에게 띄우는 모습으로 미화하고 있다. 말밤 같은 여자에 대한 공동체의식과 애틋한 연민의 발로가 아닐 수 없다. 「쑥」은 산골의 미혼남자 점집 앞 노점에 햇쑥을 수북이 쌓아놓고 파는 옛친구를 만나 지난날의 꿈을 반추하며 비루한 현실을 성찰한다. "별"과 "지구의 불빛"은 가능성으로 열려 있던 옛꿈의 공간이며 "매연 뒤집어쓴 도로"는 현실의 공간이다. 점집 앞에서 먼 지난날의 점괘를 되짚으며 옛친구에게 보내는 시인의 연민 어린 마음자리를 읽게 한다.

백세를 절반으로 꺾은 동창생들

다들 이모작 이야기다

<중략>

나이보다 더 깊은 주름
보톡스 주사로 애써 지워 낸 흔적에도
말할 때마다 비틀리는 얼굴은
현실이 녹록하지 않다는 증거다

마무리는
감씨 심은 자리에 떡하니 솟는 고욤나무
강인한 자식 자랑이다

—「접붙이기」 부분

오십대에 참가한 동창회에서의 풍경을 묘사한 이 시는 어쩔 수 없이 나이가 든 중년여성의 비애를 희화화하고 있다. 가버린 젊음을 다시 찾을 수 없는 안간힘도 부질없으며, 삶의 이모작二毛作은 자식에 대한 기대로 귀결歸結될 수밖에 없다. 감나무와 고욤나무의 대비를 통해 자식에 대한 기대도 자랑 같지 않을 수 있다고 보는 것 같다.

고상해 보이려 하는 그 이면裏面을 "혼자 고상한 척하는 여자 한 걸음씩 따라가 보면 / 나팔꽃 징검돌처럼 피더라"(「나팔꽃」)라고 비아냥거리는 것도 거의 같은 뉘앙스로 읽힌다. 하지만 "얼굴에 화장 짙게 바른 나는 / 꽃피우러 가는 여자에게 빙긋 웃음 건네고 / 점점이 혼자 찍어 보는 나팔꽃 발자국"이라는 대목이 그렇듯이 그 화살이 자신에게로 돌려지기도 한다. 그러나 "푸른 멍의 중심이 환하다"는 순응의 자세로 귀결된다.

「똥파리」는 앞의 두 시와는 달리 "이런 모임 저런 모임 / 사람 향기에 이끌리다가 / 벨벳 드레스 저 여자 / 자정 넘어서야 집으로"들지만 "남발한 카드 탓에 / 핀잔주는 남편 앞에서 납작"해져 "두 손 싹싹 비비"고 "늦여름 방 안 유리창에 / 자꾸 곤두박질"하면서 "더럽다며 신세타령"하는 여자(화자일 수도 있다)의 비루한 현실을 '똥파리'에 비유해 희화화하고 있다.

v) 생성과 소멸은 자연의 이치理致이며 순리다. 생명의 절정絶頂인 꽃은 오래 참고 기다려야 피어나지만 시들고 질 수밖에 없다. 삶에 집착할수록 아픔과 비애가 커지는 것도 그 때문이다. 시인은 "흐려질 대로 흐려진 달이 당신인가요 // 꺼지지 않고 부풀기만 하는 / 내 사랑 당신"(「집착」)이라고 결코 거리가 좁혀질 수 없는 하늘의 달(당신)을 동경한다. 그 심경을 "가시 계단 탱자나무 사이에서 내게 손짓 보내오던 당신을 / 나는 마지막 지하철 안에서 만나고 싶었던 거죠"(같은 시)라고도 한다.

「까치밥 여자」에서는 현실적인 삶을 "어머니, 아버지 다 잃은 뒤 / 순식간에 혼자 남아 / 또 앓는 여자의 일기장"이라고 토로하며, 자신의 삶을 감나무 가지에 마지막으로 매달아 둔 까치밥에 비유하며, 어머니와의 이별을 통해서는 결국 빈손으로 떠나야 하는 사람살이의 운명을 애틋한 마음으로 목도한다.

절대복종의 자세를 취하는 나뭇잎들을 본다
애걸하는 자식에게 똘똘 거머쥐고도
결코 풀지 않던 노인의 손아귀가
불어오는 가을바람에 맥없이 풀린다

<중략>

기어이 아무것도 손에 쥔 것 없이
스르르 떠나는 어머니

—「사물기호증」 부분

자식의 손아귀를 굳게 쥐고 세상을 떠나는 어머니의 모습을 "절대복종의 자세를 취하는 나뭇잎"으로 바라보는 건 사람의 운명도 피었다가 져야 하는 자연의 이치와 순리를 거역할 수 없는 나뭇잎과 같다는 인식 때문일 것이다. 하지만 어머니가 가을바람에 스르르 맥없이 지는 나뭇잎 같이 "아무것도 손에 쥔 것 없이" 떠나는 모습을 지켜보는 심정이 어떠했겠는가. 그 여운이 절절하고 애틋하다.

관음사 지장전 뜰
능소화가 비에 젖고 있다

가야금 선율 따라 활짝 피던 그녀가
팽팽한 몸 구석구석 높은 음을 내던 그녀가
그만 툭
줄 끊어진 가야금이 되었다

—「능소화, 비에 젖다」 부분

역시 생성과 소멸에 착안해 빗물에 젖으며 지는 능소화를 그리는 이 시는 그 꽃이 가야금 선율을 따라 만개했을 때는 스스로도 높은 음을 냈으며, 져서는 "줄 끊어진 가야금이 되었다"고 보는 표현이 안타까움을 동반하지만 아름다운 상상력이 돋보인다. 시인은 삶의 비애와 무상을 연꽃이나 부레옥잠에 비기며 스스로를 달래기도 한다. 「수련睡蓮」에서 "먼먼 날이어도 괜찮을 내 사랑 / 떠난 남자가 흘리고 간 손수건은 / 곧 사라질 예언을 눌러 / 수면 위는 일렁거리겠지"라는 표현이 그렇고,

그녀, 가끔 별무늬 박힌 요트에 누워
스스로를 물 건너로 떠미는 습관에는
멀리 켜진 가로등이 일렁일렁 수면 위에 내려놓는
꼬리에 꼬리를 무는 시장기다

노상에서도 달콤하게 잠 청하는 법을 알고 있는
그녀, 점점 부레옥잠을 닮아가고 있다
—「부레옥잠」 부분

라고. 물 위에 떠서 피는 부레옥잠에 마음을 포개 놓는 경우도 그렇다. 자신(그녀)이 현실이라는 노상에서도 "달콤하게 잠 청하는 법"을 터득해 부리옥잠의 생리를 닮아 가고 있기 때문이다. 스스로 아픔을 달랠 뿐 아니라 위안에 눈뜨는 경우로는 "흐릿해진 전구를 누가 갈아 주는지 / 늘 환해서 좋은 창밖 / 등은 이제야 꽃이다"(「꽃 대신 등燈」)라는 구절이나

따끔따끔한 눈동자 안으로 흘려 넣는
인공눈물 질펀하게
흐렸던 시간들 이젠 밀어내야겠다

타래진 시간을 적시는 비
딸이 쥔 방금 씻어낸 세상
최신형 휴대폰 화질 속에서 출력되는
햇살이 환하다
—「비쥬 라식」 부분

라는 대목에서도 읽게 된다. 안구건조증眼球乾燥症에 인공눈물을 투입했을 때와 최신형 휴대전화기의 선명한 화질에 이르러 "햇살이 환하다"고 느끼는 마음이 그렇게 보이게 한다. 나아가 「장마 뒤」에서 왕버들이

바람 불면 흔들리고 홍수 앞에서는 납작 엎드리는 법을 "누구에게 배운 걸까"라며 "속수무책의 시간을 만나 / 스스로 일어나는 법을 / 저 왕버들에게 배운다"고 삶의 방법도 깨닫는다.

시를 쓴다는 건 더 나은 삶을 향한 꿈꾸기다. 게다가 시를 쓰면서 그런 삶을 내면으로 끌어들이는 길을 찾기도 한다. "시를 쓰다가 뒤돌아보면 / 뚜렷한 몇 가지 / 끌이나 망치가 못 된 / 어리석음의 부스러기들"이 보이지만 "바뀌고 바뀌어도 / 마모나 풍화되지 않을 / 갈증 몇 모금 / 한 자리에 고이게 / 박쥐처럼 매달린 종유석 아래 / 내가 파둔 샘물"(「동굴」)이라는 대목은 그런 깨달음을 시사한다.

시와 삶이 하나라는 관점에서 본다면, 삶의 마무리에 대해 시법에 빗대 표현한 "간결해야 할 종결어미 / 마지막 문장이 고민이다"(「하루살이」)라는 구절도 예사로 보이지 않는다. 시인은 자신의 시 쓰기에 대해서도 다음과 같이 언급하고 있다.

> 언제부턴가 모든 화풀이를 글자로 풀어내는 내 버릇이
> 절름대는 발목으로 아파트 놀이터에나 겨우 쏘다니는
> 쑥스러운 말줄임표가 되고 말았으니
>
> 성질 괄괄하다 조용해진, 숙맥의 나는
> 이제 겨우 한 사람의 마음만이라도 제대로 읽을 줄 아는
> 자숙의 글쓰기 중이다
>
> —「백 일간 쑥과 놀다」 부분

> 울컥, 솟구치다가 고요히 가라앉는
> 꿀꺽꿀꺽 목구멍은 자양분을 삼켰으므로
> 묵직하고 서늘하고 몽롱하게
> 뒤섞이다가
> 몸 안 갇혀 있던 내 언어와

한 겹 한 겹 겹쳐진다

—「사이다」 부분

시인은 화풀이로 글을 쓰던 버릇이 온전치 않은 발걸음으로 아파트 놀이터나 겨우 쏘다니는 "쑥스러운 말줄임표"로 바뀌었으며, 괄괄하다 조용해진 성질로 "자숙의 글쓰기 중"이라고 털어놓는다. 그것도 "이제 겨우 한 사람의 마음만이라도 제대로 읽을 줄 아는" 바탕에 행동이나 태도를 스스로 삼가는 자세로 글을 쓰려 하는가 하면, 솟구치는 감정을 자제해 "묵직하고 서늘하고 몽롱하게 / 뒤섞이다가 / 몸 안 갇혀 있던 내 언어와 / 한 겹 한 겹 겹쳐진다"고 그 자숙과 자성이 이루어지는 과정을 내비쳐 보이기도 한다.

시인은 주어진 운명의 주부(여성)로서 시를 지향하며 살아가는 내면의 풍경을 표제시 「엘피판 뒤집기」를 통해 다각적으로 떠올려 보인다.

설거지 끝낸 손이 어쩌다
복개천 버즘나무 같을까

촘촘한 길 읽어내던 전축바늘
엘피판에 중독된 나는
라이브 카페 고흐의 초상화 같은 남자에게
압생트는 없냐고 외쳐 보는 중이다

밥풀 몇 개 동동 떠내려 보낸 싱크대
손에 젖은 물기를 탈탈 터는데
문틈으로 보이는 버즘나무는
어찌 그리 나를 닮아 가는지
어제 내린 서설瑞雪에 출렁이던 가지들은
잘린 귀를 들고 와서

어디에 붙일까 고민이다

매연에 찌든 가지는 가늘어도
아랫배 자꾸 부풀리는 버즘나무
언 몸이 부스스 살가죽 벗기더니
턴테이블 기어 나온 음악 곁에
말갛게 씻긴 그릇들을 놓아둔다

이맛살 주름으로 기타 튕기던 남자
며칠 전 허공을 짚던 그 남자의 반주
저렇게 늙도록 변방의 카페를 떠도는 연유가
싱크대 마지막 빠져나가는 물
배수관 핥는 소리를 닮았다면
억측일까

내가 넘기는 엘피판 뒷면은
여전히 복개된 개울이어도
나무가 이제 환한 봄빛이면
버즘나무 그만 우울해도 되겠다

—「엘피판 뒤집기」 전문

시인은 자신의 손이 거칠어 버즘나무 같다고 느끼고, 설거지를 끝내고 문틈으로 보이는 버즘나무가 자신을 닮아 간다고도 느낀다. 상서로운 눈송이에 출렁이던 버즘나무 가지들도 엘피판이 전축 바늘에 긁히며 흘러나가는 음악을 들었을 것이므로 고흐의 초상화肖像畵(자화상)의 잘린 귀를 연상하며 그 나뭇가지의 잘린 귀를 어디 붙일까도 고민(고심)한 모습도 그려진다.

이 같은 발상(상상)의 이면에는 라이브 카페에서 고흐의 초상화 같은 남자(기타리스트)와 바리스터에게 음료수(또는 물)나 얼음으로 희석해서 마시는 증류주인 압생트를 외쳐 요구하던 기억이 자리잡고 있으며, "촘촘한 길을 읽어내던 전축 바늘 / 엘피판에 중독된" 화자가 함께 포개져 있는 것으로 읽힌다.

이 상상(환상)은 점차 입체화立體化된다. 복개천의 매연에 찌든 버즘나무가 가지는 가늘지만 아랫배를 부풀리며 그 "언 몸이 투스스 살가죽 벗기더니 / 턴테이블 기어나온 음악 곁에 / 말갛게 씻긴 그릇들을 놓아"두는 장면이 그려진다. 또한 늙도록 변방邊方의 카페를 떠도는 기타리스트가 허공을 짚으며 이맛살의 주름으로 연주하는 연유가 "싱크대 마지막 빠져나가는 물"이 "배수관 핥는 소리를 닮았다"고 은유와 초현실적 묘사로 비약하는 표현을 하기도 한다. 이 같은 비약적 상상력은 낯설게 하기의 기법 때문에 난해성을 대동하지만 개성적인 언어 감각의 소산으로도 읽힌다.

엉뚱한 추측인지는 모르지만, 이 시에 등장하는 버즘나무는 매연에 찌든 복개천覆蓋川의 나무이기도 하고, 복부비만腹部肥滿의 바리스타로 보이게도 하며, 매연(세상사)에 찌들고 복부에 살이 찌는 화자 자신을 희화하는 대상으로 그려지는 게 아닐까 하는 생각에도 이르게 한다.

이 시의 하이라이트는 마지막 연에서 연출된다. 엘피판은 다시 복개도로로 바뀌어 등장하고 버즘나무는 화자와 하나로 어우러지는 변용이 이뤄지기 때문이다. "내가 넘기는 엘피판 뒷면은 / 여전히 복개된 개울이어도" 봄이 오면 그 위의 버즘나무가 "그만 우울해도 되겠다"는 표현은 봄이 오면 인동忍冬하며 우울해했던 복개도로 위의 시간들이 달라지기를 염원하는 마음을 내비치고 있기 때문이다. 이렇게 본다면, 엘피판 뒤집기는 더 나은 삶을 향한 꿈꾸기이며, 그런 시를 쓰고 싶은 소망의 완곡한 표현이기도 할 것이다. (2020)

꿈꾸기, 그 번짐과 스밈
— 김건화 시집 『손톱의 진화』

ⅰ) 김건화의 시詩는 더 나은 삶을 향한 꿈꾸기다. 그 꿈은 밖에서 안으로 스미고, 안에서 밖으로 번지는 '번짐과 스밈의 미학'에 뿌리를 내리면서 현실 초극超克의 길을 트고 닦으려는 데 주어진다. 과거에서 현재로, 현재에서 과거로 분방하게 오르내리는 그의 상상력(환상)은 시공時空을 초월하는 우주감정宇宙感情을 거느리면서도 가시적인 현실의 파토스Pathos들을 끌어안아 다독이는가 하면, 궁극적으로는 다다르고 싶은 불가시적 이데아Idea를 추구하는 양상으로 전개된다.

다채로운 은유隱喩의 옷을 입고 있는 그의 언어는 내포內包와 외연外延이 복합적으로 교차되거나 어우러지는 가운데 정신이 볏을 세워 존재의 비의秘義에 다가가고, 이상적인 세계에 다다르려는 꿈에 부단히 불을 지핀다. 그의 서정적 자아는 현실에 직면할 경우 부정교합不正咬合과도 같은 아픔과 이질감(소외疏外)을 은밀하게 관용寬容과 화해和解의 미덕으로 감싸는 한편 내면에 잠재된 야성野性 일깨우기로 활력을 얻으려 하기도 한다.

ⅱ) 시공을 초월하는 시인의 우주 감정은 지금, 여기에서 천년을 거슬러 오르고 내리는 상상력(환상)을 동반한다. 「천년을 탁본하다」에 묘사되듯, 잠시 비를 피해 들어선 절집의 처마 아래 피어 있는 연꽃을 바라보며 "연향인 그대 손길은 / 먼 기억 속으로 번진다"면서 그 공간에 "원앙금침 아래 누울 초야"도 떠올려 포개 놓는다. 그것도 "베개 마구리에 새기던 무늬가 / 먹빛 침묵으로 하늘을" 보는 것으로 그려지며, 신라新羅까지 거슬러 오르는 환상은 '먹먹함'으로 규정된다.

시인은 불가시적이지만 '그대 손길'로 느껴지는 '연향薰香'을 수묵水墨으로 박아내려 하며, 그 탁본拓本으로 연꽃무늬 와당瓦當뿐 아니라 '천년의 미소'로 불리는 얼굴무늬 수막새의 의미까지 담아내려 한다. 다시 말하자면 지금, 여기에서의 절집 처마 아래의 연꽃이 뿜어내는 향기가 까마득한 옛날의 연꽃무늬 와당을 넘어 그윽한 미소를 머금은 신라인의 얼굴무늬 와당의 불가시적인 이데아까지 끌어당기는 환상으로 나아간다.

> 먹먹함에 결 고운 한지 얹고
> 당신 무심의 심장을 향해
> 탕탕! 솜방망이로 두드리면
> 빙그레 웃는 수막새를 만날 수 있을까
>
> —「천년을 탁본하다」 부분

이 한지韓紙 탁본은 단순히 물리적인 차원에서가 아니라, "당신(그대) 무심의 심장"이라는 대목이 암시하듯이, 그 연꽃향기가 거느리는 '무심無心의 경지'까지 담아내려고 한다. 그런가 하면, 그 수막새의 미소는 천년 전에 "절반을 나누어 가졌던" 미소로, 이미 아득한 세월 동안 화자의 "서늘한 기억" 속에 자리매김하고 있다고도 여긴다. 아마도 그래서 시인은 이런 꿈에다 미래를 향해 "손바닥 깊숙이 / 버들 문양도 새긴다"

고 보태 놓고 있는지도 모른다.

이 같은 우주 감정과 시공을 초월하는 환상(상상력)은 그의 시에 은밀하게 관류貫流한다. 때로는 안에서 밖으로 번지고, 그 바깥이 다시 자연현상이나 우주로 퍼져 나가며, 때로는 그 확산과는 반대 방향으로 끌어들여지고 스며드는 양상을 보인다.

그의 시는 이같이 내면의 심상풍경心象風景과 외부로 열려 있는 세계(자연이나 우주)가 상호 번지고 스미는 '스밈과 번짐의 미학'을 보여 주고 있으며, 이 미학이 바로 시 쓰기의 지향과 추구에 무게중심을 잡아 주는 요체要諦가 되고 있는 것으로도 보인다. 이 같은 암시의 일단은 역시 '그대'로 지칭되는 이데아에의 지향을 노래하는 「개심사 왕벚꽃」에서도 엿볼 수 있다.

> 멀찍이서 바라만 보던 나를
> 개심사로 불러들인 그대
>
> 쇠북에 등지느러미 꿰인 물고기
> 단청 속에 숨겨 놓고
> 주위의 벌들까지 들뜨게 한다
>
> <중략>
>
> 꽃잎마다 봄을 앓는 열병
> 갈피갈피 접어놓은 그대 향한 길
> 참으로 멀기도 하여라
>
> —「개심사 왕벚꽃」 부분

개심사開心寺와 '그대'로 지칭되는 왕벚꽃이 환기하는 이미지를 아우르면서 이 시인의 시적 지향을 시사하는 이 시는 왕벚꽃이 개심사로 화자를 불러들이고 그 속에 들어 주위의 별들과도 함께 들뜨는 열망의 길을 나서게 한다. 하지만 여전히 멀고 먼 길임을 절감하게 되는 건 그 정황情況이 '그대(왕벚꽃)'가 쇠북(종)에 등지느러미가 꿰인 돌고기를 단청 속에 숨겨놓은 데다 그 꽃잎들마저 '봄을 앓는 열병'을 갈피갈피에 접어놓고 있는 바 그 비의 때문일 것이다.

이 때문에 시인은 왕벚꽃처럼 절정絶頂을 향한 열병을 앓으면서도 그 이데아에 이르는 길은 멀 뿐이라는 한탄恨歎에 빠지게 된다. 그러나 이 한탄은 "그대를 향한 길"에의 열병이 얼마나 뜨거운가를 역설적逆說的으로 말해준다고 할 수 있다. 이 은유는 이 시인의 시를 향한 부단한 열망과 지향을 에둘러 떠올리는 경우에 다름 아니기도 하다.

그래서 이 열망과 지향은 "뒤척이던 불면의 여파가 // 눈꺼풀에서 발끝까지 번"(「파종하다」)지게 하고, "어둠 속 오래 걸어온 발이 // 발아하고 싶어 간지러운 / 푸른 봄밤"(같은 시)을 끌어안게도 한다. 그런가 하면, 그의 시적 지향은 보다 완강한 의지意志르 구체화되고, 은유의 옷을 입은 상승 이미지를 대동하는 양상으로 길을 트는 모습도 볼 수 있다.

둘둘 말아 싸던 김밥 뾰족한 산으로 세워볼까

들끓던 내 안의 잡동사니 감정들
꾹꾹 눌러 두었던 욕망들도
산봉우리 위 구름으로 날려볼까

김밥은 둥글어야 한다는 생각을
여지없이 무너뜨린 삼각김밥
오늘은 내 뾰족한 마음의 각을 덥석 물
삼각김밥이 먹고 싶다

삼각 틀에 눌린 차가운 밥이
김과 밥이 비닐을 사이에 둔 불편한 삼각관계
비닐 벗겨내자 불쑥 들이미는 모래의 산
모래의 웅성거림이 차곡차곡 쌓여
피라미드 같다고 해야 할까

—「삼각김밥」 부분

이 시는 '삼각김밥'에 착안해 자연으로서의 뾰족한 산과 인공으로 만들어진 피라미드에 내면풍경을 투사投射하고 전이轉移하면서 시인 특유의 시적 지향을 암시한다. 김밥을 뾰족한 산의 형상으로 빚으면서 들끓던 잡동사니 감정들이나 억제했던 욕망들도 그 위의 구름처럼 흘러 보내려 한다는 건 무엇을 의미하는가. 그것은 잡다하고 불순한 감정이나 욕망들을 말끔히 날려 보낸(지우고 비운) 순수 이데아를 지향한다는 의미일 것이다.

삼각김밥은 '뾰족한 마음의 각'을 물고(품고) 있는 반면 시인은 그 김밥을 먹고 싶어 하는 관계일 뿐 아니라, 이윽고 그 삼각김밥은 모래의 웅성거림이 차곡차곡 쌓인 피라미드 같은 존재로 환치換置(비약)되기도 한다. 게다가 밥, 김, 포장 비닐은 상호 불편한 삼각관계에 놓이며, 밥은 그 관계(삼각 틀) 속에 갇힌 모래로 그려지고 있다.

시인은 순도 높은 이데아를 추구하면서도 그 이데아를 피라미드 형상으로 구축하는 내용물(밥→언어)은 수많은 모래같이 삼각 틀 안에 차곡차곡 억제(절제)된 채 쌓여 있다고 본다. 나아가 삼각김밥을 '뾰족한 산'으로, 다시 '모래의 산'(피라미드)으로 환치해서 바라보며, '밥→모래→언어'로 비약하는 은유의 이미지를 떠올리면서 '삼각김밥=시적 지향'이라는 등식을 빚는다. 시인의 상상력은 이같이 '내면세계나 심상풍경'(내포)들을 밖으로 확산시키면서 '삼각김밥이나 모래의 산(피라미드)'(외연)과 같이 거시적인 대상으로 바꿔 바라보면서 지향하는 바의 시법詩法을 가시적인 형상으로 떠올려 보인다.

시 「구름 부족에 들다」는 "허공의 지문을 새의 눈으로 읽는다"면서 "고도 높은 하늘에 자작나무를 세워 / 무지개를 걸어 볼까"라는 대목이 말해 주듯, 「삼각김밥」과는 또 다른 시법을 제시한다. 삼각김밥이 여기서는 하늘을 향한 자작나무로, 김밥 속의 밥(언어)은 자작나무 위의 무지개(언어)로 바뀌는 상승 이미지를 보여 준다.

그러나 그럼에도 불구하고 "허공의 지문指紋"인 구름이 "새의 눈"으로서가 아니라 자신의 마음눈으로 '구름=생각이 날아다니는 섬'이라는 인식에 닿는다. 게다가 "안개도 덩달아 / 그름 부족의 일가"가 되기까지 하는 정황에 놓인다. 이 인식에는 시인이 빚고 있는 시가 허공의 지문이며 날아다니는 섬으로서의 구름과 다르지 않고, 자신이 어쩔 수 없이 안개까지 끼어드는 '구름부족'이라는 사실을 환기喚起한다. 하지만 시인은 부단히 정신의 높이를 향해 나아가려 하며, 이는 시 쓰기가 바로 그런 추구와 지향으로서의 꿈꾸기라는 점을 말해 주는 것으로도 보이게 한다.

정신의 볏을 세우고
목울대 가둔 설움의 언어
연금술로 풀어내는 그대

<중략>

새의 귓속말쯤은 너끈히 받아 적는
그댄 영민한 시인이여

맨드라미 꽃대처럼
위풍당당 볏을 세우고

그대 여명 속에서 홰치는 날

깨어난 만물은
해 뜨는 바다로 나아가리라

—「수탉처럼」 부분

자신이 아닌 타인을 끌어들여 기실은 자신의 시적 지향을 시사하는 것으로 읽게 하는 이 시는 언어의 연금술鍊金術로 맨드라미 꽃대처럼 위풍당당 "정신의 볏"을 세우는 시인(타인)에 대한 예찬이면서 자신의 몫으로도 끌어당겨 놓는다. 여기서 시의 언어는 설움을 묻히고 있기도 하지만 "새의 귓속말"로 비유되는 존재의 비의도 너끈히 밝혀내는 언어이며, 정신의 볏을 세워 여명黎明을 밀어내고 만물을 일깨우는 언어이기도 하다.

그러므로 시인이 지향하고 추구하는 바의 언어는 여명 속에서 홰치는 수탉처럼 만물을 깨워 "해 뜨는 바다로 나아가"게 하고, 시인은 바로 그런 영민한 견자見者로서 '존재의 집'을 지을 수 있어야 한다는 일깨움과 결의를 안팎으로 떠올리고 각인하는 경우에 다름 아니라고도 할 수 있다.

iii) '번짐과 스밈의 미학'은 어떤 대상을 만나든 거의 예외 없이 적용된다. 시공을 넘나드는 상상력이 과거에서 현재로, 현재에서 과거로, 공간적으로는 안과 밖으로도 길항拮抗하듯 교차되는가 하면, 그 환상은 현실의 비애들을 끌어안아 다독이는 서정적 자아自我의 세례를 받게 마련이다.

'무영탑無影塔'에 얽힌 이야기를 끌어들여 보수작업이 진행되는 불국사佛國寺를 모티프로 한 시 「어느 날 홀연히」는 "백목련 꽃 핀 가지가 다보탑을 누를 때, 눈물로 벼랑을 살피는 동백은 무너진 석가탑이다"라는 은유로 시작되면서 아사녀를 향한 연민의 정서를 절절하게 풀어낸다. "다보탑 옆구리에 대고 내가 들은 것은 지아비 잃은 여인의 통곡 // 그림자도 없이 사라진 지아비 그리며, 늘 단아한 지어미는 틀어 올린 머리칼을 흐린 하늘로 푼다"는 묘사가 그 절정이다. 시인은 이어 그 비애를 "서녘 하늘 언저리에 말줄임표를 남기고 새들은 또 날아간다"고도 그린다.

이와는 다소 다르게 바깥에서 안으로 시선을 옮기면서는 자기성찰自己省察에 무게 중심이 주어진다. 「오늘이라는 당신」에서 "구불구불 돌아다닌 에움길이 / 주렴 속으로 걸어 들어와 / 야금야금 발끝이 갉아먹은 자리에 / 통증의 꽃 구절초가 피"어난다고 그리는 바와 같이 시인의 일상적 삶은 고통스럽다. "앞만 보고 내달리던 / 스프링복의 질주본능이 낭떠러지를 만"나야 하며, 그 중압감은 '오늘'이라는 현재진행형의 삶의 현장이 더욱 가중시키기 때문인 것 같다.

곡선이 아치로 내려앉은 언덕
당신 납작한 신발 뒷굽에
구름스프링을 달아야겠어요

아무도 대신할 수 없던
직립의 무게에 눌리고 눌린 탓에
주춧돌처럼 아픈 발의 비망록

이불 밖으로 삐져나온
한 번도 씻겨 주지 못한 당신 발에
슬며시 내 발을 포개 보아요

— 「오늘이라는 당신」 부분

그런 '당신=오늘'의 고통은 발이 "직립의 무게에 눌리고 눌린 탓"이며, 그 무게로 납작해진 신발 뒷굽(뒤축)에 '구름 스프링'을 달고 싶어지게 하고, 그 현실 속에 놓인 시인은 발을 "한 번도 씻겨 주지 못한" 자책감自責感에서도 자유롭지 않아진다. 이 때문에 자신의 발을 '오늘'의 발에 슬며시 포개 본다는 은유를 통해 완곡하게나마 치유와 초극에의 의지를 내비치기에도 이른다.

한편 「새의 책상」에서의 화자는 골동품 경매장에서 구입한 앉은뱅이 책상과 마주하면서 그 재료인 모감주나무 심장의 두근거림까지 감지하며, 급제及第하지 못하고 초야草野에 묻혀 글을 읽던 늙은 서생書生도 불러낸다. 또한 그 책상은 '날개 꺾인 새'에 비유되는 '서생'의 울음을 총총히 받아 적느라 밤을 지새운 새벽에는 "꽃피운 모감주나무가 하얗다"고 과거와 현재를 아우르는 시선으로 끌어당겨 들여다보게 한다.

시인의 상상想像은 이처럼 책상이 되기 전의 꽃핀 모감주나무와 그 나무에서 지저귀던 새, 책상의 주인공(서생)이 학도병으로 징집된 뒤 꿈이 좌절되는 정황까지 복합적으로 불러모으는 한편 '급제하지 못한 서생=날개 꺾인 새'라는 등식을 통해 앉은뱅이책상의 내력을 비애의 환상 속으로 들어앉힌다.

이 비애의 환상은 돌쩌귀처럼 문짝을 다는 데 쓰는 장식에 닿아서도 젖은 날개를 달게 된다. 「무쇠나비경첩」에서 시인은 경첩을 "차곡차곡 쌓았을 슬픔의 무늬로 / 저승 갈 때 입을 한 벌 삼베 수의 / 장롱 깊숙이 숨기고 있다"고 보는가 하면, 그 나비가 시커멓게 박쥐를 닮아간다고도 한다.

> 열고 닫히는 세상의 모든 경계에
> 모란꽃의 여백으로 얹어둔
> 시커먼 무쇠나비 한 쌍
>
> 슬픔을 머리맡에 둔 오랜 화두

합장으로 날개를 모았다

—「무쇠나비경첩」 부분

시인이 목도하는 무쇠나비경첩은 누군가가 저승으로 갈 때 입을 삼베 수의壽衣를 깊숙이 숨긴 장롱欌籠에 박힌 채 삶과 주음의 경계뿐 아니라 "세상의 모든 경계"에 모란꽃(장롱의 장식)의 여백으로 얹혀 있는 존재다. 나비가 박쥐를 닮아간다는 대목이 암시하듯 쌍을 이룬 채 열고 닫히는 경계에 붙박인 나비경첩이 "슬픔을 머리말에 둔 오랜 화두"로 불길한 징조를 대동한다. 하지만 시인은 경첩이 촉발하는 정서情緖와는 달리 꽃피는 봄날의 복숭아나무를 바라보면서는

겹겹 동여맨 꽃잎 열어 만개할
화산 같은 내 안의 도화는
어찌 깨울까

<중략>

몸속 도화는 물컹물컹 짓무른다
불어온 실바람에 복사뼈 자리

진물은 찔끔찔끔
지나가는 개미를 가둘 뿐
내 안의 도화는 잠들지 않는다

그대여 더는 꽃망울 움츠리지 않게
달그림자로 숨어들어
꽃망울 활짝 터트려 주오

—「도화를 깨우다」 부분

라는 기구祈求로 방향을 전환한다. 봄이 오자 북숭아꽃이 만개하지만 화자의 몸속에서는 짓무르는 정황을 대비하면서도 개화開花에의 소망을 접지 않을 뿐 아니라 그 도화稻花의 꽃망울이 화산火山 같은 폭발력을 예비(내재)하고 있음을 암시한다. 비록 몸속(내면)의 도화가 짓물러 그 진물에 벌이 아닌 개미가 찾지만 '그대'가 활짝 터트려줄 수 있다는 희망의 끈을 붙들면서 기구하게 된다. 이 기도의 자세는 절대자를 향한 것이기도 하고, 초극의지의 발로로도 볼 수 있을 것이다.

이 같은 소망의 전언傳言은 눈 내리는 겨울이라는 상황과 가지가 꺾인 채 찻집의 벽면에 장식된 망개나무의 빨간 열매를 끌어들여 "변두리 찻집 우울의 모서리를 밝히는 / 뿌리를 버리고도 살아 있는 / 환한 꽃등"(「모서리 장식론」)이라고 노래한다든가, 「건포도를 읽다」에서 포도를 "먼 땅 캘리포니아에서 건너온 / 햇빛과 바람이 낳은 사생아"라면서도 건포도를 "닳은 지문으로 문지르"며 "몸을 빠져나간 씨앗들은 / 우주의 한 모퉁이에서 / 잇몸 붉은 새들을 어르기도 할 거"라는 발언發言 등에서도 읽을 수 있다.

ⅳ) 그렇다면 환상을 통한 초극이나 초월 꿈꾸기 이전의 지금, 여기에서의 일상적 현실은 시인에게 어떤 빛깔로 각인되고 있는 것일까. 햄버거를 선호하는 작은딸과 떡메로 친 인절미를 좋아하는 아버지(남편)의 '황소고집'으로 집안은 살얼음판이 되기도 한다는 「독립선언」, 분식집 라면을 먹고 싶은 '나'와 청양고추 듬뿍 썰어 넣는 '당신'(남편)은 주의와 주장은 다르더라도 라면을 좋아하는 '이질성 속의 동질성'을 희화적戲畵的으로 그린 「라면 먹고 싶은 날」 등은 가족의 소소한 애환과 갈등을 그려 보인다. 하지만 바깥 활동에만 무게가 실린 남편과 집안일에 매달려야 하는 전업주부 사이를 이화부부異化夫婦처럼 묘사한 경우도 없지 않다.

집으로 들어서는 낯선 남자가
식탁에서 밥을 먹더니
익숙하게 침대에 누워 코를 곤다

여전히 여자는 달의 뒷면
다른 별에서 온 남자와 여자는
동문서답의 기찻길을 간다

남자는 여행 가방을 싸고
달팽이집 떠나지 못하는 여자는
움츠린 어깨를
더 깊어진 거울 속으로
밀어 넣는다

—「낯선 별에서」 부분

전형적인 가부장제家父長制 가정을 무대로 한 듯한 이 시는 여성의 단절감과 소외감을 극화劇化하고 있다. 귀가하면 익숙하게 일찍 곤히 잠자는 남편이 낯설어질 정도여서 여자(아내)는 '달의 뒷면'일 수밖에 없으며, 서로 다른 별에서 온 것처럼 동문서답의 평행으로 달리지 않을 수 없을 것이다. 오죽하면 출근을 서두르는 남편을 여행 가방을 싼다고 하고, 집에 남아야 하는 아내는 소외감으로 위축된 채 자신을 들여다봐야만 하겠는가.

이 같은 정황 속의 화자의 심경心境으로는 "하루의 각질로 푸석이는 저녁 / 불빛 경계에 쓴 자서전은 / 저마다 어둠의 육필이다"(「곡진한 불빛」)고 토로되는 게 너무나 당연해 보인다. 더욱이 화자에게는 일상적 현실이 "붐비는 동성로 걸어 보아도 / 저문 신천 강물 옆구리 끼고 달려도 / 나를 유배시키는 섬"(「우울한 허밍」)이라고 느끼게 하고, 그 유배는 "출구를 찾지 못한 새인 양 / 유리창에 이마를 부딪"(같은 시)게 된다는 아픔도 비켜설 수 없게 할 것이다.

현실에 대한 파토스는 「울을꽃 터지다」에 이르면, 활짝 피어나 오래(백일 동안) 지지 않는 배롱나무 꽃을 "한꺼번에 터진 대성통곡"으로 읽게 되는 바와 같이 극대화極大化된다.

끓어오르는 화산처럼
오장육부를 남김없이 뱉어내려
밤낮없이 울부짖는 꽃

막무가내로 쓰는 생떼
대개의 생은 저렇듯 처절하다
—「울을꽃 터지다」 부분

붉게 핀 배롱나무 꽃을 남김없이 오장육부를 뱉어낸 '울음꽃'과 '막무가내 생떼'로 규정하는 건 시인의 내면 투사에 다름 아니라 할 수 있다. 더구나 "대개의 생은 저렇듯 처철하다"고 자신뿐 아니라 보편적인 삶의 모습으로까지 확대해 놓는다.

이 같은 비관적悲觀的 시각은 "다정과 냉정 사이 / 고쳐 맨 신발끈이 풀려 / 진흙 구덩이에 빠져 / 얼마나 갈팡질팡했었나"(「수요일의 여자」)라고 자신의 어제를 되돌아보게 하고, "내일은 또 내일을 만들어 / 기다림이란 낯선 역에서 / 하염없이 긴 목을 늘"(「어설픈 관계」)어뜨리게 될 것이라고 보게도 한다. 겨울 탱자나무를 보면서도 "상처로 키운 가시가 손톱 밑을 파고들어 / 채워지지 않던 내 안의 궁기 / 먹빛으로 혹한을 견뎌야 했다"(「가시의 내력」)는 토로 역시 같은 맥락으로 읽힌다.

현실과 꿈의 괴리감은 마치 아래와 위턱의 치아가 정상적으로 맞물리지 않는 '부정교합'의 치아 같아서이기도 하고, 자신을 에워싸고 있는 상황 때문이기도 한 것 같다. 오락가락하는 기후에 민감하게 반응하는 까닭도 장마 때와 같이 종잡을 수 없는 세상(세태)의 변덕 때문이지 않을까.

검은 손바닥 구름들 음모가 수상하다

적막을 깨뜨리는 야생의 말발굽 소리
투구로 무장한 적들이 몰려온다

두려움에 몸을 움츠렸던
유순한 한 남자가 들어올린 도끼날이
허공에서 번쩍이며 내려온다

<중략>

소란도 잠시, 장마는 언제 그랬냐는 듯
부서진 우산살만 남기고 담장 위로 올라가 능소화 피웠다

손바닥 구름 쓸어낸
짙푸른 나무의 몸통에서 매미 울음은
더 요란해졌다

—「장마」 부분

'비구름'을 손바닥 뒤집듯 수상한 음모를 하는 '검은 손바닥 구름'으로 읽는 시인은 천둥과 함께 쏟아지는 소나기를 투구로 무장武裝한 적敵들이 야생의 말을 타고 몰려오는 것으로 보는가 하면, 번개를 유순柔順하고 두려움이 많은 한 남자가 도끼날을 번쩍이며 내려오는 것으로 바라본다. 그러나 다시 하늘이 말끔히 개는 변덕을 부리면 '부서진 우산

살'(상처)만 남길 뿐 담장 위에는 능소화가 피고 짙푸른 나무에서 매미 울음이 더 요란해지니 장마가 수상할 수밖에 없을 것이다.

그러나 시인은 냉장고 속의 양파를 "아마포를 두르고 관 속에 누워 / 매운 시간을 버티고 있"지만 "썩음은 생명의 본능에서 풀려나는 것"(「썩음과 놀다」)이라고 얼마간 누그러지면서도 "수없이 방부제를 삼킨 내 몸은 / 냉장고 같아서 언젠가 썩을 날을 / 얼마간 더 유보할 뿐이지"(같은 시)라고 자신에게로 눈을 돌리며 여전히 비관에서 자유롭지는 않아진다. 그러나 희망의 끈을 붙잡듯 "젖을수록 질긴 무명 같"(「그녀의 율도국」)은 끈질김으로 "돌아오지 않는 메아리 앞에서 / 징검돌 하나 놓고 기다리"(「구름 속 댓글」)게도 된다.

> 뜬눈으로 밤을 새웠다
>
> 외딴섬으로 떠도는
> 너와의 거리를 좁혀 볼 궁리로
> 섬인 내가 섬을
> 하염없이 바라보다가
> 서로의 거리 여울진 물결로
> 가득 채웠다
> <중략>
>
> 더는 쓸쓸하지 않은
> 내통을 위해
> 깜박깜박 등대 하나
> 세워둔다
>
> —「간극間隙」 부분

시인은 이처럼 '섬'(나)과 '섬'(세상)의 간극을 좁히기 위해 물결로 채우고, 내통을 할 수 있게 등대를 세우는가 하면, “달력에 빨간 꽃 그려 놓고서야 / 마법에서 막 풀려”(「그 여자가 사는 법法」)나게 되기도 한다. 뿐 아니라 꼬막을 캐며 진흙 바닥 헤맨 어머니의 오십 년 세월의 사투를 떠올리면서 “무릎 꺾인 석양에게 마지막 온기를 / 온몸으로 쏟아부을 나는 널배 밀러 간다”(「널배를 밀다」)는 결의까지 보여 준다.

이 결기는 “삶은 빨래 / 탈탈 털어, 율도국의 햇살 아래 널 때 / 그녀의 나라 백색 깃발은 / 환한 눈빛 기도로 맑아”(「그녀의 율도국」)지는 이상향에의 꿈과도 접맥되기 때문인지 모르며, 「아카시아」에서처럼 “가시로 무장한” 채 “말의 향기로 나비를 부”르는 현실 대응의 지혜를 가졌기 때문인지도 모른다.

v) 시인은 현실의 아픔과 소외감 때문에 흔들릴 때가 없지 않지만 결코 좌절하거나 함몰되지는 않는다. 순리順理를 거스르지 않는 화해와 관용의 미덕을 은밀하게 품으면서 더 나은 삶을 향한 꿈꾸기로 새로운 길을 모색하고 트려 한다. 어렵더라도 “출구를 찾아 어슬렁거리는 / 가시 밧줄로 낮게 기어온 골목이 / 내 몸을 관통한다”(「막다른 골목」)거나 “출구를 찾지 못한 물은 / 내 안의 살아 있음의 증거들”(「단절과 간절 사이」)이라는 긍정적 시각으로 마음눈을 돌리게도 된다. 심지어 ‘달팽이관’으로 여기기도 하던 자신의 거처居處(집)를

고층 아파트 꼭지층은
두둥실 구름의 방이죠

<중략>

구름의 방에 들어요
은둔자의 섬에서 빠져나와

커튼 없어 좋은 방

—「전망 좋은 방」 부분

이라고 밝게 그린다. '달팽이관'이나 '은둔자의 섬'에서 일탈해 단절(커튼)에서도 자유로울 수 있는 '구름의 방'에서 전망展望을 자유자재로 조망眺望할 수 있다고 한다. 다른 한편으로는 "허기진 내 영혼의 집이자 밥인 / 이팝나무 둥치에 / 구름 그넷줄을 단단히 동여맨다"(「이팝에 들다」)는 은유로 완강한 결의도 내비치고 있다.

또한 「물들다」에서는 시집 갈피의 바스러지기 직전인 은행잎을 들여다보면서 "다정과 냉정 사이 오가던 은유가 부챗살로 번진다"는 생각에 닿는가 하면, 그 거리가 하늘과 땅 사이처럼 까마득할지라도 "너에게로 번지려면 서로의 경계를 지워야 하지 // 물이 든다는 것은 서로에게 스미는 것"이라는 관용과 화해의 미덕을 떠올려 보인다. 그렇다면 그 까닭은 어디에 연유緣由하고 있는 것일까.

비스듬히 등 눕히던 소파에서
성난 물소 콧김 내뿜는 소리가 들린다

<중략>

비스듬히 누워 졸고 있다가
누군가 불러낼 강물 같은 전화벨 소리에
코를 벌름거리며 귀를 쫑긋 세운다

다시 깨어날 야생을 위하여

—「소파」 부분

아마도 관용과 화해의 이면裏面에는 자연의 순리에 따르는 '야생野生에의 꿈'이 자리매김하고 있기 때문일 것이다. 화자는 편안하게 졸면서 소파에 등을 기대어 눕히고 있지만, 그 물소가죽 소파의 본래적인 야성을 감지하게 되는 데다 자신의 내면에 잠재돼 있던 야성을 "강물 같은 전화벨 소리"가 일깨워 주는 촉진제가 되어 주는 게 아닐까. 그 일깨움도 순리에 따라 아래로 흐르는 강물에 비유된다. 시인이 이르는 여기서의 야생은 더 나은 삶에의 꿈이며, 그 꿈꾸기는 시를 쓰는 행위와 연계되고 있어 더욱 주목된다.

시인에게 있어서의 야생은 본능本能과 원초적인 생명력에 뿌리를 두고 있는 것으로 보인다. 「드라이기」에서의 "내 몸에 스위치를 올려요"라거나 "심장을 마구 달구어 봐요"라는 구절은 드라이기의 작동을 이르면서도 자신을 향해 있으며, 이는 "젖은 영혼을 달래"기를 위한 것이기도 하다. "누구의 도움 없인 다 채울 수 없는 / 원피스 뒷단추는 여자의 넝쿨 심리다"라고 시작되는 「단추의 배후」는 절제된 본능을 "얌전하게 채워진 단추 간격 사이로 / 들뜨는 가슴은 꼭 눌러 두어야 할 관능"이라고 밝히면서

> 한 번도 폭주를 꿈꾸지 못한 내게
> 목 위까지 꼭꼭 채운 단추
> 슬그머니 풀어주는 사람이 오기까지
> 얼마나 오래 단추를 여미는 데 급급했던가
>
> —「단추의 배후」 부분

라고 되돌아보는 한편, "옷 바꿔 입을 생의 환생 구간"이 될 때까지 단추들이 더 이상 자신을 가두지 말기를 소망하는 마음까지 감추지 않고 있는 건 무엇을 말하는 것일까. 이 시집의 표제시인 「손톱의 진화」는 그

런 심경을 원초적 감정의 옷을 입혀 진솔하게 풀어내고 있다.

첫눈 내릴 때까지 남아 있는
봉숭아 꽃물 든 손톱에서
기다림 노을은 여러 번 익었다
잊을 만하면 몸 밖으로 자라는
가시 때문에 여자들은
손끝이 근질거려 바가지를 긁고
일확천금 꿈꾸는 자는 복권을 긁지
유일하게 남아 있는 동물의 본능으로
칼로 물 베는 싸움에서
손톱 함부로 세우기도 하지만
슬픈 진화일까
누군가에게 상처를 준 손톱일수록
더 진한 매니큐어가 칠해지고
그 다양한 색깔만큼 아픔들이
절망의 손톱 위에 덧칠해질 때
손톱의 난해한 은유는 풀기 어려워
그 옛날의 등 긁어 주던
어머니의 뭉툭한 손톱이
나 무척이나 그리운 이유

—「손톱의 진화」 전문

손톱과 손톱 물들이기의 함수관계를 여성 특유의 감성과 언어감각으로 희화화한 이 시는 봉숭아 꽃물 든 손톱에서 매니큐어를 짙게 덧바른 손톱까지의 "슬픈 진화進化"를 그리고 있다. 상당 기간 지워지지 않는 봉숭아 꽃물은 순수한 손톱 치장治粧이지만, 짙은 매니큐어는 상처를 주고받은 여성의 심리를 반영한다는 메시지가 담겨 있다. 남편(또는 누구나)에게 바가지를 긁거나 손톱을 함부로 세워 상처를 준 경우일수록 더 진한 매니큐어가 칠해질 뿐 아니라 아픔이나 절망이 다양한 만큼 다양한 색깔이 매니큐어가 덧칠된다는 논리다. 그야말로 난해한 '손톱의 진화'에 대한 은유다.

여자는 치장으로 봉숭아 꽃물을 들이고 기다리다 자라나는 가시 때문에 바가지를 긁게 되기도 하고, 칼로 물 베기라는 부부싸움 때 매니큐어를 칠한 손톱을 함부로 세우기도 하지만, 이는 동물적 본능 때문이지 이성과는 거리가 있다는 것이다. 더구나 상처를 주고받으면서 짙어진 손톱의 매니큐어에 대한 자성적自省的 시각으로 되돌아오게 되는 것도 옛날에 등 긁어 주던 어머니의 뭉툭한 손톱이 그리워지기 때문이라고 하지 않는가. 하지만 이 시는 통어通御된 야성을 돌우어 바라보기에 다름 아닌 측면도 없지 않은 것 같다.

시인은 궁극적으로 더 나은 삶을 열망한다. 그런 삶에의 길 더듬기와 찾아 나서기는 시적詩的 지향과 궤를 같이한다고도 할 수 있다. 이 같은 추구는 "허공에 집을 짓는 호랑거미 / 거미줄을 쏘아 펄럭이는 우산살 집을 짓는다 // 공중그네 타고 구석진 모퉁이에 숨어 고르는 숨 / 먹잇감이 걸려들길 기다린다"(「호랑거미 시인」)는 대목에 시사되고 있으며, 사리舍利 같은 시를 쓰기 위해 "밤낮으로 씨줄 날줄 언어의 집을 짓는"(같은 시) 모습으로도 떠오른다

그 여정旅程은 물론 쉬울 리 없다. 매실주梅實酒를 담그고 "시고 떫은 청매실이 / 설탕이불 덮고 석 달 열흘 견디면 / 달콤한 내일이 기다리"(「백일기도」)게 되는 바와도 같은 인내와 기다림을 요구한다. 식탁에서 남녀가 사랑하는 영화 속의 장면까지 부럽게 떠올리기도 하는 시 「식탁 혹은 신탁」에서 시인은 식탁에 앉아 밥을 먹지만, 밥 먹듯이 먹어도 배부르지 않아 허기지면서도 끊임없이 더 나은 삶 꿈꾸기로써의 시를 쓰려 한다.

그 '식탁'은 그래서 시인에게는 '신탁神託'으로까지 여겨지게 되는 것도 숙명宿命과 같기 때문일 것이다. 이 글의 말미에 이 시의 상당 부분을 그대로 인용하는 이유는 이 시인의 현재진행형의 모습을 진솔하게 드러내 보여주기 때문이다.

얼굴 반찬도 없는 싱거운 밥을 먹는다
영화에선 식탁에서 사랑도 하던데
먹어도 배부르지 않을 시를 쓴다
세끼 밥은 꼬박 챙겨 먹어도
시 한 편 쓰지 못한 날은 허기진다
살기 위해 밥을 먹는 식탁에서
남아 있는 밥그릇 숫자를 헤아려 보는 시간
육인용 대리석 식탁이 거룩한 성소
신탁 같아서 참으로 징하다
오늘도 파지 나뒹구는 식탁에서
원고지 칸 메우듯
깍두기 같은 문장 서걱서걱 씹는다

—「식탁 혹은 신탁」 부분

(2019)

초월을 향한 사유思惟의 변주
— 김정아 시집 『채널의 입술』

ⅰ) 김정아의 시는 일상日常의 느낌과 생각들을 다양하게 변주變奏한다. 안(내면)에서 바깥으로, 바깥에서 안으로 스미거나 번지면서 빚어지는 사유思惟의 변주가 무거움과 어두움에서 그 반대편으로 길을 트는 두 극단이 길항拮抗하는 양상으로 진전된다. 하지만 불투명한 현실과 미래에 대한 불안과 비감들이 그 초월을 향한 꿈과 은밀하게 연계連繫되고 있다.

시인은 현실과 환상, 판단과 그 유보 사이를 넘나드는가 하면 벗어나기 어려운 미로迷路를 헤매면서 자책自責에 가까운 언어들을 수다처럼 펼쳐내지만, 다분히 역설적逆說的인 빛깔과 무늬들을 내비치기도 한다. 마치 반투명의 유리벽 속처럼 모호하고 갑갑한 상황에 갇힌 채 버킷 리스트와도 같은 꿈을 끌어안고 있기 때문인지 모른다.

서사적敍事的인 구문들이 고삐를 죄고 있지 않은 듯한 그의 시들은 대개 서술에 기대면서도 대상에 내면內面을 투사하거나 감정이입感情移入을 하고 있다. 하지만 섬세한 감성, 첨예하고 분방한 언어 감각과 발랄한 수사들이 미묘한 심리心理의 움직임들을 받들고 있어 시적 긴장이 유지되며, 빈번하게 구사되는 알레고리와 은유隱喩들이 그 깊이와 넓이를 강화해 준다.

ii) 시인은 일상적으로 조우하는 '한때'에 천착穿鑿하고 집착한다. 그 '한때'는 이따금 빛깔을 달리하면서 투명해지다가 모호해지며, 내면으로 향하는가 하면 외부로 번지는 양상으로 길항한다. 외부의 환경이나 요인에 따라 시인의 심리가 복잡하고 미묘하게 바뀌는지, 마음의 움직임에 따라 외부 환경과 요인들이 미묘하고 복잡하게 달라지는지, 시인이 마주치는 '한때'는 그야말로 복잡다단한 빛깔과 무늬들로 미만彌滿해 있다. 시 「한때」는 그런 조짐을 시사하는 서곡序曲 같고, 암시暗示 같기도 하다.

따라붙으면 운명도 파릇해질까
'한때'를 기웃거린다

퇴색해 버린 수채화 속에서도
뜨거움이 만져지는 한때가 있었다고

벙글어 터질 듯 웃던 한때
울먹였던 한때
찬란했던 한때

지나간 말의 부스러기들을
서로 엉켜붙었다가
우리는 서로의 얼굴이 박제된 걸 알았네

웃는 나를 또 누군가 따라 웃을 한때
남겨진 한때가
돌아올 한때를 기다린다고
한때를 지키고 있는 것 또한
한때라고

쏟아내었던 거친 숨결에도 익숙해지던
오늘도 어제로 남을 우리의 한때

—「한때」 전문

시인이 느끼는 '한때'는 다양한 모습으로 다가오고 멀어지며 서로 부딪치기도 한다. 그 '한때'는 색깔이 바랜 수채화 속에서도 뜨거움이 만져지게 하며, 크게 웃고 울먹이는 동작과 찬란한 모습으로도 나타난다. "웃는 나를 또 누군가 따라 웃을" 때를 미리 거느리고, 남겨져서 돌아올 때를 기다리게 하며, 그 기다림을 지키고 있을 때도 있으나 "오늘도 어제로 남을" 때를 예비豫備하기도 한다.

시인이 드러내 보이는 '한때'는 이같이 복합적인 심리상태를 보이거나 외부 요인에 의한 비애悲哀나 파토스와 무관하지 않으면서도 일말의 기대감과 은밀하게 연계되고 있다. "지나간 말의 부스러기들"을 아우르다 "서로의 얼굴이 박제된 걸" 알게 되는 '운명'에서 자유롭지 않아지고, "거친 숨결에도 익숙해"져 있으나 그런 '운명'과는 다르게 "파릇해"지기를 바라는 기대감의 끈을 놓지 않고 있기 때문이다.

이 같은 '한때'에 대한 미로 속과도 같은 생각들은 까마득한 단군신화檀君神話에까지 거슬러 오르면서 "아직도 곰인 채 웅녀熊女가 되고 싶은"(「봄, 불시착」) 심정에 젖게 하거나

"나는 누구지?"

"어디서 왔더라?"
"어디로 가야 하지?"

—「봄, 불시착」 부분

라는 회의懷疑에 빠지게도 한다. 공동체적 삶이 "아무도 들어오지 못하게 / 아무도 빠져나가지 못하게 / 알다가도 모를 듯 / 모르다가도 알 것 같은 / 울타리를 치는 거"(「우리」)나 다르지 않다는 데도 느낌이 닿게 한다. 우리의 삶은 "딱 그만큼의 거리에 / 딱 그만큼의 간격으로 / 기둥을 세우고 펼치는 철망"(같은 시)이 있는 울타리의 기둥 세우기와 철망鐵網 치기로 느껴지기 때문일 것이다.

그러나 시인은 이 같은 더불어 살아가기에 대해서는 알 듯하면서 모를 듯하더라도 체념諦念이나 포기를 하기보다는 그 '한때'에 집착하면서 대결하려는 의지意志를 드러내며, 집착이나 대결이 미덕이라는 생각에도 이르게 한다.

죽도시장 질펀한 난전. 시멘트 바닥에 덩치 큰 문어가 엎드려 사투 중이다. 바닥에서 절대 떨어지지 않으려는 저 흡착

버둥거리는 두 다리를 파란 밧줄로 묶으니 나머지 다리가 재바르게 엉킨다. 필사의 저항이란 바닥을 온몸으로 움켜쥐고 놓지 않는 것. 노란 고무장갑 춤사위가 점점 요란해져도, 우우 구경꾼이 몰려들어도 끝내 문어는 바닥을 고집한다.

잡힐 것인가, 말 것인가. 나를 잡아끄는 커다란 손 앞에서 한 번쯤은 온몸으로 바닥을 움켜쥐고 버티어보는 것도 저 문어에게 배워야 할 예의일 듯

—「대결對決」 전문

포항 죽도시장 난전의 '한때'를 포착한 이 시는 잡히지 않으려고 필사적으로 버티는 문어文魚와 기필코 잡으려는 '노란 고무장갑'(상인), 몰려드는 구경꾼(고객)들과 '나'(화자) 사이(관계)를 부각시키고 있으나 세상 삶의 한 단면 묘사에 다름 아닌 것으로도 읽게 한다. 시멘트 바닥에 흡착하며 필사의 저항으로 사투死鬪하는 문어와 팔기 위해 요란한 동작으로 잡으려는 상인, 그 광경을 구경 삼아 바라보는 사람들이나 그 사람들 틈에 있는 '나'(화자)도 바로 세상의 그런 상황에 놓여 있는 '우리'와 별반 다르지 않다.

시인은 이 시의 마지막 연에서 문어의 필사적인 저항을 "나를 잡아끄는 커다란 손 앞에서" 잡힐 처지에 놓인 화자의 문제로 바꾸어 바라보면서 그 처절한 저항은 배워야 할 덕목이며 예의라는 생각도 하게 된다. 이 대목에서 각별하게 주목해야 할 점은 '예의'라는 덕목이다. 어시장魚市場의 난전 풍경이 예의나 염치廉恥가 실종되다시피 한 '커다란 손 앞'의 요즘 세상 풍경과 다를 바 없어 보이기 때문이다.

시인이 포착하는 '한때'가 앞의 시에서와는 다른 빛깔을 띠면서 발랄한 언어 감각으로 다소 들뜬 분위기와 재치 있는 수다를 보여 주는 작품이 표제시 「채널의 입술」이다. 왜 굳이 이 시의 제목을 이 시집의 얼굴로 내세웠는지는 알 수 없지만, 전체적인 흐름과는 다소 이질적이더라도 수사의 묘미와 개성을 신선하게 떠올린다는 점에서 눈길이 머물게 한다.

붉은 입술 속으로 랍스터 뽀얀 속살이 들어와요

망설이지 마세요. 망설이면 후회합니다
절대 채널을 돌리시면 안 됩니다

기하급수적으로 올라가는 주문 전화
얼마 남지 않은 시간은 원 플러스 원
이런 구성은 어디에도 없다고
더이상 있을 수 없는 소중한 기회라고
감추어 둔 내 후회의 시간을 들춰내고 있어요

달콤하고 말랑말랑한 말들 모두 진실 같군요
지저귀는 그녀는 앵무새잖아요

아~!! 역시 현명한 분들이 많으시군요
매진 임박입니다. 서두르세요

나는 채널을 돌리지 않아요

시간이 정말 얼마 남지 않아서
입술까지 둥둥거리게
더 빨리 뛰는 심장

—「채널의 입술」 전문

영상매체(TV)를 통해 랍스터 요리 광고를 하면서 전화 주문을 부추기는 모습 묘사에 화자의 심리와 판단(반응)을 곁들여 쓴 시다. 붉은 입술과 붉은 색깔의 랍스터, 입술 안으로 랍스터의 뽀얀 속살이 들어가는 감각적 묘사로 시작되는 이 시에는 채널을 고정하고 빨리 주문하라고 계속 독려하는 아나운서(광고요원)의 말과 화자의 말이 주로 구어체口語體 문장으로 서술된다.

화자가 곁들이는 "달콤하고 말랑말랑한 말들 모두 진실 같"다든가 "지저귀는 그녀는 앵무새잖아요"라는 코멘트와 "감추어 둔 내 후회의 시간을 들춰"내며 "채널을 돌리지 않"는다는 독백의 뉘앙스가 재치 있게 구사된다. 특히 "입술까지 둥둥거리게 / 더 빨리 뛰는 심장"이라는 표현은 과장誇張인 듯하면서도 이 시의 분위기를 돋우어 주고 있다.

iii) 그렇다면, '한때'의 연속連續인 '일상' 속에서 시인이 마주치는 현실은 어떠한가. 생활인으로서의 시인은 우울한 날과 그런 길을 비켜서기 쉽지 않고, 사각의 통유리에 부닥쳐도 멀쩡한 것 같았지만 시간이 흘러 생긴 멍이 이마에 박혀 있다가 가슴 깊숙이 내려오는 걸 느끼게 된다. 지나칠 정도로 허방 놀음을 한다는 생각이 들거나 '갖은 폼'으로 행세하려 했던 오만傲慢의 순간이 부끄러워진다는 자성自省과 자책감自責感에 이를 때도 없지 않다. 복잡한 미로에 갇혀 있다거나 어떤 관계에서 잠시 멀어진다고 해도 결코 서로에게서 벗어날 수는 없다는 사실을 깨닫게 한다.

> 카멜레온을 목에 걸고 출근을 해요
>
> 구석에서 벗어나고 싶은 나는
> 단단히 묶인 목 혈관으로
> 빌딩의 기분을 몰래몰래 살피지요
>
> 와르르 무너져 내릴 것만 같은
> 도미노 인형이 되어
> 복잡한 미로에 갇힌 나는
> 점점 단순해지고 싶죠
> 둘러댈 아무런 핑계와
> 던져둘 자존심 따위는
> 이미 목을 감싼 그의 몫인 거죠

변신을 멈춘 올가미 앞에서
구겨 던진 저녁은
아늑해지죠

—「블루데이 블루웨이」 전문

시인이 사회인으로 그 현장에 나서는 길은 우울하며, 소외감疏外感과도 멀지 않다. 주위의 환경이나 빛과 온도, 감정의 변화에 따라 몸의 빛깔을 수시로 바꾸는 카멜리온이 될 수 없으므로 궁여지책이듯 그 목도리를 하고 출근길에 오른다.

구석(소외감이나 박탈감)을 벗어나고 싶은 분위기 파악도 드러나지 않게 그 목도리에 묶인 혈관으로 하며, 한꺼번에 넘어질 수 있는 도미노 인형 같이 갇혔다고 느끼면서도 복잡한 생각을 하지 않고 싶어 한다. 더구나 잘못이 있었다고 하더라도 핑계와 자존심마저 그 목도리의 몫으로 돌려놓는다.

하지만 집으로 돌아와서는 그 사정이 사뭇 달라진다. 굳이 그런 목도리를 하지 않아도 되므로 구겨 던지고 나면 아늑해지는 안도감安堵感으로 회귀할 수 있게 된다. 물론 이 같은 안도감은 "갑갑해집니다. 사각의 방 눈부신 유리벽 / 야위어 가는 기다림은 언제까지일까요"(「화사해 볼까요」)라는 간절한 기다림을 담보하고 있기도 하다.

시인이 표면적으로 드러내는 자기비하적自己卑下的이거나 자책적인 알레고리와 은유는 사실을 사실 그대로 그리는 게 아니라 잘못 돌아가고 있는 사회의 병리현상을 향한 비판을 뒤집어서 하는 경우라 할 수 있다. 「허방 놀음에 빠지다」에서 "진리 숨긴 진리가 실체인 거리를 활보"한다든가 "종종걸음 춧농 먹고 자라는 좀비들", "현실도 미래도 온통 이해 불가 투성이", "도깨비 놀음하다 꿈이 빠져나간 사방은 허방", "유적지도, 공원도, 사원도 지금 좀비들은 / 포켓몬 친구를 쉼 없이 부화하네요"라는 구절들은 그 사실을 여실히 방증傍證한다.

그러나 다른 한편으로는 자신의 사소한 잘못에 대해서도 가혹할 정도로 자기반성을 하고 있어 겸허謙虛한 마음자리를 엿보게 한다. 시금치 요리를 하다가 금이 간 접시를 목도하면서 "갖은 폼으로 행세하려 했던 / 오만의 순간이 부끄럽다"(「취급주의」)며 '빛의 순간들이 통증 속으로 들어온다"(같은 시)고 아파한다. 역시 실수(부주의)로 통유리에 부딪쳐 이마에 멍이 들었는데도 순전히 긍정적인 시각으로만 받아들인다.

서로를 떠밀다가 우리는 얼얼해졌다

치열하게 반겼다고 해야 하나
사각 통유리와 나
서로 멀쩡한 걸로 보아
우리의 이마 참 단단하다

<중략>

나른한 통증에 보태어진 멍은
이틀이 지나고서야 내게로 찾아와
버킷 리스트 하나를 더 추가하게 한다

거북한 상처의 깊은 뜻
예견하지 못한 곳에서는
조금만 느리게 가라는 경고일 것이다
이마에 박혀 있다가
가슴 깊숙이 내려온 멍

―「멍」 부분

투명한 사각의 통유리에 부닥친 것을 자신과 유리가 서로 떠밀다가 그랬거나 치열하게 반겨서 그랬다고 생각하는 마음은 예사롭지 않아 보인다. 게다가 당장은 서로 멀쩡했으니 "우리의 이마 참 단단하다"고 통유리에도 생명력과 인격人格을 부여하고 격상格上시키기도 하며, 통증을 동반한 이마의 멍을 "이마에 박혀 있다가 / 가슴으로 깊숙이 내려" 왔다고 하면서도 죽기 전에 꼭 해야 할 일(버킷 리스트) 하나를 보탰다고 여기기까지 한다. 이마의 멍을 두고도 "거북한 상처의 깊은 뜻"으로 새기려고 하며, 미리 알지 못한 곳에서는 조금만 느리게 가라는 경고로도 받아들이는 마음자리는 더욱 아름답다.

「모바일문」은 「멍」과는 뉘앙스가 전혀 다른 메시지를 담고 있지만, 통신기기인 모바일(휴대전화기)을 자신과 아주 가까이 끌어당겨 생명력과 인격을 부여해 놓는가 하면, 일상에서 떼려야 뗄 수 없는 반려伴侶로 떠올려 보인다.

> 서로의 몸 가장 깊은 곳에 세포로 새긴 작은 칩의 우주는
> 서로를 구속한다고 해도
> 모르게 놓쳐 버린 것들에 대해
> 우리는 또다시 미로를 헤매지
>
> 환각 같은 달빛을 함께 기다리기도 했으니
> 안타까워하거나 아쉬워할 이유가 없다는 것이지
>
> 우리 잠시 멀어진다고 해도
> 결코 서로에게서 벗어날 수는 없지
>
> —「모바일문」 부분

모바일과 함께하는 여행(모바일문)에 대해 쓴 이 시는 모바일에 인격

부여뿐 아니라 "세포로 새긴 작은 집의 우주"라고 격상시키면서 자신(화자)과는 서로 구속拘束하는 관계로 그려놓고 있다. 더구나 때로는 그 관계를 놓쳐 버려 잠시 멀어진다고 해도 결코 서로에게서 벗어날 수 없을 정도로 불가분不可分의 관계라고 그린다. 이는 곧 모바일과 함께하는 여행이 일상화됐다는 메시지에 다름 아닐 것이다. 「보라의 길」에서 오동꽃이 환하게 핀 모습을 "무언가를 가득 채운 폴더처럼"이라고 한 대목도 이 같은 사실을 에둘러 말하는 것으로 볼 수 있다.

ⅳ) 시인은 삶의 현장에서와는 달리 집안에 한가롭게 머물거나 자유롭게 외출할 때는 마치 카멜레온이 변신變身을 하듯이 감정이 분방하게 바뀌며 현실과 환상, 판단과 그 유보 사이를 넘나든다. 무거워졌다가 가벼워지고 밝아졌다가 어두워지며, 연약해졌다가는 그 반대 방향으로 나아가기도 한다. 이 같은 감정의 기복起伏은 그만큼 시인의 감각과 감성이 섬세하고 예민하다는 방증으로도 읽힌다.

시인은 「몸값 올리기」에서 "치명적 선택 앞에서 기준을 갖지 못한 나는, 오늘도 카멜레온이 된다"고 다소 과장된 어법으로 말한다. 이 시에서의 "고깔 쓴 복숭아는 창백한 얼굴이어도 값은 비싸다. 기미와 주근깨 내려앉은 복숭아는 맛은 좋으나 헐값이다."라는 대목과 「혼밥족」에서의 "겉보기와 다르게 속절없이 / 속은 부드러운 바게뜨 빵 / 씹을수록 고소해"라는 구절이 시사하는 바와 같이, 이떤 사물과 일도 겉과 속이 다를 수 있으므로 섣불리 가치 기준을 정하기 어려울 것이다.

시인이 집에 머물면서는 그리움에 젖다가 추스르기도 하고, 불안해하다 평정을 되찾는가 하면, 마음이 무거워졌다가 가벼워졌다 하며, 우울해졌다가도 무덤덤해지고, 밝아졌다가 어두워지기도 한다.

참아내던 그리움이거나

잠시 보류한 불안을 데리고
나 또한 물안개 피는 늪에 가서 놀아볼까

미래 따위는 생각하고 싶지 않아
수다는 무르익을수록 좋아
그렁그렁 해지다가
게워내는 거품꽃

—「불안한 수다」 부분

우포늪의 '거품꽃'을 떠올리며 이런 생각들도 해 보았겠지만, 집에서 "아프리카에서 건너온 스투키가 / 모래 화분에 갇혀 말라가고 있"(「모래시계」)는 모습을 보며 연약한 마음으로 안타까워한다. 그러나 이내 한 발 물러서서는 "우리는 자주 무거워졌고 / 뒤집어 주는 계절의 손에 가끔씩 / 먼지처럼 가벼워지기도 했다"(같은 시)고 외부 요인에 의해 바뀌는 심경心境을 드러낸다.

「그들의 시나리오」에서는 "헛꽃 거느린 산수국"과 마주치며 "꽃을 닮아가는 생존법에 / 발등 부어오르도록 먼 길 걸어온" 자신도 "차라리 헛꽃이고 싶어"진다고 토로하고 있으며, 「간벌하다」에서는 휴대전화에 등록된 일천 명의 이름 중에서 "남보다 못한 이름들"을 하나씩 지우면서

그녀 그리고 당신조차도
지금 내 손끝에서
바람 앞 촛불처럼 불안하다

<중략>

나의 숲에서 솎아내어야 하는 건
기력이 다한 나무들과 솔잎혹파리처럼 번지는

근거 없는 나쁜 소문들

—「간벌하다」 부분

이라고, 나쁜 소문들은 퍼뜨리는 사람들과는 단절하겠다는 결의를 내비친다. 가까운 사람을 '그녀', 더 가까운 사람을 '당신'이라고 지칭했겠지만, 그런 사이라도 자신의 숲(전화 번호들)에서는 "바람 앞의 촛불"이 될 수 있으며, 기력이 다한 나무들 같거나 소나무를 죽게 할 정도로 고질적인 전염병을 번지게 하듯 나쁜 소문들을 근거도 없이 퍼뜨리는 사람들과는 소통疏通도 하지 않겠다는 결기마저 불사한다.

엘리베이터 거울에 갇혀 있던 여자
한 남자가 올라탄 후
정색한 정적에 한 번 더 갇혔다

6층에 엘리베이터 멈추어 서자
엄마 손잡고 오른 아이가
그 남자와 나의 정적 속에 다시 갇혔다

네모난 공간 숫자 5에 멈추자
할머니보다 지팡이가 먼저 발을 들여놓는다
그때서야 아이가 앵무새처럼 정적을 깨운다
"안녕하세요?"

거울을 보던 여자와 마주보는 남자
노란 모자 아이와 손을 잡고 선 아이의 엄마,
할머니 그리고 다섯 사람 사이에 세워 둔 지팡이는
알 수 없는 어떤 메시지 같다

평화로운가, 우리는 지금?
한 통 속에 갇혀 순번 없이
자문하면서
지하로 내려가는 중

—「공감, 한 통 속의」 전문

외출하려고 아파트의 엘리베이터를 타고 지하 주차장으로 내려가는 도중의 장면을 묘사한 이 시는 화자의 감정을 오롯이 이입移入해 놓았다. 동승한 승객의 침묵을 각기 다르게 '갇힌 정적'으로 그리면서 그 정적을 아이가 깨웠지만, 다섯 사람 사이에 세워 둔 지팡이가 알 수 없는 '어떤 메시지'라는 대목에 이르면 각별하게 주목하지 않을 수 없다.

아주 가까이서도 단절된 사람과 사람 사이는 '갇힌 정적靜寂'이지만 지팡이는 사람들과 달리 표정이나 감정도 없는 '정적'일 뿐이기 때문이다. 시인의 그래서 "평화로운가, 우리는 지금?"이라고 묻고 있으며, 이런 정황에 비아냥거리듯 '공감'이라는 말을 붙여 놓았는지도 모른다.

또한 서랍을 정리하다가 많이 모인 동전銅錢들을 꺼내 "먼지를 닦고 쌓아올려 놓으니 / 누구나 소원을 빌어도 좋을 / 적요한 겨울 철탑" 같은 「겨울 철탑」에서는 "웅크린 살색은 여전히 거뭇하지만 / 활보하고 다닌 거리를 합치면 / 지구 한 바퀴쯤의 거리는 되지 않을까"라고, 탑을 쌓을 정도의 동전이 모일 때까지의 물리적 거리를 끌어당겨 상상해 보기도 한다.

몸에 이상異常이 생겼을 때도 적잖은 생각들이 교차한다. 다쳐서 통증痛症에 눌리면서도 평상시의 생각들을 제쳐놓기는커녕 되레 그 이전의 생각들을 선명하게 불러놓기도 한다.

우당탕 욕실에서 넘어진 뒤, 옆구리가 뜨끔했다. 무료함이 삐끗에 이르자, 어긋남의 통증은 어김없이 찾아왔다.

<중략>

"6번 갈비뼈 골절입니다." 나를 옥죄고 있던 것들 그렇게도 많았던가. 돌보던 갈비뼈 하나가 감옥임을 이제서야 안다.

성능 좋은 스포츠카로 꿈꾸던 무한질주도, 추고 싶던 열정의 플라밍고도 갈비뼈가 성했을 때라야 가능한 꿈들

호의 뒤로 감추어진 적의까지도 진실의 무게를 재어야 할 때라고, 통증으로 인해 느껴지는 존재의 무게는 결국 밀려드는 약물 앞에서 대책 없이 나른하고 달달할 뿐이다.

—「환각의 무게」 부분

위의 부분 인용에서도 읽게 되는 바와 같이, 다친 걸 두료함이 삐끗에 이른 어긋남이고, 골절骨折된 갈비뼈도 돌보지 못해 그렇게 됐다고 여기며, 골절로 인한 통증을 감옥이라고도 생각한다. 게다가 평소 스포츠카로 무한질주를 하고 싶었거나 춤추고 싶었던 열정의 플라밍고까지 떠올리는가 하면, 진실의 무게와 존재의 무게까지 짚어보는 환상에 빠지기도 한다. 게다가 이 모든 것을 환각幻覺의 무게로 바꿔 읽으며 치유 과정의 고통도 나른하고 달달하다고 표현하고 있다.

v) 시인의 관심은 폭과 그 보폭이 외부의 자연이나 사물, 사람들을 향할 때는 확대된다. 그 관계 속에서 자신의 내면을 투사하는 양상으로도 다채롭게 펼쳐진다. 시인은 길을 나서면서 마주치는 식물과 동물, 무생물들에마저 사람과 같은 반열班列에 놓고 바라보거나 그 이상의 존재

로 격상시켜 우러러보기도 한다. 「동행」은 오래된 바위를 마치 성자聖者 같이 우러르는 마음의 그림이다.

커다란 꽃 천막 펼친 나무 아래
언제부터인지, 바위는 그 자리에 앉아 있다

천의 꽃송이 각혈을 하고 또 해도
그걸 지치도록 바라보는
창백한 결가부좌

<중략>

전사의 강인함 깃든 바위 그대에게
촉촉한 바람 냄새 펑펑 터지는 축제의 날에
나 모진 열병 그만 눕혀도 좋으리

주렁주렁 링거를 단 나무가
이제 수액을 건넬 차례다

—「동행」 부분

바위와 꽃이 핀 나무를 예찬하는 이 시는 언제나 같은 자리에 있는 바위와 그 옆(위)의 꽃나무의 동행同行을 성스럽게 그리고 있다. 오래된 바위도 늙은 꽃나무도 시인의 감정이입으로 마치 성자와 같이 받들어져 있다. 바위는 부처처럼 결가부좌結跏趺坐로 앉아 있고 꽃나무는 큰 천막을 치듯 꽃을 가득 달고 서 있으며, 창백하지만 강인한 바위는 꽃잎들이 무수히 떨어져 내려도 깊은 경지에 들어 마냥 바라보기만 한다.

시인은 이 광경에 촉촉한 바람 냄새까지 가세한 축제의 장으로 바라보고 있을 뿐 아니라 자신도 모진 열병을 눕혀 동참하고 싶어한다. 꽃나무는 늙어 렁거로 생명력을 돋우지만 꽃이 지고 나면 바위에 그 다음은 수액樹液을 건넬 차례라고까지 바위를 떠받든다. 이들의 동행은 그야말로 성자의 축일祝日을 방불케 한다.

시인의 발길이 서울 성북동의 길상사에 이르러서는 사찰寺刹 담장에 붉게 물든 담쟁이 단풍에 마음 끼얹으며 앞의 시와 거의 마찬가지로 경이로운 감정을 투영한다.

제 몸 절반쯤 상처로 얼룩을 만드는 잎들
거기서 거기인 나의 반경에 비하면
저 담장 안에는
아마도 별나라 공주가 살고 있을 거라고
그래서 담쟁이
들도 자꾸만 기어오르는 거라고
상상은 칭칭 금기의 담을 타고 올라갔네

높고 높은 저 허공을 휘젓는 손

머나먼 우주 이야기 한번 들어보려고
걷고 걸어 푸른 하늘에 닿았는가

무소유의 푸른 하늘이 부러웠을 뿐이니
담쟁이 길 아마도 여기가 길상사였네

—「담쟁이 길」 부분

길상사 자체보다는 사찰 담장의 담쟁이 넝쿨에 마음 가져가는 이 시는 담쟁이가 높은 담장을 기어오르는 모습을 신비神祕의 세계를 향한 것으로 묘사한다. 남성으로 여겨지는 담쟁이가 금기禁忌의 담장 너머의 별나라 공주를 흠모해 찾아가는 모습으로 상상하면서 담쟁이 줄기를 높은 허공을 휘젓는 손으로 보고 있다.

더구나 담쟁이의 담장 기어오르기는 공주로부터 우주 이야기를 들어 보려는 하늘 오르기이며, 그 담쟁이 길이 바로 '무소유無所有의 푸른 하늘'을 부러워하고 지향하는 길상사라는 데까지 상상을 비약시킨다. 시인은 길상사에서 수행修行했던 '무소유의 승려(법정)'도 염두에 두지 않았는지 모르겠다.

한편, 이 같은 환상과는 달리 자연 풍경과 동물, 사람들을 바라보는 시선이 무상감無常感과 허무, 비애와 연민으로 번지기도 한다. 혼자된 왜가리가 마을 앞 개울에서 언제나 한쪽 발을 바꾸지 않고 외발로 서 있는 것을 목도하면서 "지그시 눈 감고 돌리는 하늘 트랙 / 은하도 왜가리도 나도 저 혼자 흐른다 / 우린 이렇게 늙어 가는 거야"(「풍경의 트랙」)라는 무상감에 젖기도 하고, 배롱나무의 꽃들이 진 뒤의 모습을 그리면서 "살비듬 떨구고 간 배롱나무 눈길 뒤에 / 돌부리로 박힌 내 침묵"(「훌훌」)이라는 허무와도 마주친다.

몸뚱아리 포갠 두 마리 광어가
인적 끊긴 수산시장 적요에 갇혀 있다

그들을 가둔 건 작은 플라스틱 바구니
운신할 공간을 갖지 못해
서로 포갤 수밖에 없는 두 마리 광어는
맞닿은 맨살로 교신을 나눈다

<중략>

말로 다 못할 고민들로 까무룩 숨죽이고 있던 나
누군가에게 적막의 흰 살갗을 보여 줄 수 있다면

등이 조금 무거운들 어떠리

가끔은 아래쪽 광어와 위쪽 광어가
아무도 몰래 자리바꿈을 하기도 하는
—「아무도 모르는」 부분

수산시장의 플라스틱 바구니에 두 마리의 광어가 포개진 채 갇혀 겨우 운신運身하는 상황과 아무에게도 말로는 다 못할 고민으로 숨죽이고 있는 화자의 심경을 포개어 보여 주는 이 시는 겨우 아래위로 자리바꿈할 운신의 여지밖에 없는 광어와 자신의 처지를 하나로 묶어 적요寂寥에 갇힌 것으로 바라보는 경우다.

광어들이 인적도 끊긴 채 적적하고 고요한 데 갇혀 있고, 화자는 누구에게도 말하지 못할 고민으로 까무룩 숨죽이고 있다고 표현했지만, 이 지경이면 적요의 너머의 절박한 상황이지 않은가. 광어들에게는 짙은 연민을 보며, 기실은 자신의 짙은 비애를 떠올리는 것으로 보이기 때문이다.

혼자 숨어들 커튼도 때때로 필요하다

남의 앞날을 잘 내다보면서
자신의 앞날엔 무채색 커튼을 드리운 남자
재물운도 인복도 대체로 괜찮다고
내 운세를 점친다
—「꽃그늘 커튼」 부분

이 시는 화자의 운세運勢를 점쳐 준 역술가易術家에 대한 연민을 보여 준다. 남의 앞날을 잘 내다보면서 자신의 앞날은 모르는 경우를 희화적戲

畵的으로 그리고 있지만, 앞날이 불투명한 인간들에 대한 연민으로 확대 해석해도 좋을 듯하다. 우리는 어쩌면 '무채색無彩色 커튼'을 드리우고 앞날을 더듬어 바라볼 수밖에 없는 사람들일는지 모른다. 시인은 그런 불투명한 현실과 미래에 대한 불안과 비감 속에서 그 초월을 향한 촉각을 은밀하게 곤두세우고 있는 것 같다. (2020)

신성 추구와 전복적 상상력
— 김건희 시집 『두근두근 캥거루』

ⅰ) 김건희의 시는 첨예한 감각과 발랄한 상상력에 뿌리를 둔 언어미학 추구와 불교 신앙을 바탕으로 한 형이상학적 사유思惟가 길항하면서 다채로운 세계를 빚어 보인다. '낯설게 하기'와 '난센스' 기법으로 기존의 질서 속에 자리매김하고 있는 관념觀念 너머의 새로운 세계(의미) 창출을 겨냥하는 환상의 아름다운 공간은 각별히 눈길을 끌게 한다.

그의 시는 형이상학적 사유로 길을 트는 경우 보살행菩薩行으로 불교적 화엄華嚴의 세계를 지향하면서 비의秘義에 감싸인 신성神性(이데아) 추구에 무게중심이 주어진다. 대조적으로 언어 감각과 상상력에 기울면서는 자연이나 우주宇宙와 하나가 되려는 꿈을 떠올리며, 사물에 감정을 이입하거나 투사하고 인격人格을 부여하는 활유법活喩法 구사를 축으로 급격한 장면 전환, 이미지의 비약, 전복적顚覆的 상상력을 구사하고 있어 시적 개성이 강화되는 점도 돋보인다.

한편 서정적 서사敍事가 끌어들여진 일련의 시편은 삶의 현장인 일상적 현실을 준열한 눈과 가슴으로 끌어안고 직시하며 부드러우면서도 완강한 초극超克 의지를 내비치는가 하면, 가지지 못한 사람들에 대한 따뜻한 연민憐憫과 휴머니티를 짙게 발산하기도 한다.

ii) 김건희의 시 쓰기는 「돌탑」이 암시하듯이, '흘러가는 강물에 중얼거림 보태기'이며, '위아래가 구분되지 않는 돌탑 쌓기와 허물기의 되풀이'다. 자신을 겸허하게 낮추면서 던지는 화두話頭지만 다소 상징적이고 추상적인 발언이다. 시의 길은 가시적인 성과를 이루어내기가 그만큼 어려우므로 시시포스의 바위 굴리기와 다를 바 없다는 뉘앙스를 거느리고 있는 듯도 하다.

하지만 화자가 또 다르게 말하고 있듯이, "노을의 혀가 차오르는 강물에게 건네는 말"처럼 그 '돌탑'(시)은 "차곡차곡 씹어 올리"면 가능성이 열릴 수 있다는 믿음을 그 바탕에 깔고 있는 것으로 보인다. 그러나 이 구절들에도 '노을의 혀'라든가 '차곡차곡 씹어 올린다'는 말이 관념적이고 모호성模糊性도 벗어나 있지 않다. 시인은 이 발언들과 함께

> 닮아 가는 말 알아들어
> 포개어지는 말 알아들어
> 한 권의 시집을 엮을 수 있다면
> 강의 바닥을 제대로 읽었다 말할 수 있으리
>
> —「돌탑」 부분

라는 자성적自省的 믿음과 깨달음을 떠올려 놓기도 한다. 아무튼 이 시의 화자는 "서로의 등에 얽힌 사연을 들춰 / 어떤 돌은 너를 닮았다고 / 어떤 돌은 나를 닮았다고" '너'(대상)와 '나'(자신)의 상호 이해와 화해, 소통을 통해 "흘러가는 강물에게 / 중얼거림을 하나 더" 보태듯이 시를 쓰고 있으며, 위아래가 구분되지 않는 돌탑을 쌓고 허물고 다시 쌓는 과

정을 되풀이한다.

그러므로 이 시집이 엮어지게 된 건 강물에 잠겨 있는 돌들(불가시적 대상들)로 일정 양의 탑을 쌓은 결과이며, 그 성과는 "강의 바닥을 제대로 읽었"기 때문에 이루어질 수 있었다는 풀이를 해보게 한다. 다시 말해, 시인의 비의에 싸인 이데아 추구는 '닳아가는 말'(닳아가는 돌)과 '포개지는 말'(포개지는 돌)들을 들춰내 '존재(=언어)의 집(탑)'을 지었으며, 그 집짓기(탑)들이 모아져 한 권의 시집이 이루어졌다고 할 수 있을 것이다.

이같이 김건희의 이 시집이 '흐르는 강물의 돌(비의에 싸인 이데아) 읽기와 그 강물에 보탠 중얼거림의 집적集積'이라면, 이 중얼거림의 집적은 과연 어떤 모습과 빛깔을 띠고 있는지 궁금하지 않을 수 없다. 이 시집은 모든 걸 다 이뤄서 얻은 성과라는 의미는 물론 아니다. 여전히 그 과정에 놓여 있을 뿐 지금까지의 중얼거림을 한데 묶은 첫 매듭이며, 이 시인의 시 쓰기는 더 나은 세계 지향의 '현재진행형'이라 할 수 있다.

시인에게 이 이데아 추구와 지향이 결코 쉬운 일이 아니다. 끊임없이 인고忍苦의 시간을 강요받기도 한다. 눈에는 보이지 않는 '화엄의 세계'로 들어가려 하지만 그 세계는 언제나 침묵 속에 자리잡고 있을 것이기 때문이다. 일심一心으로 생각하고 밝은 믿음으로 의심하지 않는데도 그 사정은 마찬가지일 수도 있다. 자신을 꽃나무에 비유한 「비로자나불」은 그 지난至難한 시적 추구 과정을 여실하게 드러내 보인다.

> 너무하다
> 한곳만 응시하느라 뒤틀린 몸통에서
> 뚝뚝 소리가 새어나오는데도
> 기름칠해 주지 않는 당신

꽃가지들이 그림자로 퍼덕여도
궁금해 말고 잠자코 있으란다
계절이 여러 번 지날 때에도 날 찾지 않는 당신
어지럼증에 뻐근한 뒷골
뒤틀린 가부좌는 하소연할 데가 없다

오늘도 몸 웅크리고 견디는 저 화상
복장뼈 안쪽엔 무럭무럭 자라는 사리舍利

꼼짝 않고 눌러앉아서
바람 적신 손으로
아픈 이마 짚고 있는 나를
당신은
언제까지 모른 척할 것인가

—「비로자나불」 전문

화자는 일심과 믿음으로 일관하는데도 그 세계는 좀체 열리지 않는다고 토로한다. "한곳을 응시하느라 뒤틀린 몸통에서 / 뚝뚝 소리가 새어나오는데도", "꽃가지들이 그림자로 퍼덕여도" 여전히 비로자나불毗盧遮那佛은 아랑곳하지 않으며 잠자코 있으라고만 한다. "뒤틀린 가부좌(화자)는 하소연할 데가 없"을 뿐 아니라 사리가 무럭무럭 자라도록 견뎌야만 할 따름이다.

불교의 가르침에 따르면, 화엄경의 교주인 비로자나불은 무량無量의 광명이다. 그러나 비로자나불은 화엄경 안에서 침묵으로만 일관한다. 오로지 자기와 남을 이롭게 하는 행동을 원만하게 하면서 성불成佛하려고 수행하는 보살행을 통해서만 그 세계로 들어갈 수 있으며, 그 세계는 일심으로 생각하고 밝은 믿음으로 의심하지 않으면 어디서든지 만날 수 있다고도 한다. 석가모니가 보리수 아래서 깨달음을 얻자마자 비로자나불과 일체를 이루기도 했다는 사실은 잘 알려져 있는 바다.

불교신자인 시인은 부단히 그 화엄의 세계를 지향하지만 거기에 이르는 길은 지극히 어려운데도 보살행을 거듭하고 있는 듯하다. 설령 그 세계에 못 다다랐더라도 그 길은 오로지 자신의 몫임도 자각하고 있다. 비로자나불은 한결같이 모른 척하지만 "꼼짝 않고 눌러앉아서 / 바람 적신 손으로 / 아픈 이마를 짚고 있"다는 것은 끊임없는 보살행을 수행하고 있으며, 그 세계(시)를 하염없이 지향한다는 뉘앙스에 다름 아니기 때문이다.

김건희의 시 쓰기는 나아가 생명의 근원인 신성神性에 이르고 그 비의를 드러내는 행위이기도 하다. 「룽다」에서 시인은 매달린 연등燃燈들을 바라보면서 생명의 근원인 신성을 상징하는 룽다(풍마風馬)를, 은밀하게는 타르초(경문기經文旗)까지도 떠올린다. 룽다는 긴 장대에 매단 한 폭의 긴 깃발이고, 타르초는 긴 줄에 정사각형의 깃 폭을 줄줄이 이어 단 깃발들로 이들 깃발에는 티베트 사람들의 해탈解脫을 염원하는 만트라와 불교경전(경문)이 가득 쓰여 있다고 하지 않는가.

긴 줄에 늘어선 새벽 연등 흐려질 때
길 위 행렬은 일렁이는 깃발이다
봉정암 오르는 손들이 켜든 불은
풀숲 사이 사슬처럼 너덜한 줄에 걸리고

진행 방향 끝에서 촘촘한 인연들
인드라망에 맺힌다

<중략>

다시 봉정암 내려올 수밖에 없는 우리는
우의雨衣에 고이는 물방울처럼
슬그머니 서로의 손을 잡는다

—「룽다」 부분

이 시에서 시인은 줄줄이 매달린 연등들과 연등을 들고 봉정암으로 가는 행렬을 묘사하면서 룽다와 타르초의 모습을 연상하며 포개어 바라본다. 새벽 연등 불빛들이 흐려질 때 연등을 든 행렬이 "일렁이는 깃발"로 활력을 불어넣는가 하면, 다시 그 행렬이 들고 왔던 연등들이 긴 줄에 걸리는 장면을 "풀숲 사이 사슬" 같다고 그리고 있다.

그 진행 방향의 끝은 말할 나위 없이 봉정암이며, 봉정암에 다다른 "그 촘촘한 인연들"은 제석천이 머무는 궁전 위에 끝없이 펼쳐진 그물로 법계의 실체 현상간의 상즉상입을 통한 사사무애법계事事無碍法界를 드러내는 인드라망因陀羅網에 비유된다. 연등을 긴 줄에 매달고 하산하는 사람(중생衆生)들은 "우의에 고이는 물방울" 같지만 마치 인드라망처럼 "서로의 손을 잡는" 바와 같이, 보살행으로 중중무진하게 관계를 맺으면서 서로 아무 장애가 없음도 시사示唆하고 있다.

위에서 들여다본 바와 같이 김건희의 시 쓰기는 '흐르는 강물에 중얼거림 보태기'이면서도 이 겸허한 자세와는 달리 강물에 잠겨 보이지 않는 돌들로 탑을 쌓는 신성한 일(불가시적 이데아들로 존재의 집짓기)이며, 화엄의 세계를 지향하는 보살행이자, 생명의 근원인 신성과 그 비의 추구라고 요약해 볼 수 있다.

iii) 김건희는 자연과 우주의 만물萬物을 자신 가까이 끌어당겨 인간사人間事로 환치해 들여다보는가 하면, 빈번한 활유법 구사로 온갖 사물들이 인간화되면서 인격이 부여되는 점이 시적 특성을 두드러져 보이게도 한다. 동물이든 식물이든 거의 예외 없이 행위나 동작들에 인격이 부여되고 있으며, 화자의 감정이 이입되거나 투사되게 마련이다.

이 시집의 1부에 실린 시에서만도 "노을의 혀"(「돌탑」), "나른한 강의 하복부"(「노을의 악보」), "해가 창을 밀고 들어왔다"(「서소리 받아쓰기」), "곱게도 늙은 문짝"(「숭고하다」), "눈comes자 검은 거름"(「수선화로부터」), "귀가 만난 꽃잎의 발소리들"(같은 시), "늙은 배나무 저고리 앞섶 / 레이스"(「배꽃」), "배꽃이 조물조물 풀어주는 근육통"(같은 시), "긴 잠을 자다 / 어느새 낡아버린 목선"(「소라의 넋두리」), "배꼽 떨어진 그해 나의 봄도 / 어지럼증"(「금계랍에 울다」) 등이 그 예들이다.

이 같은 시법詩法은 그의 시에 탄력을 부여하고 상상의 공간에 신선도를 높여 주며, 낯익은 것들을 낯설게 함으로써 새로운 활기를 발산하게도 한다. 하지만 때로는 자연스럽지 않은 비약이나 급격한 장면전환, 이미지의 단절 등으로 난해성을 부르거나 가독성을 떨어뜨리는 면도 없지는 않아 보인다. 그러나 이 또한 그의 개성이자 특성이 아닐 수 없다.

사문진 나루 노을은 철새의 건반이다
물비늘 털며 날아오른다

<중략>

나른하던 강의 하복부는
찌르릉찌르릉 별빛 건너 밟는 통화음

노을 비친 강물을 악보로 읽던 새는
꼬리 펄떡이는 물고기 들어 올려
흑백의 연주는 완성되고

—「노을의 악보」 부분

이 인용 부분만 하더라도 앞에서 언급한 그의 시적 특성이 뚜렷하게 떠올라 있다. 강을 의인화擬人化하고 있지만 그 하복부가 "별빛 건너 밟는 통화음" 자체로 바뀌기도 하고, 노을은 "철새의 건반"이, 강물은 새의 악보가 되고 있으며, 새의 연주는 "꼬리 펄떡이는(살려고 안간힘을 쓰는) 물고기"를 잡아 올리는 것으로 완성(완결)된다.

이 '연주' 장면의 배경은 날이 저물 무렵이라서 새가 고기를 잡아먹는 모습도 "흑백의 연주"라고 '들리지 않는' 소리를 모노톤으로 그리고 있는 점도 주목하게 한다. 그의 시는 이같이 장면전환과 이미지의 비약이 급격함에도 불구하고 정밀하고 치밀한 언어 장치를 거느리고 있는 것으로도 읽힌다. 「새소리 받아쓰기」는 이미지의 비약이 급격할 뿐 아니라 전복적 상상력까지 구사되고 있다.

전깃줄에 매달린 이슬이 곤돌라였나!
해가 창을 밀고 들어왔다

벤자민 라벤다가 자라 오르는 창 큰 베란다
짜재재재짹삐삐삐리리총초롱총초로로롱
수북한 새소리

<중략>

울컥 뱉어내기에 바쁜 해를
몸 안에 받아 적느라
분주한 잎새들

—「새소리 받아쓰기」 부분

아주 이질적인 '이슬'과 '곤돌라'를 하나로 연계해서 바라본다든지,

새소리를 받아쓴다면서 그 새소리를 "울컥 뱉어내기에 바쁜 해"를 벤자민 라벤다 잎사귀들이 "몸 안에 받아 적느라 / 분주"하다는 표현은 급격한 비약이자 전복적 상상력 구사가 아닐 수 없다. 게다가 창을 밀고 들어온 햇살과 베란다에 자라는 식물에 수북이 쌓이는 새소리, 그 새소리를 뱉어내는 햇살의 함수관계도 예사롭지는 않아 보인다. 「구두」는 인용한 부분만 읽더라도 이보다 몇 걸음 더 나아가 있다.

닳은 댓돌 위에
내가 벗어 놓은 구두는
밤새 질척이던 기침이 토해 놓은
붉은 가래였다

<중략>

평평한 돌 위에 누워 있는 구두
춤을 추듯 내려온 꽃비는
우묵한 발 자리가 연못인 듯
이리저리 낮아진 구두 안쪽을 살핀다

<중략>

삽짝을 나서는 나는 맨발
눈감고 구름의 가속페달을
꾸욱 밟는다

—「구두」 부분

이 시에서 '구두'는 '붉은 가래'로 변신하는 파격을 부여받는다. 그것도 자신이 댓돌 위에 벗어 놓은 구두다. 그러나 그 '가래'는 다시 온전한

'구두'로 바뀌면서 춤추듯 내리는 꽃비(떼지어 떨어지는 꽃잎들)한테는 구두 안쪽이 '연못'에 비유되기에 이른다. '구두'는 화자의 시선에 따라 '가래 → 구두 → 연못'으로 비쳐지는가 하면, 마지막 연에서는 '구두'가 물러나고(댓돌에 그대로 놓여 있고) '맨발'이 삽짝(대문)을 나서며 눈감은 채 구름의 가속페달을 밟는 환상으로 이어진다. 역시 그다운 상상력의 전이현상이 아닐 수 없다.

시인의 이 같은 발상과 상상력은 「숭고하다」에서 꽃살문에 착안해 곱게 늙어 눈빛은 살아 있다며, "소목장의 손이 닿던 기억을 꽃잎들이 놓지 않았다"거나 "목어소리 골라먹는 벌레가 살아 / 끌날이 지르던 직선의 비명은 어디 가고 곡선만 남았다"는 표현과 나뭇결에 남은 꽃잎의 본색 때문에 "닳아 문드러져도 / 숭고하다"고 보는 데까지 진전된다.

'봄비'에 대한 묘사가 그렇듯이, 시인의 상상력(몽상夢想)은 미세한 기미에까지 민감하게 반응한다. 시 「도약」에서는 봄비를 "은둔자의 겨드랑이 안쪽까지 / 햇솜처럼 스며"들고, 아무도 모르게 "나무뿌리 끝 젖을 때까지 / 스미"며, 겨울잠 들었던 개구리들의 굳은 관절의 간극이 조금씩 말랑해지게 한다고 그리고 있다.

또한 「몽상가」에서는 봄비를 "발갛게 익은 바람의 지느러미 사이로 / 융단 없이도 길바닥 / 치맛자락 끌고 가는" 것으로 묘사하고, 봄비에 "버티다 떨어진 꽃잎은 / 깊어진 별의 층계 맨발로 밟아 오른다"는 비약적 환상으로 진전되고 있다.

ⅳ) 시인이 살아가는 일상의 풍경들과 길 위에서 만난 풍정風情에 대한 서정적(시적)인 서사와 특유의 언어감각으로 떠올려 보이는 묘사들은 김건희 시의 상당 부분을 차지한다. 이 일련의 시편들은 앞서 언급한 시적 특성들을 고루 나눠 거느리고 있으면서도 일상인으로서의 체취가 두루 녹아들어 있거나 스미고 번져 흐르고 있다. 하지만 이들 시

에 대해서는 기법이나 언어미학보다는 메시지에 주목해서 들여다보기로 한다.

일상인으로서의 시인은 "그늘을 밀어내자 / 그늘은 더 깊었다 // 날아오르는 그늘이 / 남은 그늘 바라보는 / 그 눈빛 애틋하다 // 안겨 오는 봄이어도 / 서늘했다"(「물꽃」)거나 "등에 진 외토움 때문에 일상은 대체로 사막 같았다"(「모래화가」)는 비애와 "집을 나와 집으로 돌아가는 / 모든 길은 / 일그러짐이거나 비틀거림"(「길, 회귀하는」)이라는 절망감絶望感에서도 자유롭지는 않다. 호숫가의 레스토랑을 끌어들인 「산따마르게리따」에서는 "발효할 빛을 기다리는 입 안에 / 데칼코마니로 밀어넣"으면서 그 산따마르게리따는 팍팍하다고 여기기도 한다.

하지만 "절망에도 이끼는 자란다"(「협곡구간」)는 발견 때문일까. "하늘도 땅도 아닌 허공을 지향하는 / 그러고 보면 버릴 것 버리지 못해 / 며칠 후면 쓸데없이 무성해지는 풀"(「과녁을 향하는 풀」)에 마음 보내며 그 반면교사로 "삼킬 줄만 아는 내 욕망의 창고에도 / 냉동감옥이 필요하지, 웃자란 허무를 가둘"(같은 시)이라는 각성에도 닿는다. 퇴락한 생가生家를 찾아서도 "하루하루 끝을 마주하고 산다는 것은, 성글어진 시인의 치아가 뚝 잘라먹은 절편 같아서, 나 움푹 허물어진 담의 자리마다 달빛 스민 돌 몇 개 끼워 놓고"(「생가 방문」) 오게 만드는가 하면

저울 눈금이 봉긋하도록
택배로 보내온 40kg 쌀자루
첫사랑이 건넨 브로치 증표 같다

<중략>

솥 안에 물 부어 쪄내는 일로
매듭 풀기 전부터 벌써 촉촉하게

내 마음엔 윤기가 흐른다

—「햅쌀 택배」 부분

고, 대단치 않은 일에도 감사하는 마음을 잊지 않는 모습을 보여준다. 40kg의 쌀자루를 저울 눈금이 봉긋하도록 넉넉하게 쌀을 담았다고 느끼는데다 아주 소중한 증표證票로 읽고 있어 자루를 풀고 밥을 짓기도 전에 마음에 윤기가 흐른다는 마음자리는 더욱 아름다워 보인다. 이 같은 마음 씀씀이는 머리핀 하나 선물을 받고 "은빛 머리핀 하나 꽂아 보는 날 / 잔잔한 울림으로 다가오는 목소리 / 반짝이는 별빛이 외우는 당신의 얼굴"(「은빛 사랑」)을 안 떠올리고 안 들을 수 있게 하겠는가.

인근 공단 매연에도
아장아장 걸어 다니는 산나리꽃
들여쉰 숨 답답할 때
발뒤꿈치에 풀벌레 소리 가두는 숲
쉰 목청으로 다가갈 때도
날마다 새롭게 지저귀는 새가 있다

—「너랑 나랑」 부분

주위에 따스한 가슴을 열고 눈길을 보내고 있는 이 시 역시 같은 맥락으로 다가온다. 공단이 뿜어내는 매연煤煙에도 피어나는 산나리꽃, 그 인근의 숲에 잦아드는 풀벌레 소리, 날마다 새롭게 지저귀는 새소리는 자연현상 그대로라기보다는 시인의 심상의 반영에 다름 아닌 것으로 읽힌다. 이 같은 따스한 가슴 열기는 한겨울의 추위도 포근하게 녹이고 있다.

추위가 풍경을 뭉개어도
새들의 몸은 문풍지처럼 가벼웠다

지난밤 갈던 먹 밀어내고 아침이면 새 먹을 간다

휘저은 당신의 갈필에서
목젖 어여쁜 새가 되고 싶은 나는
부스스한 털빛을 가다듬는다

세파에 시달려 구불거리는 소나무
껍질을 때리는 부벽준斧劈皴들
눈 내린 집 봉창에 구겨 넣는다

그림자 얼었다고 뿌리까지 언 건 아닐 거야

당신이 머물던 벼루와 연적 사이
이제 내게 남겨진 일이란
화선지 가득 고드름빛 새소리로 번지는 일

낙관 찍힐 여백의 자리는 유배 중이니
천 년 뒤에나 천천히 열릴 서랍에
당신도 나도 밀어넣는다

—「세한도에 덧칠하다」 전문

추사 김정희金正喜가 제주도에서 유배생활을 하면서 갈필渴筆과 검묵儉墨으로 그린 문인화 '세한도歲寒圖'에 화자의 심상풍경을 얹어 놓은 「세한도에 덧칠하다」는 한겨울 추위 속의 풍경에 '문풍지처럼 가벼운 새의 몸', '부스스한 달빛을 가다듬는 목젖이 어여쁜 새가 되고 싶은 나', '세한도 속의 눈 내린 집 봉창에 부벽준을 구겨 넣는 나', '투명한 고드름빛 새소리' 등을 따스하게 '덧칠'(보태기)해 그 분위기를 바꿔 놓는다.

더구나 낙관落款 찍기를 유보하긴 해도 오랜 세월 뒤에 열릴 서랍에 화자뿐 아니라 추위를 견뎠을 추사도 밀어넣기까지 하며, '세한도'에다 입체감과 질감을 부여하기 위해 부벽준 기법도 보태 놓는다. 이 '세한도'에 덧칠하기는 "그림자 얼었다고 뿌리까지 언 건 아닐 거야"라는 믿음과 유배 중인 추사를 향한 따뜻한 배려의 마음이 포개져 있지 않은가.

이 같은 시인의 마음은 "내 초록의 봄은 공중부양 / 방울방울 종종걸음"(「두 뺄의 간극」)인 경우도 없지 않지만, 「화본역에서」처럼 인각사 인근 카페에서의 '너'와 '나'의 "유배된 추억을 기린의 그림자로 읽는다"거나 "물앵두 가지가 뚝뚝 떨구는 꽃은 / 붉다, 뼛속까지"(「배웅」)라고 바라보는 심경과도 무관無關하지 않아 보인다.

v) 시인은 삶의 현장인 도회 속의 삭막하고 황량한 현실을 준열한 눈과 가슴으로 끌어안고 들여다보며, 진한 휴머니티로 감싸 안기도 한다. 사람들과 더불어 살아가면서 더 나은 공동체共同體, 더 나은 세상을 꿈꾸고 갈망하기 때문일 것이다. 그 마음자리에는 자기 절제와 겸허한 자기성찰自己省察이 바탕을 이루고 있으며, 극기克己의 의지가 부드럽지만 완강하게 자리매김하고 있는 것으로도 보인다.

"몽고반점처럼 어두워진 길로 물컹한 발자국을 떼어놓"(「무화과꽃 목걸이」)는다거나 "입술 잘근잘근 씹으며 여기까지 왔지만 / 이제 화끈거리는 꽃자리는 안으로 남겨둘 생각입니다"(같은 시)라는 대목은 겸허한 자성과 자기 절제를 시사해 준다. 「장마」에서 그리고 있듯, 현실은 결코 녹록한 곳이 아니며, 재앙으로부터도 자유로울 수는 없다.

이마까지 뜨겁던 유리의 도시가
순식간에 물에 잠겼다

힘없이 무너지는 담장 아래 우왕좌왕 개미들

속내 감추고 있던 가로등도
부풀대로 부풀어올랐다
아랫배 살찐 사내가 몽글몽글 올리는 물보라
황토이불 출렁이는 들판
허리띠 졸라 묶은 비닐하우스도
휘어지지 않으려는 몸부림이다

<중략>

분수 밖의 분수에 들어
시름겹던 도시는
안주인 듯 씹어대던 욕망을
물빨래하듯 헹구고 있다

—「장마」 부분

「장마」는 시인이 살아가는 삶의 현장에 대한 뒤틀린 단면을 적나라하게 떠올려 보이는 시다. 쏟아져 내린 장맛비가, 시인의 표현대로 "이마까지 뜨겁던 유리의 도시"의 건물과 사람들은 물론 개미들도, 가로등도, 범람하는 시내도, 들판도, 비닐하우스도 재난에 휩싸여 있다. 예기치 않은 재앙災殃이 순식간에 닥쳐 세상이 아수라장에 다름 아닌 상황에 놓인다.

그러나 시인은 이 물세례의 재앙을 인간의 탓이 부른 인재人災로 바라본다. 도시의 "분수 밖의 분수"와 사람들의 "안주인 듯 씹어대던 욕망" 때문이라며, 이 처참한 장면을 넘치던 분수分數와 욕망을 "물빨래하듯 헹구고 있다"고 질타해 마지않는다. 분수를 지키고 욕망을 자제하라는 역설적 메시지라고 봐야 할 것이다.

그렇다면, 더불어 살아가는 세상에서 시인은 어떤 마음가짐을 지니고 있는 걸까. 가지지 못한 사람들을 목도하면서 "한 줌 별꽃 성탄트리 앞에서 / 돌아갈 집이 없는 그들이 외우는 주기도문"(「포만의 칼날」)에 귀기울이고, 「도마를 연주하다」에서와 같이 무료급식을 하는 요셉의 집 도마에까지 따뜻한 마음을 포개어 놓는다. 헐벗은 사람들에 대한 연민 때문에 무료급식소의 도마에까지 "움푹 파이고도 파인 줄 모르고 살아오다 / 남겨진 물땟자국 말리고 있"다고 보는가 하면, "언제쯤 등 시리고 배고픈 사람들 / 이 동네에서 하나 둘 사라질까요"라고 안타깝게 반문反問하기도 한다.

시인의 이 같은 연민과 사랑의 휴머니티는 「살아야 하는 이유」에 절절하게 묘사돼 있다. 살아서 끝내 성性 노역 당시의 실상을 밝히지 못한 채 세상을 떠난 위안부 할머니가 "거미줄에라도 목 걸고 싶었을" 것이라며, 누구도 그 할머니의 치욕적인 악몽惡夢에 주목하지 않았다는 사실을 준열하게 비판하고 있다. 그 통탄痛歎의 심경은 그 할머니의 죽음을 목도하면서

한때 박영심 할머니의 더 깊어질 수 없는 처연한 눈물
위안소 흰 벽을 타고 흘러내린다
제 몸이 제 몸이 아닌 헛구역질
찢기고 짓밟히던 치욕이 파닥거리며 마지막 숨 몰아쉰다

숨 거두고서야 비로소 살아 있음이 밝혀지는가
할머니 비운의 숨결 곁에서
간신히 안아 품어 보는 살아야 하는 이유는
낯선 땅 이름 없는 풀꽃으로 그냥은 쓰러지고 싶지 않았다는 것

—「살아야 하는 이유」 부분

이라고 절규하듯 울분을 쏟아놓는다. 더구나 그 할머니는 살아서 그 치

욕의 한을 풀지 못한 채 죽는 순간까지도 살아야 했던 이유가 "낯선 땅 이름 없는 풀꽃으로 그냥은 쓰러지고 싶지 않았다는 것"이라고 강변한다. 오죽하면 절명 순간의 그 할머니("위안소 벽에 찰싹 달라붙어 있던 / 그 날의 거미"로 묘사)가 "핏대 솟구친 내 목에 피딩빛 노을을 수혈한다"고까지 표현했겠는가.

여기까지 김건희 시들을 주마간산격走馬看山格으로나마 일별一瞥하면서 나름의 풀이를 해 보았다. 이제 마무리로 이 시집의 표제시를 들여다보기로 하자. 표제시는 시인이 가장 앞세우고 싶은 작품이거나 시집 전체의 인상을 아우를 수 있는 경우, 아니면 마치 얼굴 처럼 표지에 앉혀 놓고 싶은 시 제목일 수도 있을 것이다.

신기루에 문짝이 밤낮없이 덜컹거리는
카페 오아시스에 앉아
캥거루를 기다리죠

눈으로 읽거나 만질 수 있다면 그건 캥거루가 아닐 수 있어요

초원 아닌 사막에서 빛보다 빠른 뜀박질
캥거루에게 배우고 싶거든요
어깨는 무겁지만 어디든 갈 수 있다고
두툼한 내 입술은 캥거루처럼 생각해요

잠들지 못해 두근거리던 심장을
호주머니에 고정시키려 했으나
반 마장쯤 밖에서 풍겨오는 새끼 냄새에
흠뻑 젖은 손은
신기루 빠져나간 아랫배를 만지죠

카페 들어온 캥거루가 입술 댄 찻잔에
피어오르는 수증기를 맛보다
위험과 안도 사이를 후루룩 들이마시는
캥거루의 두 귀, 쫑긋해지죠

바짝 마른 야자수 잎처럼
허물어지는 모래 위를 쿵쿵 뛰어다니는
나는 너의 캥거루이고 싶죠

들어 올린 오른손 뛰는 가슴을 느끼죠

—「두근두근 캥거루」 전문

이 시는 예상과는 달리 '낯설게 하기'와 '난센스'(기존의미의 무화無化)의 묘미를 증폭시켜주는 작품으로 이 시집 전체의 분위기를 집약해 보여주거나 전체적인 시 흐름과 궤를 같이하고 있다기보다는 가장 전위적前衛的인 기법이 구사되고 있는 듯한 느낌을 안겨 준다. 그렇다면 시인은 왜 굳이 이 시의 제목을 시집의 표제로 달고 있으며, 초원에서 잘 뛰는 동물의 대명사라 할 수 있는 캥거루에 '두근두근'이라는 수식까지 하고 있는지 궁금해지지 않을 수 없다. 읽는 사람에 따라서는 이 시의 의미망意味網이 너무 낯설어 어리둥절해지거나 심한 경우 읽기를 포기해 버릴는지도 모른다.

산문적 풀이를 하자면, 이 시는 처음부터 풀어서 이해하기 어려운 문장들로 시작된다. 카페 오아시스는 신기루 때문에 밤낮없이 문짝이 덜컹거리고, 화자는 그 카페에 앉아 캥거루를 기다린다. 하지만 그 캥거루는 감각과 지각의 대상도 아니다. 눈으로 읽거나 만질 수 있다면 이미 화자가 기다리는 캥거루가 아닐 수 있기 때문이다.

화자가 자리잡고 있는 공간은 멀리 있는 물체가 가까이 보이기도 하고 없는 사물이 있는 것처럼 보이기도 하는 신기루蜃氣樓가 지속적으로 이 공간을 드나드는 문을 흔들며, 화자는 그 공간에서 눈에 보이거나 만져지지 않는 대상인 캥거루를 기다리고 있는 정황 속에 놓여 있다. 그러니까 이 공간에는 착시錯視와 환상만 있을 따름이다.

게다가 캥거루는 초원에 있지만 화자는 사막에 놓여 캥거루처럼 빠른 속도로 뛰고 싶으며, 그 상황에도 어깨가 무겁지만 어디든 뛰어갈 수 있다고 생각한다. 더구나 그 생각도 머리로 하는 게 아니라 자신의 두툼한 입술로 한다는 것이다. 터무니없는 생각이 아닐 수 없다.

이 같은 문맥은 계속 이어진다. 두근거리는 심장을 호주머니에 고정시키려 하고, 멀리서 풍겨 오는 새끼 냄새에 흠뻑 젖은 손이 신기루 빠져나간 아랫배를 만지는가 하면, 캥거루가 입술 댄 찻잔을 결국 쫑긋해진 캥거루의 두 귀가 들이마시는 장면이 연출되며, 사막의 모래 위를 뛰어다니는 '나'가 '너'의 캥거루이고 싶을 뿐 아니라 오른손이 뛰는 가슴을 느낀다니 고정관념 너머의 환상이 계속 환상을 부르는 형국이 아니고 무엇일까.

'낯설게하기'와 '난센스'로 일관하는 이 시가 발산하는 매력은 기존의 질서 속에 자리잡고 있는 관념을 넘어선 세계, 낯설게 새로운 의미를 창출하는 발상과 언어미학, 카페의 공간을 낙원처럼 승화시키는 환상의 묘미에 있지 않을까 하는 생각을 해본다. (2020)

3

서정적 자아와 시적 변용
— 김종택, 김상환, 김청수, 김 석, 김찬일, 이정애의 시

ⅰ) 서정시가 오랜 세월 동안 시의 주류를 이루고 지속적으로 매력을 발산하는 건 시인들이 개성적인 감성으로 대상을 주관화하고 세계를 자아화自我化하는 시적 변용變容에 연유하는 것 같다. 세상이 어떻게 흘러가든, 세계가 어떤 모습을 하고 있든, 그 모습과 흐름을 어떻게 느끼고 생각하며 표현하는가에 따라 실제와는 다른 시의 세계가 빚어지게 마련이다. 그 주역은 바로 서정적 자아다. 이 자아는 대상(세계)를 있는 그대로 그리는 데 그치지 않고 주관적인 시각으로 자아화(내면화內面化)된 대상, 시인의 감정이 이입移入되거나 투사投射된 세계를 떠올리기 때문이다.

김종택의 「겨울나무」와 김상환의 「내매乃梅」는 각기 다른 느낌의 감정이입을 통해 자기 빛깔의 서정시를 빚어 보인다. 김종택은 꽃도 열매도 잎사귀도 모두 떠나보낸 길모퉁이의 나무에, 김상환은 떠나온 지 오래된 옛 마을에 마음 가져가 끼얹고 있으며, 그 마음자리에는 연민憐憫과 휴머니티, 그리움과 사랑, 비애 너머의 세상을 향한 꿈이 아름답게 깃들어 있다.

밤길을 걷다가
길모퉁이에 혼자 서 있는
나목裸木을 만났다

밤이 이처럼 깊도록 눕지 않고
빈 몸으로 서 있는 것이
누구를 기다리는 것 같아
다가가 눈 감고 끌어안으며 물었다
비로소 나목이 입을 연다

평생을 베풀고 살았어요
열매도 그늘도 풍경도 주고 살았어요
기다리고 기다리며 살았어요
이 겨울이 가면 봄이 또 오겠지
떠나간 그 사람도 찾아오겠지
변함없이 살았어요
봄에는 꽃 피우고 가을이면 낙엽 지우고
참고 참으며 살았어요
온갖 수모 발길질 참으며 살았어요

그래도 겨울밤이 이렇게 깊어 가면
혼자 울어요
아무도 돌아보지 않는 고독에
하루가 다르게 변하는 세상
따라갈 수 없는 슬픔에
혼자 이렇게 밤마다 울어요

다 듣고 나서 나는 이렇게 말했다
그래도 울지는 마
이 엄혹한 계절을 살면서
아프지 않은 생명 어디 있더냐
나무야 겨울나무야

—김종택의 「겨울나무」 전문

시인은 밤길에서 마주친 나목에 인격人格을 부여해 말을 주고받는다. 밤이 깊도록 길모퉁이에 홀로 빈 몸으로 서 있는 나무가 외로워 잠 못 든 채 누구를 기다린다고 여기고 있으며, 끌어안으면서 무언無言의 소통을 한다. 나무가 말할 리 없겠지만, 입이 없는 나무의 '말 없는 말'에 걸맞게 눈을 감으면서 듣는(상상하는) 겸허한 자세를 보여 준다.

시인은 나무가 사람들에게 베푸는 덕목德目들을 두루 열거하면서 오가는 사람과 계절을 오직 제자리에서 기다리고, 온갖 수모受侮와 발길질까지 참아내며 빠르게 변하는 세상에 적응하지도 못하고 홀로 소외된 채 겨울밤에는 울고 있다고 생각한다. 더구나 겨울에는 베풀 수 있는 열매도 그늘도 풍경도 없어 사람들이 떠났지만 다시 봄이 오면 찾아오기를 기다린다고 사람들보다도 마음 넉넉한 인격체로 그려 놓는다.

하지만 그 베풂과 기다림, 인내와 소외, 고난과 수모가 순전히 나무의 몫만은 아니라는 사실도 환기喚起시키면서 위무慰撫하고 위로한다. 엄혹한 계절의 아픔은 인간들의 세상이나 모든 생명체에 공통된 것이기도 하면서, 역설적으로는 겨울나무에 빗댄 자성自省의 발언이기도 한 것으로 읽힌다.

진솔하고 소박한 구문과 서사적 서정으로 일관하는 이 시는 시인이 겨울밤의 한 그루 나목을 의인화擬人化해 연민과 휴머니티를 끼얹고 일방적인 베풂과 사랑에 대해 예찬하는 것 같지만, 엄혹한 상황에서도 한결같이 수행修行하는 한 구도자求道者의 모습을 겨울나무(나목)에 비유해 표현하고 있다고 뒤집어서 읽어도 좋을 듯하다.

김상환의 「내매乃梅」는 김종택의 「겨울나무」와는 달리 마주치는 대상을 노래하지 않고 오래 전에 떠나온 대상을 노래하고 있으며, 기억 속의 풍경들을 불러와 마주치는 현실 속의 대상과 겹쳐서 애틋하고 아름답게 그려 보인다. 시적 장치도 「겨울나무」보다는 복합적이며, 내면 풍경을 떠올리는데 무게가 실려 있다.

내매를 떠나온 지 오래
오늘은 금호강변을 혼자서 걷는다
악수惡水같이 비가 내리면
그칠 줄 모르는 물의 분노와 슬픔

진주 강씨 선조가
왜란을 피해
처음 발을 들여놓았다는 마을
내매에 홍수라도 나면
집과 가축은 꽃잎처럼 물 위에 떠오른다
하지만 더는 흐르지 않는 것은
매 발을 닮은 꽃잎의 사랑 때문

물에 감긴 꽃, 물에 잠긴 물에
흰수마자가 돌아오면
비가 멎을까
한 번 가신 어머니가 웃으며 날 반길까
매화는 지고 없어도
내매와 내성천의 모래
바다는, 물총새는 내 마음의 꽃

다리 난간에 기대어
인도마저 삼켜 버린 금호강에 밤이 온다
보이지 않는 꽃이 피면
내매, 너는 매화 이전의 매화

—김상환의 「내매乃梅」 전문

고향 마을로 보이는 내매를 떠나와 현실적으로 마주치는 금호강변과 대비시키면서 출발하는 이 시는 비가 물을 퍼붓듯이 세차게 내리는 금호강변을 혼자 걸으면서 그 폭우暴雨가 "그칠 줄 모르는 물의 분노와 슬픔"으로 읽는다. 그러나 '물의 분노와 슬픔'은 현실에만 있는 건 아니다.

진주 강씨 선조가 임진왜란을 피해 처음 살기 시작한 옛 마을 내매는 주위에 흐르는 내성천乃城川과 명당자리로 꼽히는 매화낙지梅花落池의 앞 글자를 따서 지은 지명이지만, 홍수洪水가 나면 "집과 가축은 꽃잎처럼 물 위에 떠오"르던 곳이고, 지금은 영주댐에 수몰돼 버려 산중턱으로 옮겨져 작아진 마을이 흩어져 앉아 있는 형국이다.

시인은 그 명당자리인 내매가 안정을 유지하는 건 "매 발을 닮은 꽃잎의 사랑 때문"이라고 여기고 있으며, 가버린 지난날의 그곳을 "물에 감긴 꽃"이라고 예찬하면서 물에 잠긴 그 물에 이젠 거의 자취를 감춰 버린 희귀종 물고기 '흰수마자'가 돌아오면 '물의 분노와 슬픔'도 멎고 "한 번 가신 어머니가 웃으며 날 반길까"라는 생각에 미치기도 한다.

게다가 옛날의 그 매화는 "물에 감긴 꽃"으로, 지고 없어도 그 마을의 기억엔 내성천의 모래 바다와 물총새가 '마음의 꽃'으로 아름답게 자리매김해 있다. 그래서 시인은 고향 마을을 향한 연민과 사랑으로 금호강 물이 범람하는 와중의 밤에 다리 난간에 기대어 서서 보이지 않는 꽃을 그리워하며, "내매, 너는 매화 이전의 매화"라고 칭송해 마지않는다. 이 같은 시인의 그리움과 연민, 고향 사랑의 정서에는 그곳에 살던 사람들에 대한 휴머니티가 녹아들어 있다고 봐야 할 것이다.

ⅱ) 김청수의 「바람의 손을 잡고」와 김 석의 「버려지는 것들」은 또 다른 관점으로 들여다보게 한다. 「바람의 손을 잡고」는 태풍 전야의 비 내리는 밤 풍경에 상실감喪失感과 시 쓰기의 고뇌를 덧댄 공포스러운 내면 풍경을 포개어 보여주며, 「버려지는 것들」은 사실과 진실이 결자해지結者解之를 하지 않고 방치되면 폐기되며 잊힐 수밖에 없는 세태를 완곡하게 풍자諷刺하고 있다. 이 두 편의 시는 어떤 풍경을 그리고 있든 오늘의 현실과 무관하지 않다는 점에서도 눈길을 끈다.

어둠이 비에 젖는 시간
양귀비꽃 등불을 환하게 내걸고
붉은 입술은 바람 앞에 파르르 떨리고 있었다

태풍 전야,
하이선이 온다는 소식에 디아크 잔디 광장,
당당의 거만으로 서 있던 조각상들
조심스레 하나둘 밧줄로 묶고 말뚝을 박는다

그 헐렁한 강물의 가랑이 사이로
손바닥을 강물에 씻고 돌아온 날 밤
유리창에 내 가난한 시詩를 슬픔이 눈물처럼 매달려서
창문을 두드리고 있었다
대추나무는 밤새,
가슴에 품고 있던 새끼들을 하나둘 떨구고

빗속에서
바람의 손을 잡고 떠나간 사람은
강산은 몇 번이나 바뀌었지만,
지금도 눈에 아른거린다.

—김청수의 「바람의 손을 잡고」 전문

시인은 빗속의 어둠과 그 어둠과는 대조적으로 환한 사물(양귀비꽃)을 동시에 바라보면서 태풍이 몰려오기 직전의 스산하고 공포스러운 분위기를 떠올려 보이고 있다. 이 공포의 시간은 어둠이 비에 젖는 시간이며, 그 어둠을 밝히는 등불을 환하게 내건 양귀비꽃의 붉은 입술(꽃잎)이 바람(질풍疾風) 앞에 떨고 있는 시간이다.

더구나 시야를 넓혀 조각상(조형물)들이 “당당의 거만”으로 서 있는 디아크 잔디 광장 풍경도 하이선 태풍 소식에 분주해지는 광경을 끌어들이고 있다. 조형물의 ‘당당한 거만’마저 무색해질 정도로 말뚝을 박아 밧줄로 묶이게 되며, 광장 앞의 강물도 헐렁해질 수밖에 없어져 버린다.

시인은 그 폭풍 전야에 강물에 손바닥을 씻고 그 강물의 헐렁한 가랑이 사이로 귀가歸家해 유리창을 바라보니 자신의 ‘가난한 시’를 슬픔이 눈물처럼 매달린 채 그 창문을 두드린다는 것은 비감悲感에 빠져들 뿐 아니라 창밖의 대추나무가 밤새 열매를 떨어져 내리는 모습도 목도하고 있다. 여기까지는 태풍 이전의 상황이다.

하지만 태풍은 참혹한 비애를 안겨 준다. 시인은 마지막 연에서 폭우를 동반한 태풍에 실종失踪된 사람들을 지레 떠올리며 공포감에 빠진다. 그 사람들을 “빗속에서 / 바람의 손을 잡고 떠나”갔다고 묘사하지만, 오랜 세월이 흘러도 잊히지 않는다고 표현하고 있다. 이쯤이면 바람과는 절대 손을 잡지 말아야 할 일이지 않은가. 부드러운 서정적 언어로 표현된 이 시는 태풍의 참극慘劇 묘사에 동원된 수사보다는 강력한 메시지를 시사示唆하는 경우로 볼 수 있다.

냉장고 문 열리고
얼어붙은 잔설 같은 흰 성에 사이
검은 비닐봉지 눈에 띈다

과거를 풀 수 있는 유일한 단서는, 누가
언제 넣었는지도, 모른 채 냉동 상태
들어갈 때 열리고 처음으로 열리는
검은 봉지의 속처럼 차갑다

검은 얼음덩이로 한통속이 되어
떼어내도 떨어지지 않는 그 속은
하얀지 검은지 알 수도 없는
먹다 만 개고기인지, 소고기인지, 족발인지

모른다는 이유로 버려졌다

모르는 것들
유효 기간이 지나도
눈에 띄지 않으면
기억에서 지워지는 것처럼

뉴스 속 송곳의 끝처럼 뾰족한 말도
새롭지도 새로울 것도 없는
새까만 거짓말이라며
모른다, 라는 까만 비닐봉지 속에 냉동된 채

모른다는 이유로 지워졌다, 하얗게

—김 석의 「버려지는 것들」 전문

냉장고에 냉동冷凍된 채 오래 방치된 검은 비닐봉지의 내용물이 무엇인지 알 수 없어 버리지 않을 수 없었다는 이야기를 풀어 쓴 이 시는 기억의 소중함과 결자해지라는 덕목을 일깨우고 돌아보게드 한다.

시인은 검은 비닐봉지에 누가 무엇을 넣어 냉동했는지 모르는 것과 "유효 기간이 지나도 / 눈에 띄지 않으면 / 기억에서 지워지는 것"을 같은 선상에 놓고 "검은 얼음덩이로 한통속"이라고 바라보는가 하면, 모른다는 이유 때문에 지워지는 세태를 빗대어 풍자하고 있기도 하다.

뉴스 속의 날카로운 말도 "새롭지도 새로울 것도 없는 / 새까만 거짓말이라며 / 모른다, 라는 까만 비닐봉지 속에 냉동된 채" 방치된다면 결국 지워지고 검은색과는 정반대로 하얗게 잊힐 수밖에 없다고 냉소冷笑하는 풍자가 번득이는 기지도 동반되고 있는 시로 읽힌다.

iii) 김찬일의 「고흐의 해바라기」와 이정애의 「내 작은 창으로 아침이 오면」은 미술(그림)이나 음악과 연계된 시들이다. 「고흐의 해바라기」는 화가 고흐의 대표작으로 꼽히는 그림 「해바라기」를 부각시키면서 그의 생애生涯까지 축약해 그리고 있으며, 「내 작은 창으로 아침이 오면」은 아침의 장미꽃, 석류꽃, 햇살 등의 이미지와 함께 작곡가 드보르작의 '신세계 교향곡 제2악장 '라르고'를 끌어들이고 있다.

해바라기는 고흐의 꽃이다.
고흐는 노란 집에서 노란 해바라기를 그렸다.
햇살의 뜨거운 색채로, 가슴을 쥐어뜯으면서 해바라기를 그렸다.
자기의 마음에서 물결치는 노란색. 이곳에서가 아니고 저 위에
더 많은 색과 햇빛을 보기 위해, 거기에 영혼이 있었다.
고흐는 그를 그리고 싶었다.
그는 자신의 말만으로 죽어 가는 사람들을
죽지 않는 하나님의 아들로 만들었다.
오직 그만이 영생을 자신했고, 죽음의 무의미,
죄의 심판을 용서하는 사랑과 복음을 노래했다.
허공에서 명멸하는 노란빛 면류관을 쓴

그리스도의 환상을 볼 적마다.
마음에 타오르는 불과 살아 있는 어떤 것이
사랑으로 바뀌기도 했지만
그림을 다 그리고 나면, 그림도 한낱 꿈이었음이
물음의 영원한 답이 되었다.
해바라기 그림은 영혼의 꽃이지만, 말씀을 그릴 수는 없었다.
고흐는 자신의 귀를 잘랐다. 그의 말씀은 귀로 듣는 것이 아니었기에.
그리고 1890년 7월 27일 879점의 그림을 남기고 권총으로 자살했다.
밤하늘에 활짝 피는 밤의 해바라기, 별을 향해 걸어가기 위해서.
—김찬일의 「고흐의 해바라기」 전문

시인은 해바라기를 고흐의 꽃이라고 규정하면서 그 노란 그림을 노란 집에서 자신의 영혼과 햇살의 색채로 가슴 쥐어뜯으며 그렸다고 보고 있다. 그뿐 아니라 죽어 가는 사람들을 죽지 않는 하나님(하느님)의 아들로 만들고 영생永生과 사랑과 복음福音을 노래한 예수 그리스도를 그리고 싶어했다고 한다.

하지만 노란빛 면류관冕旒冠을 쓴 그리스도의 환상을 볼 적마다 마음의 불과 생명력이 사랑으로 바뀌기도 했으나 해바라기 그림도 한낱 꿈이었으며, 영혼의 꽃이면서도 그리스도의 말씀을 그릴 수는 없었기 때문에 자신의 귀를 잘랐다고도 한다. 또한 고흐가 남긴 그림 수와 밤의 해바라기인 별을 향해 걸어가기 위해 자살해 버린 날까지 밝히고 있다.

「고흐의 해바라기」를 시보다 더욱 축약해 산문으로 풀이해 보았지만, 뜨거운 영혼과 비운悲運의 한 화가의 대표작 한 점을 중심으로 그린 유장한 서사敍事가 시인의 심상풍경과 겹쳐져서 다가오기도 한다.

푸른 감나무 잎 사이로
붉은 장미꽃 얼핏얼핏 보이는 것은

내 사랑들의 웃음이 찾아온 것 같고

석류꽃이 기상나팔을 불며
선잠 깨우려 하면
라디오에서 물밀 듯 밀려오는 바이올린 소리
'드보르작'의 라르고 시가 노래 되어
나무들과 춤춘다

먼 여행길 떠났다
쉼터로 돌아온 듯
내 작은 창으로 아침이 오면
찬란하게 비춰 오는 햇살

저 높은 하늘의 배려가
보이지 않는 곳에서
보게 되는 감사로 이어진다.

—이정애의 「내 작은 창으로 아침이 오면」 전문

이른 아침 풍경을 감사하는 마음으로 그린 이 시에서 시인은 장미꽃은 "내 사랑들의 웃음"이고, 석류꽃은 기상起床나팔을 부는가 하면, 라디오 방송으로 듣는 드보르작의 '신세계 교향곡' 제2악장 '라르고'의 바이올린 소리가 시(→ 노래)로 바뀌어 나무들과 함께 춤춘다는 환상에 젖는다.

이 환상은 감나무 잎들 사이로 얼핏 보이는 장미꽃이 '사랑의 웃음'으로 찾아오고, 나팔 형상의 석류꽃이 선잠을 깨우려 하면 이미 '라르고'의 바이올린 선율과 노래가 된 시가 나무와 함께 율동律動하는 장면으로 이어진다. 이때 화자는 여전히 실내에서 비몽사몽 작은 창에 눈길을 주면서 그 창으로 아침이 온다고 생각한다. 이어 창에 찬란하게 비치는 아침 햇살이 먼 여행길에서 쉼터로 돌아오는 '하늘의 배려'로 여기면서 그 높은 하늘이 내리는 배려가 "보이지 않는 곳에서 / 보게 되는 감사"로 그려지고 있다.

이 시에서 지상地上의 장미꽃은 사랑을 기쁨을 안겨 주고, 석류꽃은 의식을 일깨우며, 바이올린의 선율은 시와 노래를 불러일으키면서 언제나 제자리에 서 있는 나무와 함께하는 마음의 등작(춤)을 부추긴다. 그러나 이 지상에서의 사랑과 그 기쁨, 노래(시)와 춤, 안식까지도 높은 하늘(천상天上)에서 비춰 주는 '찬란한 햇살'과 하늘이 내려 주는 그 '배려' 때문이라고 겸허하게 높은 하늘에 감사하는 시인의 마음자리가 아름답다.

《대구문학》 2021. 1

복고적 서정과 현대적 서정
— 서지월, 황인동, 김숙이, 박숙이, 강해림, 김주완의 시

i) 가톨릭교회에서는 미사의 성찬聖餐 전례 때 축성祝聖된 제병(밀떡)과 포도주를 받아먹는다. 가시적으로는 일정한 자격이 있는 신자들에게만 주어지는 밀떡과 포도주(대개 생략)지만, 현존하는 예수 그리스도의 몸과 피를 상징한다. 이 성체聖體성사는 자비의 성사이며 일치를 표징하고, 사랑의 끈인 동시에 그리스도를 받아 모시어 마음을 은총으로 채우며 미래 영광의 보증을 받는 파스카(유월절踰越節) 잔치다.

서지월의 시 「서풍부西風賦」는 가톨릭교회의 성체성사를 염두에 두고 있는 것 같지는 않지만, 마치 몸과 피를 베풀어 나누는 의식을 토속적인 서정의 언어 행진으로 펼쳐 보인다. 이 시의 화자는 '홍시'이고, 상대는 '박새'다. 베풀고 나누는 주체와 이를 받아들이는 객체의 관계를 통해, 또한 그 반전反轉을 통해, 기실은 '사랑'에의 희구希求를 간절한 마음으로 노래하고 있다.

당신은 박새 나는 홍시
배고프면 오세요
시장기 돌면 오세요
그냥 심심해도 오세요
사랑하면 더욱 좋아요
내 살점 기꺼이 바치리다
석양이 물들면 내 한 생도 저물고 말아
한 여인의 입술에 닿는 촉감처럼
햇빛과 바람에 달구어진 이 한 몸
그대에게 바치리다
저 멀리 새털구름 떠가고
서리까마귀 날아들어 납치해 가기 전
당신이 와서 나를 사랑해 주세요
열 번을 속삭여도 지겹지 않은
사랑 사랑 내 사랑
문드러져도 내 사랑
발병 나서 못 오시나요
몸살 나서 못 오시나요
당신이 아니 오시면
당신이 오실 때까지
나는 나는 그네를 타리라
바람 부는 서녘으로 몸 돌려
늴리리야 늴리리야
그네를 타리라

—서지월의 「서풍부西風賦」 전문

이 시의 화자인 '홍시'는 기다림의 대상인 '박새'를 간절하게 기다린다. 그것도 배고프거나 시장기 들고, 심심해도 오라고 한다. 하지만 이

같이 사랑하지 않더라도 오라고 하면서 사랑하면 더욱 좋다는 단서를 붙여 놓지만, 박새를 향해서는 "내 살점 기꺼이 바치리다"는 절대적(자기희생적) 사랑을 암시하기도 한다.

더구나 화자가 베풀 수 있는 사랑은 "한 여인의 입술에 닿는 촉감처럼 / 햇빛과 바람에 달구어진 이 한 몸"이라 "석양이 물들면 내 한 생도 저물고" 마는 유한有限의 존재(사랑)이다. 그래서 자신의 몸을 베풀고 싶지 않은 서리까마귀가 납치(강탈)하기 전에 "당신(박새)이 와서 나를 사랑해" 달라고 애원하는가 하면, "발병 나서 못 오시나요 / 몸살 나서 못 오시나요"라고 안달해 마지않는다.

게다가 박새가 오기만 한다면 그때까지는 "바람 부는 서녘으로 몸 돌려 / 닐리리야 닐리리야 / 그네를 타리라"고 즐겁게 춤추고 노래하며 감나무 가지에 매달려 흔들리고 있겠다는 결기決起까지 내비친다. 이는 오로지 '홍시의 박새 사랑' 타령이며, '시인이 기다리는 한 사람을 향한 사랑' 타령에 다름 아닌 것으로 읽히게 한다.

이 시는 다분히 복고적이고 향토적인 정서에 맥을 대면서 질박하고 진솔한 감각적 언어와 전통적인 서정, 순탄한 구어체 구문이 구사되고 있어 친근하게 읽히면서도 현대인들에게는 잊히고 있는 토속적인 정서를 환기한다고도 할 수 있다. 서지월다운 서정시의 한 보기라는 생각도 들게 한다.

한편 서지월의 「서풍부西風賦」보다도 소박하고 진솔한 구문으로 순탄한 향토적 서정을 노래한 경우로는 황인동의 「벌초를 하며」를 들 수 있다. 아버지 산소의 벌초를 하면서 교차하는 회한悔恨과 결의를 꾸밈없이 드러내 보이는 이 시는 현란한 수사나 고도의 문학적 장치(기법)를 비켜서 있으면서도 진정성이 담보돼 있어 지나쳐보지 않게 한다.

아버지,

차로 오면 한 시간 남짓 지척인 것을
산에게만 맡겨 놓고
잡초가 진을 치도록 내버려 두었습니다
아카시가 주인이 되도록 방치했습니다
오늘에사 술 한잔 올리며
아버지 머리 깎아 드리고
멧돼지의 입김도 닦아내고나니 제 마음이 환해집니다
살아생전 산을 좋아하시고
나무처럼 살라 일러 주시던 말씀 새기며
나무처럼 향기롭게
그리고 곧은 결로 살아가려고 애씁니다
내년엔 아들놈도 함께 오겠습니다
나도 아버지처럼 아들에게 이르겠습니다
나무처럼 그렇게 곧고 무성하라고

—황인동의 「벌초를 하며」 전문

아버지 산소와 시인이 기거하는 곳은 자동차로 한 시간 남짓한 시간이 소요되는 거리지만 벌초 때만 오는 심경을 산에게만(이 때 산은 사람처럼 인격이 부여돼 있음) 맡겨 놓았다는 자책감自責感을 “잡초가 진을 치도록 내버려” 두고 아카시(‘아카시아’의 사투리)가 주인이 되도록 방치했다고 토로하고 있다. 그 평소의 무심無心은 벌초를 하면서 그나마 위안으로 바뀌기도 한다. 산소 벌초를 아버지에게 이발을 하고 멧돼지의 입김도 닦아낸다는 정성(효심孝心)을 기울였기 때문에 마음도 환해질 수 있었을 것이다.

이 시의 진정성은 산을 좋아하고 나무처럼 살아가라는 아버지의 가르침을 되새기며 나무처럼 향기롭고 곧은 결로 무성하게 살아가려 순명順命하고 있다는 대목에서도 두드러진다. 그뿐 아니라 자신의 아들에게도 그 교훈을 주지시키겠다고 다짐하고 있어 시인의 아버지를 받드는 효성을 엿보게도 한다.

ii) 우리말의 묘미妙味와 그 정서를 여성 특유의 감성感性으로 형상화한 김숙이의 「지지름돌」과 역시 그런 감성으로 구부러진 길모퉁이의 햇살에 맑은 마음을 끼얹은 박숙이의 「길모퉁이」는 전통 서정시의 정제된 아름다움과 미묘한 시적 뉘앙스를 개성적인 감각으로 떠올려 보인다.

곰취잎 한 줌 포개
맛간장 즈려 부어
모오리돌 지질러 눌러 주자 숨 들어갔다

달포 다짐해 놓고
돌 아래 살폈더니
깊은 맛이 배었다

성미 팔팔한 나
지긋하게 잡아 주던 사람
덕분에 함부로 달뜨지 않게 되었다
그이는 지지름돌

—김숙이의 「지지름돌」 전문

곰취잎 장아찌를 만드는 과정에서 그 소도구들에 예사롭지 않은 마음눈을 보내면서 자기성찰自己省察로 그 눈을 돌리고 있는 이 시의 서정적 자아는 신선하고 겸허한 아름다움에 닿아 있다. 특히 '지지름돌', '모오리돌', '달포'와 같은 순수 우리말 명사나 '즈려', '지질러', '숨 들어가다', '다짐하다', '팔팔한', '지긋하게', '달뜨지' 등의 섬세한 감각적 수식어들이 환기喚起하는 분위기가 이 시의 묘미를 한결 두드러지게 한다.

곰취잎들을 포갠 다발을 굳이 "한 줌"이라고 표현한다든가 맛간장으로 절이는 걸 "즈려 부어"라고 하며, 모나지 않고 둥글둥글한 모오리돌로 "지질려 눌러"서 곰취잎들이 "숨 들어갔다"고 느끼는 시인의 감성은 예민하고 신선한 데다, 달포 뒤의 맛간장에 다짐이 된 곰취들에서 깊은 맛(간장맛)이 배어난다는 묘사도 감칠맛을 북돋워 준다.

특히 마지막 연은 '화자'(자신)와 '그이'를 대비하면서 자기성찰과 깨달음으로 전이轉移되는 반전을 꾀하고 있어 주목된다. 성미가 팔팔한 '나'가 지긋한 '그이' 때문에 그런 성격에도 "달뜨지 않게" 된 걸 마치 '곰취'를 맛간장에 절여 무겁게 지지르는 '지지름돌'의 관계로 바라보면서 '나=곰취', '그이=지지름돌'로 환치해 놓는 기지機智가 반짝인다.

박숙이의 「길모퉁이」는 한 길모퉁이에 시인의 감정을 이입移入해 다시 시인의 감정으로 되돌려 바라보는 재치가 돋보인다. 우기雨期의 구부러진 길의 젖고 꺾인 모퉁이를 의인화擬人化해 바라보기도 하는 이 시는 짧고 단조로운 구문 속에 기지가 들어찬 시적 묘미를 발산한다.

> 오래 비에 젖은 모퉁이에게
> 절로 꺾이어져 힘겨워 보이는 모퉁이에게
> 구부러진 길
> 도저히 허리 펼 수가 없는 한 모퉁이에게
>
> 햇살이 마치 무슨 합격 소식처럼 쨍하고 나타났다
>
> 얼마나 반갑던지
>
> —박숙이의 「길모퉁이」 전문

시인이 바라보는 길모퉁이는 오래 비에 젖고 절로 꺾여 힘겨우며 허리가 접질러진 한 모퉁이다. 이 때문에 그 모퉁이에 시인의 연민이 각별하게 가 닿을 뿐 아니라 인격人格이 부여된 대상으로도 바라보이게 하는 것 같다. 하찮은 길모퉁이가 그렇게 여겨지게 되는 건 순전히 시인의 마음자리와 마음눈 때문임은 말할 나위가 없을 것이다.

그런 길모퉁이에 애틋한 마음을 끼얹는 배경은 시인의 소외된 것에 대한 연민과 사랑의 추동력이며, 그 덕목은 오롯이 시인의 몫이라는 사실을 시사示唆한다. 게다가 "햇살이 마치 무슨 합격 소식처럼 쨍하고 나타났다"고 하는 대목이 말해 주듯, 오랜만의 쨍한 햇살이 힘겹게 절로 꺾이고 젖으며 허리를 펼 수도 없이 참으며 예비해 온 시험을 통과한 '합격 소식'에 비유되기까지 한다. "얼마나 반갑던지"라는 마지막 행(연)은 햇살에 보내는 시인의 마음자리 그 자체가 아닐 수 없다.

iii) 강해림의 「기생」과 김주완의 「그녀라는 도시」는 앞의 시들과는 사뭇 다른 지향志向을 보이는 작품들이다. 전통적인 순수서정시와 동떨어져 있다고 할 수는 없지만, 시가 운문韻文이라는 경계를 분방하게 넘나들 뿐 아니라 서사적敍事的인 구문들이 거침없이 구사된다. 현대 문명사회의 그늘이나 그 비감悲感을 자기 비판적 시각으로 표출하는 점도 앞의 시들과는 확연하게 차별화된다.

나는 왜 살까
남에게 빌붙어 피나 빨아먹으면서

기생도 기생 나름이라
웃음을 팔지언정 순정을 팔진 않았는데

남의 배 속에 낳은 알들이
종양처럼 자라

생살을 뚫고 나오는 끔찍한 고통을 아무 죄의식 없이 바라보는
나는 누구의 악몽일까

생겨 먹기를 몸의 대부분이 생식기라, 오로지 번식을 위해
번식의 도구를 자처한
나의 사랑은
축복일까
재앙일까

뻐꾸기란 놈은 남의 둥지에 알을 낳는데, 알에서 깨어난 놈이 눈도 뜨기 전에 맨 처음 하는 일이 살생이라는데

그토록 찬란했던 너라는 문명도 속수무책으로 이 지구상에서 사라져 갔지 산 사람의 심장을 꺼내고 목을 잘라 해와 달의 신전에 바치고 기원했건만, 나라는 질병 때문에

나를 열람하기만 해도
온몸이 가려워
미치고 폴짝 뛰다 물속에 뛰어들어 좀비로 만들어 버리는
나는 누구의 표절이며
혹은, 위작일까

생각만 해도
더럽고
재수 없는

—강혜림의 「기생」 전문

"나는 왜 살까"라는 물음으로 시작되는 이 시는 남에게 손해를 끼치

면서 이익을 얻어 사는 '기생寄生'과 잔치나 술자리에서 춤과 풍류로 흥을 돋우는 '기생妓生'의 의미를 중첩시키면서 자신의 삶에 대해 성찰하는 화두話頭를 던진다. 그러나 그 두 부류의 삶에 눈길을 주며 '내'가 남에 빌붙어 피를 빨아먹는지, 웃음을 팔더라도 순정을 팔지는 않았는지, 들여다보면서 순정을 팔지는 않았다는 데 무게를 실어 놓는다.

하지만 그럼에도 불구하고 숙주宿主의 생살을 뚫고 나오는 종양처럼 고통을 아무 죄의식 없이 바라보는 "나는 누구의 악몽일까"라고 자책하면서, '나=누구의 악몽'이라는 등식으로 자의는 아니라는 심증에 마음을 가져가면서도 회의懷疑를 벗어나지는 못한다. 이 회의는 "번식의 도구를 자처한 / 나의 사랑은 / 축복일까 / 재앙일까"라는 대목에서 제시되듯, 그 심경이 '축복'과 '재앙'이라는 두 극단으로 길항拮抗한다.

그런가 하면, 이 회의는 뻐꾸기 둥지로 옮아가면서 부화한 뻐꾸기 새끼가 눈도 뜨기 전에 살생殺生부터 한다는 사실과 찬란한 문명도 속수무책으로 숙주를 통해 지구촌에 창궐하는 질병(바이러스)으로도 진전된다. 또 급기야는 "나를 열람하기만 해도 / 온몸이 가려워 / 미치고 폴짝 뛰다 물속에 뛰어들어 좀비로 만들어 버리는 / 나는 누구의 표절이며 / 혹은, 위작일까"라고 절규絶叫하기에 이른다.

시인은 이같이 비루하고 참담한 정황 속에서 "더럽고 / 재수 없는" '좀비'에다 '누구의 표절이나 위작僞作'이라는 자학自虐까지 하게 되지만, 지 지독한 자기비하는 그런 정황을 벗어나거나 뛰어넘고 싶다는 열망의 역설로 읽게 하기도 한다.

김주완의 「그녀라는 도시」는 시인이 살아가는 '도시'를 '그녀'로 바짝 가까이 끌어당겨 내면풍경(심상풍경)을 투영하고 투사한다.

도시의 입구에서 출발하여 이제는 출구까지 왔어

길을 잃은 적 있네
담장 위로 늘어진 장미 봉오리에 홀린 때가 있었네
나는 온전히 넝쿨 속에 들어가
가시에 찔려 요절하고 싶었네
향기 나는 장밋빛 피를 흘리고 싶었네

이념의 봉사자가 된 나는 도시를 원망했네 도시에 살면서 도시를 가질 수 없는 처지를 비관했네 처음부터 나는 도시의 배경을 모르고 도시를 소유한 도시의 지배자를 외면했네 사람들은 가지려 하고 가진 자는 놓지 않으려 하는데

선거에서 나는 한 번도 여당을 찍은 적이 없어
도시의 어떤 건물도 가진 적이 없기에

나는 어둠 속에서 피 끓는 아나키스트가 되고 있었지

도시엔 자주 미세먼지가 몰려오고 출신을 알게 된 나는 마침내 이 도시에서 죽기로 했네 호스피스 병동도 중환자실도 아닌 뒷골목에서 객사하기로 했네 '나는 여기 살았다'는 육필 묘비명을 담벼락에 힘겹게 쓰고 있네 아무도 보지 않을 것을 알면서 몽당연필로 쓰네

그런데 오늘
일몰은 참 곱네
이보다 더 아름다운 색깔이 세상에는 없을 것이네

나를 거두는 그녀에게 나는 지금 감사해야 하네

—김주완의 「그녀라는 도시」

“도시의 입구에서 출발하여 이제는 출구까지 왔어”라는 첫 행이자 첫 연이 말해 주듯이, 화자(시인)는 도시에서(그녀와) 살면서 그만 살 때까지 이르렀다고 시사한다. 도시에서의 그 삶은 길을 잃을 때도, 장미 봉오리에 홀릴 때도, 담장의 장미 넝쿨 속에서 가시에 찔려 요절하고 싶을 때도, 장밋빛 피를 흘리고 싶을 때도 있었던 다사다난多事多難한 삶이었다.

이념 봉사자로 도시에서(그녀와 더불어) 살면서 원망하고, 가질 수 없어 비관했으며, 그 배경을 모르고 지배자를 외면했을 뿐 아니라 여당 쪽이 아니라 국외자局外者로 가진 것 없이 “어둠 속에서 피 끓는 아나키스트(무정부주의자)가 되고 있”기도 했다.

이제 출구 가까이에서는 출신 성분을 아는 미세먼지 때문에 죽거나 뒷골목에서 객사하려 하면서 몽당연필로 ‘나는 여기 살았다’고 아무도 보지 않을 육필 묘비명을 담벼락에 힘겹게 쓰기도 한다. 하지만 이 비관과 자학은 후반부에 이르러 “그런데 오늘 / 일몰은 참 곱네 / 이보다 더 아름다운 색깔이 세상에는 없을 것이네”라는 반전을 하고 있는가 하면, 마지막 연(행)에서는 “나를 거두는 그녀에게 나는 지금 감사해야 하네”라고 다사다난했던 입구에서 출구까지의 지난날에 대해 ‘회한’이나 ‘원망’이 아닌 ‘감사感謝’로 뒤집어 놓고 있다.

강해림의 「기생」과는 다소 다른 빛깔을 띠고 있지만, 이 시 역시 궁극적으로는 부정의 반전을 통한 긍정의 세계로 승화시키는 역설의 미학을 보여준다고 할 수 있을 것 같다.

《대구문학》 2020. 12

화해와 나눔, 연민과 무상, 환상과 초현실
— 김병해, 박윤배, 김상윤, 박상옥, 방종헌, 이재하, 정 숙, 이인주의 시

ⅰ) 우리의 삶은 어떤 유형이든 상처에서 자유롭기 어렵다. 인간관계는 상처를 주고받는 관계가 되기 십상이기 때문이다. 그래서 선현先賢들은 용서와 화해를 삶의 바람직한 덕목이라고 가르쳐 왔을 것이다. 용서와 화해는 자신의 처지에서 상대방을 바라보거나 객관적인 기준으로 상대를 파악하지 않고 상대방의 처지에서 생각하는 데서 출발해야 이루어진다.

달라이 라마는 '용서하는 사람들은 자신이 받은 상처나 피해를 긍정적으로 이겨 내어 자존감自存感을 회복'한다고 했다. 하지만 상처 준 사람을 향한 미움과 원망의 마음에서 스스로를 놓아 주는 일이 그리 쉽지는 않다. 쉽지 않다기보다 어렵다고 할 수 있다.

김병해의 「중이염」은 신생아 때 어머니의 실수로 한쪽 귀에 물이 들어가 심한 중이염中耳炎을 앓은 뒤 청력聽力을 잃고 살아가는 이야기를 담은 시다. 어머니는 평생 죄罪지은 것처럼 살았겠지만, 시인은 "외려 숨은 큰 가르침 주신 것을 / 여지껏 살다 보며 깨닫는다"고 자신의 처지에 순응하며, 어머니에 대한 원망은커녕 되레 "숨은 큰 가르침"을 주었다고 뒤집어 말하고 있다. 이쯤 되면 용서와 화해의 차원을 넘어선 관용이 아닐 수 없다. 이 같은 뒤집어 생각하기는 가히 점입가경漸入佳境이다.

세상 밖 어지러운 소리
딱 반만큼만 들으라는,
말 가려 뱉으라는 하나뿐인 입과도
개수를 맞추신 걸
바깥 향해 오른쪽으로만 열려진 귀
그런 의미에서 내내 정통 우익이고
상대 소리 왼편에 늘상 앉는 탓에
철저하게 골수 좌파이다

—김병해의 「중이염」 부분

시인은 어머니의 실수로 청력을 잃은 왼쪽 귀에 대해 세상 밖(세상)의 어지러운 소리를 "딱 반만큼만 들으라"는 가르침으로, 또한 말을 함부로 하지 말라고 하나뿐인 입과도 숫자를 맞춘 것으로 받아들이고(깨닫고) 있다. 시선을 외부로 돌리면서는 오른쪽 귀만 밝기 때문에 "정통 우익右翼"이고, 왼쪽 귀가 들리지 않아 늘 상대의 왼쪽에 앉아야 하므로 "골수 좌파左派"라고 한다.

자조적自嘲的인 듯, 그렇지 않아 보이는 이 발언은 세상살이의 어지러움과 그 극복을 향한 완곡한 메시지로 보인다. 세상의 어지러운 일에 대해 비판적인 시각을 보이면서도 취할 부분만 취하고 꼭 해야 할 말만 진중하게 하겠다는 뉘앙스를 묻히고 있으며, 좌우익 어느 쪽에 서기보다 바른길(중용)로만 가겠다는 결기를 내비친다고도 볼 수 있다. 아름다운 심성과 이를 드러내 보이는 재치가 돋보인다.

용서와 화해 너머에는 나눔과 베풂이라는 덕목이 자리매김하고 있으며, 이 덕목은 이타주의利他主義로 귀결되게 마련이다. 박윤배의 「가창천 둑길」은 그런 의미에서만도 주목된다. 한 운전기사의 과욕過慾과 절망, 고달픈 삶의 모습을 연민憐憫의 시선으로 떠올리는 이 시는 소시민의 부푼 꿈과 좌절, 다시 힘겹게 살아갈 수밖에 없는 일상의 고달픔을 은근한 휴머니티로 감싸 안는다. 지나쳐 볼 수 있는 일상사에서 시인의 이타주의가 녹아든 시선과 특유의 시적 의장으로 형상화하고 있어 더욱 눈길을 끈다.

> 백 일간 손끝 모아 피운 꽃도 끝물인
> 둑길 배롱나무 아래
> 과욕이 저지른 절망에는
> 어떤 말도 필요가 없다는 듯
> 경마장 마권 잘게잘게 찢겨 있다
> 잔뜩 걸었던 기대가 한꺼번에 허물어진 자리
> 꽃도 냇물도 흘러가는, 하필 그 자리
> 택시기사 한 분, 다시 무거운
> 바퀴를 굴리러 간다
> 얼굴은 흙빛, 별 뜨지 않는 밤
> 팔조령 비탈을 내려온 물빛도 흙빛
> 오늘의 사납금이 걱정이다
>
> —박윤배의 「가창천 둑길」 전문

이 시는 시인이 늘 마주치며 살아가는 가창천 둑길을 배경으로 흔히 볼 수 있는 소시민의 애환哀歡을 부각시킨다. 행운을 잔뜩 기대하며 경마장 마권馬券을 샀다가 기대가 빗나간 택시기사 이야기지만, 시인이 투영해 보이는 마음자리가 아름답다. 비록 그 행위가 사행邪行에 연유한다고 하더라도 그런 과욕까지도 소시민이 가질 수 있는 꿈으로 여기는 건 어렵게 살아가고 있는 사람에 대한 연민 때문으로 읽힌다.

백 일 동안 핀다는 배롱꽃과 마권을 사서 간절하게 행운을 기다렸던 한 운전기사의 졸이던 마음은 같은 선상에 놓인 '아리아'다. 시인이 배롱나무가 "백 일간 손끝 모아 피운" 끝물의 꽃과 마권을 사는데 돈을 들여 행운을 기다렸던 택시기사의 소망도 같은 선상에 놓고 볼 수 있다.

시인은 특히 끝물 꽃을 피운 둑길의 배롱나무 아래 잘게잘게 찢겨져 있는 마권 조각을 눈여겨보면서 그 과욕(행운을 바라는 마음)과 절망감에 애틋한 연민을 보내며, 그 마권 조각이 흩어져 있는 곳이 "꽃도 냇물도 흘러가는, 하필 그 자리"라고 안타까워하기도 한다.

시인의 따뜻한 마음은 이어 "다시 무거운 / 바퀴를 굴리러 간다"거나 그 운전기사의 모습과 그 주위를 "얼굴은 흙빛, 별 뜨지 않는 밤 / 팔조령 비탈을 내려온 물빛도 흙빛"이라고 그린 대목은 시인 특유의 수사법이 아닐까 하는 생각도 해보게 한다. 게다가 마치 자신의 일처럼 바짝 끌어당겨 "오늘의 사납금이 걱정이다"라고 하는 구절은 소시민의 고달픈 삶에 보내는 휴머니티의 발산이라는 점에서도 '찡한 여운餘韻'을 안겨 준다.

김상윤의 「온몸으로 춤추는 사람」 역시 이타적 마음과 곡진한 연민을 떠올린 시다. 발이 시린 영하의 추운 날씨에 길거리에서 물건을 파는 지체장애인의 힘겨운 모습을 희화화戱畫化하고 있지만, 이 눈물겨운 희화적 묘사가 시적 호소력을 강화해 주는 경우로 볼 수 있다.

춤은 가락(리듬)에 맞추거나 절로 흥겨워서 팔다리나 몸을 일정한 규칙에 따라 움직이는 동작인 '몸의 언어'다. 그러나 이 장애인은 움직이거나 심지어 한마디의 말을 할 때마저 일거수일투족이 뒤틀리기 때문에 극심한 장애가 일으키는 동작이지 춤과는 거리가 멀다. 그러나 시인은 그 광경을 역설적으로 표현하면서 자신의 휴머니티를 곡진하게 포개 놓는다.

> 그가 손을 들거나 발을 내딛거나 하면 그 동작은 바로 춤이 된다 몸의 모든 세포, 피톨까지도 그에 맞게 반응해서 한 단어를 말하려고만 해도 얼굴 근육이 옆으로 돌아가며 춤을 춘다 어제는 그가 큰길 건너편으로 손 흔들며 누군가를 향해 걷고 있었다 멋진 춤이었다 누구인가 궁금해 건너다보니 만두집 식당에 김이 무럭무럭 그 창가에 누가 이쪽을 향하고 있었다 그도 웃고 있는가? 그도 춤을 추고 있는가? 아닌데도 얼마나 반가우면 저렇게 살뜰히 저쪽을 향해 손 흔드는 걸까 큰길은 4차선 도로 내 목소리 거기까지 안 가더라도 춤은 보이리라 생각한 걸까? 그랬던 그가 오후에는 길가에 양말 몇 개 펼쳐 놓고 팔고 있었다 양말들은 얌전히 누워 있어 아무도 관심을 주지 않았지만 그는 춤을 추며 그 곁을 지키고 있었다 가만히 있기엔 발 시린 영하의 날씨였다.
>
> —김상윤의 「온몸으로 춤추는 사람」 전문

시인은 지체장애인의 모든 세포, 피톨까지도 반응해서 한 단어를 말하려고만 해도 안면 근육이 이지러지는데, 어떤 동작을 하든 바로 춤이 된다고 바라본다. 게다가 그 동작들을 '멋진 춤'이라고까지 보고 있다. 산문적인 풀이가 필요하지 않을 정도로 진솔眞率한 묘사를 하고 있기 때문에 의미망을 짚어 사족을 달 필요가 없을 듯한 시지만 행간에 스며 있는 '말없는 말'에 주목해야 한다.

특히 이 시의 후반부에서는 따뜻한 휴머니티와 애틋한 연민을 발산하는 시인의 마음자리에 끌려들게 하는 처연한 매력을 뿜어낸다. 길가에 양말 몇 켤레를 놓고 파는 모습을 "양말들은 얌전히 누워 있어 아무도 관심을 주지 않았지만 그는 춤을 추며 그 곁을 지키고 있었다"는 표현은 오늘의 세태世態와 무관하지 않으며, "가만히 있기엔 발 시린 영하의 날씨였다"는 구절도 오늘의 세태에 보내는 시인의 따뜻한 마음의 발로에 다름 아닐 것이다.

ii) 박상옥의 시 「어제라는 그대」는 '어제=그대'라는 등식을 통해 세월의 무상감無常感과 상실감, 그 파토스들을 젖은 감성의 언어로 떠올린다. 시인은 "멍때리고 앉아 하루를 건너가는 발자국 본다."고 이 시의 첫 행(첫 연)에서 시사하듯, 시간의 흐름을 흔적만 남는 사람의 발자국에 비유하며 되돌릴 수 없는 아쉬움과 안타까움, 무상감과 무력감無力感을 드러내 보인다. 더구나 흘러가 버린 시간(어제)은 "멍때리고 앉아" 바라보게 하며, "삿대질해 대는" 정황情況으로도 그려져 있다.

멍때리고 앉아 하루를 건너가는 발자국 본다.
산길 달맞이꽃잎 피는 아침 이슬에 젖어
새벽녘 새들의 날갯짓 미풍을 맞는다.
구부정한 어깨 짊고 뒷덜미에다
삿대질해 대는 어제라는 그대.
미안하다.
'그대도 오늘처럼 아름다운 청춘이었노라.'
입 발린 헌사는 바람에 구겨지고 비에 젖어
그대에게 건너가지 못한다.
젖은 웃음 마른 눈물 한 소절 노래에 실어도
아쉬움만 저밀 뿐.
아름다운 청춘을 가슴에 묻은 그대를
돌려세워 옷고름 다시 매어 주지 못하고
이마 짚어 체온 재어 주지 못하네.
그대가 걸어 나간 뒤꿈치. 시리다.

—박상옥의 「어제라는 그대」 전문

시인은 하루가 시작되는 이른 아침(새벽녘) 이슬에 젖은 산길에서 달맞이꽃잎이 피어 미풍을 맞고 있으며 새들이 날갯짓하는 분위기와는 사뭇 대조적으로 "구부정한 어깨"로 앉아 "뒷덜미에다 / 삿대질해 대는 어제"를 느껴야(받아들여야) 한다. '어제'(지나간 시간)를 향해 "미안하다."고까지 고백告白한다. 다가오는 시간과 가버린 시간은 이같이 극명하게 다르다. 그 가버린 시간(어제)에 대한 아쉬움과 안타까움을 '오늘'에 대비해 묘사하는 것도 그 때문일 것이다.

이 같은 정황은 "그대도 오늘처럼 아름다운 청춘이었노라."라는 구절이 시사하고 있는 바와 같이 '어제'(그대)가 지금 이곳에 머물 때는 "아름다운 청춘(가장 좋은 때)"이었다고 하더라도, 가고 난 뒤에는 되돌릴 수 없는 '상실'(잃어버린 시절)일 뿐이라는 사실을 환기한다. 이 때문에 어떤 '말이나 노래'(입 발린 헌사)도 "바람에 구겨지고 비에 젖어 / 그대(어제)에게 건너가지 못"할 수밖에 없이 가슴에 아쉬움만 저미게 한다.

이 시 후반부의 '그대'(어제)를 향해 그 아쉬움을 "돌려세워 옷고름 다시 매어 주지 못하고 / 이마 짚어 체온 저어 주지 못하네."라는 대목에 이르면, '잃어버린 사랑'에 대한 노래라는 느낌도 들게 한다. 바로 앞에서 인용한 구절은 '어제=잃어버린 사랑'이라는 등식을 떠올리게 하며, 병고病苦(또는 노환老患)로 인해 피할 수 없는 헤어짐을 안겨 준 사랑에 대한 아쉬움과 연민을 노래하는 것으로 읽히게 하기 때문이다. 또한 그 사랑과 연민은 연인을 향하거나 부모를 향한 것일 수도 있어 보인다. 특히 "그대가 걸어 나간 뒤꿈치. 시리다."는 마지막 행은 '그대'와 '나'(화자)를 하나로 아우르며 바라보기 때문에 예사롭지 않은 여운을 남기고 있다.

방종헌의 「남산동—느티나무」는 일상에서 조우遭遇하는 여름의 저물

녘 골목길 풍경에 착안해 삶의 비애悲哀와 그 파토스들을 떠올린다. "홀린 듯, 들어선 골목. 다시 어두워진다 // 스르르 눈 감고 외면하는 저 골목이 문득 서러워진다"로 시작되는 이 시는 홀린 듯 들어선 골목이 다시(여전히) 어둡게 느껴지고, 자신을 외면하는 것 같아 서러워지게 하는 소외감疏外感에도 빠져들게 한다. 이 어둠은 일몰 무렵의 자연 풍경일 뿐 아니라 시인의 내면 풍경임은 말할 나위가 없다. 더구나 그 소외감은 "벽체의 담쟁이처럼, 나 그대에게 손을 내밀고 / 그래도 사악하진 않았다고 / 말이라도 들어 보라고"라고 하소연하기에 이른다.

화자는 사악하지는 않았다고 겸허하게 자신을 돌아보는가 하면, 안간힘으로 높은 벽을 타고 오르는 담쟁이처럼 그대(골목)에게 손을 내밀고 애원을 하지만, 후회하는 마음에서도 자유롭지 않은 채 외면당하기는 마찬가지다. 그래서 "후회는 늘 말이 많아 어둡다"고 더 어두워지지 않기 위해 말을 자제하는 데까지 나아간다. 어쩌면 이 같은 표현은 역설力說일 수도 있고 역설逆說일 수도 있다.

골목은 언덕처럼 높이 앉았고,
맨드라미가 비릿한 미소를 보낸다

썩은 내가 물큰한데, 뭘

전선들이 엉킨 골목 안,
나는 아직 내가 선 자리에서 한 걸음도 옮기지 못했다

여름밤,
골목이 계단으로 몸 바꿀 때마다
내 발목이 조금씩 깎여 나갔다

나는 어쩔 수 없이 매미처럼 울고 선 늙은 느티이다.

—방종헌의 「남산동—느티나무」 부분

화자에게 남산동의 여름밤 골목은 언덕처럼 높이 앉아 있는 존재지만 "맨드라미가 비릿한 미소"를 보내주는가 하면, 골목 안은 썩은 냄새가 물씬하고 전선들이 엉켜 있는 곳이기도 하다. 말하자면 여느 골목들과도 별반 다르지는 않다.

그러나 화자는 서 있는 골목길에 그대로 붙박여 있을 뿐, 계단으로 이어지는 이 골목길을 계단으로 몸을 바꾼다고 느끼고 있으며, 그때마다 "내 발목이 조금씩 깎여 나갔다"고도 말한다. 바꿔 말하면, 계단은 동적動的인 존재(능동태)인데 반해 화자는 정적靜的인 존재(수동태)로 그리고 있다.

시인은 이같이 여름밤의 남산동 골목길을 자신과는 달리 높은 대상으로 바라본다. 그런가 하면 "나는 어쩔 수 없어 매미처럼 울고 선 늙은 느티이다"라는 마지막 행이 이 수수께끼와도 같은 의미망을 선명하게 드러나게 해 준다. '나=느티나무'라는 등식은 이를 말해 주기 때문이다. 그러니까 이 시에서 '나'는 골목길에 움직일 수 없어 매미처럼 울며 서 있는 느티나무 그 자체이며, 그 느티나무에 시인의 감정을 이입移入시켜 놓는다고 할 수 있다. 「남산동—느티나무」는 범상한 듯 범상하지 않은 시적 묘미를 안겨 주는 시로 읽힌다.

박상옥이 '어제'를 '그대'로, 방종헌은 '골목'을 '그대'로 바라보는데 비해 이재하는 또 다르게 옛날이 살던 고향의 '빈집'을 '그녀'로 바라보면서 활유법活喩法과 감정이입을 보다 본격적이고 적극적으로 구사해 보인다. 그 빈집은 생명을 지닌 유가체로 그려지고 있을 뿐 아니라 인격이 부여된 사람으로 의인화擬人化되고 있기 때문이다.

고향집 마당가에서 그녀를 바라본다
골다공증이 심한 용마루는 허리가 굽고
협착증에 추간판 탈골의 기둥은 어깨에 금갔다
서까래들의 퇴행성관절염 신음 소리, 오래 전
회전근개 파열된 처마 물받이는 빗소리를 잃어버렸다
고목 감나무는 기억 상실증이 심한지
꾸역꾸역 바람을 씹으며 용마루에
제 몸뚱이 올려놓고 소리 죽여 울고 있는 집
한때 나와 그녀, 붉은 삶인 양
만개한 영산홍은 홀로 피어
삽짝문 활짝 열어 놓은 거미집의 배경이 되는 집
저녁연기 흰 굴뚝은 목련 꽃잎에 무너지고
집 앞 시냇물이 돌담을 돌아 뭉게구름에 흐르는
마당의 배경으로 멈춰 선 그 집
이제, 그녀에게 나에게도
자유로워진
그 집

—이재하의 「빈집」 전문

시인은 고향의 퇴락頹落한 옛집의 마당가에서 그 빈집을 '그녀'로 환치해서 바라본다. 마치 의사가 환자를 진단하듯 골다공증, 협착증, 퇴행성관절염, 회전근개 파열, 기억상실증이 심각한 여성으로 의인화해 시인의 감정을 이입하고 투사投射한다.

굽은 용마루는 골다공증이 중증이고, 협착증으로 추간판이 탈골된 기둥은 어깨에 금이 갔으며, 퇴행성관절염을 앓는 서까래는 신음 소리를 낸다고 한다. 처마 물받이도 회전근개가 파열돼 빗소리를 잃어버렸고, 집 곁의 감나무 고목은 제 몸뚱이를 용마루에 올려놓고 소리 죽여 울고 있는 기억상실증에 빠져 있는 것으로 그려져 있다.

그런 처참한 분위기에도 아랑곳없이 영산홍은 홀로 절정의 생명력을 내뿜듯이 피어 있다. 더구나 만개滿開한 영산홍은 그 빈집에 살던 때의 집과 화자의 "붉은 삶"을 반추하게 하며, 영산홍이 그 "붉은 삶"을 홀로 누리고 있는 것으로 바라본다. 더구나 삽짝문이 열려 있는 그 빈집은 개미집의 배경이 되고, 저녁연기를 뿜어내던 굴뚝은 허물어져 목련 꽃잎이 흩어져 있으며, 그 집은 "시냇물이 돌담(담장)을 돌아 뭉게구름에 흐르는 / 마당의 배경으로 멈춰" 서 있다.

이 시는 또한 빈집의 퇴락한 모습을 '그녀'로 그리다가 '그 모습 그대로'를 그리기도 해 시적 묘미의 신선감을 높이는가 하면, 전체 3연 중 한 행으로 된 첫 연과 세 행으로 된 마지막 연(셋째 연)이 안겨 주는 뉘앙스도 마찬가지 느낌이다. 마지막 연의 "이제, 그녀에게 나에게도 / 자유로워진 / 그 집"이라는 표현은 체념과 순응 때문이겠지만 자유로워졌다는 말을 곱씹어 보게 한다.

iii) 문맥文脈이 비교적 순탄하며 가독성이 두드러지는 몇 편의 시에 대해 언급하다 보니 지면을 적잖이 써버렸다. 하지만 이들의 시와는 달리 쉽게 읽히지 않는 시에 대해서도 나름으로 말해 보려 한다. 정 숙의 「수성못 속엔 탑이 있다」와 이인주의 「여우를 위로함」은 상상력이 주관화主觀化돼 있으며, 그 상상력이 환상으로 전이轉移되는 거성을 보여 준다.

정 숙의 「수성못 속엔 탑이 있다」는 음악분수가 밤의 어둠을 수놓는 수성못의 풍경을 내면으로 끌어들여 주관화된 환상의 세계를 펼쳐낸다. 이 환상은 못물 속에 풍경이 달린 탑들이 많이 세워져 있고, 궁핍하던 시절에 삶이 힘겨워 못물 속으로 뛰어들어 죽은 영혼들의 한恨이 탑을 이루고 있으며, 그 탑을 쌓은 한숨들이 풍경 소리를 내는 것으로 비약飛躍하는 상상력을 보여 준다. 이어서도 비약은 진전된다. 아름다움은 아픔과 한을 바탕에 깔고 있다는 논리로 나아가고 있으며, 이 논리는 누군가의 "슬픈 하소연"에 기대고 있는 것으로 그려진다.

고운 빛줄기들이
여름 밤하늘의 구름을 비질하는가
분수들이 선율 따라 팔을 휘저어 댄다
저 물 깊이엔 수많은 탑이 세워져 있을 텐데
탑 한 귀퉁이 지키다가 지친
풍경의 젖은 소리, 소리
옛날 보릿고개로 허기지던 시절
물에 비친 하늘만 보고 무작정
뛰어들어간 수많은 영혼
그들의 한이 탑을 쌓아 올렸을까
탑을 쌓은 한숨들이 풍경을 울리고 있다
아름다운 것은 대부분
누군가의 아픔과 한을 밟고 있다는
그 슬픈 하소연이
온몸 축축이 적시는 줄 모르고
사람들은 자신의 꿈을 확인하러 모여든다

—정 숙의 「수성못 속엔 탑이 있다」 전문

이 시는 도입부의 표현(묘사)부터 아름다운 환상으로 덧칠되고 있다. 못물 위로 치솟는 음악분수를 "고운 빛줄기들이 / 여름 밤하늘의 구름을 비질하는가"라는 환상적 상상력으로 그려 보이며, "분수들이 선율 따라 팔을 휘저어 댄다"고 물줄기들이 고운 빛을 입고 솟아오르는 것을 사람이 팔을 휘젓는 모습으로도 묘사한다.

앞에서 언급했지만 부언하자면, 못물 속에는 수많은 영혼들의 한으로 세워진 탑들의 귀퉁이에 매달린 풍경들이 젖은 소리를 내는 건 탑을 쌓은 한숨들이 울리는 소리이며, 아름다운 음악분수는 그 아픔과 한, 한

숨소리를 밟고 밤하늘의 구름을 비질한다는 것이다.

그래서 시인은 분수가 그런 바탕 위에서 아름다움을 연출하는 연유도 모르고 사람들이 "자신의 꿈을 확인하러 모여든다"고 수성못의 '슬픈 하소연'에 마음을 깊숙이 가져간다. 시인은 이같이 아름다움은 대부분 "누군가의 아픔과 한을 밟고 있다"는 인식 위에 그 참의미를 반추하고 있는 듯하다.

「수성못 속엔 탑이 있다」는 눈앞에 보이는 풍경 너머의 세계, 보이지 않고 들리지 않는 세계에 천착穿鑿하고, 현상적 존저 너머 신비로운(또는 비애에 찬) 절대세계가 있음을 추구하는 시인의 상상력과 감수성이 돋보이는 시로 읽힌다.

이인주의 「여우를 위로함」은 '여우'를 시의 중심에 두면서 파격적인 상상력, 자유분방한 연상聯想과 무의식의 떠올림 등을 통해 화자(시인)의 내면풍경을 낯설게 빚어 보인다. 현실과 비현실 사이를 넘나들고 기존의 외적 질서를 뛰어넘어 환상과 새로운 내적 질서, 현실 너머의 세계를 지향하면서 특유의 추상적인 미지의 공간을 빚고 있는 것 같기 때문이다.

하지만 이 시는 난해難解하면서도 신선한 느낌과 경이감을 안겨 주는 까닭은 '왜'일까. 비유(은유)나 상징기법을 뛰어넘어 자등기술과 우연성, 전위와 오브제, 상상력과 그 변형 등 초현실주의 기법들이 끼어드는 데 기인하는 게 아닐까 하는 생각도 해보게 한다.

> 여우가 죽었다 500년 동안 키워 온 황금빛 털을 자랑하던 여우가 죽었다 여우가 죽은 다음 날 아침 나는 덤덤히 밥을 먹으며 이제, 어떻게 하지? 그렇게도 윤기 넘치던 털을 만질 수 없게 되었는데, 아홉 개 달린 꼬리가 없어졌는데 울음이 나오지 않았다 <중략> 문장이 맞지 않는 주문을 환상

통처럼 앓고 있었다 여우가 죽지 않은 것처럼 행동할까 여우를 빼고는 대화가 안 되는 밀실에서 속내가 들키면 어떡하지? 그러면 그때 더욱 능수능란한 여우를, 한층 우아해진 여우를 불러낼까 <중략> 기실 여우를 키운 건 나였지만 묘기를 하나도 부릴 수 없는 족쇄에 대해 생각해 보았다 여우가 죽었다니 너무하지 아니한가 산 주인인가 죽은 꼬리인가 사라진 여우를 붙들고 나는 여우가 되고 싶어 꺼억꺼억 울었다 다시는 볼 수 없는 여우를 위해 이불도 밀쳐내고 얼음이 된 추억을 칼같이 갈았다 날선 공기가 비릿하였다 내가 건너야 할 다리 앞에서 진실로 무구한 아이가 되어 이렇게 물어보았다 여우야 여우야 살았니? 죽었니?

—이인주의 「여우를 위로함」 부분

"여우가 죽었다"는 단정으로 출발하는 이 시에서 '여우'는 500년 동안 살다 죽은 여우이면서 "모든 여우들이 시들해졌다"는 구절에서 읽게 되듯 많은 여우 중 한 마리이며, "여우를 빼고는 대화가 안 되는 밀실에서 속내가 들키면 어떡하지?"에서처럼 실제의 여우가 아니라 화자의 내면 모습으로도 그려지기도 한다. '여우'가 내면의 한 모습이라는 사실은 "더욱 능수능란한 여우를, 한층 우아해진 여우를 불러낼까"라거나 "기실 여우를 키운 건 나"라는 대목이 선명하게 받쳐 준다.

이 시가 거느리는 의미망을 따라나서면 난감하고 난처해질 수밖에 없다. 화자는 다시 "나는 여우가 되고 싶어 꺼억꺼억 울었다"고 하는가 하면, "진실로 무구한 아이가 되어 이렇게 물어보았다 여우야 여우야 살았니? 죽었니?"라고도 묻는다. 이같이 이 시에서 '여우'의 명명이 다르게 전용되는 명명으로 전이되고, 그 전이에 의해 의미가 사뭇 다르게 바뀌고 확장되기도 한다. '여우'가 환치돼 전혀 다른 모습으로 바뀌고, 언어와 언어는 물론 이미지와 이미지가 충돌하며, 비약과 반전 등으로 그 흐름이 전도顚倒되고 무화無化되기까지 한다.

이같이 「여우를 위로함」은 말로 표현되는 세계와 이해할 수 있는 세계의 한계를 넘어서서 새로운 세계를 이끌어내려 하는데 무게가 실려 있는 것으로 봐야 할 것 같다. 언어와 이미지의 극단적인 비약이나 반전으로 야기되는 의미의 무화가 다시 새로운 의미로 변용되는 변신의 경이, 초월의 경이, 자아 해방의 경이 등이 낯선 은유나 상징체계로 끌어올려지는 극단적인 주관적 세계를 보여 준다고도 할 수 있을 것이다.

《대구문학》 2020. 10

‘코로나 19’ 팬데믹 시대의 시

— 장하빈, 박지영, 신윤자, 유가형, 이자규, 정하해, 이진엽의 시

ⅰ) 아직도 현재진행형인 ‘코로나 19’ 팬데믹은 시인(모든 사람)들의 정신을 뒤흔들고 있으며, 그 끝이 보이지 않는다. “모두 꼼짝 마! / 소리 없는 불호령과 눈부릅(‘부릅뜬 눈’의 조어인 듯)에 / 전 세계가 ‘얼음 쨍’이”(권복술의 「코로나19의 호령」) 되는 게 “사랑의 불호령!”(같은 시)으로 여겨지게 하고, “오늘도 모르는 / 부재의 소리들”(김인강의 「알 수 없는 일」)로 보이게도 한다. 우리의 일상마저 이젠 “일도 사랑도 친구도 생활 거리로 / 어느새 그런 습관을 가진 사람이 되어”(김정무의 「2020 봄에」) 버리기도 했다.

“코로나 바이러스까지 덮친 세상 / 뒤숭숭해졌다”(정나라의 「계절 분실」)는 진단이 나오기도 하지만, 요즘 세상이 잘못 돌아가는 게 어디 소리 없이 침투해 온 코로나 바이러스 탓이기만 하겠는가. 잘못돼 가는 세상에 더해진 ‘설상가상雪上加霜’의 형국이라는 생각을 하지 않을 수 없다.

모든 사람과 거리를 두어야 하고, 언제 어디서나 마스크를 쓴 채 모든 사람을 경계해야 하는 코로나 바이러스의 창궐은 분명 미증유의 재앙이다. 그러나 이 재앙의 원인과 까닭이 어디에 있는지, 인간 스스로가 자성할 여지(인재人災)가 적지 않아 보인다.

죄 많은 인간의 입에 재갈을 물리는 건 신의 뜻인가

이 도시엔 향기 없이 꽃이 피고 눈물 없이 새가 운다

이 도시엔 가족끼리 따로 밥을 먹고 따로 잠을 잔다

이 도시엔 연인끼리 따로 길을 가고 따로 꿈을 꾼다

생일은 태어난 날에서 오롯이 살아 있는 날로 바뀌었다

오오, 거리거리엔 입이란 입은 죄다 사라지고

마스크가 유령처럼 둥둥 떠다니는 하얀 침묵의 도시여

—장하빈의 「마스크」 전문

시인은 일상이 심각하게 뒤틀린 도시 풍경을 조목조목 들면서 한탄한다. 개화도 새의 울음도 정상 궤도를 벗어나 있으며, 가장 가까운 사람들과도 거리를 둔 채 '따로'여야 하는 단절과 경계의 비애를 떠올린다. 살아 있다는 사실 그 자체가 태어남이다고까지 보고 있다. 모든 입들을 다 막고 있는 마스크가 둥둥 떠다니는 유령 같다고 여길 뿐 아니라 그런 유령의 도시 풍경을 "하얀 침묵"에 비유하기도 한다.

그렇다면 이 같은 비애와 아픔은 어디에서 비롯된 것일까. 시인은 이 시의 첫 행이자 첫 연에서 거의 단정적으르 "죄 많은 인간"에게 그 화살을 돌리고 있다. 구체적인 사실을 적시하고 있지는 않지만, 인간의 죄가 그 연원이며 그런 인간의 입에 재갈을 물리는 건 신의 뜻일는지 모른다는 것이다.

이렇게 본다면, 코로나 바이러스의 창궐은 시 「코로나 19의 호령」이 말하는 "소리 없는 불호령"이나 "사랑의 불호령"과도 궤를 같이한다고 할 수 있다. 소리 없이 인간에게 사랑을 요구하는 불호령이 장하빈의 「마스크」가 말하는 "하얀 침묵"의 깨트림과 무관하지 않아 보이기 때문이다.

벚꽃이 그냥 피는 것 같아도
다 꽃 피는 순서가 있다지

풀들이 어느 방향으로 흔들리는지
나뭇가지 그림자는 어디로 향하는지
파도가 밀려와 어떻게 흩어지는지
그냥 스쳐 가는 일이 아니라지

문득 올려다본 구름의 형상이나
손등에 떨어지는 빗방울도
번개가 번쩍이는 것도
우연한 일이 아니라지

벌레 한 마리도 무심히
내 앞에 나타난 게 아니라는데
어쩌다 펼쳐 든 책 속의 한 구절이
맞닥트린 운명 같은데

코로나 바이러스

지금 이 순간에 온 이유가 있겠지?

— 박지영의 「그냥 온 것이 아니다—코로나 바이러스 2」 전문

박지영은 코로나 바이러스가 우연히 침투해 온 게 아니라 필연성과 연계돼 있으며, 그 순리에 따른 이유가 있을 것이라고 본다. 시인은 먼저 가까이 마주치는 사물이나 자연현상을 차례로 적시하면서 우주나 자연의 질서는 순리에 따라 움직이고, 생성과 소멸을 거듭한다는 사실을 환기하고 있다.

시인은 벚꽃이 피고 풀들이 흔들리며 나뭇가지 그림자가 향하는 방향, 밀려온 파도의 포말까지도 그냥 스쳐 가는 게 아니라 순서(순리)에 따라 생성되고 움직인다고 역설한다. 구름의 형상, 떨어지는 빗방울, 번쩍이는 번개도 마찬가지로 우연하게 빚어진 게 아니라 자연현상의 필연에 의한 것이며, 심지어는 자신 앞에 나타난 벌레 한 마리마저 무심히 온 게 아니라는 것이다.

더구나 스스로 펼쳐 든 책 속의 한 구절(아마도 경구驚句일 것이다)은 그런 생각을 굳혀 주는 '운명'으로도 받아들인다. 이 점에서 코로나 바이러스의 침투 역시 필연적인 '운명'으로 여겨지는 건 타당해 보인다. 시인이 코로나 바이러스가 침투하는 까닭에 대해 직접 언급하고 있지는 않지만, 필연적인 이유에 따른 인간들의 몫으로 보고 있지 않은가. 엄청난 재앙과 그 아픔을 자성적 시각으로 바라보는 시인의 마음이 그대로 읽힌다.

'코로나 19'는 모든 사람들에게 거리 두기를 강요하지만, 역으로 거리가 좁혀지는 경우도 없지는 않다. 윤일현은 시 「거리 좁히기」에서 췌장암으로 투병하는 서울 친구가 택배로 누룽지를 보내며 동봉한 쪽지의 "비상식량으로 안부 전한다. / 밥도 먹기 싫고 답답할 때 / 고요와 적막 반찬 삼아 꼭꼭 씹어 보게."라는 대목에서 "서울이 옆 마실처럼 가

깝게 느껴졌다."고 쓰고 있다. 병마에 시달리는 친구의 따뜻한 마음이나 그 마음 때문에 물리적으로 먼 거리를 가깝게 느끼는 화자의 마음자리는 '코로나 19' 와중의 훈훈하고 애틋한 거리 좁히기가 아닐 수 없다.

ⅱ) 우리가 살아가는 세상은 언제나 비애에서 자유로울 수 없다. 남북 분단의 비극은 천안함의 희생자를 냈고, 그 아픔은 너무 컸으며, 그 상처는 여전히 깊다. 신윤자는 잊히지 않는 그 비극을 「배꽃 지던 날」에서 "검은 훈장이 되어 버린 용사라는 수식어"라고 축약해 떠올리면서 "삶을 버린다는 것조차 허망한 / 46인의 하얀 행렬 / 편히 쉬라는, 잔인한 위장술로 4월을 짓누르고 있었다"고 그리고 있다.

> 자유롭게 팔 뻗어 물오른 가지, 속 열 풀어 꽃 피울 때
> 팻말 없는 방심의 능선에는 복병, 포탄이 곳곳에 있었다
>
> 가면 없이 몰아쳐 온 이상 기류에
> 금장 열매 분신처럼 키우고 싶었던 수정을 향한 꿈
>
> 앙가슴 화석으로 냉동시킨
> 늦은 후회로 굳어 버린 영면의 길
>
> —신윤자의 「배꽃 지던 날」 부분

천안함 희생자 추모식 장면에서 착안하고 그 참변을 반추하는 이 시는 그 비극을 '몰아쳐 온 이상 기류'에 비유하는가 하면, 장렬하게 희생된 병사들을 자유롭게 팔 뻗어 물오른 4월(봄) 배나무의 '배꽃'에 견주면서 그 '영면의 길'은 "앙가슴 화석으로 냉동시킨 / 늦은 후회"로 불러내어 바라본다. 그 복병은 두말할 나위 없이 북한군의 포탄이었다.

이 같은 구체적인 비극이 아니더라도 우리의 삶은 비애를 벗어나기

어려울 수밖에 없다. 유가형은 시 「달」에서 이 지구촌과 삼십팔만 킬로미터나 떨어져 있는 달에 착안하면서, 그 '당신'과 '나'를 갈라놓는 건 '블랙홀'이고 '미리내'라고 한다.

당신과 나의 간격은 삼십팔만 킬로
별들이 나뒹굴며 발광하는
우주 공간이 있고
입이 검은 블랙홀이 있고
당신과 나를 갈라놓은 미리내가 있고

가르마 같은 하얀 논둑길을 지나
함초롬히 보랏빛 이슬 눈뜨는
들국화 소랫길을 지나 달려가도

미리내에 파란 알 얼음이 부풀고
눈발은 계속되는데……

—유가형의 「달」 전문

이 시를 다른 시각으로 읽으면, 가깝게 여기고 있는 '타인'과 '나'의 거리(간격)는 엄청나게 멀며, 그렇게 갈라놓는 장애물이 있다는 발언으로도 볼 수 있다. 이 때문에 가까워지고 싶은 '당신'과 '나' 사이에는 "미리내에 파란 알 얼음이 부풀고 / 눈발은 계속되는", 그런 상황을 비켜설 수 없다는 비애에 빠져 있다. 이 시는 '타인'(당신)과 나'의 먼 거리를 '달'과 '나'의 간격(사이)에 빗대어 노래하는 것으로 읽어도 좋을 듯하다.

'달'을 매개로 한 또 다른 시, 이자규의 「달아, 아픈 달아」는 코로나바이러스가 야기하는 아픔들을 은유와 상징의 언어들로 불러 보인다.

월식 때 달 주위에 생기는 광환(왕관) 모양의 빛의 고리인 코로나의 어원에 접근해 발상한 듯한 이 시는 코로나를 먼저 알아차린 "밝아서 아픈 달"과 연계해서 바라보는 데서 출발한다.

숨 쉬고 싶다 달아, 밝아서 아픈 달아
병든 아기를 업고 어느 쪽으로 가야 하나
카타콤의 연속이다 오늘, 백 일째 내 폐를 노리는
그래 그렇다고 하자
박쥐를 썰어 먹고 내가, 고양이 간을 꺼내 먹고 내가, 소의 목구멍 깊숙이
호스를 디밀어 배가 팽팽하도록 물 먹인 식욕이 나의 야생일지도 몰라

달아, 코로나를 먼저 알아차린 달아
저격할 수도 도축할 수도 없는 마스크 구멍,
숨과 숨 사이를 날아 고도 문명 메갈로폴리스를 갈아엎는다고?

달 달아, 빠르게 먹고 빠르게 차는 배부름의 이 시대에 나는
입을 가리고 인기척 없는 곳으로 갔다가
뜨겁고 말랑말랑한 지옥으로 돌아왔다
곡기 끊은 돌멩이, 홀쭉해진 휴지통을 그리며
낱말은 내 지친 언어를 가만히 풀잎에 앉혔다
여명의 저쪽 살균 처리된 하늘 아래
신인류의 뼈가 자라고 있었다

그림자 없는 거리엔 도열한 불빛들만
이 나무에서 저 나무로
왔다 갔다를 반복했다 달아 고운 달아

— 이자규의 「달아, 아픈 달아」 전문

왕관처럼 생긴 빛의 고리 형상인 코로나를 '나'로 환치하는 역설로 박쥐와 고양이 간을 먹고, 소의 배가 팽만하도록 물을 먹이는 그 야생에 자신을 대입시키기까지 한다. 그러면서 백 일째(오랜 동안) 폐의 위협을 느끼며 숨 막혀 사는 것을 '카타콤'에 비유하고, 병든 아기를 업고 갈팡질팡해야 하는 상황에서 코로나가 고도 문명 속의 몇 개 거대 도시가 띠 모양으로 연결된 도시(세계)를 갈아엎으려고 숨(생명)과 숨 사이(마스크 구멍)를 날고 있다고 그리기도 한다.

빠르게 먹고 빠르게 차는 배부름(인간의 지나친 욕망)의 이 시대에 인기척 없고 뜨거우며 말랑말랑한 지옥에 돌아왔다는 건 코로나 팬데믹의 지칭에 다름 아닐 것이다. 이 때문에 배부름(욕망)의 반대편(곡기 끊은 돌멩이, 홀쭉해진 휴지통)을 그리지만(욕망에 대해 자성하지만), 그럼에도 그 비애는 형언할 수 없을 뿐 아니라 날이 밝아 오는 저쪽의 "살균 처리된 하늘 아래 / 신인류의 뼈가 자라고 있었다'는 참담한 심경에 닿아 있다.

그러니 인적은 없고 불빛만 오락가락하는 코로나 도가니 속의 아픔은 오죽하겠으며, '고운 달'과 같은 형상의 코로나를 향해 절규하지 않을 수 있겠는가. 이 시는 이미지의 비약이나 다소 난해한 은유와 상징이 빈발하면서도 의미망이 아슬아슬하게 흐트러지지 않는 점도 매력이라고 할 수 있다.

iii) 우리는 여태 겪어 보지 못했던 현실 속에 놓여 있다. 사람과 사람 사이가 삭막해지고 사랑은 메말라 간다. 엎친 데 덮친 코로나 팬데믹도 언제 그 끝이 보일는지 알 길이 없다. 하지만 세상이 아무리 암담하고 잘못 돌아가더라도 절망할 수만은 없다. 역병 때문에 어쩔 수 없이 물리적 거리를 두더라도 마음만은 그러지 않아야 할 것이다. 사람 사이의 거리가 멀어지지 않고 가까워질 수 있도록 희망의 전언들을 보듬고 소통하며, 더 나은 세상을 꿈꾸고 만들어 나가야 한다.

정하해의 「빵과 빵 사이」와 이진엽의 「따스한 소통」은 그런 의미에서 주목하며 읽었다. 이들의 시는 범상한 일상의 일들도 따스한 시선으로 바라보면서 사랑과 나눔, 소통의 '작지만 따뜻한 미덕'들을 일깨우고 있다. 이진엽은 사람과 사람 사이뿐 아니라 사람과 생명체(동물)들 사이의 소통과 사랑에 마음눈을 가져가고 있어 돋보인다.

단속 때문에 이른 저녁에야 나오는
리어카의 풀빵집
인기가 좋아 늘 기다리든지
아니면 재료가 다 떨어지든지
그녀가 나오는 날이면
기다렸다 먹는 수고로움도 달았다
정해진 시간이 있는 것도 아닌데
뜨겁고 말랑한 것이 정을 탄 것도 아닌데
민들레꽃처럼 노랗게 피던 풀빵이
겨울을 따뜻하게 끌고 갔다
하지만 그해 겨울, 그녀는 오지 않았다
리어카가 있던 자리 은행잎만 웅성거려
어디서 온 누구였을까
풍문에는 병원에 입원했다는 말도 들리고
겨울이 그녀를 착착 접어
쭈그려 앉힐 때
삶을 반죽처럼 주물러
고쳐 쓸 수 있다면
제과점 빵들이 비집고 들어앉은 동네에서
밋밋한 풀빵 그 달짝지근한 냄새가
그러니까 사람 사이에 피었다

영영 들어오지 않을 그쪽이었음을

—정하해의 「빵과 빵 사이」 전문

무허가 리어카 풀빵 가게와 여주인, 달짝지근한 풀빵에 대한 기억들을 포근한 감성의 언어로 떠올려 보이는 이 시는 사소한 일상의 이면을 사소하지 않은 연민과 그리움의 시선으로 부각시킨다. 단속과 재료 사정 때문에 풀빵 가게가 저녁이 돼도 개점하지 못할 때도 있어 기다리곤 했지만, "기다렸다 먹는 수고로움도 달았다"거나 "뜨겁고 말랑한 것이 정을 탄 것도 아닌데 / 민들레꽃처럼 노랗게 피던 풀빵이 / 겨울을 따뜻하게 끌고 갔다"고 묘사하고 있다.

시인에게 그 난전의 풀빵에 대한 기억은 미각과 시각에 애틋한 그리움으로 자리매김하고 있을 뿐 아니라 동네에 "제과점 빵들이 비집고 들어앉"아도 "밋밋한 풀빵 그 달짝지근한 냄새가 / 그러니까 사람 사이에 피었다"고, 빵(풀빵)과 빵(제과점 빵) 사이는 물론 사람과 사람 사이에 피어 있는 것으로도 그린다.

더구나 그 리어카 풀빵 가게는 "그해 겨울" 이후 사라지고, 그 노점자리에 역시 풀빵 빛깔처럼 노란 은행잎들만 웅성거린다는 신선한 감각적 표현은 예사롭지 않으며, 그 여주인이 나타나지 않는 안타까움을 "삶을 반죽처럼 주물러 / 고쳐 쓸 수" 없음을 시인의 따뜻한 마음과 연민 속에 녹여 드러내 보인다. 하지만 이 시는 행간의 비약과 건너뛰기 때문에 다소 비문으로 흐를 소지도 없지 않아 보인다.

겨울 바다 작은 횟집

한 여주인이 회를 뜨고 남은 것을
양동이에 가득 담아 저쪽 모래톱에 갖다 버렸다

그러고는 이내 망망대해를 바라보며
이상한 신호를 허공 쪽으로 몇 번 보냈다

순간, 하얀 갈매기 떼가 어디선가 날아와
그 생선의 잔해들을 깨끗이 먹어 치웠다
여인은 웃으며 종종걸음으로 돌아갔고
갈매기들도 끼룩대며 다시 바다로 날아갔다

소리,
외침은 넘쳐도 가슴이 없는 이 시대
참 따스한 소통의 끈이
겨울 감포 바닷가에서 털실처럼 풀리고 있었다

—이진엽의 「따스한 소통」 전문

진솔하고 진정성이 두드러지는 이 시는 겨울철 감포 바닷가의 작은 횟집에서 마주친 따스한 풍경에 시인의 마음을 포개어 보여 준다. 시인은 횟집의 한 여주인이 생선의 회를 뜨고 남은 찌꺼기들을 바다의 갈매기들이 먹을 수 있게 배려하는 모습을 포착하면서, 이를 '따스한 소통'으로 읽는다.

게다가 그 소통은 여주인이 회를 뜨고 남은 생선의 잔해들을 양동이에 담아 모래톱에 가져다 두고 망망대해의 허공을 향해 "이상한 신호"를 몇 번 보내고, 갈매기들이 깨끗이 먹어치운 뒤에 웃으며 종종걸음으로 가게에 돌아가며, 갈매기들도 바다로 다시 날아가는 모습으로 실감나게 그린다.

이 바닷가의 아름다운 풍경은 우리 현실 사회의 전반적인 모습과는 아주 대조적으로 읽힌다. 개인과 집단의 이기주의가 팽배하고 '너'와 '나'의 벽이 높아지는 오늘의 사회에서는 나눔과 베풂의 미덕이 희석되고, 따뜻하게 열려 있어야 할 가슴들이 싸늘하게 식어 간다고 해도 과언은 아닐 것이다.

그래서 시인은 우리 사회의 오늘을 “외침은 넘쳐도 가슴이 없는 이 시대”라고 질타해 마지않으며, 겨울 바닷가의 아름다운 풍경을 목도하면서 “참 따스한 소통의 끈이” “털실처럼 풀리고 있었다”고 현실 사회와 대비해 노래하고 있는 게 아닐까. 더구나 그 배경이 겨울이라는 점은 추위 속에서 따뜻함에 대한 그리움이 더욱 절실하기 때문에 끌어들여졌으리라는 생각도 해 보게 한다. 《대구문학》 2020. 8

서정시의 다양한 개성과 변주들

— 김창제, 곽도경, 함명숙, 한선향, 장혜랑, 최규목, 서 하, 김찬일의 시

i) 서정시抒情詩의 매력은 대상을 있는 그대로 재현하지 않고 주관화主觀化하고, 세계를 자아화自我化하는 시인의 서정적 자아가 연출한다. 그 주역인 화자는 시인 자신일 수 있고 분신일 수도 있으며, 시인의 시정신과 개성이 빚어서 내세워진다. 김창제와 곽도경의 서정적 자아는 따뜻하고 환상적인 성향을 띠고 있다. 대상을 낙관적樂觀的 시선으로 바라보는 김창제의 「새벽」과 발랄한 상상력으로 대상(봄눈)에 생명력을 불어넣어 들여다보는 곽도경의 「스며들다」는 서정적 자아가 빚은 서정시의 매력을 발산한다.

이슬 젖은 달콤한 시간
깨어 있는 사람들에게
빛으로 오는
너는 참 아름답다

흘림체로
써내려가는 새들의 언어
먼 산 부스스 기지개를 틀고
어제보다 오늘이 나으리라는
행복의 물안개 핀다

잔잔한 자유 속
여명은 순 트고
내 꿈은 붉게 아름답듯
새벽은 빛으로 화답한다

새들에게 하늘을 펴주고
이슬 젖은 순수를 깔아 주고
어제의 오늘이 그랬듯이

—김창제의 「새벽」 전문

이 시의 화자(시인)는 '새벽'을 '너'로 가까이 끌어당겨 바라보면서 잠을 깬 사람들이 이슬에 젖은 '달콤한 시간'에 아름다운 빛으로 온다고 그리고 있다. 사람들이 깨어나는 새벽이 글콤한 것은 이슬에 젖은 시간이기 때문이겠지만, 빛이 쬐면 이내 사라질 운명의 이슬에 젖으면 달콤하고 빛으로 오는 새벽이 "참 아름답다"고 바라보는 건 다분히 이율배반적二律背反的인 뉘앙스를 거느린다고 할 수 있다. 이 같은 발상은 이슬에 젖는 시간은 달콤한 순간이며, 그 순간에 빛을 쬐는 밝음은 새벽이 잉태한 아름다움이라는 의미를 연계시켜 그 복합적인 뉘앙스를 아우르기 때문이다.

새벽의 아름다움이 화자의 몫만은 아니다. '새들과 먼 산'(자연, 우주)도 그 아름다운 시간의 세례를 받는다. 새들의 지저귐을 "흘림체로/ 써

내려가는 새들의 언어"라고, 인간이 쓰는 글씨에 비유한 '우아한 하강 이미지'로 떠올려 놓는가 하면, 먼 산이 생기를 찾고(상승 이미지) 그 자락에 어리는 물안개를 "어제보다 오늘이 나으리라"는 희망과 그 행복의 전언傳言으로 바라본다.

이 시에서 주목되는 대목은 그 다음 두 연에 두드러진다. 새벽은 "잔잔한 자유"일 뿐 아니라 밝아오는 여명黎明의 빛으로 화자(시인)의 '붉게 아름다운 꿈'에 화답해주며, "새들에게 하늘을 펴주고/ 이슬 젖은 순수를 깔아주고" 있다. 잔잔한 자유와 아름다운 꿈, 맑고 깨끗한 순수는 이 시인이 지향하는 바의 이데아로 보이며, '어제보다 나은 오늘'을 넘어 '어제의 오늘'까지도 긍정적으로만 바라보는 마음자리가 따뜻해 보인다.

곽도경의 「스며들다」는 「새벽」보다 더 환상적이다. 발랄한 상상력과 언어감각으로 무생물에까지 생명력을 불어넣는 활유법活喩法으로 상승 이미지를 구사하며, 시인의 감정이 오롯이 이입移入돼 있다. 김창제의 '이슬'이 순수의 화신化身이라면, 곽도경의 '봄눈'은 시인이 만든 생명의 화신이다. 하지만 이 회신들은 빛을 받으면 사라지고 마는 유한(순간)의 존재들이지만, 그 때문에 더욱 마음을 끌게 했는지 모른다.

봄눈에는 날개가 있다

봄눈은
하늘에서 내리는 것이 아니라
땅에서 솟아 어디든 날아오른다
나비가 꽃을 찾아 앉듯
눈송이들이 일제히
향기를 좇아 날아가 앉는다

한 쌍의 더듬이와 겹눈

태엽처럼 말린 긴 입을 내밀어
꽃잎에 투신한 후
감쪽같이 녹아 사라지는
봄눈의 화끈한 일생

눈 얇게 내려앉은 마당에
큰 하트를 그리며 걷는 내 어깨 위로
봄볕 쏟아진다
내가 녹아 사라진다
내 사랑도 때론 뜨겁다

—곽도경의 「스며들다」 전문

눈송이는 빗물이 언 결정체다. 무생물지만 시인은 날개가 있는 생물(생명체)로 바꾸어 들여다본다. 눈송이들이 하늘에서 내리는 게 아니라 날개를 달고 땅에서 솟아오르며, 나비가 꽃을 찾아 꽃잎 의에 내려앉듯 향기를 좇아(찾아) 날아가 앉는다고 의지를 지닌 생물로 그린다. '눈이 내리는' 하강 이미지를 '솟아 날아오르는' 상승 이미지로 변용變容시키고 있을 뿐 아니라 바람에 흩날리는 모습을 향기를 찾아 날아가는 형상의 능동적인 생명체로 승화(비약)시켜 놓고 있다.

이미지의 비약은 그 선에서 그치는 것도 아니다. 눈송이가 한 쌍의 더듬이와 겹눈을 가졌으며, "태엽처럼 말린 긴 입을 내밀어/ 꽃잎에 투신" 한다고 구체적인 형상을 가진 흰나비로 바라보는가 하면, 그 소멸까지도 '감쪽같이 녹아 사라지는 화끈한 일생'이라고 묘사하면서 쏟아지는 봄볕에 녹고 마는 그 화끈함을 뜨거운 자신의 사랑에 비유하기도 한다.

이 시는 궁극적으로 봄눈이 내린 마당에서 '큰 하트'를 그리는 화자와 그 마당에서 녹는 봄눈의 짧은 '일생'은 다 같이 녹아 사라져야 하는 운명을 비켜설 수 없는 공통분모를 지니고 있으며, '화끈하고 뜨거운 사랑'에 투신하기는 마찬가지라는 메시지를 보여준다고도 할 수 있다. '봄눈'은 눈 그 자체가 아니라 화자(시인)의 내면이 반영된 눈이며, 화자 자신이 스며든 눈이기 때문이다.

ii) 시인의 상상력은 대상(사물)을 내면內面으로 끌어들여 감정이입感情移入을 함으로써 재구성된 풍경들을 연출하는 경우가 적잖다. 함명숙의 「팽팽하다」, 한선향의 「절벽 그리고 나」, 장혜랑의 「백사장을 걷다」는 각기 다른 시각으로 대상이 촉발하는 심상풍경을 떠올리며, 세계의 자아화가 역시 각기 다른 빛깔을 띠고 있다.

조락의 계절인 가을의 한나절 풍경을 점묘법點描法으로 그린 듯한 함명숙의 「팽팽하다」는 건물(집)의 바깥에서 담벼락에 그려진 그림에 눈길을 보내면서 "벽화에 바싹 붙어 있는 햇살과 / 그늘 속 동그랗게 앉아 있는 바람과 / 노랗게 떨고 있는 / 낙엽들의 팽팽한 논쟁"에 마음을 가져가 "쟁글쟁글 시끄럽다"고 묘사한다.

벽화壁畫 위의 햇살과 그 담벼락의 그늘에 머무는 바람, 노랗게 떨어지는 낙엽들이 어우러진 모습을 왜 "팽팽한 논쟁"으로 읽고, 그 정적靜的인 풍경을 "쟁글쟁글 시끄럽다"고 그리고 있는 것일까. 아마도 움직임이 없는 벽화와 그 위에 내리쬐는 햇살, 동그랗게 느껴질 정도로 멎어 있는 바람, 떨리며 떨어지는 낙엽들의 이질적인 함수관계를 팽팽하고 시끄러운 논쟁으로 바라보기 때문일 것이다. 시인은 이어서 그 조용한 풍경에 동적動的인 장면들을 끌어온다.

파란 잎이 대문을 열고 나와
햇살에 파닥거린다
그늘도 따라 나와
바람에 파닥거린다

접힌 발목을 부여잡고
낙엽이 운다
저기 언덕 아래 휘적휘적
낮술 취한 청년
전화기로 누군가를 향해
소리치며 올라온다
가을 한나절
일순 팽팽해진다

—함명숙의 「팽팽하다」 부분

떨어지는 낙엽과 달리 파란 잎이 "대문을 열고 나와" 햇살에 파닥거리고, 그늘도 파란 잎을 따라 나와 바람에 파닥거리며, 떨어진 낙엽도 소리(울음)를 내는가 하면, 낮술에 취한 청년이 큰 소리도 전화를 하는 장면 등이 가을 한나절의 정적인 풍경에 동적인 활력을 블어넣고 있다. 이 절묘한 장면들의 어우러짐을 떠올리면서 시인은 나뭇가지의 잎들을 대문을 열고 나온다고 그 움직임을 강화해 보이며. 그 정적 속의 동적인 풍경을 "팽팽한 논쟁"으로 읽는 감성感性도 돋보인다.

한편 한선향의 「절벽 그리고 나」는 해거름의 바닷가의 절벽을 내면으로 끌어들여 '나=절벽'이라는 등식을 통해 그 절벽에 빗대어 자신의 '아픈 사랑의 독백'을 풀어놓는다. "시간이 시든 꽃잎처럼 내 머리 위로 가라앉고/ 시간의 무게를 견딘 구름들 나신裸身 되어/ 우뚝 서 있는 아득한 절벽"이라는 묘사는 '나'와 '절벽'의 동질성同質性을 포개어 그리고 있는 경우로. 그 풍경 속에서의 사랑 독백은 해거름 물밑에 자지러지고, 붉은 꽃물이 번지는 아픔이라고 토로하기에 이른다. 하지만 해거름 물밑에 자지러지고 '번지는 붉은 꽃물' 같던 그 사랑의 아픔은 처연하게 승화된다.

홀로 서서
시간을 껴안고 가슴을 허물어
바다를 다독이는 절벽의 어깨가
섶 두른 나무들로 하여 꽃물이 가라앉을 때
나도 모르게 옷매무새를 가다듬고 합장하는
사원 하나 짓고 있네요
그 벼랑에 수도승처럼 좌정하고 있는
아직 사랑할 수밖에 없는 내가 있네요

—한선향의 「절벽 그리고 나」 부분

외롭게 가슴을 허무는 절벽이 해거름의 꽃물이 가라앉는 바다를 다독이듯이, 화자는 겸허한 자세로 합장하며 마음의 "사원寺院 하나"를 짓는가 하면, 벼랑에 수도승修道僧처럼 좌정해서 아프지만 여전히 사랑할 수밖에 없는 자신을 발견하며 다독인다. 이 때문에 시인의 사랑은 아프지만 성스럽고 처연하지만 아름다워 보인다.

장혜랑의 「백사장을 걷다」는 거센 파도가 휩쓸며 드나드는 백사장의 '모래'와 그 모래를 닮은 '나'의 내면을 겹쳐 떠올리며 모래밭에 절규하듯 심상풍경을 투사投射해 놓는다. 철저히 홀로(개체)인 모래는 거센 파도에 닳아 소멸되더라도 처절하게 견딜 뿐인데, '나'의 흰 발바닥까지 모래를 왜 밟는냐고 묻는다고 여기기까지 한다.

하지만, 백사장이 "꿈 한 자락 없이 할퀸" 탓일까. "끝없이 달려오는 파도를 향해 / 차라리 죽여 줘"라고, 더 나아가 "스스로 죽을 수 있게 버려줘"라고 절규絶叫하는 것으로 그리고 있다. 이 절규가 자신의 처지를 향해서는 "천만 번 더했을 끝나지 않을 비극 앞에 / 사람이란 제 생각대로 셈을 하는 동문서답의 무리"라는 데까지 닿기도 한다. 하지만 다시 바다로 시선을 돌리면서는

언제나 살아 있는 푸른 바다
오! 신비하고 아름다워
기껏 이 찬사밖에 못하는 위로 모래 귀에 들리겠는가
주검처럼 누운 모래여

죽은 게 아닌 죽는 게 아닌 빛난다는 것
아무에게나 그 만남이 찾아오지 않아
헬 수 없는 고난의 관을 씌워
영원한 바다의 주인으로
파도 모래가 이루어 낸 위대한 삼합

—장혜랑의 「백사장을 걷다」 부분

이라고, 시인은 살아 있는 '푸른 바다'가 주검처럼 누워서 빛을 내는(반짝이는) '모래'에게 "오! 신비하고 아름다워"라며, 위로慰勞의 찬사를 하는 말이 모래의 귀에는 들리겠느냐고 반문反問하면서도 '바다'와 '파도'와 '모래'는 '삼합'이라고 규정하는 건 '왜'일까. 시인이 자신의 처지를 모래에 빗대어 푸른 바다가 모래에게 헬(셀) 수 없는 고난의 관을 씌워 파도와 함께 자신의 주인이라고 노래하고 있는 게 아닐까. 다시 말해 시인이 모래와 함께 '삼합'에 끼어들어 그런 바다가 하는 위로의 말을 듣고 싶어 하기 때문으로 볼 수 있을 것이다.

iii) 앞의 작품들과는 대조적으로 서술체의 구문과 시인 특유의 어법으로 독백하듯 이야기를 풀어낸 서사적敍事的 서정시 가운데 몇 편을 일별一瞥해 본다. 누이의 애달픈 죽음을 토속적인 한恨의 정서로 떠올려 보이는 최규목의 「누이를 보내며」, 평범한 일상에서 마주치는 파토스에 위트를 곁들여 재치 넘치는 산문시로 풀어낸 서 하의 「누룽지와 강물」, 비의秘義에 싸여 있는 바다와 내면의 바다에 천착하면서 형이상학적 사유에 무게를 싣고 있는 김찬일의 「내 안의 나」는 어렵지 않게 읽히면서도 여운을 안겨 준다.

최규목의 「누이를 보내며」는 병마病魔에 시달리다 일찍 세상을 떠난 누이의 시신을 지게에 지고 장묘를 치른 심경을 절절하게 노래한 현대판 '제망매가祭亡妹歌'라 할 수 있다. "수명의 길이는 누가 정하나 / 정한 그를 원망하며 삼베천에 누이 말아 / 바소쿠리 지게 지고 산으로 간다"로 시작되는 이 시는 두 번째 연에서 "집채같이 쌓인 슬픔을 / 목발 장단 상엿소리로 구절구절 토해내니 / 구천 가던 누이가 '가기 싫다, 살려달라' 애원을 한다"고 자신의 슬픔과 누이가 살고 싶어 하는 애원哀願을 겹쳐 그리고 있어 그 애달픔이 극대화되고 있다. 더구나 시인은 그 심경을 우리의 토속적인 한의 정서로 풀어내고 있어 애틋하기 그지없다,

새끼 여우가 달 보고 짖는다는 여우골을 지나
두견이 슬피 우는 칠부 산기슭에
짧고 무거웠던 한 생을 내려놓고
이승의 터전으로 돌아오는 익은 길은
눈물이 앞을 가려 더 가기를 주저한다
팔소매 진한 손등으로 닦고 걸어 보지만
그럴수록 흐릿해서 걸을 수가 없다

저 하늘 별에도 다른 생이 있다면
제발 누이야
거기서는 울지 말고 웃으면서 살아라

—최규목의 「누이를 보내며」 부분

'새끼 여우가 우는 여우골', '두견이 슬피 우는 칠부 산기슭', '짧고 무거웠던 누이의 한 생'은 내려오는 산길에 눈물이 앞을 가려 걷기 어렵

게 할 수밖에 없었을 것이다. 가난에 찌들어 치료와 병구완을 제대로 할 수 없었던 터라 그 시절의 오라버니로서의 심경은 가히 짐작이 가고도 남지 않은가. 또한 누이가 얼마나 울었기에 저승에서는 "울지 말고 웃으면서 살아라"고 하겠는가. 이 시는 별다른 수사나 시적 장치 없이 한의 정서를 진솔眞率하게 표현해 되레 돋보이는 것 같다.

서 하의 「누룽지와 강물」의 경우는 주부主婦의 시각으로 일상의 단면을 비유법이 빈발하는 문맥에 위트와 재치를 다져넣고 있으며, 삶의 곡진曲盡한 기미들을 들춰내 보이는 상상력의 묘미가 돋보이는 시다. "강의 뿌리가 마당까지 달려오는 집, 허기는 틈만 나면 출몰하고 또 뭘 해 먹을까 뻔한 말은 아주 오래된 직업병"이라는 첫 연의 문맥은 반짝이는 언어 감각으로 채워져 있다. 강의 뿌리가 마당까지 달려온다는 표현은 특히 그렇다.

이어 두 번째 연에서는 "구름이 밥을 찐다 해도 간편하게 누룽지나 삶아 먹자 했지 그 말이 나는 왜 간편이나 누글누글 삶아 먹자로 들렸을까 산다는 일이 늘 그래 위에 견주면 설고 아래에 견주면 타는 듯한데"라고 그려지고 있는데, 이 대목들 전체가 위트와 재치로 가득 차 있지 않은가. 누룽지를 삶는 과정이 기실은 간편하고 누글누글하지만은 않을 것이다. 삶이 그렇듯이 잘(열심히) 젓지 않으면 위는 설고 아래는 타거나 눋게 어우러짐과 일체감이 깨지게 마련일 게다.

> 밥 굶기 좋은 날엔 누긋누긋 공중부양이나 할까 싶어, 입맛 없는 저녁에도 굴뚝은 말이 많아지고 어색한 분위기부터 풀어야지 눋지 않게 시계 반대방향으로 저으면 꽁꽁 얼었던 관계도 흐물흐물 풀어질까 가슴 뜨거워지는 일, 몇 바퀴를 저었는지 기억도 안 나
>
> 사는 일 죽도 밥도 아니라고 절레절레 고개 휘젓는 건 정말 곤란해 일어

나 주길 바라는 기적은 오늘도 기척이 없고 너와 너, 나와 나, 눈길마다 풀리는 저 달의 체온과 향기와 부드러움, 씹을 것 하나 없는 완제품, 삶은 누룽지다 우수 부근을 지나던 바람 저 바람, 바람

—서 하의 「누룽지와 강물」 부분

세 번째 연에서도 특유의 언어감각과 재치, 위트들이 점입가경漸入佳境을 이룬다. '누긋누긋 공중부양', '말이 많아지는 굴뚝', '눋지 않게 시계반대방향으로 젓기' 등이 그렇고, 누룽지가 되는 과정을 인간관계에 대입해 '꽁꽁 얼었던 관계도 흐물흐물 풀어진다'는 묘사도 마찬가지다.

그래서 마침내 네 번째 연에 그려지듯 "저 달의 향기와 부드러움, 씹을 것 하나 없는 완제품"으로 죽도 밥도 아닌 누룽지가 완성된다는 것이며, 우리의 삶이 '너와 너, 나와 나, 눈길이 풀리어' 씹을 것 없이 부드러우며 향기가 나게 된다는 사실(진리)을 암시하며, 그 삶의 현장이 바로 '강물의 뿌리가 마당까지 달려오는 집'이라는 이야기를 하고 있는 것 같다.

김찬일의 「내 안의 나」는 진솔한 서사적 언어로 한의 정서를 떠올리는 「누이를 보내며」와 주부로의 일상을 위트와 재치, 특유의 언어 감각과 상상력으로 그려 보인 「누룽지와 강물」과는 또 다르게 서사적 서정 속에 형이상학적形而上學的(철학적) 사유思惟가 녹아든 은유와 상징의 언어 행진을 보여준다.

시인은 마치 전설傳說을 들려주듯 "긴 겨울밤 꿈 가까이 / 푸른 환상인 울산바다가 있단다 / 다 풀지 못한 전설을 이고 / 바다 가서 파도가 된 할매가 있단다."라고 운을 뗀 뒤, 그 "파도는 덧없이 반복되는 할매의 얼굴 / 쭈글쭈글 주름살이란다. / 저 바다는 할매가 아니란다. / 파도와 파도소리가 할매일 뿐."이라고 이야기를 진전시킨다. 서술적으로 이야기를 들려주는 것 같지만 고도의 신화神話체계의 은유와 상징이 녹

아들어 있다.

'울산바다'는 긴 겨울밤의 꿈 가까이 있는 '푸른 환상'이며, 그 바다에 가서 '파도'가 된 '할매'의 얼굴에 쭈글쭈글한 주름살이 바로 '파도'이며 '파도와 파도 소리'가 다시 '할매'로 환치換置된다. 말하자면 '푸른 환상' 속의 '할매=파도=할매의 얼굴 주름살=파도와 파도 소리'로 이미지의 전이轉移가 거듭된다. 그런가 하면 화자가 이 이야기를 하는 것이 아니고 '할매'가 화자로 바뀌며, 화자(시인)가 '파도'도 변신變身하면서 이야기를 잇게 되기도 한다.

> 할매가 도란도란 먹여 주는
> 이야기 속의 나도
> 단지 일시적인 파도일 뿐이란다.
> 파도는 바다의 가면무도장이고
> 장례식장에 불과한 거란다.
> 해녀들이 물질하는 바다 속에 가야
> 나의 바다를 만나게 되는 거란다.
> 내 안에 있는 나이면서도
> 나 아닌 다른 것들
> 눈을 감아야 보이고, 귀를 막아야 들리는
> 영원히 살아 움직이는 것
> 바다 속에 있는 나의 바다를 만나면
> 신의 말씀 안에서
> 신의 아들로 살 수 있게 되는 거란다.
>
> ―김찬일의 「내 안의 나」 부분

화자는 '할매'가 들려주는 이야기 속에 놓이고, '일시적인 파도'가 된다. 하지만 그 일시적인 '파도'는 '바다의 가면무도장'이고 '장례식장'이다. 깊은 바다 속에 들어가야만 '파도'가 된 '나의 바다'를 만날 수 있고,

그 바다는 눈을 감아야 보이고 귀를 막아야 들리는 '내 안에 있는 나이면서도 / 나 아닌 다른 것들'인 영생永生의 존재라고 한다. 그래서 이윽고 그 '나의 바다'를 만나면 "신의 말씀 안에서 / 신의 아들로 살 수 있게 되는 거"라고는 데까지 나아가고 있다.

이 산문적 풀이를 되짚어 반추해 보면, '울산 바다'는 '푸른 환상'이며 그 환상 속에 '할매'와 '나'도 '파도'가 되지만, 일시적인 '파도'가 아닌 '할매'의 경우 '파도소리'가 되기도 한다. 그러나 바닷물 속 깊이 자리 잡은 '일시적이지 않은 나의 바다'는 현실 너머의 비의(신비神祕) 속에만 자리매김하고 있으며, 그 불가시적不可視的이고 불가청적不可聽的인 영생의 존재인 '나의 바다'에 다다라야만 '신의 말씀 안에서 / 신의 아들로 살 수 있게' 된다는 신화 같은 이야기다.

그러므로 시인은 신비한 철학적 사유로 현실 너머의 유토피아와도 같은 '비의의 세계'(푸른 환상)는 인간의 세계가 아닌 신의 세계지만, 그 세계에 다다르면 신이 된다는 '긴 겨울밤의 꿈'속의 신화를 창조해 보여 준다고 할 수 있다. 그야말로 시인의 지적 상상력이 빚어 보이는 '아름다운 꿈속의 신화'가 아닐 수 없다.

《대구문학》 2020. 6

은유, 인유, 환유, 해학과 언어유희

— 김상환, 강문숙, 손영숙, 김욱진의 시

ⅰ) 현대시는 다양한 기법을 대동한다. 경우에 따라서는 난해성에서 자유롭지 못하고, 언어와 의미가 변질작용을 함으로써 애매성과 다의성多義性을 거느리게 되기도 한다. 더구나 시는 모든 글 중에서 유일하게 음악성(리듬, 운율)을 가진 글이지만, 요즘의 시는 그 고유의 영역을 자유분방하게 넘나드는 추세다. '운문=시'라는 등식이 무색해지는가 하면, 서사화敍事化(산문화) 경향이 두드러지기도 한다.

《대구문학》 3월호에 발표된 시 가운데는 시적 묘미와 완성도가 높은 시들도 적지는 않지만, 그런 순탄하고 낯익은 전통적 서정시들보다는 다분히 실험적이면서 나름의 개성을 보여 주는 시 몇 편을 찬찬히 들여다보았다. 그 까닭은 다소 낯선 이들의 시 흐름을 따라가면서 어떤 기법을 구사하며, 시적 의도와 의장意匠이 어떤 가능성과 성과를 열어 보이는지도 짚어 보기 위해서다.

김상환의 「저녁 성당, 못」, 강문숙의 「책과 놀다, 두다」, 손영숙의 「봄

프리즘」은 각기 개성적인 언어미학과 기법의 묘미가 눈길을 끈다. 이들의 시에는 은유隱喩를 축으로 연상과 전이轉移의 기법이 끌어들여지는가 하면, 인유引喩에 뿌리를 두면서 패스티시로 진전되는 기법이 구사되거나, 상징象徵과 유사하면서도 '인접성의 비유'로 보이는 환유換喩에 기울어진 기법도 구사되고 있다.

이들 세 시인의 시와는 달리 김욱진의 「노모 일기」는 서사적인 서술과 쉬운 구문으로 쓰인 시다. 걸쭉한 해학諧謔과 특유의 언어유희, 능청스럽고 의뭉한 기지機智로 대상을 희화화戲畫化하면서 기실은 곡진한 연민과 질박한 휴머니티를 드러내 보이며, 읽는 재미도 안겨 준다.

ii) 직유直喩의 축약 양식이라 할 수 있는 은유는 표현하고자 하는 것(원관념)과 비유되는 것(보조관념)이 직접적으로 결합되며, 원관념이 생략되고 보조관념만 남기도 하는 비유법이다. 의미의 변질 작용이 기본 원리라 할 수 있는 은유는 한 사물의 명명이 다른 사물에 전용되는 명명으로 전이될 때 나타나게 되기 때문이다.

은유의 원관념과 보조관념의 결합은 유사성을 토대로 하는 게 아니라 상호 이질적인 것들의 결합이며, 그 비유하는 것과 비유되는 것 사이에는 유추類推의 거리도 멀어야 '살아 있는 은유'가 되고 '창조적인 은유'도 될 수 있다. 더구나 원관념과 보조관념 사이의 거리가 멀면 멀수록 그 긴장(텐션)도 강화되게 마련이다.

김상환의 「저녁 성당, 못」은 이 같은 '살아 있는 은유'를 보여주는 시다. 거기에다 연상과 전이의 기법이 보태져 있기도 하다.

하느님은 검은, 못이다
못에는 다리가 짧은 물오리
귀가 붉은 거북이가 산다

물 위에 사는 물오리가 선이라면
물 아래 사는 붉은귀거북은 불선이다
보이는 것과 보이지 않는 것
사이 소리의 풀벌레가 허공에 흩어진다
구름에 가려진 달빛
못에 핀 수련의 고요
고요함 속에서 물고기가 달을 읽는
밤의 둘레길
하느님은 물을 떠나지 않는다
비 온 뒤 가지 끝에 매달린 물방울
종소리의 저녁은 들리지 않고
타워의 먼 불빛만 휘황하다
마음의 집 성당
못을 떠나지 않은 나의 하느님
하느님은 혼자 부르고 싶은 이름이다
구월의 구원이다

—김상환의 「저녁 성당, 못」 전문

구월 어느 날 저녁때의 성당못 둘레길 위에서 바라본 자연 풍경과 내면 풍경을 겹쳐서 떠올리는 이 시는 첫 행부터 원관념(하느님)과 보조관념(검은, 못=저녁 성당못)이 사뭇 이질적이다. 표현하고자 하는 '하느님'이 '검은, 못'으로 비유되는데다 '성당聖堂'이라는 지명과 동의어인 가톨릭의 교회당인 '성당聖堂'("마음의 집")의 이미지를 포개 놓고 있으며, '검은'에 악센트가 주어져 있다.

이 시에서는 연상에 의한 비약도 거듭되고 있다. '못=하느님'에 "보이는"(가시적인) 다리 짧은 물 위의 물오리와 "보이지 않는"(불가시적인) 물 아래 귀 붉은 거북이가 살고 있다. 시인은 이들 중에서 가시적인 것을 '선', 불가시적인 것을 '불선'이라고 규정하는가 하면, '못=하느님'

은 그 사이의 풀벌레 소리, 구름에 가려진 달빛, 물 위에 피어 있는 수련, 물속의 물고기까지 오롯이 거느리고 있다.

게다가 '선'과 '불선'을 함께 품어 주는 그 '못'은 허공에 흩어지는 풀벌레 소리와 희미한 달빛, 수련의 고요, 그 고요 속에서 물고기가 달을 읽는 소리까지 끌어안고 있는 것으로 묘사되어 있다. 화자는 그 풍경 모두가 하느님 품안이며, 떠나지 않고 못물과 함께하는 하느님, 못물이 된 하느님을 감지하기도 한다. 심지어는 나뭇가지 끝의 물방울도 같은 맥락 안에 놓여 있는 것으로 읽힌다.

그러나 화자가 주변의 먼 곳으로 눈을 돌리면서는 "종소리의 저녁은 들리지 않고 / 타워의 먼 불빛만 휘황하다"고 그리고 있을 뿐 아니라, 자신의 하느님은 성당 못을 떠나지 않는다고 강조하고 있다. 이때의 "종소리의 저녁"은 '저녁의 종소리'(성스러움)로 바꿔 읽어도 좋을 듯하며, 다시 '하느님'(원관념)은 "혼자 부르고 싶은 이름"(보조관념)으로, 또다시 원관념인 그 이름(하느님)은 보조관념인 "구월의 구원"에 비유되고 있다.

이 시는 '하느님'이 '검은, 못'(저녁때의 성당 못)으로, 그 못은 하느님과 일치를 이룬 곳으로, 다시 궁극적으로 '하느님'은 '혼자 부르고 싶은 이름'인 '구원'으로 그리고 있으며, 이 '구원'은 시인의 바라는 바의 내면 풍경의 반영(투사)에 다름 아닌 것으로도 보이게 한다. 이 때문에 「저녁 성당, 못」은 그 풍경 자체를 그리기보다는 시인의 심상풍경을 떠올리고 있다고 할 수 있다.

iii) 강문숙의 산문시 「책과 놀다, 묶다」는 상징의 변형인 인유를 축으로 다른 작품(저서)으로부터 내용을 끌어들여 시에 적용시키는 패스티시로 진전되는 기법도 부분적으로 구사되고 있다.

독서 체험과 그 지식(내용)의 공유를 통해 공감대를 증폭시키는 효과를 노리고 있는 듯한 이 시는 여러 책의 제목들이나 그 내용의 일부를 발췌해 조립組立하면서 자신의 내면 풍경을 떠올린다. 다시 말하면, 인유의 기법으로 독서 체험의 일단들을 진술하는 가운데 기실은 시인의 삶에 대한 파토스들을 그 느낌들에 빗대어 표출하는 육성肉聲에 무게를 싣고 있다고 볼 수 있다.

또한 '놀다'와 '묶다'라는 어휘(동사)가 시사示唆하는 바와 같이, 독서를 하면서 빠져들던 때와 그 체험들이 따로 떨어지거나 흐트러지지 않도록 잡아매는 행위(반추, 또는 정리)를 통해 결국 삶의 비애와 무상감으로 귀결되는 자기성찰에 이르기도 한다.

> 붉은 노끈으로 서가의 책을 묶는다 니체가 눈물을 흘릴 때, 사르트르의 구토와 함께 김광규의 육성과 가성을 묶다가 손가락이 접질리고 말았다 한때 내 목울대를 짓누르던 갑상선을 떼어내고 목소리를 잃었던 적이 있었다 육성이 얼마나 살 떨리는 감동인지 그때부터 언어의 사원 앞에서는 별들의 오체투지가 시작되었다
>
> 저만치서 헤세의 고독한 영혼과 제인 오스틴의 오만과 편견 사이에서 납작하게 눌린 노네각시 한 마리 어딜 가려던 중인지 어디서 돌아오는 길인지 잭 케루악의 길 위에서 ㄱ자로 꼬부라져 있다 그리고 아무 말도 하지 않는 창백한 얼굴의 전혜린처럼 내가 서 있다
>
> 이 많은 책들을 언제 다 옮기나, 책과 놀던 시간들이 내 허기를 채워 준 걸까 내 허영을 키워 준 걸까 나를 염殮하듯 책을 묶다가 문득 머리 없는 세상은 현혹, 혹은 바벨탑이라 말하는 엘리아스 카네티 앞에 나는 무너져 내린다 책들을 정리할 것이 아니라 차라리 내 머리통을 어디 아무도 모르는 곳으로 뚝, 떼서 던져버리는 편이 낫겠다
>
> —강문숙의 『책과 놀다, 묶다』 전문

서가書架의 책들을 정리하고 비워 내는 작업을 하면서 시인은 '신은 죽었다'는 말로 널리 알려진 니체의 저서(『인간적인, 너무나 인간적인』, 『차라투스트라는 이렇게 말했다』, 『우상의 황혼』 등이 아닐까)을 비롯해 사르트르의 『구토嘔吐』, 김광규의 『육성과 가성』, 헤세의 『고독한 영혼』, 제인 오스틴의 『오만과 편견』, 잭 케루악의 『길 위에서』, 전혜린의 『그리고 아무 말도 하지 않았다』, 엘리아스 카네티의 『머리 없는 세상』 등을 정리하면서 자신의 내면을 투영해 보이는 그 콘텐츠들을 차례로 인유하고 있다.

첫 연에서 비치고 있듯이, 책을 묶는 노끈이 붉은색이라고 굳이 밝힌다든지, 책을 묶다가 손가락이 접질려졌으며, 책표지의 '육성'이라는 어휘에 한때 육성을 잃었던 기억이 되살아나 되찾게 된 육성 때문에 시에 정진하게 된 연유 등을 아프게 반추한다. 그 아픔과 결기는 "살 떨리는"과 "별들의 오체투지"라는 수식을 받기도 한다.

더구나 둘째 연에서 화자는 '고독한 영혼'과 '오만과 편견' 사이의 '길 위에서' ㄱ자로 꼬부라진 노래기와 그럼에도 아무 말도 하지 않는 창백한 자신을 목도하는 비애에 빠져드는가 하면, 급기야 마지막 연에서는 그 독서 체험들마저 '허기 채우기', '허영 키우기', '현혹', '바벨탑'과 같은 것이었는지도 모른다는 자괴감에서도 자유롭지 않아진다.

뿐만이 아니다. 책을 정리해 묶는 것을 "나를 염하듯"하거나 "책들을 정리할 것이 아니라 차라리 내 머리통을 어디 아무도 모르는 곳으로 뚝, 떼서 던져버리는 편이 낫겠다"고 하는 표현 등은 지독한 자조自嘲와 자학自虐이자 극단적 무상감의 표출에 다름 아닌 것으로 읽게 한다. 하지만 시인의 이 같은 절규는 자신의 삶과 시에 대한 열망의 역설이 아닐까 하는 생각도 해 본다.

ⅳ) 손영숙은 「봄 프리즘」을 통해 섬세한 감성과 첨예한 감각으로 환

유의 수사법을 주로 구사해 보인다. 그의 이 시는 '감춤'과 '드러냄'의 지적知的인 수직구조에서 발생하는 은유보다는 수평적 수준에서 발생하는 감각적 비유에 가깝게 자동화自動化된 인접성이 두드러지며, 사물의 일부로써 그 사물과 관계가 깊은 다른 '어떤 것'을 주로 떠올리고 있는 것으로 보이기 때문이다.

> 미동도 없는 대치 상태
> 얼음 풀린 새벽 강가에 엎드려
> 미세한 움직임 하나에
> 촉각을 곤두세우는 시간
> 초침 소리가 렌즈에 기록되는 찰나
> 한 줄기 빛
> 잡아라
> 숨을 멈추고 피사체에 초점을 맞추는 순간
> 펼쳐지는 저 날개
> 깃과 깃 사이 팽팽한 힘줄에 빛이 고일 때
> 고공비행의 첫발이 세차게 물살을 친다
> 수 갈래 빛살로 출렁이는 강의 가슴을 딛고
> 긴 겨울 둥지를 떠나는
> 고니떼의 비상
> 빛의 각도에 따라 무한 자유가 부챗살처럼 펼쳐진다
> 그래,
> 내 안의 렌즈를 닦자
> 우주의 빛이 내 몸에 들이치게
> 상한 다리에 힘을 모아 바닥을 치고 일어서자
> 햇살 스펙트럼
> 생애의 빛나는 일곱 빛깔의 무지개를 걸자
>
> —손영숙의 「봄 프리즘」 전문

겨울 새벽 강가에서 고니떼의 비상飛翔 장면을 카메라 앵글에 담기 위해 긴장된 순간들을 그리는 데서 출발하는 이 시는 특히 감각적 비유(환유)들이 반짝인다. 피사체(고니 떼)의 미세한 움직임에 촉각을 곤두세우는 것을 "미동도 없는 대치 상태"로 표현하고 있으며, 그 순간에 "초침 소리가 렌즈에 기록되는 찰나"를 끌어들여 놓기도 한다.

그런가 하면, 고니떼가 날개를 펼칠 때 카메라 초점을 맞추는 순간 숨을 멈추고 "한 줄기 빛"을 잡는다든지, 그 피사체被寫體(고니 떼)의 "깃과 깃 사이 팽팽한 힘줄에 빛이 고"인다고도 묘사한다. 또한 고니 떼의 겨울 둥지가 강이며, 북상北上하기 위해 하늘 높이 날아오르는 것을 둥지의 물살을 세차게 치며 "빛살로 출렁이는 강의 가슴을 딛고" 떠나는 것으로 보는 것도 반짝이는 감각적 비유가 아닐 수 없다.

더구나 이 같은 팽팽한 감각적 묘사(비유)는 카메라의 오각 프리즘으로 바짝 당겨 보면서 더욱 미묘한 빛의 파장을 빚어 보인다. "빛의 각도에 따라 무한자유가 부챗살처럼 펼쳐진다"는 표현이 그렇고, 우주의 빛이 자신의 몸에 들이치게 "내 안의 렌즈를 닦자"로 비약되는 건 더욱 그렇다.

게다가 이 비약은 빛의 파장의 순서에 따라 분해되어 배열되는 빛깔의 띠를 "생애의 빛나는 일곱 빛깔의 무지개"로, 그 스펙트럼을 내면으로 끌어들여 들여다보고 있다. 이같이 산문적 풀이를 해 봐도 느낄 수 있듯이, 손영숙의 감각적 비유는 섬세한 감성에 힘입어 팽팽하게 반짝인다.

ⅴ) 유사성의 부정으로 출발하는 아이러니는 문장 표면에 나타난 뜻과 그 뒤에 숨어 있는 뜻이 다르고, 대개 조롱嘲弄의 의도를 거느리게 마련이다. 시치미 떼고 꾸며대기의 형식을 띠게 되는 일종의 변장變裝 기술로, 표면의 화자는 가면(퍼소나)을 쓰고 나타나기 때문이다. 하지만

해학諧謔은 사실을 객관적으로 드러내지 않고 과장하거나 왜곡歪曲하고 비꼬아 우스꽝스럽게 표현함으로써 웃음을 자아내지만, 이내 대상을 향한 시선을 동정과 연민으로 유도하기도 한다.

김욱진이 구순 어머니의 일상적 삶의 서사를 그린 「노모 일기」는 이 같은 해학에다 능청스럽고 희화적인 어조가 번득이는 언어유희를 덧칠해 말놀음을 하는가 싶으면, 삶에 대한 곡진한 연민을 쏟아부으면서 넘치는 유머와 위트로 호소력을 증폭시켜 놓는다.

청춘에 혼자되어딴눈 한 번 팔지 않고
평생을 쪼그리고 앉아 밭뙈기만 일구며 살아오신 구순 노코
무릎 관절 닳고 닳아 오금조차 뗄 수 없다는 말씀을 듣고서야
생전 타보지 못한 으라차차 한 대 불쑥 사서 보내드렸더니
이 나에 꼬맹이 타는 유모차를 어떻게 끌고 다니냐며
아랫목에 그냥 고이 모셔두고는
장날마다 가서 사온 알록달록한 옷가지들만 수북 태워놓으셨다
어여차 어여차 어기여차 꽃상여 밀고 당기듯
두 무릎 버티고 일어서는 모습 안쓰러워
의자에 앉아 볼일 보는 실내변기도 하나 장만해드렸더니
아까워서 못 쓰겠다며 윗목에 고대로 놔두셨다
그러고 동네 노인정 가서는
이제 내 차도 한 대 생겼고 똥오줌도 방 안에서 다 본다며
여차저차 자랑자랑 늘어놓으셨단다
그 소문 들은 건넛집 꼬부랑 할머니 어렵사리 찾아와
이참에 문경댁 차 타고 늦가을 단풍 구경이나 한번 하자며
다짜고짜 노모 차 질질 끌고 나와
감잎 어지러이 나뒹군 마당 몇 바퀴 끙끙 돌더니
며칠째 보지 못한 똥이 다 마렵다며
방 안으로 엉거주춤 걸어 들어와 변기에 덥석 앉아서는

똥은 어딜 가고 용만 죽도록 쓰다 집으로 돌아갔다는데
노모는 그 담날 노모 차를 끌고 마을회관까지 와서
차를 타고 다니니 영 수월타며, 그런데
누가 내 똥통 고장 다 내놓고 갔다며
어젯밤엔 참다 참다못해 노인정 화장실 와서 변을 보고 갔다지 뭔가

—김욱진의 「노모 일기」

일찍 남편을 여의고 한평생 농사를 지으며 근검절약으로 살다가 노쇠老衰한 어머니를 위해 장만해 드린 운신용 유모차와 실내 좌변기에 얽힌 이야기를 특유의 걸쭉한 해학과 유머러스한 언어유희로 서술한 이 시는 어머니의 노후의 삶과 그 삶에 대한 화자의 연민과 질펀한 휴머니티(효심孝心)를 진솔하고 질박하게 드러내 보여 준다.

청춘에 홀로돼서도 오로지 자식 키우고 농사일을 하며 살아온 어머니는 늙어서 거동이 불편한데도 유모차와 좌변기가 아까워 아끼느라 방의 아랫목과 윗목에 두고 쓰지 않았다는 이야기, 그러면서도 노인정老人亭에 가서는 편하게 쓰는 것처럼 자랑했다는 이야기는 어머니의 삶의 자세(철학)를 가감 없이 그려 보인다.

거기다가 자랑 때문에 부러워 어렵사리 찾아온 건넛집 꼬부랑 할머니가 먼저 유모차를 끌어보고 좌변기도 사용해 보는 것까지는 좋았다고 치더라도, 노모老母는 여전히 좌변기를 아끼느라 고장이 났다며 노인정 화장실을 이용했다니 설령 과장이라 하더라도 웃다 말고 숙연해지지 않을 수 없게 한다.

더구나 이 시에 관류하는 해학과 능청스럽고 희화적인 어조(말재간)는 시인 특유의 채취를 느끼게 할 뿐 아니라 노모의 말재간 역시 마찬가지로 웃음을 증폭시켜 주고 있어 '모전자전母傳子傳'이라는 말을 떠올려보게도 한다.

이 시에 구사되는 언어유희에는 몇 가지 예만 들더라도 유머와 위트가 넘쳐나고 있어 읽는 재미를 크게 북돋워 준다. '유모차'가 '으라차차', '내 차', '문경댁 차', '노모 차', '차'로 바꿔 부르고 불리는가 하면, 노모가 일어서는 모습을 "어여차 어여차 어기여차"로, 노모가 자랑하는 모습도 "여차저차"와 같이 낱말의 끝 글자를 어김없이 '차'자로 수식(배치)해 놓고 있다.

또한 유모차를 밀며 다니는 게 아니라 "차를 타고 다니니 영 수월타"고 하는 노모의 너스레, 방 아랫목에 놓인 유모차에 "장날마다 가서 사온 알록달록한 옷가지들만 수북 태워 놓으셨다"는 화자의 희화적인 묘사(말재간) 역시 간과할 수 없게 한다. 이 시는 특히 언어를 운용하는 위트가 언어유희의 묘미를 크게 증폭시켜 주는 경우라 할 수 있다. 아무튼 재미있는 시다.

《대구문학》 2020. 4

4

존재와 내면 탐구

— 최애란, 지정애, 장혜승의 시

i) 시의 언어는 보통의 언어처럼 말의 뜻이나 논리에 주로 의존하는 경우에도 보통의 언어보다는 비약적이거나 첨예하게 마련이다. 시에는 말의 리듬, 이미지, 어조는 물론 역설逆說, 은유隱喩, 상징象徵 등 여러 가지 기법이 구사되고, 그것들의 유기적인 관련이 중요한 역할을 하기 때문에 보통의 언어보다는 섬세하고 미묘한 의미의 구조를 가지게 되며, 고도로 조직된 언어들이 동원되기도 한다.

시는 미적 대상일 뿐 아니라 시인 자신의 인생관, 세계관의 표현이다. 시인은 사물과의 내적 교섭을 통해, 구체적 인간 상황 속에서, 진리를 포착하고 새로운 사실과 진실을 발견하는 통찰력洞察力을 드러내 보이기 때문이다. 철학자 하이데거는 존재와 존재자를 구분하고 존재 자체에 관심의 초점을 맞추면서, 언어는 존재(현존재) 이해의 통로라 했다. 이때의 존재는 존재자와 대립되면서 신비스러운 양상을 띠게 되므로 하이데거의 미학은 존재론存在論, 또는 형이상학形而上學에 근거를 둔 형이상학적 미학이라고 불리고 있다.

하이데거는 '언어가 말한다', '언어가 존재를 말한다', 언어는 사물로서의 존재를 말한다'는 세 가지 명제命題를 제시하기도 했다. 시인이 언어를 부리는 게 아니라 언어가 시인을 부림으로써 존재가 시를 낳게 하는 근원이고, 시는 존재의 드러남이라고도 했다. 언어(시어)는 존재의 부름과 말 건넴에 대한 시인의 응답이라는 것이다. 다시 갈하면, 존재의 말 건넴도 언어요, 존재의 응답도 언어이므로 언어는 존재라는 논리다.

내면內面 탐구의 시는 이 같은 언어미학과 깊이 연계되 있다. 한국시에서도 그 극단적인 예까지 보아 왔다. 1960년대부터 시도됐던 김춘수의 '무의미시'나 그 뒤를 이은 이승훈의 '비대상시'는 언어에 절대성을 부여하는 내면 탐구의 추상시抽象詩다. 김춘수는 관념(고정관념)을 지운 시를 쓰려 했고, 이승훈은 대상이 없는 시를 쓰려고 한 점이 다르다.

《대구문학》 1월호에 실린 시들을 읽으면서 '언어=존재'라는 하이데거의 말을 염두에 두고, 세 편의 시만 골라 나름으로 산문적인 풀이를 해 본다. 언급되는 작품들이 모두 형이상학적 미학에 충실하다기보다는 비교적 그런 빛깔을 띠고 있으며, 존재론적 현상학現象學을 근거로 쓴 시들로도 읽혀진다. 존재의 말 건넴에 대한 응답이 각기 다른 양상을 보이지만, 대체로 치열한 내면 탐구를 하고 있으며, 쉽게 읽히지 않는다는 점도 더욱 자세히 들여다보게 했다.

ii) 최애란의 시 「달 밖에 사는 토끼, 지금은」은 존재의 비의秘義에 천착하면서 내면 탐구에 무게를 두고 있으며, 언어가 존재를 말하는 추상시로 볼 수 있다. 시인은 언어로 여러 가지 사물이나 개념의 공통되는 특성이나 속성을 추출해 다각적으로 변주變奏해 보이는가 하면, 궁극적으로는 존재의 비의와 그 신비神祕로부터 멀어져 있는 오늘의 세태를 풍자하기도 하고, 자기 희화화自己戲畫化를 통해 내면의 비애를 역설적으로 표출해 보이기도 한다.

토끼 한 마리가 달 밖에서 달을 본다
달에 사는 토끼가 달 밖에서
앞발을 가슴 안쪽으로 모은 채
이야기 들어 달라고 두 귀를 쫑긋 세운다
우화를 듣고 자란 토끼와 거북이는
서로를 묶어놓은 채
다른 행성을 쳐다보고 있었다
제가끔 목을 치켜들었지만
거북이를 닮고 싶은 자라는
얼굴도 모르는 토끼를 잡겠다고
가슴 안쪽에 토끼 화상을 품고
다닌다는 소문까지 돌았다 굽이굽이 돌아
국경을 넘은 토끼는 숨 헐떡이는 달 밖으로
두 귀를 늘어뜨린 채 달을 그리워했다
누구도 들으려 하지 않았고 그 여름
달을 뛰쳐나온 토끼들의 행렬은 달까지 이어졌다
달을 품고 달 밖에 사는 토끼들
가슴 안쪽 들키지 않으려고
그녀는 토끼와 무관한 여우 목도리를 주문했다
쇼호스트는 겁도 없이 두 마리 토끼를 잡은 거라고

그 겨울 거리는 토끼털을 두른 여우들로 넘쳐났다

—최애란의 「달 밖에 사는 토끼, 지금은」 전문

비의와 신비에 감싸여 있으면서도 정신적 본향本鄕과도 같은 '달'을 시의 중심에 들어앉히고 이솝 우화寓話, 우리 고전인 「별주부전」, 장유의

『계곡집』에 실린 「중추절」 등의 묘사나 이야기를 연상케 하는 토끼, 거북이, 자라와 여우까지 끌어들인 이 시는 내면 탐구에 무게를 실으면서도 활유법活喩法으로 완곡하게 세태를 풍자하기도 한다.

이솝 우화에 등장하는 토끼는 게으른 인간, 거북이는 부지런한 인간을 상징한다. 병든 용왕이 자라에게 토끼의 간을 구해 오라고 해서 토끼를 데려가지만 토끼가 용왕과 자라를 속이고 그 위기를 벗어난다는 줄거리의 「별주부전」에는 거북이 대신 등장하는 자라가 꾀 많은 토끼에게 속았으나, 자라는 충성심이 강하고 성실한 반면 토끼는 속임수가 능하고 간사한 동물로 그려져 있다.

한시 「중추절仲秋節」도 보름달을 보면서 토끼를 떠올리는 바와 같이, 옛사람들은 달을 보면서 계수나무 아래서 토끼가 떡방아를 찧는다는 상상을 하는 등 지구와 가장 가까운 천체天體인 달을 신비화해 바라보게 마련이었다. 더구나 달은 지구의 둘레를 도는 단 하나의 행성行星이어서 사람들이 가깝게 끌어당겨 의미를 부여했을 것 같으며, 달은 스스로 빛을 내지 못하고 태양의 빛이 닿는 부분만 빛을 내기 때문에 지구 주위를 돌 때 그 위치에 따라 모양이 달라지는 현상에 더욱 신비감을 느꼈을는지도 모른다.

「달 밖에 사는 토끼, 지금은」에는 달 밖에 있는 토끼와 달에 사는 토끼가 등장하는 것 같지만 이 토끼들은 다른 토끼가 아니라 같은 토끼이며, 현실(지구)에 놓인 토끼 역시 달을 뛰쳐나온 토끼다. 이 시에 등장하는 토끼들은 이처럼 하나같이 "달을 품고 달 밖에 사는 토끼들"들인 셈이다.

그렇다면 시인은 왜 토끼가 달 밖에서 달을 보고, 달에 사는 토끼가 달 밖으로 나와 앞발을 가슴 안쪽으로 모은 채 이야기를 들어 달라고 하면서도 거꾸로 두 귀를 쫑긋 세우고 있다고 그리고 있는 걸까. 더구나 우화를 듣고 자란 토끼와 거북이가 왜 다른 행성을 쳐다본다고 반전을 하고 있는지 언뜻 이해하기 쉽지 않다. 의미망의 혼란과 모순矛盾을 부르기도 하는 이 같은 상상은 반전反轉과 전도顚倒를 통한 역설적 응답으로 봐야 할 것 같다.

뿐만이 아니다. 이 시에서는 자라가 잡으러 나서는 토끼의 얼굴도 몰라 화상畫像을 품고 잡으러 온다는 소문에 토끼가 달아났으면서도 달 밖으로 두 귀를 늘어뜨린 채 달을 그리워한다고 그리고 있어 역시 쉽게 읽히지는 않는다. 하지만 연유야 무엇이고 어떻든 "달을 뛰쳐나온 토끼들의 행렬은 달까지 이어졌다"는 대목이나 토끼들은 달 밖에서도 한결같이 달을 품고 산다는 대목에는 각별히 유의하지 않을 수 없다.

반전은 거기서 끝나지도 않는다. "가슴 안쪽 들키지 않으려고" 달을 품고 사는 화자(그녀)도 "토끼와 무관한 여우 목도리를 주문"하는가 하면, "쇼호스트는 겁도 없이 두 마리 토끼를 잡은 거라고" 그리고 있다. 게다가 두 연으로 된 이 시의 두 번째 연은 "그 겨울 거리는 토끼털을 두른 여우들로 넘쳐났다"고 단 한 줄로만 구성해 놓아 극단적인 비약을 통한 반전의 묘미를 극대화極大化해 보이는 경우로 읽힌다.

신비의 상징인 달이 있는 풍경을 담고 있는 이 시가 거느리는 의미망을 그대로 따라가다 보면 난감하고 난처해지기도 한다. 언어가 언어를 부르고, 의식이 의식을 부르는 연상聯想과 분방한 상상력이 구사되고 있으며, 전이에 의해 의미가 바뀌고 확산되는 의미의 변질작용이 잇달아 일어난다. 또한 대상이 환치換置되고 언어와 이미지들이 전도되거나 무화無化되면서 다시 새로운 의미로 변용變容되는 기법까지 끌어들여지고 있다.

시의 화자가 토끼와 무관한 여우 목도리를 주문하고, 상품을 소개하고 직접 시연해 보이는 쇼호스트는 두 마리 토기를 잡은 거라고 하는 표현은 물론 토끼털을 두른 여우들이 거리에 넘쳐났다는 표현도 언어와 이미지의 전도나 무화를 통해 새로운 의미를 떠올려 보이려는 의도의 소산으로 읽힌다.

화자에게도 익숙한 우화나 이야기, 고전에서의 달과 토끼의 이미지가 바로 현실적으로 마주치는 TV의 화면이나 거리에서는 달 밖에서 사는 토끼가 여우로 환치되고, 토끼털로 만들어진 목도리로 둔갑되기도 한다. 이 극단적인 반전과 전도는 오늘의 세태에 대한 풍자의 뉘앙스를 거느리고 있으며, 존재의 비의나 신비에 가 닿고 싶은 열망을 희화화한 내면풍경에 다름 아니리라는 느낌도 들게 한다.

iii) 지정애의 「벽 앞에서」는 「달 밖에 사는 토끼, 지금은」보다는 다소 온건해 보이지만 역시 순탄한 의미망을 비껴서 있으며, 안팎으로 길항하는 마음을 붙들고 놓는 내면 풍경을 복합적으로 떠올려 보인다. 이 시에서의 '벽'은 타자(심지어는 자신)와의 소통疏通과 만남을 가로막는 벽이지만, 가시적인 벽이라기보다는 불가시적不可視的이면서도 완강한 벽이며, 자신의 내면에 자리잡고 있는 벽으로도 읽힌다.

마음 밖으로 나가려는 마음
손바닥의 불씨처럼 꼭 쥐면
어딘가에 있는 작은 돌에 닿을 듯하다

펜스를 쳐놓은 밖으로
얼굴을 내밀면
너는 파문이 되고
나는 바람에 떨어지는 꽃이 될 거 같아

조용히 자라는 벽의 아래쪽 벽돌
한 장을 누가 빼가도 모르듯
스미는 너를 밀어내고

한 걸음 내딛으려는
입술을 닫고
마음을 감는다

가장 안에 있는 마음의 온기로
스스로를 품으며

사막을 견디고
중심을 키우는 밤

만나고 싶은 마음을 버리면서
—지정애의 「벽 앞에서」 전문

시의 화자는 벽과 마주치며 그 앞에 놓이게 되고, 그 벽은 마음의 안팎을 차단하는 벽이기 때문에 "마음 밖으로 나가려는 마음"을 가로막는다. 그러나 그런 마음도 "손바닥의 불씨처럼 꼭 쥐면 / 어딘가에 있는 작은 돌에 닿을 듯하다"는 대목에서 읽게 되듯, 희망의 끈을 놓지는 않는다. 이 문맥文脈의 '불씨'를 다른 사전적 의미인 '소동騷動이나 사건 따위를 불러일으키는 실마리'로 바꿔 읽어 보게 되면, 외부로 향한 마음에 그 실마리가 생길 가능성을 조금은 열어놓고 있는 것으로 읽힌다.

이 같은 가능성은 두 번째 연에서 또 다른 방향으로 변주된다. '마음'과 '밖으로 나가려는 마음'이 '너'와 '나'로 환치되고 '벽'이 '펜스'로 바뀐다. 하지만 이같이 '나'가 펜스 밖으로 얼굴을 내미는 진전이 보이고 있음에도 불구하고, 그 상황에서는 "너는 파문"이, "나는 바람에 떨어지는 꽃"이 될 것이라고 해 비애가 되레 증폭되는 양상을 보이기까지 한다. 이어서 반전을 통해 '나'가 스미는 '너'를 밀어내고 "입술을 닫고 / 마음을 감는" 체념과 포기에까지 다다라 있다. 더구나 '밖으로 나가려는 마음'을 내려놓거나 주저앉히는 것보다도 강도가 높은 "감는다"로 표현되고 있어 간과看過할 수 없다.

시인은 이윽고 "가장 안에 있는 마음의 은기로 / 스스로를 품"을 뿐 아니라 그런 정황에서 극대화된 비애(또는 절망)라 할 수 있는 '사막'을 견디고 '중심'을 키우는, 그래서 '밖으로'가 아니라 '안으로' 들어앉는 마음(심리상태)을 드러내 보인다. 하지만 여기까지가 끝도 아니다. 시인의 역설적 자기 탐구와 존재 탐구는 마지막 연(한 행) "만나고 싶은 마음을 벼리"는 반전과 전도로, 벽을 뛰어넘고 싶은 의지를 암시해 보이기도 한다.

ⅳ) 장혜승의 「나는 꽃이다」는 '나와 너'의 관계에 천착穿鑿하고 있는 시다. 이 시에서는 '나와 너'가 하나로 어우러지는 관계가 아니라 함께 있으면서도 '남남'(타인)으로 살아가며, 온전한 '나와 너'의 관계를 열망하는 비애로 채워져 있다.

마르틴 부버는 '나와 너'의 관계는 오직 사랑함으로써, 오직 서로 목적이 됨으로써 이루어지며, 이 관계에서는 상대방에게서 무한無限을 발견하고 정의 내리지 않으며 강요하지 않을 뿐 아니라 함부로 이야기하지도 않고 함께 걸어가게 된다고 했다. 하지만 '너'를 '그것'이라고 보면 '나'도 '그것'이 되고, '너'를 인격으로 볼 때 비로소 '나'도 인격적인 존재가 된다고도 했다. 그 요체가 사랑임은 말할 나위가 없다.

> 내가 울 때 너는 모르는 척
> 네가 울 때 나는 모르는 척
> 세 끼니에 목을 매는 두 발 짐승?
>
> 우리 서로 간절히 배고플 때 그곳에 없는 우리는

두 발 짐승들의 너그러운 주문呪文 사랑한다, 사랑한다고

나는 꽃이었었다, 꽃이다
꽃들이 목젖으로 웃을 때 내가 목젖으로 웃고
내가 머리 풀어 서럽게 울 때 꽃들이 머리 풀어 서럽게 운다
사랑한다 말한 적 없는데 손가락 걸어 약속한 적 없는데
너는 늘 내가 달려간 그 자리에

웃음이 시들어 가고 있다 눈물이 시들어 가고 있다
헤어질 때가 지나가려 한다

바람아! 날개 다 열어 우리를 부쳐 흔들어라
마구마구 흩어 흔들어라 이별이 향기 될 때까지
헤어질 때가 되었다. 서둘러 떠나자
너도 꽃이고 나도 꽃이기에
너는 너의 도피성으로 나는 나의 도피성으로

없었던 약속이 미안한 듯 어둠에서 울컥일 때
더듬더듬 더듬어서 활짝 만나자
나는 향기마저 수줍은 꽃이다

—장혜승의 「나는 꽃이다」 전문

이 시는 '너'에 대한 기대치가 높기 때문인지도 모르지만, 먼저 상대방을 인격人格으로 보지 않는 아픔을 그리는데서 출발한다. "세 끼니에 목을 매는"이라는 대목이 말해 주듯, 함께 살고 있지만 서로가 인격을 존중하지 않는 "두 발 짐승?"일 따름이며, 가장 절실할 때(울 때)도 "모르는 척"(무관심, 또는 무시)하는 관계, 부버식으로 표현한다면 '나와 그것'의 관계에 다름 아니다. 이어서 그려지듯, 서로 절실히 배고플 때

서로가 없는데도 의미(알맹이)가 없는 주술呪術처럼 사랑한다는 말만 하는 관계다.

하지만 '나와 너'의 관계를 '나와 꽃'의 관계로 상대를 환치해서는 그 사정이 사뭇 달라진다. 사랑한다는 말도, 약속한 적이 없는데도 '나'와 '꽃'은 함께 웃고 우는 관계에 놓이고, '하나'가 된 '나와 너'의 온전한 (사랑의) 관계가 되기도 한다. 이같이 '나와 너'의 온전한 관계는 오직 사랑함으로써, 오직 서로가 하나로 어우러짐으로써, 나에가 인격으로 보는 '나와 너'가 됨으로써 이루어지는 것이다.

이 같은 사랑도 결국 유한有限할 수밖에 없다. 시인은 '꽃'과 '나'가 하나가 되어 "나는 꽃이었었다. 꽃이다"고 말하고 있지만, 꽃은 시들고 지지 않을 수 없다. 그래서 '꽃'이 된 '나'는 "바람아! 날개 다 열어 우리(나와 너)를 부쳐 흔들어라 / 마구마구 흩어 흔들어라"고 또 다르게 절규하지 않을 수 없게 된다. 다만 이 절규는 "이별이 향기 될 때까지"라는 단서를 달고 있다. 온전한 관계의 '나와 너'는 헤어짐도 향기를 동반한다는 믿음을 전제前提한다.

그런데도 "서둘러 떠나자"고 하면서 "너는 나의 도피성으로 나는 너의 도피성으로"라는 발언을 하고 있는 것일까. 이는 존재(사랑)의 유한성에 대한 절규絶叫이며, 의미의 반전을 통한 역설이 아닐 수 없다. 게다가 "어둠에서 올컥일 때 / 더듬더듬 더듬어서 활짝 만나자"는 대목도 예사롭게 읽히지는 않는다. 사랑은 오래 참고 기다려야 하는 덕목을 거느리며, 그 과정을 거쳐서야 다시 "활짝" 필 수 있기 때문인지도 모른다. 이 시의 "나는 향기마저 수줍은 꽃이다"라는 마지막 행은 특히 애매모호曖昧模糊하면서도 긴 여운을 안겨 준다. 《대구문학》 2020. 2

사랑, 비움, 지움, 야성의 시학
— 이진흥, 김연대, 박태진, 김정옥, 이진엽의 시

i) 누군가가 부부夫婦 사이의 사랑은 따스한 봄빛 아래서 발화發火하지만 한여름 밤의 폭풍우처럼 휘몰아칠 수도 있다고 했던가. 부부는 피 한 방울 섞이지 않아 등돌리기 쉬운 사이이면서도 이미 가둔 물고기 같아서 세심한 정성이 필요 없을 수도 있다고도 했다. 그렇다면, 부부 사이에 사랑의 열정熱情이 식어도 당연시되는 관계인 것은 고운 정, 미운 정으로 얽히고설켜 살아갈 수밖에 없기 때문일 게다.

요즘은 신혼이혼뿐 아니라 황혼이혼도 크게 늘어나듯, 가정을 둘러싼 현실이 녹록하지는 않다. 언제나 사랑을 꿈꾸고 실천에 옮기려는 부부들마저도 세태世態의 어려움이 녹아든 공간에서는 속박된 사랑을 힘들어하게 마련이다. 바람직한 가정에는 현악4중주 정도의 화음和音은 끊임없이 요구되며, 그 이면裏面엔 사랑, 웃음, 행복, 눈물, 갈등 등이 공존하고 있는 탓이다. 이 때문에 부부관계는 '세상에서 가장 아이러니한 인간관계'라는 말도 나온다.

전문가들에 따르면, 사이가 좋은 부부는 서로의 단점에 불평하기보다 장점에 감사하는 태도를 가지며, 다른 사람 앞에서 상대에게 칭찬을 잘 하는 경우라고 한다. 일상생활에서도 어떤 일에 대해 유머 있게 대처할수록 더 건강한 관계를 유지할 수 있으며, 상대방과 의견이 다르더라도 입장을 바꿔 생각하는 자세가 필요하다고도 한다. 게다가 싸움을 하더라도 욕하거나 폄하하는 등 상처를 주지 않고, 스스로의 실수나 잘못에 대해서 사과하고 책임을 지는 태도가 필요하며, 서로를 유혹하는 태도를 가지면 금상첨화錦上添花라 한다.

이진흥의 「지금 이 시각」과 김연대의 「대련」은 부부관계를 따스한 휴머니티로 착색해 보여주고 있어 눈길을 끈다. 칠순을 넘긴 이 두 시인은 각기 다른 시각으로 아내에 대한 늘그막의 사랑을 노래하며 화음(화합), 칭찬(배려), 감사의 덕목德目을 떠올린다.

이진흥은 같은 아파트의 이웃과 이 지구촌, 나아가 우주宇宙로까지 관심의 폭을 넓히면서 사랑의 의미를 부각시키며, 궁극적으로는 가장 가깝게 느끼는 아내를 향한 사랑을 은근하고 따스하게 드러낸다. 도회적인 일상에 지성知性의 빛깔이 포개어진 이진흥의 시와는 달리 노후 전원田園생활의 애환을 배경으로 질박한 감성感性이 두드러지는 김연대의 시는 연민의 빛깔이 짙게 베어나는 아내 사랑 이야기를 완곡하게 드러내 보인다.

> 내가 아침 식탁에 앉아 깍두기를 깨무는 지금, 12층 여자는 출근하는 남편의 비뚤어진 넥타이를 매만져 주며 일찍 들어오라는 말을 하고 있을까. 내가 막 수저를 놓는 이 시각, 보스톤의 페이지 여사는 해 지는 서쪽 창가에 앉아 보스니아에 파병 간 아들 생각을 하며 티비에서 오바마의 연설을 듣고 있을까. 식탁을 치우는 아내가 아직 세수도 않고 신문이나 뒤적이는 나에게 못마땅한 눈길을 보내는 지금, 피레너 산골 로드리게 할머니는 밤

하늘에 금을 긋는 별똥별을 바라보며 재빨리 가슴에 성호를 긋고 있을까. 어쩌면 바로 지금 이 시각, 은하계 저편에서 초신성 하나가 폭발하는지도 모르는데, 반짝 머릿속에 떠오르는 생각, 이 세상 모든 일이 어둠의 찰나를 스쳐가는 번갯불이라는……, 나는 슬그머니 아내의 등 뒤로 다가가 다정히 두 손을 어깨에 얹어 본다.

—이진흥의 「지금 이 시각」 전문

이 시에서 시인은 아침 식탁에서의 '지금 이 시각'을 축으로 시공時空을 넘나드는 상상력을 대동하며 사랑의 빛깔을 다채롭게 떠올린다. 아내가 차려준 아침 식탁에서 깍두기를 깨물면서 이웃 젊은(그렇게 읽힌다) 부부의 다정한 모습을 떠올리는 데서, 아침 식사가 끝나면서는 제2차 세계대전 이후 유럽에서는 가장 치명적인 전쟁(내전)을 치르며 유고슬라비아 연방의 해체를 부른 보스니아에 파병 가 있는 아들에 대한 보스톤의 한 어머니의 모성애母性愛를 상상해 보는 데로 관심을 옮아간다.

이어서 식사를 마친 뒤에도 아내와 달리 신문을 읽는(온갖 상상을 하는) 등 게으름을 피우며(실제로는 아주 부지런하게) 프랑스의 남서부 피레네 산골의 성모聖母 발현 성지聖地인 루르드의 동굴에서 기도하는 한 할머니의 성스러운 사랑을 떠올리고, 수억 개의 별로 이루어진 은하계銀河系보다 순간적으로 훨씬 밝은 빛을 뿜어내는 초신성超新星 폭발에까지 생각의 날개를 펼치면서 '지금 이 시각'의 사랑이 "어둠의 찰나를 스쳐가는 번갯불"이라는 인식에 닿는다.

시인은 '지금 이 시각'의 "반짝 머릿속에 떠오르는 생각"과 생성生成과 소멸消滅을 거듭하는 이 세상 모든 일을 연계시키며 순간적으로 번쩍이는 찰나가 '어둠의 찰나를 스치는' 것이라고 여기는 건 '왜'일까. 이는 순간적으로 번쩍이는 바로 '지금 이 시각'의 사랑이 얼마나 소중한가를 일깨우는 메시지에 다름 아닌 것으로 보이게 한다.

이 시의 백미白眉는 "나는 슬그머니 아내의 등 뒤르 다가가 다정히 두 손을 어깨에 얹어 본다"는 대목이라 할 수 있다. 출근하는 남편의 넥타이를 매만져 주며 일찍 귀가歸家하라거나 해 지는 서쪽 창가에 앉아 위태로운 이국異國 전쟁터에 나간 아들의 무사를 염원하며 대통령의 연설을 시청하는 애틋한 모성애도, 루르드의 성모상 앞에서 별똥별을 바라보며 별이 떨어지는 순간에 재빨리 가슴에 성호를 긋는 할머니의 간절한 기도도 '지금 이 시각'의 따뜻하거나 성스러운 사랑의 모습들이 아닐 수 없다.

그러나 이 모든 사랑은 시인이 슬그머니 아내의 어깨에 두 손을 얹어 보는 사랑과 달라 보이지 않을 뿐 아니라 그보다는 시인의 사랑이 끼얹어져 있는(세례洗禮를 받고 있는) 것으로도 보이게 하기 대문이다. 더구나 이 시에서는 스쳐가는 매순간들이 어김없이 사랑 안에 놓이는 '지금 이 시각'에 다름 아니기도 하다.

여름철에는 갑자기 소나기가 쏟아져
널어놓은 곡식을 물말이도 하고
바람까지 몰고 올 때는
처마 밑 축담 위의 것들도 다 적신다
아내가 손으로 빨아 널어놓은 이런저런 빨래를
젖기 전에 내가 먼저 걷어 들인다
빗소리 듣지 못한 아내는
고마움과 함께
철이 드는 아이 바라보듯
기뻐하는 표정이다
걷은 빨래를 아내에게 맡기며
귀에다 대고 '호박전' 한다
본래 말이 적은 아내라 응답이 없다

창문에 기대앉아
흐릿한 저녁 산 바라보며
노년에 닥치는 어려움들을
이리저리 엮고 앉았는데
난청의 아내는 정말 호박전을 만들어
쟁반에 담아 가지고 온다
비에 젖은 코스모스 같다고는 할 수가 없고
연꽃 받쳐 든 연잎 같다고 해야겠다

—김연대의 「애련」 전문

늘그막에 애환이 적잖은 전원(농촌)생활을 하는 부부의 은근한 사랑을 떠올리는 「애련」은 노부부만 살고 있는 여름철 가정의 집 담장 안 풍경을 질박質朴하고 진솔眞率하게 그려 보인다. 집밖의 일은 화자(시인)의 몫이고 집안일은 아내의 몫이겠지만, 화자에게는 반드시 그렇지도 않다. 아내의 몫을 거들어야 할 때기 적잖다. 물론 그 반대인 경우도 없지는 않을 것이다.

하지만 이 시에서 토로吐露되고 있듯이, “노년에 닥치는 어려움들을 / 이리저리 엮”어야 하며, 그 어려움은 “갑자기 소나기가 쏟아져 / 널어놓은 곡식을 물말이도 하고 / 바람까지 몰고 올 때는 / 처마 밑 축담 위의 것들도 다 적”시는 구체적인 정황으로도 그려져 있다. 더구나 그 어려움은 늙음과 질환疾患 때문에 야기惹起되지만, 이 시는 그 어려움들을 감싸 안으려는 관용이 사랑으로 승화되는 모습을 보여 준다.

갑자기 비가 내릴 때 시인은 난청難聽으로 그 소리를 잘 듣지 못하는 아내를 대신해서 널어놓은 빨래를 젖기 전에 거둬들이고, 아내는 고마워하며 기뻐한다는 건 부부 사이의 훈훈한 늘그막 사랑이 아니고 무엇이겠는가. 게다가 말을 잘 못 알아듣는 아내가 이심전심以心傳心으로 바라는 바 ‘호박전’을 만들어 온다고 화자도 즐거워하는가 하면, 말을 못 알아들어도 "본래 말이 적은 아내라 응답이 없다"고 여기는 연민憐憫의 곡진함이 그윽해 보인다.

이 시에서 가장 돋보이는 부부 사이의 덕목은 상대방(아내)의 약점을 감싸 안을 뿐 아니라, 비록 연꽃은 아니라고 하더라도 "연꽃 받쳐 든 연잎 같다"고 바라보는 넉넉하고 푸근한 마음자리와 그 사랑법이 아닐까 하는 생각도 해 본다.

ii) 욕망慾望은 아무리 채워도 차지 않으며, 채우면 채울수록 빠르게 비워지는 '구멍난 독'과 같다. 제대로 채우기 위해서는 먼저 비워야 한다. 요즘 세태는 채우려고만 하는 욕망의 왕궁을 방불케 한다. 그 왕궁은 반드시 허물어야 한다. 그래야 제대로 차워진다. 비울 뿐 아니라 내려놓고 지워야 제대로 채워지고 그윽하게 올라가고 거듭날 수도 있다. 고타마 붓다는 모든 걸 내려놓고 지우고 비움으로써 가득 채워졌으며 이윽고 성불成佛했다.

박태진의 「백담사 삼층석탑」과 김정옥의 「야행夜行」은 비움과 지움의 미학을 받들고 있다. 박태진은 상륜부相輪部가 훼손된 채 옥개석屋蓋石이 개울의 돌인 백담사 삼층석탑이 끊임없이 비우고 있는 모습을, 김정옥은 풀벌레가 반쪽 달을 점점 더 지우고 있는 모습을 그리고 있으며, 시인이 바라는 바의 심상풍경을 포개어 놓는다.

> 극락보전 앞마당에 멀뚱히 서 있다 누더기 하나 걸치고 탁발하러 나온 스님 같기도 하고, 삭풍이 몰아치는 긴 세월 북간도와 연해주로 홀연히 만행萬行의 길에서 돌아온 만해 큰스님 같기도 한,
>
> 성한 데 하나 없이 꾀죄죄한 삼층석탑 하나

풍상에 찌든 옥개석으로 겨우 탑 모양은 갖추었으나 그 흔한 조각 하나 없이, 화려한 상륜부는 어디 가고 백담사 개울의 무명 돌 하나 그냥 덩그러니 얹혀 있다.

달이 뜨고 바람이 불어도 비우고 있다. 그림자 탑돌이 하고 있다.

—박태진의 「백담사 삼층석탑」 전문

시인은 백담사의 극락보전極樂寶殿 앞마당에 성한 데 없고 꾀죄죄한 모습으로 서 있는 삼층석탑을 의인화擬人化해서 바라본다. 시인에게는 멀뚱히 서 있는 모습으로 보이는 이 오래된 탑에 탁발승托鉢僧과 만해萬海 큰스님의 이미지를 투사投射하고 인격도 부여한다. 이 탑의 행색이 누더기 가사를 입고 경문經文을 외면서 보시布施를 하는 승려 같고, 긴 세월 동안 북간도와 연해주를 떠돌며 온갖 어려움을 겪으며 수행修行하고 돌아온 만해 큰스님 같이 끌어당겨서 바라보고 있기 때문임은 두말할 나위가 없다.

하지만 이 탑이 오랜 풍상風霜에 찌들어 부조浮彫도 보이지 않고 모습을 화려하게 보이게 했던 상륜부도 훼손돼버린 채 옥개석마저 고작 개울의 '무명 돌'이 덩그러니 얹혀 있는 형상이므로 되레 마음을 잡아끌며, 더 큰 의미도 새겨 보게 하는 게 아닐까. 세월이 흐르고 풍상이 거듭돼도 아랑곳없이 한결같게 비우고 있기 때문이며, 햇빛과 달빛으로 생긴 그림자가 밤낮 탑돌이를 하고 있다고 보기 때문에 더욱 그럴는지도 모른다. 불교적 사유와 '비움의 미학'이 배어있는 작품이다.

풀벌레의 집은

반달 기울어지는

먼 서쪽에 있다

설핏 들 수 없는 화단의 잠

나뭇가지 베고 누워

쉰 목청으로

지우고 또 지우는 달

멀지 않은 곳의 그도

넌지시 보고 있겠지

우는 듯 웃는 듯

붉은 저 달

—김정옥의 「야행夜行」 전문

한편 김정옥의 「야행夜行」은 시인의 서정적 자아가 빚는 풀벌레와 달의 함수관계(야행)를 통해 지움으로써 다시 차오르는 달의 모습을 암시적으로 그린다. 시인이 "풀벌레의 집은 / 반달 기울어지는 / 먼 서쪽에 있다"고 하는 의미는 기우는 반달이 차츰 지워지듯이 풀벌레도 소멸이 돌아갈 귀의처歸依處라는 뜻이지 않겠는가. 다시 말하면, 플벌레와 반달은 소멸을 향해 가는 공동운명체共同運命體이며, 풀벌레가 꽃밭에서도 잠들지 못하고 나뭇가지에서 목청이 쉬도록 으는 것이 달이 지워지는 현상과 궤를 같이한다는 뜻일 것이다.

그래서 시인은 풀벌레가 달을 지우고 또 지운다고 비약하기도 하고,

서쪽(소멸)으로 가며 차츰 지워지는 달도 풀벌레의 집(귀의처)과 멀지 않는 곳이어서 우는 듯 웃는 듯 넌지시 보고 있을 것이라고 말하기까지 하는 것으로 읽힌다.

또한 달이 붉다고 보는 것도 화자와 풀벌레의 내면內面 반영과 무관하지 않으며, 달이 차면 기울고 기운 다음에는 다시 차오르듯이 풀벌레도 소멸은 생성을 전제한다는 뉘앙스로 읽게 한다. 그런 의미에서 이 시는 '지움의 미학'을 암시한다고 볼 수 있다. 앞의 세 시인의 시와 달리 이 시는 은유隱喩와 상징象徵 기법의 구사가 두드러지고, 함축의 묘미를 극대화하고 있는 반면 다소 난해한 요소도 없지는 않다.

iii) 인간은 태어나면서부터 본능本能 그대로의 성질인 야성野性이 점차 길들어지게 마련이다. 하지만 자연自然은 야성을 밀어내지 않고 그대로 유지한다. 그래서 야성을 '자연'이라고도 부른다. 인간이 존재存在의 원형인 야성을 꿈꾸게 되는 것은 본능 그대로의 성질이 잠재돼 있으며, 원형에 대한 회귀의식回歸意識이 작용하고 있기 때문이라 할 수 있다. 자신만의 색깔로 다른 사람들을 자극하고 들끓는 에너지를 거침없이 분출하는 사람이 보통사람들에게는 매력적이고 부러움을 사는 경우도 적지 않은 까닭도 이 같은 맥락脈絡으로 읽어야 할 것이다.

이진엽은 어쩌면 야성이 잠재돼 있더라도 결핍缺乏을 느끼기 때문에 그 회복을 꿈꾸고, 그 잠재된 야성이 본성이지만 탈(가면)을 쓰고 있다는 느낌을 전제로 자신뿐 아니라 불특정다수의 사람들을 향해 야성을 일깨우려 하는지도 모른다.

들풀을 바라보라
바람이 불 때마다 휘휘 소리치며
이리저리 흔들리는 그 모습이 싱그럽구나

오늘도 그대 등 뒤엔
무성한 여름 나무가 아무렇게나 웃자라고
서녘 하늘엔 저녁노을이
붉은 물을 엎지르며 거침없이 번지고 있다
보아라, 저 벌판을
원시의 숨을 내뿜는 수많은 초목들이
아무도 품지 않는 숫가슴을 열어젖히며
그대의 맨살을 기다리고 있다
세상은 늘 갑갑하고
우리들 진실마저 가면에 덮여 굳어 가므로
껴안아라, 들풀을
한낮의 야생지대에 그대 알몸을 파묻고
후욱 숨을 들이켜라

—이진엽의 「야성을 위하여」 전문

이 시에서 시인은 싱그러운 '들풀'에서 야성을 느끼며, 그런 느낌은 '무성한 여름 나무', '저녁노을', '벌판의 초목들'로도 확산擴散된다. 들풀은 바람이 불 때마다 휘휘 소리치는가 하면 몸을 이리저리 흔들기 때문에 싱그러운 야성을 체감體感한다. 무성한 여름 나무들은 아무렇게나 웃자라기 때문에 그럴 것이다. 하지만 심지어는 소멸로 가는 서녘 하늘의 저녁노을에서마저 야성을 감지한다. 노을이 붉은 물을 엎지르며 거침없이 번지는 모습이기 때문이며, 이 현상은 원시原始의 숨결을 그대로 품고 있기 때문이기도 할 것이다.

저무는 서녘 하늘로 눈길을 주던 시인은 다시 벌판으로 눈길을 돌린다. 원시의 숨결을 가까이 느끼게 하는 벌판의 초목들은 숫가슴을 열어젖힌다. 그야말로 자연 그대로이며, 본능 그대로의 성질을 발산發散하는 야성의 도가니다.

그렇다면 시인이 발 디디고 있는 현실은 어떤가. 세상은 언제나 갑갑하고 진실眞實마저 가면에 덮여 굳어가는 곳이다. 사람들은 그럼에도 그 속에서 길들여지게 마련일 따름이지 않겠는가. 그래서 시인은 '싱그러움', '아무렇게나 웃자람', '거침없음', '원시의 숨결', '숫가슴', '한낮의 야생지대'를 그리워하지 않을 수 없게 될 것이다.

더구나 그 절실함은 '맨살'과 '알몸'이라는 본래성本來性과 원시성을 내세우며 "들풀을 바라보라", "보아라, 절 벌판을", "껴안아라, 들풀을", "알몸을 파묻고 / 후욱 숨을 들이켜라"고 외치도록 하지 않았겠는가. 이 명령조의 외침은 자신을 향하기도 하지만 외부를 향한 일깨움이기도 해 야성에의 갈망이 어느 정도인가도 유추해 보게 한다.

《대구문학》 2019. 12

순수 서정시와 서사적 서정시
— 윤희수, 이희춘, 유종호, 김주완의 시

ⅰ) 서정시抒情詩에는 대상의 재현보다 자기표현self-expression에 무게가 실린다. 주관적인 경험(내포內包), 내적 세계의 표현으로 자신의 이미지가 제시되며, 고도의 조직성과 압축의 원리에 의한 암시성이 그 본질을 이룬다. 서정시는 세계와 자아自我가 하나의 새로운 동일성同一性으로 승화된 세계를 보여 주기 때문에 매력이 증폭되기도 한다.

'세계의 자아화', '대상의 주관화'라 불리는 이 같은 특성은 자신의 의도대로 대상(세계)을 변형시키는 시적 화자가 그 요체要諦라 할 수 있다. 서정시의 화자는 주관과 객관, 감정과 이성理性이 하나로 어우러지게 하면서 세계(대상)와의 접촉이 없는 경우에도 존재하는 자아(서정적 자아)를 거느리기 때문이다.

이같이 서정시는 '서정적 자아'가 세계를 내부로 끌어들여 내적 인격화(동화同化, assimilation)를 이루게 하거나 감정이입感情移入으로 자아와 세계가 일체감을 이루도록(투사投射. projection) 의식적으로 동일성을 끌어내는 데서 빚어지게 마련이다. 이 동일화의 원리 가운데 동화는 자아와 갈등의 관계에 있는 세계를 자아의 욕망, 가치관, 감정에 적합한 것으로 만들어 동일성을 이루는 것을, 투사는 세계에 자신의 감정을 이입해 자아와 세계가 일체감을 이루도록 동일성을 이끌어내는 경우를 말한다.

윤희수의 「가창오리」는 우리나라에서 겨울나기를 하는 철새인 가창오리를 모티브로 서정시의 특징들을 두루 포용하고 있다. 고도의 조직성과 압축의 원리에 의한 암시성暗示性이 두드러질 뿐 아니라 서정적 자아가 대상(세계)을 주관화(자아화)하면서 주관적 경험과 내면세계內面世界를 떠올리는가 하면, 주관과 객관, 감정과 이성을 하나로 아우른다.

가도 가도 이어지는 물길에
가창오리들이 그리는 물의 흔적이
품은 정적 하나
비탈진 물풀숲 가로질러
상자 안의 상자 속으로
갇힌다
바람이 조금씩 나의 등을 민다

—윤희수의 「가창오리」 전문

이 짧은 순수 서정시는 모티브가 가창오리지만 그 대상을 내면으로 끌어들여 기실은 화자의 심상풍경心象風景을 떠올리면서도 감정이입으로 세계와 자아가 일체감을 이루도록 추동하는 동화와 투사의 기법을 복합적으로 구사해 보인다.

이 시는 먼저 가창오리들이 하늘을 나는 모습을 배제하고 물에서 먹이를 구하기 위해 부단히 움직이는 동작을 그리는데 무게를 싣는다. 하지만 가창오리 떼의 이 같은 행위를 객관적으로 그리기보다는 자신의 내면에서 일어나는 이미지들을 자의적恣意的으로 그리는 데 무게중심이 주어진다. 가창오리들이 끊임없이 물을 헤집는 그 물길에 눈길과 마음눈을 보내고 있는데다가 오리들이 지나간 흔적이 품고 있는 '정적靜寂'에 천착穿鑿한다. 더구나 그 정적은 "상자 안의 상자 속으로 갇"히는 정지태로 "비탈진 물풀숲을 가로질러" 닿게 되는 동작을 전제하고 있다.

시인은 이같이 대상을 자신의 의도대로 변형(주관화)시키는 '세계의 자아화'를 통해 내적 인격화를 꾀하거나 감정이 이입된 세계를 보여 주며, 궁극적으로는 가창오리를 모티브로 시인이 마음눈으로 깊이 들여다본 바의 '극대화된 하나의 정적'의 세계(심상풍경)를 브각시키고 있다고 봐야 한다.

그러나 이 시에서 가장 주목되는 대목은 "바람이 조금씩 나의 등을 민다"는 마지막 구절로 보이며, 시 전체의 두드러진 특징과 장점은 고도의 조직성과 압축의 원리에 의한 암시성이라 할 수 있다. 시인의 내면세계는 이 시의 내포가 극명하게 시사하고 있듯 '정적'이며. 그 정적이 '바람'으로 상징되는 '어떤 외부의 힘'에 의해 깨어질 수 있는 동시에 그 반대로 내면의 정적을 깨트리게 한다는 역설逆說로도 읽히게 한다. '동중정動中靜', '정중동'이라는 상반된 논리가 은밀하게 차용되고 있는 듯도 한 이 시는 또한 구문들이 고도의 조직성을 거느리고 있으며, 극도로 절제된 언어 구사가 '말 없는 말'의 공간을 넓히고 한결 강화된 암시성을 끌어내는 역할을 하고 있기도 하다.

ii) 한편 이희춘의 「그대가 나를 찾아왔을 때」 역시 짧은 순수서정시로 「가창오리」와는 또 다른 시적 묘미를 안겨 준다. 외부세계를 자기가 갖고 싶어하는 세계로 변형시키거나 내면세계를 외부세계로 전이轉移시키면서 세계와 자아가 동일성을 이루도록 하는 능동적인 의미를 빚어 보이는 경우라 할 수 있다.

이 작품에서는 자아와 세계, 인간과 사물 사이의 간격이 없어지고 자아와 세계가 동화돼 사물이 인간화人間化되고 인간이 사물화事物化되는가 하면, 사물이 관념화觀念化되고 관념이 다시 사물화되는 주객일체의 동일성으로 승화된 환상적 세계로 나아가고 있기도 하다.

그대가 처음 나를 찾아왔을 때는
한 포기 여자였으나
그대가 돌아갈 때는
한 그루의 사랑이구나
마치
봄날에 꽃 한 송이 처음 나를 찾아왔을 때는
초라한 눈물이었다가
날 저물어 돌아갈 무렵에는 기어코
별인 것처럼

—이희춘의 「그대가 나를 찾아왔을 때」 전문

'여자와 사랑', '꽃과 눈물과 별'을 키워드로 동일성으로서의 만남을 확대와 승화昇華의 체계로 끌어올리는 이 시는 여자와의 처음 만남을 한 포기의 풀에 비유하지만 헤어질 때의 사랑은 한 그루의 나무에 비유된다. 다시 말하면, 구체적인 대상인 '여자'가 돌아갈 때는 '사랑'으로 관념화되면서 풀에서 나무로 확대되는 양상을 보인다.

그런가 하면, '꽃'과의 처음 만남은 초라한 '눈물'이었다가 떠날 무렵에는 '별'로 확대되고 승화되는 사물의 관념화, 다시 관념의 사물화를 통해 복합적인 이미지를 빚어 보인다고 할 수 있다. 이 환상적 세계는 시인의 주관적인 경험과 내적內的 세계의 표현에 다름 아니며, 「가창오리」와는 그 뉘앙스가 다소 다르다고 하더라도, 대상을 자신의 의도대로 변형(주관화)시키는 '세계의 자아화'를 통해 내적 인격화를 꾀하거나 감정이 이입된 세계를 제시한다.

「그대가 나를 찾아왔을 때」가 발산하는 묘미와 매력은 '여자(그대)→사랑', '꽃→눈물→별'이라는 변용變容과 '여자=꽃', '사랑=별'이라는 등식을 떠올리는 데서 증폭되고 있다. 시인은 '그대'로 지칭되는 '여자'와의 만남과 헤어짐을 '꽃'이 피고 지는 자연의 질서(순리順理)에 대입시켜 인간사회에서 가장 소중한 '사랑'이라는 덕목을 구체적인 사물인 '별'로 전이시키고 승화시켜 어둠 속에서 우러러 바라보는 존재로 떠받들기에 이른다.

iii) 유종호의 「찻집 샤갈에서 만난 소녀」는 앞의 두 순수 서정시와는 다소 다르게 감각적(감성적) 이미지에 의존하기보다는 인간의 행위나 생생한 삶의 모습에 의해 인간적 의미나 감정을 표현한 서술시敍述詩이면서도 묘사시의 범주에도 들 수 있는 서정시라 할 수 있다. 행과 연 구분을 하고 있으면서도 서술체 문장으로 구성돼 있으며, 이야기를 선명하게 담고 있지만 차분한 어조語調와 감성적 언어로 화자의 감정을 투영하는 묘사의 요소도 거느리고 있기 때문이다.

오늘의 세태를 풍자諷刺하는 뉘앙스를 묻히고 있기도 한 이 시는 동화적童話的인 발상으로 맑고 깨끗한 소녀를 중심인물로 등장시켜 그 심성을 아름답게 묘사함으로써 사람들이 저버리고 있는 나눔과 베풂의 미덕을 일깨우는가 하면, 겸허하게 자신으로 마음눈을 돌려 성찰省察하면서 그 실천으로 나아간다는 점에서도 주목된다.

굶주린 너구리들에게
진주를 나눠 준
아름다운 소녀의 이야기를 아시는지요
세상은 때로
상을 받아야 할 이에게

벌을 주고
벌을 받아야 할 이에게
상을 주기도 하나 봅니다

찻집 샤갈에서
하얀 심장을 가진 소녀를 만났습니다
소녀가 물었습니다
겨울 강가 홀로 서성이는 맨발의 여우와
깊은 산 길 잃은 사슴을 만난다면
기꺼이 신발과 외투를 벗어 줄 수 있는지를

확신할 수 없었기에
침묵할 수밖에 없었습니다
샤갈을 나오니
눈발은 더 굵어졌고
저는 목도리를 벗어
그녀 목에 두르는 것으로
답을 대신했습니다

—유종호의 「찻집 샤갈에서 만난 소녀」 전문

시인이 바라보는 세상은 "굶주린 너구리"들이 넘쳐나고, 가식假飾이 판을 치며 진실眞實이 은폐되고 밀려나는 세태가 만연하며, 이 때문에 상賞과 벌罰이 거꾸로 주어지는 모순의 와중에 있다. 하지만 그럼에도 불구하고 오로지 진실만 나누고 베푸는 소녀를 통해 그 아름다운 덕목을 완곡하게 일깨운다. 그 진실은 더구나 이기주의에 눈이 어둡고 거짓으로 진실을 전도顚倒시키는 '굶주린 너구리들'에게 나누어 주는 '진주'에 비유되고 있다.

세태의 한가운데 있을 수밖에 없는 화자는 찻집에서 만난 그 "하얀 심장"의 소녀로부터 나눔과 베풂을 작은 데서부터라도 실천할 수 있느냐라는 물음을 받게 된다. 이때의 나눔과 베풂의 대상은 마치 우화寓話에서처럼 소외된 "맨발의 여우"와 "길 잃은 사슴"이라는 점도 간과할 수 없게 한다.

"굶주린 너구리"와 사뭇 대조적인 동물들에게 베풀 수 있느냐고 묻는 건 대사회적으로 왜곡歪曲된 욕망으로 얼룩진 '가진 자'보다는, 어쩌면 그 무리에 속하는 자를 향해, 외롭고 정처 없는 '못 가진 자'를 향한 연민憐憫을 환기하는 활유법活喩法을 통한 물음에 다름 아닐 것이다. 이 때문에 화자는 '그 무리'에서 완전히 자유롭다고 할 수 없어서일까, 즉답을 하지 못하게 된다.

하지만 이 시의 화자는 그 소녀와의 만남의 장소이며 눈을 맞지 않을 수 있는 특정 공간인 찻집을 나서 "더 굵어진 눈발"과 직면함으로써 목도리를 벗어 그 소녀에게 둘러주는 나눔과 베풂의 작은 실천부터 하기에 이른다. 이 실천은 어쩌면 진실만 추구하면서도 소외疏外되고 정처가 흔들리는 '하얀 심장'의 소녀가 '굶주린 너구리들'에게 베풀고 나누는 '진주'의 일깨움에 대한 작은 화답이기도 하며, '굶주린 너구리들'을 향한 일깨움이기도 할 것이다.

ⅳ) 현대시는 다양성이 곧 특징이라 할 수 있을 정도로 그 갈래가 다채롭다. 우리의 삶과 그 현장이며 배경이 되어 주는 사회도 복잡다단複雜多端하기 이를 데 없다. 이 같은 추세와 현상은 시를 서정보다는 서사敍事에 기울게 하고, 운문보다는 산문에 경도되게 하기도 한다. 그러나 시인은 산문의 시대에 살기 때문에 필연적으로 운문이 본령인 시에 산문을 끌어들이는 경우에도 본령으로 변용시킴으로써 산문이 아닌 산문시를 빚게 된다. 심지어 산문과 운문을 뒤섞어 놓은 것 같은 시라고 하더라도 궁극적으로 시적 특성을 흐트러지지 않아 '서사적 서정시'를 빚어

내게 되기도 한다.

김주완의 「조용한 의자」는 감성과 이성, 운문과 산문적인 요소들이 함께 어우러지고, 언어의 지시적 기능과 표현적 기능이 공존하는 서사적 서정시다. 다분히 관념적이지만 형이상학적形而上學的이며, 철학적 사유를 감성적인 언어로 구체화하는가 하면 감각적이거나 감성적인 접근으로도 철학적哲學的 사유思惟의 깊이로 윤택하게 만들고 있는 것이 두드러진 개성이라 할 수 있다.

지난 계절은 회색이었고 마음은 안개처럼 갇혀 있었다

모든 풍경은 거울 속에 있었고 거울은 언제나 겨울이었다

의자는 완고하였고 아버지는 우울하였다 비밀스러운 유전은 조용하였고 용서는 사람이 사람에게 건네주는 것이 아니었다

병은 죽음에 이르지 않는다 의자는 절망에 이르지 않는다

절망은 대지진처럼 다가오고 절망의 절망은 홀로 선 나무 같은 내게로 되돌아온다 내가 내게로 보내는 조용한 절망만이 운명의 덫칠로 남는다

아직 모든 것이 지나가 버리지 않았다

저기 한 개인이 죽지 못해 아프다 절망은 영원으로 가는 문일 뿐 한 개인은 죽어도 절망은 살아서 남는다 영혼은 죽을 수도 없어서 다른 개별자에게로 옮겨붙는 어둡고 숨겨진 육체의 가시

말씀이 믿음이고 믿음은 관계이니

33세의 그분은 안식일 전날에 책형을 당하고 안식일 다음날에 부활하셨다 아버지도 나도 이미 그 나이 너머를 걷고 있었다

고통과 불안의 먼 밤을 건너와

속죄의 저편에서 절망으로 앉아 있는 의자는 빛 속에 여전히 조용한 의자로 육중하다 절망은 죽음에 이르지만 절망은 죽음에 이르지 않고 용서와 구원의 빛깔은 정적이고 침묵이니

—김주완의 「조용한 의자」 전문

'절망絶望에 대한 성찰'과 용서와 구원救援을 통한 '영혼의 거듭나기에 대한 소망'이 중심화두中心話頭라 해도 좋을 이 시는 '의자'를 그 중심에 자리잡게 하고, '부활復活'과 '구원'의 의미를 고통과 불안 너머에서 찾고 있는 양상으로 전개된다. 이성적인 관념의 세계(이데아)에 천착하고, 다분히 서사적이면서도 서정적인 분위기를 연출하는 것은 특유의 시적 의장意匠 때문으로 보인다.

그 의장은 동원되는 언어들이 감각적이고 감성적일 뿐 아니라 어김없이 현란한 비유(은유隱喩)의 옷을 입고 있으며, 난해하면서도 시적 묘미를 북돋워 주는 복합적인 장치들이라 할 수 있다. 오독誤讀의 위험이 없지 않지만 은유와 상징象徵으로 교직돼 있기도 한 이 시를 산문적으로 풀이해 보기로 하자.

시인은 먼저 '의자'가 놓여 있는 상황에 빗대어 '병病'(우울증)이 든 화자의 '마음'을 드러내 보인다. 그 마음은 빛깔이 회색이며, 안개와 겨울 속에 갇혀 있지만 이 상황은 어쩔 수 없이 감내해야만 하는 아버지로부터의 유전遺傳 때문이다. 그러나 그 병은 죽음에 이르는 병이 아니므로 마음(의자)이 대지진처럼 절망이 다가오더라도 끝내는 절망에 이르지는(함몰되지는) 않는다는 것이다. 게다가 '절망의 절망'(희망希望)이

'홀로 선 나무' 같은 나(내 마음)에게로 되돌아오고, 자신이 자신에게로 보내는 '조용한 절망'만이 '운명의 덫'으로 남게 된다.

이 상황은 현재진행일 뿐 아니라 개별적인 삶은 죽음에 이르더라도 절망은 '영원으로 가는 문'일 뿐 언제나 그대로 살아남게 되고, 한 개인의 육체는 소멸消滅한 뒤에도 다른 개별자에게 옮겨 붙는 영혼은 절망과도 같은 '육체의 가시'로 여겨지고 있다. 이 대목에 이르러 시인은 예수가 33세로 십자가에 못 박혀 죽은 뒤 사흘만이 부활했다는 사실을 환기하면서 그 나이를 넘어섰음에도 아버지와 자신은 고통과 불안에서 자유로울 수 없다고 토로한다.

이 때문에 시인은 말씀(하느님의 진리)을 믿지만 여태 예수의 삶과는 관계가 먼 채 속죄하지 못하는 상황에 놓여 절망이 조용하고 육중한 존재(의자)로 남아서 정적과 침묵沈黙의 빛깔인 '용서와 구원'을 기구祈求하며 죽음에 이르지 않는 절망을 반추反芻하는 정황에 갇혀 있다.

이 같은 자기성찰은 역설적으로 용서와 구원을 통한 영혼의 거듭나기(부활)를 지향하는 은밀한 꿈꾸기에 다름 아니라고 하는 암시도 받게 된다. 이는 다시 말해 '조용한 의자'인 지금·여기에서의 '자신'(마음)에 대한 겸허하면서도 치열한 형이상학적 자기성찰이라고도 할 수 있을 것이다.

《대구문학》 2019. 10

세 시인의 세 시각
— 윤일현, 손영숙, 이희숙의 시

철학자 헤라클레이토스는 "우리가 같은 강물에 두 번 몸을 담글 수는 없다"고 했다. 강물은 계속 흐르므로 바라브는 순간마다 다른 물이 지나간다. 모든 사물事物들도 마찬가지다. 자연 현상은 어느 한순간도 그전의 순간과 같지 않다. 우리의 몸도 마찬가지다. 몸을 이루는 세포들이 태어나고 죽기를 반복한다. 그런데도 우리는 오늘의 강물이 어제의 강물이며, 오늘의 나무가 어제의 나무이고, 오늘의 내가 어제의 나라고 생각하게 마련이다.

헤라클레이토스와는 반대로 생성生成과 소멸消滅을 부정한 철학자는 파르메니데스다. 그는 "어떻게 존재자가 소멸할 수 있으며, 생겨날 수 있단 말인가? 그것이 생겨난 것이면 존재하지 않는 것이며, 그것이 (앞으로) 존재할 것이라면 (지금은) 존재하지 않는 것이다. 이렇게 해서 생성은 사라지며, 소멸은 자취를 감춘다."고 했다. '무無'는 그 정의상 존재하지 않으므로 세상에 '무'란 없으며, 세계에는 오직 '유有'만 있고, 생성이나 소멸은 착각에 불과하다는 논리다.

이 두 철학자는 우주를 '존재Sein'로 보거나 '생성Werden'으로 보고 있어 상호 대립된다. 더 거슬러 오르면 서양철학의 토대를 놓은 플라톤의 경우도 '존재'의 철학자였다. 그는 우주의 진정한 실체는 영원불변하는 '이데아의 세계'라고 보았다. 자연에서 생성과 소멸을 보더라도, 그것은 감각에 비친 '환영幻影'에 불과하다는 것이다.

우리가 오늘의 강물이 어제의 강물과 같고, 오늘의 내가 어제의 나와 같다고 느낀다면 플라톤의 생각처럼 모든 변화에도 불구하고 뭔가 변함없이 동일한identical 것이 있다고 믿기 때문이다. 이는 사물의 '동일성identity', 또는 '정체성'이라 불린다. 하지만 오랜 세월 회자돼온 '동일성의 철학'을 넘어서서 우주의 모든 것이 자기와 동일한 게 아니라 언제나 자기와 차이difference가 난다고 보는 시각도 간과할 수는 없을 것이다.

> 찔레꽃 향기 밟으며 산길 돌고 돌아 집으로 돌아왔다. 요양원 들어간 지 2년 반 만에. 아버지는 나를 보자 혀를 끌끌 찼다. 인자 각혈 안 하나? 그 말라빠진 사지로 뭘 해 묵고 살겠노? 힘 덜 드는 문종이나 짐쟁이 해라. 유난히 별을 좋아하던 엄마는 말없이 모깃불을 피우며 먼 하늘만 하염없이 바라보았다. 까닭 없이 죄송하여 옷가방 섬돌 위에 올려놓고 무작정 강변으로 달려나갔다. 어둠 속 홀로 서 있는 미루나무처럼 외로워 스스로 깊어가는 강물에 돌팔매질을 했다. 흔들리는 강물 위로 별이 쏟아졌다. 가슴 가득 별들을 주워 담았다. 세월의 강 굽이굽이 앞길 캄캄할 때마다 그 별들 하나씩 초롱불이 되었다.
>
> 문득 그리워 다시 찾은 강변, 아직 남은 미루나무 사이로 별들 여전히 초롱초롱했다. 그 속에 엄마가 있었다. 40년 전 초여름 밤 그 모습 그대로.
>
> —윤일현의 「별」 전문

마흔 해 전의 절절했던 기억과 그간의 세월까지 불러들여 현재와 아우르며 성찰省察하고 있는 윤일현의 「별」은 이 같은 서사敍事를 서정적 언어로 진솔하게 떠올린다. 서술체 구문과 산문적 구도, 순탄한 문장(두 차례의 도치법과 구어체 문장의 사투리들도 양념 역할을 하지만)으로 구성돼 있어 쉽게 읽히나 시적 장치와 그 묘미는 단조롭지만은 않다.

병약하고 외롭지만 꿈이 많던 '나'(화자)와 전통적인 가부장제家父長制의 아버지와 어머니의 캐릭터는 이 시의 분위기를 고조시킨다. 각혈(폐질환인 듯) 때문에 이태 반이나 요양하고 귀가한 '나'(화자)가 애처로워 앞날을 걱정하는 아버지와 어머니의 모습은 사뭇 대조적이다. 몸이 약한 아들에게 가벼운 문종이(한지)나 김을 다루는 일로 생계를 꾸리며 살기를 바라는 아버지와 말없이 먼 하늘을 바라보지만 유난히 별을 좋아하는 어머니가 시사示唆하는 바 사랑의 빛깔이 그러하다.

'나'에게는 두 분의 사랑이 다 소중하며 송구스러워 자괴감까지 들게 하지만, 비관悲觀과 자조自嘲의 시선으로 삶의 구체적인 방법론까지 제시하는 아버지보다는 구체성이 없을지라도 어둠 속에서 빛나는 별을 꿈꾸고 기구祈求하듯이 은밀하게 모성적 사랑을 느끼게 하던 어머니에게 마음에 쏠리는 건 너무나 당연해 보인다.

시인은 자신을 "어둠 속 홀로 서 있는 미루나무"에 비유하고, 자신의 꿈을 "스스로 깊어가는 강물"에 견줘 보기도 하지만, 그 강물에 돌팔매질을 하게 된다. 이 저항적 행위는 외로움을 뛰어넘고 싶은 충동과 그 일탈을 겨냥한 초극의지超克意志의 발로로 읽어야 할 것 같다. 이 같은 초극의지는 흔들리는 강물 위에 쏟아지는 별들을 가슴 가득 주워 담게 하는 미래지향적 꿈과 연결고리를 달고 있기도 하다.

세월이 흐르면서도 앞길이 잘 보이지 않을 때는 "그 별들 하나씩 초롱불이 되었다"고 토로吐露하는가 하면, 다시 타임머신을 타고 거슬러 오르듯 그 마흔 해 전으로 마음을 데리고 가서 자신의 처지와 같이 외로워 보이던 미루나무 사이의 별들이 여전히 초롱초롱하다고 느끼는 까닭은 '왜'일까.

이 시에서 '별'은 시인과 어머니가 공유하던 꿈의 상징이며, 그 이상理想의 '이데아'라고 할 수 있다. 아프지만 그리움으로 각인돼 있는 마흔해 전의 그 초여름 밤은 세월의 저편으로 아득히 흘러가 버렸지만, 여전히 어머니가 그때의 그 모습 그대로 있고, 강변에 남아 있는 미루나무뿐 아니라 그때의 별들이 여전히 초롱초롱한 초롱불로 반짝이고 있기 때문이다.

이 시를 읽으면서 새삼 헤라클레이토스와 파르메니데스의 '존재'와 '생성'에 대한 견해를 되짚어 생각해 보게 되고, 나아가 플라톤의 영원불변하는 '이데아의 세계'를 떠올려 보게도 된다. 윤일현은 지나가 버린 아득한 옛날의 한때를 불러오고 지금과도 아우르면서 '존재'와 '생성'의 시각視覺을 동시에 적용하는가 하면, 궁극적으로는 변하지 않는 이데아를 소박한 서정적 언어로 노래하면서도 질박한 서사를 펼쳐 보인다고 할 수 있다. 그 중심에는 세상을 살아가는데 '초롱불'이 되어 주는 '별들'이 오롯이 자리매김하고 있음은 물론이다.

푸른 기와에
단청 곱게 입고
너는
누구를 품었었니

유약 곱게 입은
청자분들이
난을 비우고
아파트 담벼락에
맨몸으로 누웠다

마사토가 품었던
간지러운 뿌리의 기억 아득하고
향기로 휘감겼던 젊은 날의 그림자도
흔적이 없다

지나가던 수녀
발길 멈추고
넓은 치마로
빈 화분들 감싸들고 총총 사라진다

겨울 가고 봄이 오는 길목

성당 마당 양지쪽에
줄지어 선 그 분들
부엽토 가득 몸을 데워
민들레
할미꽃
제비꽃을 품었다

다솜이
한결이
고운이
올망졸망
주일학교 꼬맹이들
이름표도 달았다

—손영숙의 「부활절 아침」 전문

윤일현의 「별」과는 대조적으로 행과 연 구분이 다소 급격하고, 시각적, 청각적 효과도 염두에 둔 듯한 손영숙의 「부활절 아침」은 품음과 비움, 소멸과 생성의 순환循環에 착안하면서 거듭남의 의미를 신선하게 떠올린다. 「별」이 내면 성찰에 무게가 주어지고 서사적인 진술에 기울어져 있다면, 이 시는 감각적 묘사에 무게가 실리고 정갈한 문체로 발랄하고 경쾌한 리듬을 빚고 있는 점도 뚜렷하게 변별된다.

지붕의 기와가 푸르고 벽면에는 고운 단청丹靑으로 장식된 건물이 무엇을 품고 있었는지를 물으면서 출발하는 이 시에서는 이어서 바로 난초를 비우고 아파트 담벼락에 놓여 있는 청자 화분으로 화자의 눈길이 옮아지며, 그 집이 무엇을 품고 있었나보다는 빈 화분에 관심이 주어지고 있다. 말하자면 시의 화자는 생성보다는 소멸에 연민을 보내며, 그것도 난초가 마사토에 뿌리를 내리거나 난초 향기로 휘감겼던 때도, 그런 기억들도, 흔적마저 없어진 빈 화분에 무게중심이 실린다.

게다가 이 장면 묘사도 "마사토가 품었던 / 간지러운 뿌리의 기억 아득하고 / 향기로 휘감겼던 젊은 날의 그림자도 / 흔적이 없다"고 멋을 부리는가 하면, 현란한 수사들로 치장되고 있다. 그렇다면 이 같은 비워짐(비움)에 무게가 실리는 관심과 연민은 어디에 연유하는 것일까. 아마도 비운 뒤에야(죽어서야) 새롭게 살아나는 '부활復活)'에 대한 기대감 때문일 것이다.

사전적 의미의 '부활'은 '쇠퇴한 것이나 없어진 것이 다시 성하게 일어남'을 뜻한다. 하지만 천주교나 개신교(기독교) 신자들에게는 그런 차원을 넘어선 의미가 있으며, 바로 부활이 신앙의 요체이기도 하다. 그래서 신자들은 봄이 오면 되돌아감과 회개, 고백으로 거듭나기를 기구하면서 부활을 기다리게 된다. 예수는 먼 옛날 광야에서 마흔 날이나 단식하면서 마귀의 유혹을 물리치고, 십자가의 겸손을 통한 구원(부활)을 선택했기 때문임은 말할 나위가 없다.

이 시는 네 번째 연에서 수녀가 넓은 치마폭으로 빈 화분을 감싸들고 가는 장면이 그려진다. 이어 봄이 오고 있는 데다 그 다음의 두 연에서는 성당聖堂 마당 풍경이 묘사됨으로써 성스럽고 따스한 분위기가 연출된다. 하지만 시인은 그 분위기에 수녀가 옮겨온 빈 화분들에 어린이 신자(주일학교 학생)들이 가꾸면서 꽃 피기를 기다리는 야생화들과 그 화분마다 이름표를 단 어린이 이름들을 짝지어 열거함으로써 새로운 생명력과 이를 향한 어린이들의 소망을 포개어 부각시킨다.

시인은 부활의 의미를 새 생명을 잉태하고(품고) 있는 화분의 식물들과 그 식물들을 가꾸는 동심에서 찾고 있으며, 부활의 기쁨을 맑고 밝고 정겨운 그 아침의 풍경을 통해 그러안고 있는 것으로 읽힌다. 민들레, 할미꽃, 제비꽃들이 피어난 화분에 다솜이, 한결이, 고운이의 이름표가 달려 있는 성당 마당 양지쪽 풍경은 맑고 밝으며 풋풋하고 성스럽기 그지없어 보인다.

'존재'와 '생성'의 시학에 연결고리를 달고 있는 앞의 두 시인의 개성적인 시각과는 달리 또 다른 개성을 보여 주는 이희숙의 「가방」은 여성 특유의 발랄한 감성과 섬세하고 참신한 감각의 무늬들이 돋보이는 묘사시다.

지하상가 가방가게, 할머니 한 분이 들어오며

내가 들 만한 가방도 있나?

아가씨들 셋 들어왔다

얘, 이 가방 어때?
앙증맞고 이쁘네

나는 이것저것 만져 보고 열어 보고 메고 거울에 비춰 본다 거울 속 주인의 얼굴 살짝 굳어 있다 마음에 드는 건 없네 하려는데 구석에 걸려 있는 가방 하나 수납 칸도 많고 갈색 바탕에 기하학무늬가 마음에 든다 때문

어도 표나지 않겠네 크기도 이만하면 충분해

이걸로 주세요

지갑 핸드폰 안경 볼펜 립스틱 괴괴한 날씨와 착한 사람들 옮겨 넣는다
낡은 가방을 수선집에 맡긴다
언제 찾으러 올까요?
남문시장을 지나는데 사람들이 모여 웅성거린다 생선가게 좌판대 위에
올려 둔 A씨의 가방이 사라졌다 한다 A씨의 하루가 몽땅 가방 속에 있다
경찰차가 A씨를 태우고 어딘가로 급히 출발한다

—이희숙의 「가방」 전문

가방과 이를 매개媒介로 한 사람들을 중심에 두고 지하상가 가방가게와 가방수선집, 시장의 생선가게 좌판을 배경으로 펼쳐지는 어느 하루 한동안의 일상적 서사敍事를 신선한 발상과 언어 감각으로 묘사한 시다. 가시적인 풍경을 사실적으로 그린 듯한 외양에 기실은 마음의 움직임을 다져 넣은 무늬와 결들이 은밀한 듯 그렇지만도 않게 떠올라 있다.

가방가게에서 거울에 비친 "주인의 얼굴이 살짝 굳어 있"을 정도로 가방 하나를 고르는데 적잖은 시간이 소요되는 동안 할머니와 아가씨 셋이 가방을 사는 모습이 먼저 그려진다. 할머니에게는 그가 들고 다닐 만한(어울리는) 가방이, 한 아가씨에겐 동행한 아가씨의 조언으로 앙증맞고 이쁜 가방이 골라지는 장면이 그것이다.

그러나 화자(나)는 아무래도 마음에 드는 게 보이지 않아 포기하려다가 구석에 걸린 가방에 눈길이 가서 안팎을 살핀 뒤 선택하게 된다. 그 가방이 선택된 건 "수납 칸도 많고 갈색 바탕에 기하학무늬"가 있으며 때를 많이 타지 않고 크기도 "지갑 핸드폰 안경 볼펜 립스틱 괴괴한 날씨와 착한 사람들"까지도 넣고 다니기에 충분한 조건들이 두루 갖춰져 있다. 화자가 사게 된 가방은 사는 사람과 잘 어울릴 만한 가방이나 앙

증맞고 이쁜 가방과는 아주 다르다. 훨씬 까다로운 '필요충분조건'이 요구되고 있기 때문이다.

이 시에는 시선이 외부와 내면으로 교차되면서 묘사와 혼잣말이 구사되고 있듯이, 화자의 여성과 시인으로서의 성향과 성격, 기호嗜好 등이 다채롭게 내비쳐져 있다. 더구나 화자의 선택한 가방은 일상의 휴대품에 포함되는 책('괴괴한 날씨와 착한 사람들'은 임솔아 시집 제목)까지 넣고 다닐 수 있는 크기여서 틈이 나는 대로 독서를 한다는 사실과 갈색과 예각적인 문양을 선호하는 취향까지도 드러내 보이는 가방이기도 하다.

그 다음 문맥文脈들에서도 화자의 성향이 드러나 보이기는 마찬가지다. 새 가방을 사도 낡은 가방을 버리지 않고 수선해서 쓰려는 알뜰함과 선택됐던 물건에 대한 애착심도 짐작케 한다. 더구나 화자는 길을 가면서까지 사람들에 대한 관심의 끈을 놓지 않는다. 생선가게의 가방 도난盜難 사건을 사실적으로 그린 마지막 아홉 번째 연에서는 생선 장수의 "하루가 몽땅 가방 속에 있다"고 표현한 대목만 보더라도 사람들을 향해 열려 있는 마음자리를 엿볼 수 있다.

「가방」은 발랄한 감성과 참신한 감각이 두드러지는 묘사시지만 운문韻文이 아닌 산문적 구문과 구어체口語體 문장들이 주로 구사되고 있다. 그러나 그럼에도 불구하고 느슨하지 않고 탱탱한 느낌이 들게 하는 까닭은 빠른 장면 전환과 완급緩急 조절이 적절하게 이루어지고, 행과 연 구분을 파격적이면서도 절묘하게 밀고 당기고 있기 때문으로도 보인다.

아홉 개의 연으로 구성돼 있는 이 시는 한 행이 한 연을 이루는 경우가 무려 다섯 연, 두 행이 한 연을 이루는 경우는 한 연이며, 세 개의 연은 행 구분이 돼 있지 않은 줄글로 구성돼 있는 점도 특징이다. 시인은 이같이 행과 연 구분의 파격적인 변화와 그 완급 조절로 색다른 시적 묘미를 빚어 보이려 한 것 같다.

《대그문학》 2019. 8

낯설게 하기, 절제와 함축
— 김민정, 김정신, 이채운, 권국명, 이진흥, 박방희의 시

ⅰ)《대구문학》 2007년 겨울호에 실린 시들을 읽으면서 우리는 과연 어떻게 살아가고 있는가라는 물음과 새삼 마주치지 않을 수 없었다. 난바다를 항해하는 '잠수함의 토끼'에 비유되는 시인들이 느끼고 있는 현실과 그 너머의 세계는 간과할 수 없게 하는 '그 무엇'이 강조돼 다가왔기 때문이다.

그렇다. 우리는 "애꿎은 하늘만 넋 놓고 바라보"(김인화의 「풍경」)거나 "울컥 뜨거운 노을 같은 것 / 명치에 걸릴"(김윤숙의 「산다는 것이」) 때가 있다. "달빛과 별빛 벗하며 이 한 몸 뜨겁게 뜨겁게 달구며 말없이 살아"(이태석의 「가로등」)가는 사람들이 있는가 하면, "누군가의 잘못 살아온 삶의 조각들 / 석간신문 사회면에 뒹"(노정분의 「한때」)구는 모습도 안타깝게 바라봐야 하기도 한다.

"어스름 끝에 걸린 등댓불을 마냥 바라보"(이재석의 「방파제에서」)거나 "혼자 숨어서 그저 커피만 마실"(박해리의 「2007 가을」) 수밖에 없는 정황에 닿는 경우도 있고, "돌아갈 수 없는 / 과거는 아름답고 / 비틀거리는 현재는 언제나 고달프며 / 알 수 없는 / 미래는 얼마나 아득"(서정은의 「비 내리는 저녁」)한지, 그 세월을 술잔에 담아 마시는 심정도 헤아려야 한다.

"얽히고설킨 번뇌와 망상들"(권복술의 「마음 밖의 나를 찾아」) 때문에 초극을 꿈꾸기도 하고, "사람의 탈을 쓴 미친 개 한 마리"(권영호의 「겨울밤의 음모」) 때문에 적의에 차지 않을 수 없으며, "한 시대를 다 말하지 못하고 / 속몸으로 우는 강"(박곤걸의 「설일雪日」) 역시 우리의 현실 속에 있다.

"어떤 고난과 역경 닥쳐와도 / 어떤 중상모략과 유혹에도 개의치 말"(김원호의 「나의 기도」)려는 의지의 모습, 팔순이 넘어도 "자식들 짐 되기 싫다며 / 꾸역꾸역 홀로 사는 어머니"(황명자의 「어머니」)나 "자식놈 월사금 마련하기 위해"서 "물오른 장작 한 짐 짊어지"고 "헐벗은 시오리 길 오르시는 당신(아버지)"(김욱진의 「가난한 날의 잔상殘像 1」)도 우리와 결코 먼 거리에 있지 않다.

박병영이 「피아노」에서 노래하고 있듯이, 명퇴당한 아들이 기다려도 취업 소식이 없다가 명절에 집에 와 반갑지만 "임시직의 슬픈 속내 / 까만 건반(어린 시절의 아들이 아버지 얼굴을 피아노라며 만지곤 했던 모양)보다 검게 타들어 간다"는 고백도 적잖은 아버지들의 자화상이다.

여성으로서의 고단한 삶, 세상 파도를 이겨내는 모습은 "막걸리 한잔이 곧 인정이고 의리라고 믿는 / 남편은 / 또 누군가에게 / 인생 빚보증 서고 있지나 않은지"(정숙의 「바람 난전에서」) 우려하는 문맥 위에 놓여 다가오기도 한다.

우리는 그렇게 살아왔고, 그렇게 살아가고 있다. 시인들은 지난날도, 오늘날도 조금은 과장된 목소리로, 적잖이 젖은 눈으로, 그런 삶의 빛깔들을 그리면서 절망하거나 초월과 초극의지에 불을 지피기도 했다. 그런 노래들이 끊임없이 빚어지고 이어지고 있지만 우리는 여전히 그 벽을 넘어서지는 못하고 있다. 하지만 이런 시를 읽으면서 새로운 감동의 메아리를 만드는 경우와 만나기란 그리 흔한 일이 아니다.

ii) 그래서 먼저 김민정의 「시간」에 들어가 머물러 보고, 김정신의 「요가 시간」도 잠시 엿본 뒤, 이채운의 「연어」를 따라가 보는 등 세 여성시인의 시를 조금 더 자세히 읽어보았다.

김민정의 첨예한 감수성, 부분적인 파격과 낯설게 하기, 개성적인 시각으로 포착한 일종의 보고서와 같으면서도 정치精緻한 내면 풍경 겹쳐 떠올리기 등의 기법은 얼마간의 작의성作意性과 억지스러움을 상쇄시키는가 하면, 시의 또 다른 맛을 느끼게 해 주었다. 「시간」은 이렇게 시작된다.

> 쓰레기 종량제 비닐봉투 속에 처박힌 아날로그 탁상시계
> 늘어터지게 하품하며 자명종을 울린다
> 숫자판 위에서 부스스스 눈뜨는
> 파란색 줄무늬의 잠옷을 걸친 05;00;17초, 긴
>
> 초침 위, 줄을 지어 흘러가는 개미떼
>
> 손목을 저당 잡힌 디지털 손목시계의 액정바다 위
> 14;48;59 14;49;00 14;49;01… 빨간 점멸등으로
> 깜·박·깜·박·떠·있·을·뿐·인·나·
>
> —김민정의 「시간」 부분

폐기된 아날로그 탁상시계와 개미떼, 자신의 디지털 손목시계와 자신을 겹쳐 떠올리는 기법부터가 예사롭지 않다. 수명이 다돼가는 시계의 느린 자명종 소리와 그 뒤 17초, 그 시각을 파란색 줄무늬의 잠옷을

걸치고 부스스 눈뜨고 있다는 표현이 그렇다.

그 초침 위의 개미떼 행렬을 바라보는 시선, 손목시계에 손목을 저당 잡혔다든가 오후 2시 49분 정각의 앞뒤 1초의 흐름(탁상시계는 오전 5시 조금 지남)을 액면 그대로 예시하면서 자신을 그 시각에 깜박이는 빨간 점멸등으로 그리는 감각(특히 시각적 효과 이끌어내기)도 그러하다.

마침표를 생략하면서 다른 부호는 적절하게 쓰거나 과도하게 쓰고 있으며, 줄갈이는 물론 연 바꾸기도 격을 깨뜨림으로써 또 다른 긴장감을 연출하고 있는 점 역시 마찬가지다. 더구나 버려진 아날로그 탁상시계와 디지털 손목시계가 서로 다르게 가리키는 시간을 함께 바라보는 화자의 의식은 빨간 점멸등으로 깜박깜박 더 있으면서 죽음과 삶 사이를 드나들지만, 자신의 몸이 생生과 멸滅의 중심축이라는 발상 또한 예사롭지 않다.

급기야 그런 어지럼증 사이사이 소리 지르고 되새김질하는 화자의 삶 어루만지기는 짙은 절규에 다름 아니지 않은가. 게다가 이 같은 상황에서 화자의 마음은 왜 유독 개미 떼에 가닿고 있는지 간과할 수 없게 한다.

> 쓰레기 종량제 비닐봉투 속을 그들의
> 몸짓이 내뿜는 시간의 프리즘으로 빠져나오는 개미 떼
> 달콤한 시간의 사탕덩어리를 어기영차 어기영차
> 앞에서 끌고 뒤에서 밀며 집으로 실어 나른다
>
> —김민정의 「시간」 부분

시인이 이 시의 마지막 연에서 그리고 있듯이, 개미 떼가 "그들의 몸짓이 내뿜는 시간의 프리즘을 빠져나"왔기 때문이며, "달콤한 시간의 사탕 덩어리를 끌고 밀며 집으로 실어나"르기 때문이기도 할 것이다. 다분히 실험적이나 시를 읽는 새 맛을 제공해주고 있다는 점에서도 주목에 값해 준다.

김정신의 「요가 시간」은 '숨죽여 우는 시간'이다. 구십 분간 "발 한 동작 / 손 한 동작 사이에서 / 터져 나오는 울음"을 "입을 틀어막고 숨죽여야" 할 정도다. "돌아간 고개를 바로잡아주는 / 선생님의 손이 너무 고마워 / 나도 모르게 눈물이 나오고 말았다"고도 한다.

이 같은 언어 행진 때문에 너무 쉽게 감동한 게 아니냐는 비판에 자유스러워지기 어려울는지도 모른다. 너무 평범한 진술이며, 당연한 발언 차원을 뛰어넘지 못했다는 지적이 나올 수도 있을 것이다.

> 선생님의 거룩한 손바닥 속에서
> 뭉클거리는 내 정신의 파장들
>
> 내 슬픔과 놀아 주는
> 배경 음악과
> 선생님의 손,
>
> —김정신의 「요가시간」 부분

이 시에서 화자는 요가 선생의 손바닥을 거룩하게 느끼고, 뭉클거리는 정신은 그 속에서 파장을 일으킨다고 토로하고 있다. 이 파장은 자신의 굳어진 몸을 부드럽게 풀어줄 뿐 아니라 정신 단련(수련)의 새로운 길을 여는 진통의 무늬들에 다름 아닐 것이다.

하지만 그 선생의 거룩한 손과 배경 음악이 자신의 슬픔과 놀아 주고 있다니, 그런 배경 음악과 손만으로도 충분하다니, 유의해서 읽지 않을 수 없다. 무거움을 거벼움으로, 거룩함을 그렇지 않은 것(놀이)으로 뒤집다가 다시 그 '구십 분 내내 숨죽여 울었다'고 고백하는 저의가 재미있게 느껴진다.

이채운의 「연어」는 "은빛 날선 지느러미 돛폭처럼 세우고 / 단단한 영감의 눈초리 말아올"려 솟구치며 '대하大河의 이력 거슬러' 가는 '연어'와 '뻘밭의 싸움'에서 종종 길을 잃거나 지쳐 있는 '나'를 대비시키면서 '연어의 꿈'을 꾸는 몽상의 세계를 떠올리고 있다.

꿈속에서는 연어가 "나를 / 끌고 가는 오랜 몸놀림이 보"이기도 하지만, 기실은 "낯익은 이정표도, 쉬어 갈 사원寺院도" 보이지 않는다. "생사生死의 숲 빠져나가는 파도의 걸음이 부산'할 따름이다. 결국 자기성찰로 귀결되는 이 시의 후반부를 보자.

> 발가락 휘어감는 갯풀 내음 킁킁거리며
> 스스로 가벼워질 때까지, 쉬임없는 노동이
> 마침내 한바탕 춤판 이룰 때까지
> 흙바람 쓸리는 땅 위에도
> 정녕 돌아가야 할 제 자리가 있다는 것인지
> 연어는 온종일 먼 바다에서 나의 얇은 귀를 두드린다
> —이채운의 「연어」 부분

'나'를 끌고 가는 연어를 따라가 봐도 먼 바다에서 얇은 귀를 두드릴 뿐이라는 메시지는 '가야 할 길'이 보이지 않는다는 비애에 다름 아닐 게다. 화자가 발을 딛고 있는 '흙바람 쓸리는 땅 위'에는 스스로 가벼워지고 노동 끝의 한바탕 춤판이 이뤄지는 회귀의 제 자리가 과연 있을 건지, '연어의 꿈'은 그런 회의를 말끔히 씻어 주지는 못하고 있기 때문이다. 그러나 유장한 흐름을 보여 주는 이 시가 거느리고 있는 약점은 함축과 언어의 절제의 아쉬움, 다소간의 불투명성 등이 아닐까 한다.

아무튼 이 세 여성 시인들의 시는 각기 다른 빛깔을 띠고 있으면서도 삶에 대한 비애와 갈등을 나름으로 그리고 있으며, 정도의 차이는 있다고 하더라도 '낯설게 하기' 기법을 끌어들이는 공통점을 지니고 있는 것 같다.

iii) 이들 세 여성 시인들과는 다소 대조적으로 전통적인 서정시에 연

결고리를 달면서 쉬운 구문과 섬세한 감수성을 바탕으로 절제와 함축의 미덕을 보여 주는 권국명, 이진흥, 박방희 등 세 남성 시인의 '여성적(?) 화자'가 발화發話하는 작품들 가까이 다가가 보기로 하자.

권국명의 「시」는 자신이 지향하는 시를 말해 주는 '시론시'로 읽힌다. 그야말로 더없이 맑은 아침과 이슬, 가장 향기로운 영혼으로 핀 장미, 가장 빛나는 '존재론의 제일 원리'(아르케) 지향의 시라 할 수 있다. 그 '축복의 일월日月', 그 '투명한 표지'는 군더더기를 붙일 필요가 없을 듯하다.

모든 이슬과 모든 아침
가운데서
가장 맑은 이슬과 아침으로,
모든 장미 가운데서
가장 행그러운 영혼으로 핀,
빛나는 아르케.
너 축복의 일월日月이여.
이슬의
아침의
그 장미, 투명한 표지.

—권국명의 「시」 전문

다만, 권국명의 오랜 시력詩歷과 시를 향한 꿈꾸기의 '맑고 향기롭고 투명하며 단순화된 하나의 절정'이자 '결정체'가 아닐까 하는 생각이 든다.

이진흥의 「청우당에서」 역시 같은 경지를 보여 주면서, 차원 높은 깨달음의 세계를 떠올린다.

실눈을 뜨면 잘 보인다
다람쥐 발가락에 묻은
빗물, 또는 강아지풀 끝에서
길을 더듬는 개미, 뿐인가
우암 선생의 눈썹 아래
조선 역사의 가파른 그늘도 보인다
밤하늘의 수많은 별들 중 어느
하나쯤 말없이 사라지는 것
바다 밑에서 전복이 슬쩍
몸을 뒤집는 것도
실눈을 뜨면 잘 보인다

—이진흥의 「청우당에서」 전문

사물의 외양은 눈을 크게 뜨거나 안경과 현미경의 도움을 받아야 더 잘 보이지만, 그 이면이나 내면(정신)세계는 마음의 눈이 밝아야만 잘 보이게 마련이다. 조선조 학자의 서재에서 마음의 눈을 뜨고 사물과 세상을 읽고 짚어낸 이 시는 그런 '실눈 뜨기'의 의미를 극대화한다.

다른 말로는, 시인의 섬세하고 예민한 감수성과 그 감수성의 이면에 감도 높게 자리매김하고 있는 예지와 첨예한 역사의식은 미세한 기미나 현상까지도 형이상적인 차원으로 끌어올려 바라보는 견자의 눈을 읽게 한다고나 할까. 낮고 작은 목소리로 깊고 높은 세계를 길어 올리는 시로 보인다.

"다람쥐 발가락에 묻은 / 빗물", "강아지풀 끝에서 / 길을 더듬는 개미", 실눈을 뜨면 보이는 "우암 선생의 눈썹 아래 / 조선 역사의 가파른 그늘" 등을 잘 들여다보거나 떠올리는 일이, 그런 다음의 눈 뜨기와 깨달음의 경지가 얼마나 빛나고 값져 보이는가.

한편, 박방희의 「빨랫줄과 참새」는 '하나 되기'의 의미를 빨랫줄과 그 위에 나란히 앉는 참새들을 통해 새롭게 일깨워 주는 시다.

저게 일자야.
공중에 줄 하나 죽 그어야지.
하나라는 뜻의 한자야.
어때, 하나처럼 보이지.
말이나 글에는 힘이 있어
하나에 나란히 앉는다는 것은
하나가 되게 하거든.

자. 우리 그럼 날아가서
하나 위에 한 줄로 죽 앉아 볼까!
—박방희의 「빨랫줄과 참새」 전문

우리의 갈등과 비극은 따지고 보면 하나가 되지 못하는 데 그 뿌리가 있다. 대립과 반목, 질시와 적대감도 하나가 되지 못하기 때문에 생기고 커지게 된다. 그런 의미에서 아주 단순한 화두話頭 같지만 이 시가 던지는 '하나 되기'의 메시지는 증폭력을 안고 있다. 더구나 공중의 '한 일一' 자가 시사하는 바는 더욱 그렇다. 정말 그럴 것 같다. 우리 모두 공중에 날아올라 '하나 위에 한 줄'로 앉을 수 있다면 세상은 얼마나 아름답고 넉넉해질까.

하지만 「시」도, 「청우당에서」도, 「빨랫줄과 참새」도 너무 세련되고 섬세하며, 단조롭고 아담하다는 말을 들을 수밖에 없을는지 모른다. 이 시대는 흔히 말하듯이 '시의 시대'라기보다 '산문의 시대'이며, 웬만한 자극이나 충동에는 무디어져 버린 세상이기도 하기 때문이다.

《대구문학》 2007. 겨울

이상理想 세계 꿈꾸기와 그 변주
— 나의 시, 나의 길

등단 초기부터 지금까지 삶의 이상적理想的 경지에 도달하기 위한 꿈을 꾸면서 내면 탐색을 거듭해 온 것 같다. 그 탐색은 몸담고 있는 공간의 구체성보다는 주로 정신적 지향처인 추상성에 착안하면서 초월의식超越意識에 은밀하게 무게중심이 주어지기도 했다. 현실에 뿌리를 두면서도 '지금·여기의 세계'라기보다 밝고 투명한 '다른 세계', 또는 '이상 세계'에 주어지는 경우가 많은 것도 그 때문이다.

이 같은 발상과 지향은 비루한 현실을 비켜서는 게 아니라 그 극복을 위한 역설적逆說的 접근이며, 완곡한 표현의 소산이라 할 수 있다. 되돌아보면 나의 시는 시대와 세월의 흐름에 따라 완만한 변모變貌를 거듭하기도 했지만 큰 틀로 보면 한결같은 현실 초월에의 꿈꾸기였고, 그 변주들에 다름 아니었던 것 같다.

실존적 방황과 초월에의 꿈

1970년대는 실존적 방황이랄까, 낭만적 우울 속의 헤멈이랄까, 그런 빛깔과 무늬들로 물들어진 시절이었다. 자아를 잃고 가상으로 떠내려가면서 살아가는 자신에 대한 성찰省察과 소외감이 시의 중심을 이루고 있는 것도 그 때문이다. 시 「낮술」과 연작시 「그림자의 그늘」은 특히 그렇지만, 첫 시집 『그림자의 그늘』(1979, 심상사)에 실린 대부분의 시들은, 해설에서 문학평론가 김흥규가 지적하고 있듯이, '건조하고 황량할 뿐인 일상의 외부 세계와 그 안에서 방황하는 정신의 자화상'들이다. 일련의 이미지들과 그 사이의 연상적 침투와 결합을 통해 작품을 구성하는 방법을 거의 일관되게 유지하면서 반복적인 상징象徵을 도입하곤 했다.

안개 뜯으며
개들이 짖고 있다.
드문 드문 눈 부비는 별빛
풀잎에 흩어지고
반쯤 피다 시든 꽃 한 잎,
창窓유리에 매달리고 있다.
바람에 불리우며
뼈 부러지는 소리를 내는
한 조각의 꿈, 꿈 한 조각의 아픔
안개 속에 떠돌고 있다.
발, 동동 구르며
안으로 걸린 빗장 밖에서
캄캄한 머리, 떠돌던 이마의 주름이
칼을 쓰고 운다.
눈 부비고 봐도 거울엔
내 얼굴이 없다.
안 보이는 내 얼굴이 컹컹컹
야반夜半의 하늘 끝으로

개 짖는 소리, 흘리고 있다.

—「그림자의 그늘 3」 전문

연작시 「그림자의 그늘」의 경우 제목이 이미 암시하고 있듯이, 일상의 흐름 속에 부침浮沈하면서 알 수 없는 곳으로 표류하는 현실적 자아(그림자)와 스스로의 주체로서 자신과 현실을 제어制御할 수 있는 힘을 가지지 못한 채 오히려 그림자에 이끌려 어두운 방황을 거듭하는 내면의 얼굴(그늘)을 교차시키면서 진정한 '내 얼굴'을 잃어버린 아픔에 대한 절규絶叫들이었다. 「낮술」은 그런 분위기와 상통하면서도 내 삶과 이를 둘러싼 상황과의 동적인 관련에 적극적인 의의를 부여함으로써 구체적인 현실의식에의 지향을 예고하기도 했다.

풀어지면서 한 잔
만촌동 산비알 포장집
구석에 몰리며 두 잔
낮술에 마음 맡겨 희멀건 낮달처럼
희멀겋게 석 잔, 넉 잔

무서워요. 눈 뜨면 요즈음은
칼날이 달려와요. 낮과 밤
꿈속에서도 매일 목 졸리어요.
누군가 자꾸
자꾸 술만 권해요.

거울을 깨뜨려요.
구석으로 움츠리며 낮술에 젖어
얼굴 버리고 걸어가요. 요즈음은

아예 얼굴 지우고, 깨어서도
잠자며 걸어가요.

걸어가요. 한반도의 그늘 속을
낮술에 끌리어 낮달처럼
희멀겋게 희멀겋게
다섯 잔 여섯 잔, 열두 잔

—「낮술」 전문

그 이후에는 대사회적인 관심이 조금씩, 때로는 다소 거칠게 섞여 들기도 했다. 20대의 방황의 소산인 『그림자의 그늘』에서 차츰 발걸음을 옮기면서 여전히 끈끈한 어둠을 떨쳐내지는 못한 채 관념적인 내면성內面性을 어느 정도 벗어나 구체적인 체험 쪽으로 다가서려는 시도를 했기 때문이다. 1980년대는 주위 상황도 어둡고 우울한 시기였다. 정치적·사회적 소용돌이가 극심한 가운데 산업화, 도시화의 물결이 드높던 1970년대를 거친 1980년대 초중반에는 급격한 근대화·산업화 물결이 물질만능주의 등 가치관의 혼란을 부르기도 해 그런 상황을 뛰어넘고 싶다는 열망이 가열되기도 했다.

두 번째 시집 『우울한 비상의 꿈』(1982, 문학과지성사) 뒤표지의 산문(표사)에 "꿈에게 퍼덕이는 날개를 달아 주고 싶다"고 썼듯이, 말을 비천卑賤하게 만드는 현실에 좌초坐礁되면서도 그 암울한 상황을 비판적인 눈으로 바라보는가 하면, 밝고 자유로우며 사랑으로 가득 찬 내일을 향한 꿈에 불을 지피곤 했다. 이 때문에 절망하면서도 그것을 초극하려는 완강한 몸짓으로 실존적 방황에 상승 이미지를 부여하곤 했다.

내 마음 깊은 깊이에
새 한 마리가 살고 있다.

울지도 못하고 노래도 못하는
눈멀고 말라비튼 귀머거리
새 한 마리가 살고 있다.
눈보라 흩날리고
얼어붙은 내 마음 허허벌판에
날지도 못하고 걷지도 못하는
기막힌 새 한 마리,
새 한 마리의 캄캄한 마음이 살고 있다.
강물 풀리고 새 아침이 밝아올 때
단 한 번 울고 오래오래 노래할,
눈뜨고 귀가 트이는 그 시각을 위해
나의 새는 뼛물 말리며
웅크리고만 있다.
가혹한 비상의 꿈을 꾸며
새 하늘을 그리고 있다.

—「내 마음의 새」 전문

이 시집의 해설에서 문학평론가 김병익은 "이태수의 시들은 말, 살아 있는 진정한 말을 향한 갈망이며. 그의 기다림, 희망의 주된 대상이 그 말과 말을 통해 존재할 수 있는 시인됨이고, 그가 꾸는 밝은 꿈과 별, 혹은 새, 혹은 새벽과 풋풋한 삶은 언어라는 낱말로 환치換置될 수 있는 것들이다."라고 했다. 또한 이 무렵의 시에는 살아 있는 진정한 말을 향한 갈망이 번져 있으며, 때로는 시 「망아지의 풋풋한 아침이 되고 싶다」에서 드러나는 바와 같이, 바로 그렇기 때문에 거기서 뛰쳐나오려는 열망이 더 강렬해지면서 동적인 이미지와 어휘를 낳기도 했다.

망아지를 키우고 싶다. 내 가슴에
으으으 입술 깨무는

이 목마름을 위하여,
날이면 날마다 가위눌리는
가난한 꿈을 위하여,

뛰어가고 싶다. 때로는
물거품처럼 부서지더라도
식어가는 가슴에 하나, 불을 달고
오랜 망설임도
주저앉아 기다리던 기다림도 박차버리고,

이마를 부딪고 싶다. 휘어지지 않고
하루살이처럼 맹렬하게
하지만 싸늘하게 눈 부릅뜨고
화살 되어 꽂히고 싶다.
어딘가 가 닿아 뜨겁게 불붙고 싶다.

지친 밤에는 하늘의 별들
하나씩 불러모으고, 가혹한 꿈 돋우어내며
새우잠 속의 뒤척임,
이 아픔도 새벽 하늘에 내어다 걸고
어둠 가르며 번뜩이는
칼날이 되고 싶다. 별빛이 되고 싶다.

아아, 망아지가 되고 싶다.
울타리 뛰어넘어 혹은 불처럼
거침없이 치닫는 야생의
고삐 풀린 망아지,
망아지의 풋풋한 아침이 되고 싶다.

—「망아지의 풋풋한 아침이 되고 싶다」 전문

관념적인 세계의 천착穿鑿(1970년대), 삐걱거리는 현실에 대한 고통과 그것의 초극을 향한 몸부림(1980년대 초반)을 거친 뒤 다다른 지점이 세 번째 시집 『물속의 푸른 방』(1986, 문학과지성사)의 역설적인 세계였다. 그 이전보다는 다소 밝고 맑은 세계를 더듬는 방향감각을 찾게 됐다. 현실은 비록 추하고 불순하지만 그 바깥이나 그 깊숙이 어떤 순결하고 명징한 세계가 있을 수 있다는 전망이 그것이었다.

이 무렵에는 『우울한 비상의 꿈』 시절의 '날아오르기의 꿈'(상승 이미지)을 '내려가기의 꿈'이나 '낮은 꿈'(하강 이미지)으로 방향을 바꾸었다. 내려가고 또 내려가다 보면 추하고 뒤틀린 현실의 더딘가에, 어떤 깊숙한 곳에, 순결하고 명징한 세계가 있을 것이라는 믿음의 소산이었다. '물속의 푸른 방'은 유토피아의 다른 이름이라고도 할 수 있다. 비현실적인 상황 설정을 통한 새로운 길 찾기의 형이상학적形而上學的 추구에 다름 아니었다.

문학평론가 정과리는 해설 '분열된 자아의 꿈, 혹은 원의 위상학'을 통해 이 시집의 변모의 줄거리는 "본래 복잡하게 얽힌 전체—시인의 감정·앎·열망 등이 혼란스럽게 뒤섞인—를 시인이 의식적으로 재구성한 결과"로 보기도 했다.

흐르는 물에 발을 담근다.
서늘하고 둥근 물소리……
나는 한참을 더 내려가서
집 한 채를 짓는다.
물소리 저 안켠에
날아갈 듯 서 있는 나의 집, 나의
푸른 방에는
얼굴 말끔이 씻은 실바람과
별빛이 술렁이고

등불이 하나 아득하게 걸리어 있다.

—「물속의 푸른 방」 전문

그런 한편으로는 현실의 아픔을 초극하고 싶은 열망을 "나의 슬픔에게 / 날개를 달아 주고 싶다. 불을 켜서 / 오래 꺼지지 않도록 / 유리벽 안에 아슬하게 매달아 주고 싶다, / 나의 슬픔은 언제나 / 늪에서 허우적이는 한 마리 벌레이기 때문에, / 캄캄한 밤 / 바람에 흩날리는 나뭇잎이거나 / 아득하게 흔들리는 희망이기 때문에,"(「나의 슬픔에게」)와 같이 낮게 읊조리기도 했다.

큰 문맥으로 보면 현실 초극과 초월이 일관된 명제요, 삶의 이상적 경지 탐색이 궁극적인 지향점이었다. 이 때문에 때로는 비판적인 시각으로 현실을 바라보면서 새로운 변화를 꿈꾸기도 했지만, 그보다는 개인적, 정서적인 꿈의 세계에 무게 중심을 실었는지도 모른다. 현실에 뿌리를 두면서도 '지금·여기의 세계'라기보다 밝고 투명한 '다른 세계', 또는 '이상 세계'에 대한 추구는 비루鄙陋한 현실을 비켜서려는 게 아니라 그 극복을 위한 역설적 접근이었다.

'너, 나, 그'와 둥글음의 지향

1980년대 후반부터는 여전히 하강 이미지를 집요한 초월의 길 찾기의 방법으로 끌어들이면서도 새로운 꿈의 세계를 구축하려는 시도를 했던 것 같다. 손상된 본래적 자아自我가 회복된, 맑고 순수한, 내면의 공간을 꿈꾸는 한편 보다 구체성을 띤 '너'와 '나'의 문제를 축으로 한 인간관계에 눈을 돌렸다. 신神과 인간의 중간 지점에 자리잡으면서 초월에 다다른 존재로서의 '그'를 찾아 나서는 데 무게 중심을 두었다. 특히 형이상학적인 명제이기도 한 '그'에 대한 추구는 '너'와 '나'의 문제에 천착한 네 번째 시집『안 보이는 너의 손바닥 위에』(1990, 문학과지성사)에서 시작됐으며, 다섯 번째 시집 『꿈속의 사닥다리』(1993, 문학과지성사)와 여섯 번째 시집 『그의 집은 둥글다』(1995, 문학과지성사)로 넘어오면서 더욱 본격화됐다.

네 번째 시집 『안 보이는 너의 손바닥 위에』는 '꿈을 뒤집어 꾸기', '꿈의 무화無化'라는 빛깔을 묻히거나 '꿈 버리기의 꿈'으로 풀이될 수 있는 마음의 그림들을 담아 보려 했다. 이 시집을 내면서 표사에 이렇게 쓰기도 했다.

> "'지금. 여기'에서의 삶보다는 '언젠가 가 닿고 싶은 곳'에 마음이 가곤 한다. 그 때문에 이즈음은 내려갈 수 있으면 더 내려갈 데가 안 보일 정도로 내려가서 마주치는 내 삶에 대한, 단조로우면서도 결코 그렇지만은 않은, 눈뜸과 아픔, 그리고 이슥고는 새로 꾸는 '낮은 꿈'에 관심이 주어질 때가 많다. 이 같은 '내려가기'는 어쩌면 '올라가기'의 또 다른 '길 찾기'일는지도 모른다.(이하 생략)"

조금은 역설적인 냄새를 풍기는 이 같은 생각의 배경은 역시 꿈과 현실의 괴리감 때문이었다. 이 무렵부터 더욱 '내려가기'와 '낮은 꿈' 꾸기에 마음을 주곤 했다. 그러나 그런 길 찾기는 다시 구부러지기 시작해 '꿈을 뒤집어 꾸기'로 이어지는 또 하나의 비애悲哀로 연결됐던 것 같다. 그래서 다시 이르게 된 지점이 '그'와 '너'를 그리워하며, 인간적이면서도 인간의 한계를 뛰어넘고, 그러면서도 절대자(신)보다는 인간에 가까운 존재인 '그'를 목말라 하고 열망하는 길을 나서게 됐던 것으로 기억된다.

이 무렵의 적지 않은 시편들은 무기력하고 상투화常套化된 현대인의 결핍을 충족시켜 본래의 자리로 되돌려줄 정신적 희구希求의 대상으로서의 '그'를 찾아가는 도정에 힘이 주어졌다고나 할까. 특히 그 과정의 험난함과 애틋함 속에서 섬광처럼 어둠 속에 묻힌 길들을 찾아내는 것이 바로 '그'라는 사실을 역설하려고도 했다. 하지만 이 시집에는 '너'와 '나'는 언제나, 어디까지나, '타인'일 뿐이라는 비애를 그린 작품들도 다수 들어 있으며, 처음 써본 이 연시 연작에는 다음과 같은 시도 있다.

봄밤에는 울고 싶어라.
개나리 노란 울타리 너머
손톱달 매달려 흔들리고 있네.
복사꽃 펴 있는 내 마음 길에
문득문득 켜지는 불, 이내 꺼지고
남몰래 울고 싶어라. 울고 싶어라.
네가 안 보이는
이 황량한 지상에서
너를 더듬어 하염없이 걸어가는
봄밤에는 울고 싶어라.

—「봄밤에는」 전문

이룰 수 없는 꿈은 아름답다
팔을 뻗고 발을 구르는
이 목마름은 아름답다.
뜬눈으로 밤을 건너거나
입술 깨물며 돌아서도
가눌 수 없는 이 눈물은 아름답다.
저만큼 가고 있는 네 등 뒤에
눈길을 주며, 강의 이쪽에서
돌이 되는 가슴은 아름답다.
지워도 지워도 되살아나는
아픔과 상처, 강의 저쪽과
이쪽, 그 사이의 하늘에 번지는

절망의 빛깔은 아름답다.

—「절망의 빛깔은 아름답다」 전문

이 시집의 해설에서 시인 황동규는 "상상력 쇠퇴의 고통을, 거의 태양 상실喪失의 심정으로, 그것도 한두 편이 아니라 연작시 형태로 노래한 작품은 우리 시에서 찾기 힘든 것"이라고 보기도 했다. '그'에 대한 묘사는 그 다음 시집에 더욱 본격화되므로, 부분적으로 예를 들면 다음과 같다.

잠이 돌아누울 때는
끌어안고, 달라붙을 때는 밀어내며
입술을 깨물 듯이,
나는 그와 만난다.

—「나는 그와 만난다」 부분

그가 다시 슬리퍼 소리를 내며
나타났다. 얼굴은 보이지 않고
뒷모습만 드러내던 그는 이내
발자국만 남기고 사라졌다.

—「그는 다시 나에게」 부분

다섯 번째 시집 『꿈속의 사닥다리』는 상승과 하강 이미지를 교차시키면서 '무화된 꿈'을 다시 일으키고, 잃어버린 말과 길 찾기(초월)를 하는 '사닥다리 놓기의 꿈'을 통해 끊임없이 가위눌림을 강요당하는 황폐한 현실로부터 벗어나 자유롭고 따스하게 꿈꿀 수 있는 정신적 이상향理想鄕을 구축하는 데 주로 주어졌다. 『안 보이는 너의 손바닥 위에』의 연장선상에서 무화된 꿈을 다시 일으키고 상승작용을 모색하는 '사닥다리 놓기의 꿈', 잃어버린 말과 길 찾기에 나서면서 나의 꿈에는 '중심 잡기'의 여유가 어느 정도 개입되기도 했다. 종래와는 달리 상승 이미지와 하강 이미지의 복합적 구사에 의한 새 꿈에 불 지피기의 양상을 띠고 있다고 할 수 있다.

쥐뿔이 보일 때까지
내려가고 또 내려가리, 내려가다가
길이 막히면 다시 올라오며
찾고 또 찾아보리. 설령 언제나
개구리 눈에 물 붓기, 기름에
기름을 타거나 물에 물 엎지르기
가 되더라도 끝까지 걸어가 보리.

—「쥐뿔 찾기-시법」 부분

하강과 상승 이미지를 복합적으로 구사하는 시도의 일단이지만, 이 같은 방법을 통해 형이상학적인 명제인 '그'를 목말라하는 모습은 다음에 예를 드는 바와 같이 도처에 그려져 있다.

그가 그리운 날은
줄담배를 피웠다. 담배 연기를 딛고
가물거리는 마음은
허공으로 뿌리를 흔들었다. 이따금
거꾸로 서기도 하고 주저앉기도 했지만
그는 아랑곳하지 않았다. 언제나
그는 그대로 저만큼 있었지만
만날 수 없었다.
가까이 다가서는 듯, 아득하게 가고 있는
그가 그럴수록 그리웠다.

항간에 그는 신들과만 만난다고 하고,
이즈음 어디론가 모습을 감추었다고도 한다.
—「그가 그리운 날은」 부분

대낮에 그를 만날 수는 없을까.
꿈길에서가 아니라,
눈감고 있을 때가 아니라,
이 눈부신 햇살 속에서
만날 수는 없을까.
—「대낮에 그를 만날 수는 없을까」 부분

이 시집의 해설에서 문학평론가 김주연은 "'그'는 우리 현실에 꼭 필요함에도 불구하고 결핍되어 있는, 신성神性에 가까운 어떤 추상적 가치"라며, "시인은 세속적인 현실 속에서 자신도 어차피 더러울 수밖에 없다는, 더러움을 통하여 더러움을 극복하겠다는 저 유마힐식 세계관을 내세우지 않는다. 시인은 '유리알 같이 맑고 투명한' 길을 만들어가고자 한다."고 풀이한 바 있다.

여섯 번째 시집 『그의 집은 둥글다』(1995, 문학과지성사)는 꿈속의 사닥다리를 수없이 오르내리다가 마주친 초월에의 통로 트기와 '그'에 대한 천착, 보다 고양高揚된 삶 더듬어 가기 등이 주요 명제들이었으며, '둥글음'에의 지향이 그 핵심을 이루고 있다고 할 수 있다. 예가 되는 시 두 편을 옮겨 본다.

그의 집은 둥글다. 하늘과 땅 사이
그의 집, 모든 방들은 둥글다.
모가 난 나의 집, 사각의 방에서
그를 향한 목마름으로 눈감으면

지금의 나와 언젠가 되고 싶은 나 사이에
검고 깊게 흐르는 강.
모가 난 마음으로는
언제까지나 건널 수 없는 강.
신과 인간의 중간지점에서 그는 그윽하게,
먼지 풀풀 나는 여기 이 쳇바퀴에서 나는
침침하게, 눈을 뜬다. 아득하게 느껴지는
그의 집은 둥글다. 하늘과 땅 사이
그의 집, 모든 방들은 둥글다.

—「그의 집은 둥글다」 전문

둥근 방을 꿈꿉니다. 이즈음은
밤마다 마음에 푸른 이랑 일구고
푸르게 일렁이는 그 이랑들 디디며
꿈길을 걷습니다. 밤은, 그가 아득하게
둥근 집, 둥근 방에서
새로운 꿈을 꾸는 시간입니다.
그의 마을 별들도 어둠 속에서
이마 조아리며 꿈꾸고, 나는
그 꿈의 마을에 이르는 절벽에
사닥다리를 놓습니다. 이즈음은 밤마다
마음을 낮추거나 한없이 드높여
그 사닥다리를 오릅니다. 그의 집,
그의 방과 같이 둥근 집, 둥근 방을
꿈꿉니다. 둥근 마음을 꿈꿉니다.

—「둥근 마음을 꿈꿉니다」 전문

자서에서 "보다 맑고 아름다운 꿈의 공간으로써의 '마음의 집'을 빚고, 그 속에서 살고 싶어 해온 열망의 읊조림들"이라고도 적었듯이, 둥글고 푸르고 맑은 이데아로써의 '그'를 찾아 나서고, 나를 포함한 이 세상이 그런 둥글음의 세계가 될 수 있기를 바라는 기구와 현실 초월에의 의지를 집중적으로 노래했다.

"육체적 지각을 통하지 않고, 느낌으로만 다가오는 이미지도 소중하다. 상상력이나 환상은 현실을 뛰어넘으려는 꿈꾸기에 연결고리를 달아 주며, 그 꿈꾸기는 시의 뼈와 살을 만들어 주기 때문이다. 나의 시 쓰기는 현실 초극의 꿈꾸기에 다름 아니다. 꿈은 삭막한 삶을 적시면서 보다 나은 삶을 올려다보게 한다. 그곳에 이르는 사닥다리를 놓아 주고, 오르게도 한다. 좌절감이나 절망감을 흔들어 주곤 한다. 지금 여기에서는 이루기 어려운 세계, 어쩌면 영원히 가닿을 수 없는 세계마저 꿈의 공간에서는 반짝인다. '꿈의 공간 만들기, 그 속에서 살기'는 뒤틀리고 추한 몰골을 한 현실을 뛰어넘기 위한 '조그마한 오솔길 트기'인지도 모른다."

시집 『그의 집은 둥글다』의 표사에 쓴 글이다. 당시의 생각을 요약한 이 글이 말하고 있듯, 당시에는 꿈꾸기의 반복이 현실 초극의, 조그마하지만 완강한 초월에의, 오솔길이며 마치 숙명과도 같은 길일는지도 모른다는 생각에 사로잡혀 있었다.

문학평론가 오생근은 이 시집의 해설에서 "이태수에게는 자신의 실존을 자각하고, 덧없는 삶에 갇혀 있지 않으려는, 끈질기면서도 부드럽게 지속되는 의식이 어떤 그리움이나 기다림의 현상으로 나타나고 있음이 분명하고, 그것이 바로 시를 쓰는 마음의 원동력이 된다."고 분석했다.

한때는 유림儒林의 고장으로 불리는 안동이 거느리고 있는 고즈넉한 정서, 그 안켠에 완강하게 자리매김한 뿌리 의식이나 도도한 선비정신과 마주치면서 빚어진 '정신의 그림들'을 담아내기도 했다. 이방인異邦人으로

서의 안동 떠돌기, 잘 안 보이지만 높고 깊게 흐르는 듯한 선비정신 더듬기가 은밀한 밑그림을 이루고 있는 일곱 번째 시집 『안동 시편』(1997, 문학과지성사)의 시들은 뭇사람들이 미처 보지 못하는 풍경의 내밀內密한 깊이를 포착하면서, 내 심상心象의 발현을 포개어 놓았다고 할 수 있다.

자연과 떨어져 살고 물질문명에 짓눌려 살아가는 삭막한 현실 속에서 보다 고양된 삶을 찾아 나서는 길 위에서 꿈꾸기와 중얼거림, 낮고 따스하고 부드러운 세계를 향한 노래들이 주로 담겨 있으며, 내가 살고 있는 대구에서 출발해 시계방향으로 안동을 돌아 대구로 다시 돌아오는 순서로 시를 배열하기도 했다. 이 시집의 앞날개에 실려 있는 글은 그 특징을 단적으로 말해 주고 있다.

> "시집 『안동 시편』은 언어로 그려낸 풍경화이다. 그의 붓은 시각보다 더 깊은 곳에 닿아 있어서 눈이 감지할 수 없는 어떤 느낌을 섬세한 이미지로 담아낸다. 그래서 '안동'은 지리적, 현실적인 안동을 넘어 '신화의 자리' '시원의 자리' '자연의 자리'로 재창조된다. 이 시집의 시들은 뭇사람들이 미처 보지 못하는 풍경의 내밀한 깊이를 시인이 포착해 내는 것이기도 하지만, 한편 그 자체가 시인의 심상의 발현이기도 하다. 시편 곳곳에 시인의 흔적이 남아 있는 꿈같은 자연의 풍경 속에 인간의 숨통을 은밀하게 뚫어 놓는다."

세기말의 연민과 신성한 세계 꿈꾸기

여덟 번째 시집 『내 마음의 풍란』(1999, 문학과지성사)에 이르러서는 앞의 시집들이 안고 있는 명제命題들을 복합적으로 아우르면서 초월과 초극 의지를 부드럽지만 완강하게 노래하려 했다. 각종 재앙과 세기말의 어둠, 특히 국제통화기금(IMF) 체제에서 어려움을 겪고 있는 사람들을 향한 조그맣고 따스한 '가슴 열기'로 이 세계나 세상을 향한 연민憐憫과 사랑을 노래한 시들을 주로 담은 셈이다. 이 때문에 나를 둘러

싸고 있는 풍경들의 일천함, 현실의 비속卑俗함으로부터 벗어나려는 조용하지만 완강한 몸부림(때로는 비실재적인 현상에 대한 그리움)이 되풀이되곤 했다.

친숙한 어법과 쉬운 구문으로 낯익은 세계를 그리는 듯한 외양外樣 속에 그 반대로 트인 오솔길을 보여 주려 했으며, 안으로 다져넣은 형이상학적 고뇌, 더 나은 삶에의 추구와 초월 의지를 노래했다고 할 수 있다. 이 때문에 쉬운 구문들이 쉽게 읽혀지지 않을 수 있으며, 미묘한 말들로 긴장감과 주의력을 요구한 면도 없지 않다. 낯익고 범상凡常한 세계를 그리는 것이 아니라 실제로는 높고 깊은 정신의 이상향을 지향했기 때문이다.

< 1 >
허공이 우주를 끌어안고 있듯이
그 무엇이 나를 떠받들고 있다.
무거운 땅덩어리가 허공에 달려 있듯이
내가 알 수 없는 그 무엇에 매달려 있다.
허공은 부드럽고, 그 무엇은 모양도 없지만
완강하게 나를 부둥켜안고 있다.

우주가 모양도 없는 저 허공 안에 있듯이
나는 안 보이는 그 무엇 안에 들어 있다.
허공은 비어 있으므로 이 땅을 들어올리듯이
그 무엇이 나를 일으켜 앉히거나 세운다.
그 무엇은 안 보이고 허공은 비어 있으므로
나를 이토록 깊숙이 품어 앓게 한다.

< 2 >
물이 마침내 쇠를 삭게 하고, 물방울이

한결같이 떨어져 돌을 뚫듯이, 나는 물이 되고
물방울이 되어 돌을 뚫고 쇠를 녹이리.
낮고 부드럽게 비어 있는 그 무엇이
마음을 가득 채우듯이, 비어 있지만
뭔가 가득 채워져 있는 허공이
나를 흔들어 눈뜨게 하고, 다시 일으켜 세우듯이,
일어나 바라보면 아득한 세상, 아득하므로
걷고 또 걷게 하는 세상이 눈물겨워
쇠를 녹이고 돌을 뚫으리. 나는 물방울이 되고
물이 되어 천천히, 오래오래
부드럽게, 낮게, 비워지고, 또 비워져서.

—「그 무엇, 또는 물에 대하여」 전문

이 시는 이 무렵의 정신적 지향志向을 나름으로 반영한 경우다. 세기말의 어둠과 어지러움 속에서 스스로도 위안을 찾으면서 고통을 겪고 있는 사람들을 향해 던지고 싶은 메시지를 담으려 했으며, 낮고 부드러운 힘이 얼마나 소중한가를 되짚어 보려 했던 것 같다. 풍란風蘭처럼 허공에 뿌리를 뻗고 있는 우리의 삶이라 할지라도 '그 무엇'과 '물'의 의미를 반추하면서 더 나은 세계에 이르려는 초극과 초월에의 꿈꾸기에 다름 아니었다.

2000년 들어 새 세기를 맞은 기대감은 컸지만, 1997년 외환위기 이후 그 후유증 때문에 정치적, 사회적으로 어려움은 여전했다. 아홉 번째 시집 『이슬방울 또는 얼음꽃』(2004, 문학과지성사)은 그런 와중에 마음이 만들어낸 자연과 그 시원始原 속에서 '이슬방울'이나 '얼음꽃'과 같이 조그마하고 투명하며 아름다운 세계를 꿈꾸는 데 주로 주어졌다.

마음이 나무나 새, 이슬방울 속으로 들어가서 깃들이기도 하고, 그 바깥에서 바라보기도 하는 작은 세계가 주조를 이룬 건 그런 마음자리와 연계連繫돼 있었다고나 할까. 그 무렵에는 그런 꿈꾸기에 젖어 있었던 것 같다. 혼탁한 '세상살이의 길'과 그 가운데서 꿈꾸어 보는 '초월적인 길' 사이에서 서정적인 자아는 비틀거렸지만, 어둡게 '주저앉아' 있는 현실에 대한 '반발의 정신'을 잊지 않으려 했다. 하지만 나름으로는 자연과 대상 앞에서 한없이 자세를 낮춰 겸손해진 시적 자아가 텅 비운 마음속을 '현재의 탁류濁流를 거슬러 올라 맑은 물이 흐르는 시원에 이르고자 하는' 강력한 욕망으로 채우면서 '생명력' 있는 서정시를 빚어 보려 했던 것 같다.

이 시집의 해설에서 시인 최서림은 "시적 화자가 보여 주는 이상적인 자연세계는 앞으로 이 땅에 회복되어질 낙원의 모습을 미리 예시하고 있는 것이라고 해석할 수 있다."며, "제유적提喩的 세계관으로 되어 있는 동양 시학에서는 볼 수 없는 목적론적 세계관의 특징을 지니고 있다."고 풀이했다.

비본질적인 길이라 할 수 있는 '일상적인 길'을 벗어나고 뛰어넘어 본질적이고 이상적인 '초월의 길'을 추구했던 이 시기에는 비현실적인 공간을 설정하고 그 속에 들 때 서정적 자아가 한없이 작고 낮아진 상태에서 맑고 투명하게 반짝이는가 하면, 새로운 길이 열리고, 신성성이 부여되는 꿈을 꾸곤 했다. 시대가 안겨 주는 아픔이 겹쳐 더욱 그랬겠지만, 그 무렵에는 '비인간화非人間化'에 맞서기와 뛰어넘기가 주요 명제였으며, '신성한 언어' 회복과 '정신의 깊이와 높이' 추구가 지향점이었다.

풀잎에 맺혀 글썽이는 이슬방울
위에 뛰어내리는 햇살
위에 포개어지는 새소리, 위에
아득한 허공.

그 아래 구겨지는 구름 몇 조각
아래 몸을 비트는 소나무들
아래 무덤덤 앉아 있는 바위, 아래
자꾸만 작아지는 나.

허공에 떠도는 구름과
소나무 가지에 매달리는 새소리,
햇살들이 곤두박질하는 바위 위 풀잎에
내가 글썽이며 맺혀 있는 이슬방울.

—「이슬방울」 전문

문학평론가 이광호가 조선일보에 쓴 길지 않은 평이 이 시를, 마치 내 마음을 꿰뚫듯이, 풀이해 주고 있어 인용해 본다.

"이태수는 이 시에서 자신의 마음이 만들어낸, 작지만 아름다운 세계를 빚어 보인다. 종래의 시에도 빈번하게 등장하던 물방울이나 이슬방울이 여기서는 더욱 애틋하고 투명한 모습으로 나타난다.

거의 동시에 씌어진 다른 시 「낮에 꾸는 꿈」에서는 서정적 자아가 한없이 작고 낮아진 상태에서 물방울 속으로 들어갔을 때, 그 둥글고 빈곳에서 투명해지는 말들을 만나는 세계를 떠올리면서 그 신성한 언어를 노래하고 있지만, 이 시에서는 그 신성한 언어의 발견이 삶의 비애와 마주치는 아픔을 처연한 아름다움으로 그리고 있기 때문이다.

맺혀서 글썽이기 때문에 더욱 아름다운 이슬방울은 최상의 상태를 스스로 만들고 있으면서도 언제 사라질지도 모르는 불안정한 상태에 있다. 그래서 새벽빛을 머금고 있는 이슬은 종교적인 성스러움과 생의 덧없음이라는 상징성을 동시에 부여받기도 한다.

더구나 자연의 사물들이 상호 조응하는 세계 안에서 글썽이며 맺혀 있는 이슬방울은 이 시인이 궁극적으로 추구하는 바의 그 '둥글음'의 다른 상징으로 읽을 수도 있게 한다.

그러나 이 시에서 이슬방울과 '내'가 하나가 되기를 소망하고 있음에도 불구하고 실제로는 이루어질 수 없는 꿈에 불과할 따름이라는 데 그 비애는 커질 수 있다. 첫 연에서 묘사되고 있는 것처럼 이슬방울은 그 위에 햇살이 뛰어내리고 새소리가 포개어지며, 위에는 또 아득한 허공이 있다. 말하자면 '이슬방울—햇살—새소리—허공'이라는 사물과 그 무엇들이 '상승'의 체계를 이루고 있으며, 이들은 깊은 함수관계를 가진다. 그 관계 속에서 이슬방울은 어쩌면 하잘것없는 존재라 할 수도 있다.

그런가 하면 그 다음 연에서는 그 허공 아래 구겨지는 구름 조각이 있고, 몸을 비트는 소나무들과 무덤덤 앉아 있는 바위가 있으며, 그 아래 작아지기만 하는 '나'가 자리잡고 있다. 이를테면 '구름 몇 조각-나무들-바위—나'는 '하강'의 질서를 만들면서 역시 상호 깊은 함수관계를 유지한다.

나아가 이 두 가지 종류의 사물의 수직적인 연계는 마지막 연에서 다시 '허공—구름' '소나무—새소리' '햇살—바위' '나—이슬방울'의 수평적인 접속으로 완성되고 있으며, '여기에는 자연 만물들의 상생적인 관계가 응축'되어 있기도 하다. 그러나 정작 시인이 궁극적으로 마주치고 있는 것은 맑고 투명하지만 작게 맺혀 글썽이는 이슬방울이며, 그와 같은(어쩌면 그렇게 되기를 바라는) '나'다.

이 시의 마지막 행, "내가 글썽이며 맺혀 있는 이슬방울"에서의 '나'와 '이슬방울'은 하나가 되며, 시인도 그런 상태를 꿈꾸고 있음도 분명하다. 이 순간에 '이슬'은 마침내 이 시의 대상이 아니라, 진정한 주체로 변용되기도 한다.

그러나 그 이슬방울은 소멸 앞에 놓인 운명을 피할 수는 없다. 시인은 이 시에서 그 아름다움의 절정의 순간이 품고 있는 비애를 아프게 노래한다고 볼 수 있다. 그것이 설령 이 세상에서 가장 지고지순하다고 하더라도, 절정의 순간은 바로 소멸 앞일 수밖에 없는 노릇이다. 이 시는 그 찬연한 순간을 깊이 끌어안으면서도 그 유한성을 아프게 일깨우기도 한다."

시집 『이슬방울 또는 얼음꽃』에 실린 작품 가운데 당시의 마음을 잘 반영하고 있는 시 한 편만 더 소개한다.

< 1 >
물방울 속으로 들어간다.
이슥고 투명해지는 말들.

물방울 안에서 바라보면, 길들이 되돌아와
구겨진다. 발바닥 부르트도록 걷던
그 길들 너머 또 다른 길이 열린다.

알 듯도 모를 듯도 한 나날들. 아득한 곳에서
둥글게 그가 미소를 머금고 서 있다.

그렇게도 꿈꿔 왔던 투명한 말들이
비로소 물방울 되어 글썽인다.
햇살은 그 위에 뒹굴다 굴러떨어진다.

글썽이며 나는 자꾸만
남은 햇살을 끌어당긴다.

< 2 >
집을 짓는다. 남루한 세월이지만
마음만은 늘 푸른 하늘 자락을 끌어안는다.
새들이 어디론가 아득하게 날아가고
돌아올 것 같지도 않지만, 마음은 제 홀로
해종일 두리기둥을 만든다. 서까래들을 다듬고,
흙일도 하고, 방을 꾸며 도배를 한다.

사랑채도 짓는다.

자그마한 창틀로 뛰어내리는 햇살,
마음은 벌써 뒷마당을 한 바퀴 휘돌아
눈길을 멀리 창밖에 던져 놓고 있다.
다시 그는 기척도 없지만, 어느새 걸어왔는지,
앞산이 우두커니 앞마당에 서 있다.
해종일 걸어온 낯익은 길들도 문득 낯설어지고
나뭇잎들이 자꾸만 땅 위에 내리고 있다.

—「다시 낮에 꾸는 끔」 전문

2007년에는 신문사 퇴임退任과 함께 시인으로만 살아가기로 마음먹었다. 하지만 마음먹은 대로만 되지는 않았다. 열 번째 시집 『화화나무 그늘』(2008, 문학과지성사)에는 생활 리듬이 달라져 방황하면서 쓴 작품들이기 때문에 그런 빛깔이나 무늬들이 도처에 묻어나 있다. 이 시집의 해설에서 문학평론가 김선학은 "그의 시적 행로가 내면의 어둠에서 자연 속의 그늘로 나오는 과정과 경위를 표출하고 있다. 시인 자신의 자아가 자연에 놓이는 자아로 이행移行하면서 원숙한 사유思惟의 결정結晶을 드러내고 있어 시적 세계 속으로 읽는 사람을 빨아들이는 강한 흡인력을 보여 주고 있다."고 평했다.

길을 달리다가, 어디로 가려하기보다 그저 길을 따라 자동차로 달리다가, 낯선 산자락 마을 어귀에 멈춰섰다. 그 순간, 내가 달려온 길들이 거꾸로 돌아가려 하자 늙은 회화나무 한 그루가 그 길을 붙들고 서서 내려다보고 있다.

한 백 년 정도는 그랬을까. 마을 초입의 회화나무는 언제나 제자리에서 오가는 길들을 끌어안고 있었는지 모른다. 세월 따라 사람들은 이 마을을 떠나기도 하고 돌아오기도 했으며, 나처럼 뜬금없이 머뭇거리기도 했으련만, 두텁기 그지없는 회화나무 그늘.

그 그늘에 깃들어 바라보면 여름에서 가을로 건너가며 펄럭이는 바람의 옷자락. 갈 곳 잃은 마음은 그 위에 실릴 뿐, 눈앞이 자꾸만 흐리다. 이젠 어디로 가야 할는지, 이름 모를 새들은 뭐라고 채근하듯 지저귀지만 도무지 알아들을 수 없다.

여태 먼 길을 떠돌았으나 내가 걷거나 달려온 길들이 길 밖으로 쓰러져 뒹군다. 다시 가야 할 길도 저 회화나무가 품고 있는지, 이내 놓아줄 건지. 하늘을 끌어당기며 허공 향해 묵묵부답 서 있는 그 그늘 아래 내 몸도 마음도 붙잡혀 있다.

—「회화나무 그늘」 전문

한없는 자기 낮추기와 작아지기를 통해 불순하고 뒤틀린 세계를 뛰어넘으려는 초월에의 꿈과 오래 열망해 온 '그'에게 다가서려는 몸짓은 낮으면서도 완강한 빛깔을 띠는 건 여전히 내 시가 끌어안고 있는 '밑그림'이었다고 할 수 있다.

침묵에 들기와 떠받들기

2010년대 들어서는 자신을 들여다보는 시간이 늘어나 말에 대한 외경심畏敬心이 한결 커지기도 했다. 성서의 "태초에 로고스가 있었다."는 구절이나 실존주의 철학자 하이데거가 "언어는 존재다."라고 한 말은 시에 눈뜰 무렵부터 귀감으로 삼아 왔지만, 그 뿌리까지 내려가 보고 싶은 생각에 빠져 있었는지 모른다.

피카르트의 난해하지만 탁월한 말들에 겸허하게 다가가 보곤 했다.

다가간다기보다 깊이 들여다보려 했다고 할 수 있다. 더구나 요즘 시는 대체로 요설에 가까울 정도로 말이 너무 무성하다. 언어를 비틀거나 혹사하는 경우도 적지 않다. 산문화散文化의 도도한 물결이 시를 비시적으로 몰고 가는 이 시대에 진정한 시를 쓴다는 것은 유행을 거슬러 오르는 일이며, 끊임없이 신성한 언어를 꿈꾸는 외로움을 자처하는 일일는지도 모른다.

말은 침묵沈默에서 나와 다시 침묵으로 돌아가지만, 침묵은 언제나 절대적인 말을 잉태孕胎한다. 시를 쓰는 일은 그 절대적인 말, 신성한 말 찾아 나서기에 다름 아니며, 침묵 속으로 깊숙이 들어가 그런 말들을 끌어안고 나오기가 아닐까 하는 생각도 해 본다.

열한 번째 시집 『침묵의 푸른 이랑』(2012, 민음사)과 열두 번째 시집 『침묵의 결』(2014, 문학과지성사)은 '침묵'을 중심 화두로 쓴 시들을 담고 있다. '침묵'에 들기와 떠받들기를 중심으로 '비우기'와 '지우기', '내려놓기'가 그 화두話頭였다.

바람은 풍경을 흔들어댑니다
풍경 소리는 하늘 아래 퍼져 나갑니다

그 소리의 의미를 알지 못하는 나는
그 속마음의 그윽한 적막을 알 리 없습니다

바람은 끊임없이 나를 흔듭니다
흔들릴수록 자꾸만 어두워져 버립니다

어둡고 아플수록 풍경은
맑고 밝은 소리를 길어 나릅니다

비워도 비워 내도 채워지는 나는
아픔과 어둠에서 자유로울 수 없습니다

어두워질수록 명징하게 울리는 풍경은
아마도 모든 걸 다 비워 내서 그런가 봅니다

—「풍경風磬」 전문

세상의 말들이 때로는 걷잡을 수 없는 '수다'로 들리고, 그 소음들 속을 어쩔 수 없이 헤매면서, 막스 피카르트의 침묵의 형이상학에 관한 글들이 새삼 마음을 사로잡고 있었기 때문인 것 같다.

달빛이 침묵의 비단결 같다
우두커니 서 있는 벽오동나무 한 그루,
그 비단결에 감싸인 채
제 발치를 물끄러미 내려다보고 있다
깊은 침묵에 빠져들어
마지막으로 지는 잎사귀들을 들여다보고 있다

벗을 것 다 벗은 저 늙은 벽오동나무는
마치 먼 세상의 성자, 오로지
침묵으로 환해지는 성자 같다
말 없는 말들을 채우고 다지고 지우는 저 나무,
밤 이슥토록 달빛 비단옷 입고
이쪽을 그윽하게 바라보고 있다

오랜 세월 봉황 품어보려는 꿈을 꿨는지,
그 이루지 못한 꿈속에 들어버렸는지,
제 몸을 다 내려놓으려는 자세로 서 있다

달빛 비단자락 가득히
비단결 같은 가야금 소리, 거문고 소리,
침묵 너머 깊숙이 머금고 있다

—「달빛 속의 벽오동」 전문

문학평론가 오생근은 시집 『침묵의 푸른 이랑』의 해설을 통해 다음과 같이 풀이하고 있다.

"이태수는 언어를 통해서 언어를 넘어선 침묵의 세계를 동경하거나 성스러운 침묵의 언어를 탐구한다. 물론 그의 탐구는 절대적인 '무無'와 초월의 세계에 이르기 위한 것이 아니라 세속적 현실의 세계로 돌아오기 위한 것이다. 마찬가지로 그것은 시의 언어를 떠나기 위한 것이 아니라 진정한 시의 언어로 귀환하기 위한 것이다. 시인이 바라는 말들의 자유와 해방에는 어떤 전제가 있어야 할 것이다. 그것은 '침묵의 한가운데서', '또 다른 침묵으로 가는 길 위에서' 태어나는 시의 언어는 '침묵만이 말의 깊은 메아리를 낳'기 때문에 자유와 해방을 위해서 언어는 언제나 침묵과의 긴장관계를 잃지 말아야 한다는 것이다. 이런 점에서 처음부터 끝까지 침묵의 언어를 동경하는 이태수의 시 세계는 화려한 '말잔치'와는 거리가 먼 침묵의 시학으로 요약될 수 있을 것이다."

시집 『침묵의 결』은 '침묵'으로써 언어조차 초월한 본질에 다가가려 애쓴 시집 『침묵의 푸른 이랑』의 연장선상에서 신과 자연 앞에 스스로를 한없이 낮추어 세속을 뛰어넘으려는 의도의 소산이라 할 수 있다. 이 시집 표지 글에 이 무렵 시 쓰기에 대해 다음과 같이 쓴 바 있다.

"침묵은 말이 그치는 데서 시작된다. 하지만 침묵은 말이 그치기 때문에 시작되는 건 아니다. 그때야 비로소 분명해지므로 오늘날 은폐돼 있는 침묵의 세계는 말을 위해서라도 다시 분명하게 드러나야 한다. 진정한 말이 눈뜨는 미지의 세계를 품고 있는 침묵은 그 속에 끌어안고 있는 사물들에 신성한 힘을 부여하며, 그 존재성이 침묵 속에서 강화되게 마련이다. 침묵은 늘 제자리에 그대로 있지만, 말은 침묵 없이 홀로 있을 수 없고, 그 배경 없이 깊이를 가질 수도 없다. 말은 침묵에서 나와 다시 침묵으로 되돌아간다. 그러나 침묵은 언제나 절대적인 말을 잉태한다. 시 쓰기란 그 절대적인 말, 신성한 말을 찾아 나서는 일, 침묵 속으로 깊숙이 들어가 그런 말들을 끌어안고 나오는 몸짓이 아닐는지…….

이 시집의 서시는 바로 그런 지향과 추구에 대한 압축된 메시지를 담고 있으며, 몇 년 동안 '침묵'을 중심 화두로 한 시를 쓰면서 그 명제에 '선택'과 '집중'을 했지만, 앞으로 더 나아간 세계에 이르고 싶다는 열망의 표현이라고도 할 수 있다.

내 말은 온 길로 되돌아간다
신성한 말은 한결같이
먼 데서 희미하게 빛을 뿌린다
나는 그 말들을 더듬어
오늘도 안간힘으로 길을 나선다
하지만 아무리 애써 보아도
그 언저리까지도 이르지 못할 뿐
오로지 침묵이 그 말들을
깊이깊이 감싸 안고 있다
그래도 언제까지나 가닿고 싶은 곳은
그 말들이 눈 뜨는 그 한가운데,
그런 말들과 함께 눈 떠보는 게
한결같은 꿈이다
내 시는 되돌아간 데서

다시 되돌아오는 말을 향한 꿈꾸기다
침묵에서 다른 침묵으로 가는
초월에의 꿈꾸기다

—「시법詩法—서시」 전문

시 「침묵의 벽」에서도 "침묵의 틈으로 앵초꽃 몇 송이 / 조심조심 얼굴을 내민다"고 쓰거나 "잃어버린 말, 새 말 들을 더듬으며 / 유리창 너머 풍경들을 끌어당긴다"고 한 것도, 「눈(雪)」」에서 눈이 침묵에서 내린다고 본 것도 같은 맥락이다. 그래서 신성한 말에 대한 독마름을 "빗장은 요지부동, 안으로 굳게 걸려 / 문을 두드릴수록 목이 마르다 / 새 말, 잃어버린 말들은 여전히 / 침묵의 벽 속에 가부좌 틀고 앉아 있다"(「침묵의 벽」)고 노래했던 것 같다.

눈은 하늘이 내리는 게 아니라
침묵의 한가운데서 미끄러져 내리는 것 같다
스스로 그 희디흰 결을 따라 땅으로 내려온다
새들이 그 눈부신 살결에
이따금 희디흰 노랫소리를 끼얹는다

신기하게도 새들의 노래는 마치
침묵이 남은 소리들을 흔들어 떨치듯이
함께 빚어내는 운율 같다
침묵에 바치는 성스러운 기도 소리 같다

사람들이 몇몇 그 풍경 속에 들어
자신도 느끼지 못하는 사이 먼 데를 바라본다
그 시간의 갈라진 틈으로
불쑥 빠져나온 듯한 아이들이 몇몇

눈송이를 뭉쳐 서로에게 던져대고 있다

하지만 눈에 점령당한 한동안은
사람들의 말도 침묵의 눈으로 뒤덮이는 것 같다
아마도 눈은 눈에 보이는 침묵, 세상도 한동안
그 성스러운 가장자리가 되는 것만 같다

—「눈[雪]」 전문

이 시집의 해설 '예술과 자연, 하나 되다'에서 문학평론가 김주연은 "현대사회에서 고립화·원자화된 개인들의 소통과 그로 인한 언어의 무력화에 언어철학적으로 접근하고 있다"고 평했다. 이 해설 중 한 부분을 인용해 본다.

> "시력 40년의 중진 시인 이태수의 근작 시집 『침묵의 결』은 신과 자연, 자연이 함축하고 있는 언어, 인간의 언어와 비인간의 언어 등 이 세계의 본질과 현상에 대한 많은 문제들을 불러 놓는다. <중략> 시인의 소망은 '신성한 말'이다. 그러나 그 말은 멀리서 희미한 빛을 보일 따름이어서 시인은 안간힘으로 그저 길을 나설 뿐이다. <중략> 자연 / 신성 / 침묵의 포괄항은 때로 시끄러운 인간 세상마저 뒤덮으면서 신성성의 세계를 준다. 인간의 언어로 조직되어 있으면서도 끊임없이 신성을 환기시키는 이태수 시의 핵심은 결국 이러한 명제 둘레를 맴돈다. <중략> 그러나 시인은 절망하지 않고 그 풍경들을 "끌어당긴다." 말을 잃었으나 자연 속의 신성을 기웃거리는 모습은 새로운 소망을 예감케 한다."

그윽한 적막, 역설적 자기 성찰

열세 번째 시집 『따뜻한 적막』(2016, 문학세계사)은 시집 『침묵의 푸른 이랑』, 『침묵의 결』에 이어 내놓은 시집으로 '적막'을 따뜻하게 끌어안는 마음의 그림들을 진솔眞率하게 담았다. 등단 이후 오랜 세월 '초월에의 꿈'을 기본명제로 더 나은 세계 꿈꾸기로 일관해 온 것 같지만, 2010년대 들어서는 신과 자연, 자연이 함축하는 언어, 인간의 언어와 비인간의 언어 등 이 세계의 본질과 현상에 천착하면서 신성神性 환기에 무게 중심을 두어 왔던 것 같다.

『따뜻한 적막』은 자연과 어우러진 심상 풍경들을 겸허하고 신성神聖한 언어로 감싸 안고, 적막한 현실 너머의 따스한 풍경에 다가가거나 그 풍경들을 끌어당겨 깊이 그러안으려는 형이상학적인 꿈에 무게를 실어 보려 했다.

> 새벽에 창을 사납게 두드리던 비도 그치고
> 이른 아침, 햇살이 미친 듯 뛰어내린다
> 온몸이 다 젖은 회화나무가 나를 내려다본다
> 물끄러미 서서 조금씩 몸을 흔든다
> 간밤의 어둠과 바람소리는 제 몸에 다 쟁였는지
> 언제 무슨 일이 있기라도 했느냐는 듯이
> 잎사귀에 맺힌 물방울들을 떨쳐낸다
> 내 마음보다 훨씬 먼저 화답이라도 하듯이
> 햇살이 따스하게 그 온몸을 감싸 안는다
> 나도 저 의젓한 회화나무처럼
> 언제 무슨 일이 있어도 제자리에 서 있고 싶다
> 비바람이 아무리 흔들어대도, 눈보라쳐도
> 모든 어둠과 그림자를 안으로 쟁이며
> 오직 제자리에서 환한 아침을 맞고 싶다
>
> ―「환한 아침」 전문

마음을 내려놓고 비우노라면 적막마저 그윽해지는 느낌을 안겨 주었다. 해설을 통해 문학평론가 김인환은 "시인은 침묵과 적막寂寞 속에서 근거 자체에 대한 믿음을 확인한다. 궁극적 근거를 굳게 믿고 있다는 점

에서 시인의 적막은 따뜻한 적막이다."라고 했다,

마음 가난하고 적막한 사람들 가까이 다가가 따뜻한 위안慰安이라도 될 수 있었으면 하는 바람은 그 이후에도 무늬와 결을 다소 달리하면서 여전히 지속됐다. 외로움이나 쓸쓸함, 허무와 무명마저도 따뜻하게 끌어안으면서 '위무와 위안의 시', 낮은 소리로 따뜻한 세계를 지향하는 '긍정肯定의 시'를 빚어보고 싶었다.

지나간다. 바람이 지나가고
자동차들이 지나간다. 사람들이 지나가고
하루가 지나간다. 봄, 여름,
가을도 지나가고

또 한해가 지나간다.
꿈 많던 시절이 지나가고
안 돌아올 것들이 줄줄이 지나간다.
물같이, 쏜살처럼, 떼 지어 지나간다.

떠나간다. 나뭇잎들이 나무를 떠나고
물고기들이 물을 떠난다.
사람들이 사람을 떠나고
강물이 강을 떠난다. 미련들이 미련을 떠나고

구름들이 하늘을 떠난다.
너도 기어이 나를 떠나고
못 돌아올 것들이 영영 떠나간다.
허공 깊숙이, 아득히, 죄다 떠나간다.

비우고 지우고 내려놓는다.

나의 이 낮은 감사의 기도는
마침내 환하다.
적막 속에 따뜻한 불꽃으로 타오른다.

—「지나가고 떠나가고」 전문

『따뜻한 적막』에서와 같이 기본 명제(중심 화두)가 '초월에의 꿈'인 열네 번째 시집 『거울이 나를 본다』(2018, 문학세계사)는 완만한 역설의 자기성찰로 자연과 내면을 넘나들면서 빚어지는 심상 풍경들을 떠올리는 한편, 때로는 파토스와 에토스들을 비켜서지 않고 진솔하게 내비치는 빛깔을 띠고 있는 점도 조금 다르다.

유리창 너머를 바라보고 있으면
새들이 날아들고 나무들이 다가선다
그러나 다가가고 날아가는 건
정작 내 마음일 따름이다
마음의 빈터에 새들을 부르고
나무들을 끌어당겨도 부질없는 일일까

유리창은 투명하고 견고한 벽이므로,
견고한 만큼 투명하고 투명한 만큼
견고한 유리창은
이쪽과 저쪽을 투명하고 견고하게
갈라놓고 말 것이 너무나 분명하므로,

하지만 오늘도 창가에 앉아
유리창 너머 풍진세상을 끌어당긴다
분할된 안팎을 아우르는 꿈에
안간힘으로 날개를 달아 본다

유리창 이쪽 마음의 빈터에 나무를 심고
새들의 노랫소리도 불러모은다

—「유리창」 전문

여전히 나의 삶은 초월에의 꿈꾸기이며, 시는 그 기록이자 자아실현의 길 찾기라 할 수 있다. 「유리창」에서는 완곡하게나마 그런 상승 지향 의지를 떠올리기도 하지만, 그 꿈꾸기는 현실과 이상 사이에는 투명하면서도 완강한 '벽'이 가로막고 있어 비관悲觀에서 자유롭기 어렵다. 하지만 꿈을 꾸며 살지 않을 수는 없다.

이 시집의 서문(시인의 말)에서 "적막을 따뜻하게 끌어안으려는 마음에 조금은 금이 가 있는 듯도 하다. 삶의 비애는 아무래도 벗어나기 어렵고, 그 파토스들이 끊임없이 이랑져 오기 때문이다. 삶은 더 나은 세계를 향한 꿈꾸기이며, 시는 그 기록들이라 할 수 있다. 하지만 꿈은 언제까지나 꿈으로만 남을는지 모른다. 오랜 세월 초월에의 지향에도 불구하고 진정한 자아 회복에 대한 목마름은 여전하다. '나'를 찾아 헤매왔지만 '나'는 '내 허상虛像의 허상'이라는 생각에서도 자유롭지 않다"고 밝히기도 했지만 다음의 시는 최근의 그런 심경心境을 드러낸 작품이다.

사는 게 꿈꾸기라고 생각해 왔는데
이젠 그 생각이 좀 달라지는 것 같습니다

아무리 꿈꾸어도 언제나 제자리걸음 같아서,
꿈은 어디까지나 꿈일 뿐이어서
그런 것일까요
꿈을 꾸다가 지칠 대로 지쳐서,
그 미련마저 떨쳐 버리고 싶기 때문일까요

아무튼 요즘은 꿈꾸듯 말 듯 길을 나섭니다
때로는 게걸음으로 느리게 걷습니다

지우고 비우고 내려놓아야겠다고 마음먹으켜
꿈 밖에서 서성거리기도 합니다
멍하니 서 있거나
결가부좌 틀고 앉아 있다가도
이내 마음 바꿔 흐르는 물같이 가곤 합니다

비바람 불고 눈보라 몰아쳐도 꿈꾸듯 말 듯
한결같은 그 걸음으로 가려 합니다

(그런데 또 왜 이런 꿈을 꾸는 거지요…….)

거울이 물끄러미 나를 본다

—「꿈꾸듯 말 듯」 전문

가파른 세파世波는 늘 상처를 덧나게 하고, 불면의 밤을 가져다 준다. 눈을 떠도 감아도 내가 목마르게 찾고 있는 '내'가 보일 듯 말 듯 희미하다. 애써 봐도 마냥 떠밀리고 떠내려가는 느낌마저 지워지지 않는다. 왠지 요즘은 자주 거울을 들여다보게 된다. 물같이 가는 시간의 흐름에는 사방연속무늬의 얼룩들이 어른거리고, 거울에 비친 내 모습이 처량해 보인다. 그런 나를 거울이 물끄러미 바라보고 있는 것만 같다. 이즈음의 비애는 역설적 자기성찰에 돌리게 하기도 한다.

아래 인용하는 글은 시집 『거울이 나를 본다』에 대한 시인 이진흥의 해설 '분별의 창을 닫고 관조하는 자아상'의 부분(요약)이다.

"그는 초기의 실존적 방황과 중기의 비속한 현실을 벗어나려는 길 찾기를 거쳐 후기의 침묵과 적막에 이르는 동안 시종일관 서정을 끌어안으며 초월을 꿈꾸어 오고 있다. 그의 '꿈꾸기'는 이제 '꿈꾸듯 말 듯'으로 바뀌면서 주객의 대립과 분별을 사라지게 하고, 이 변화를 통하여 시인은 서구의 논리적 분별상을 동양의 초월적 통합상으로 이끌어 오게 된다. 내가 거울을 보는 게 아니라 거울이 나를 본다는 전도된 진술을 통해서 시인은 즉자-대자의 위치를 바꾸어 보고 있다. 시인이 거울을 보는 게 아니라 거울이 시인을 본다는 역설적 표현은 이제 그가 기존의 분별과 판단의 창을 닫고 그냥 거기 그렇게 있는 즉자존재의 입장에 처해 보겠다는 의미로 읽힌다. 그렇게 해서 시인은 자아와 세계의 대립을 지양하고 즉자-대자의 종합을 지향하는 것이다."

이 시집의 표현 기법도 앞의 시집 『따뜻한 적막』과 마찬가지로 실내악이나 교향악처럼 처음과 끝이 같은 'A-B-A' 형식이 거의 예외 없이 도입돼 있으며, 역시 같은 맥락의 회화적繪畵的(시각적) 효과를 얻기 위해 시의 행과 연의 앞뒤 흐름이 대칭구조를 이루도록 구성하고, 형태미를 더 강화하기도 했다. 이 같은 시도는 술과 술잔의 함수관계가 그렇듯이, 형식이 내용의 맛과 분위기를 한결 돋우어 주리라는 생각 때문이며, 시의 특성을 온건하면서도 완강하게 유지하면서 더욱 단정하고 정결한 문체를 지향하고 선호하는 개인적인 취향 때문이다.

정신의 불멸성 추구와 관조

열다섯 번째 시집 『내가 나에게』(2019, 문학세계사)는 『거울이 나를 본다』의 연장선상에서 자신을 들여다본 자아성찰에 무게중심이 주어져 있다. 기본 명제이자 중심 화두는 역시 더 나은 삶을 향한 초월에의 꿈꾸기이며, '물'과 '별'로 비유되는 실존적 방황과 초월적 명상이 상징체계를 이룬다. 외부 세계를 비판적인 시각으로 바라보는 경우도 없지 않으나, 궁극적으로는 외부 세계를 통해서도 자신으로 귀결되는 말 건

넴이자 응답들이라 할 수 있다.

시집 『거울이 나를 본다』에 이어 1년 만에 낸 이 시집에는 「옛 우물」, 「물, 또는 내려가기」, 「별, 또는 올라가기」, 「눈이 내릴 때」, 「초봄의 화엄」, 「팽나무 있는 풍경」, 「그 사람의 뒷모습」, 「구두」, 「어떤 항해」 등 67편을 실었으며, 구문 형식이 『따뜻한 적막』과 『거울이 나를 본다』에서보다도 더 음악에서 따오거나 대칭구조를 이루게 하는 등 회화적(시각적) 효과를 끌어들였다.

해설 '꿈은 시를 낳고, 시는 초월을 꿈꾼다'를 통해 이구락 시인은 "인간 이태수의 삶이 시인 이태수의 삶으로 바뀌어, 완벽한 전업시인이 되고, 그의 일상은 시가 삶에 선행先行하는 경지에 이르렀다."며, 등단 초기부터 지금까지 한결같이 서정을 끌어안고 초월을 꿈꾸고 있으며, 현실에 부대끼면서도 변하지 않는 순수한 인간 정신의 불멸성不滅性을 지켜나가고 있다고 풀이했다.

나무 그림자 일렁이는 우물에
작은 새가 그림자를 떨어뜨리고 간다
희미한 낮달도 얼굴 비쳐 보다 간다

이제 아무도 두레박질을 하지 않는 우물을
하늘이 언제나 내려다본다
내가 들여다보면
나무 그림자와 안 보이는
새 그림자와 지워진 낮달이 나를 쳐다본다

흐르는 구름에 내 얼굴이 포개진다
옛날 두레박으로 길어 마시던 물맛이
괸 물을 흔들어 깨우기도 한다

—「옛 우물」 전문

옛 우물은 내면적이고 본질적인 자아로 나를 바라보는 주체主體이자 객체客體이기도 하다.'내'가 들여다보는 현재와 두레박질하던 과거가 포개지면서, 과거와 현재를 하나로 아우르며 지아의 모습을 투영하고, 깨달음에 이르는 길을 들여다보려 했다.

눈이 내리고 눈송이들과는 달리
두 발이 공중에 뜬다
함께 떠오르는 내 꿈에
샤갈과 슈베르트의 꿈이 포개진다

몇 해 전 모스크바에서도 그랬다
'참새언덕'의 자작나무에 기대서서
눈을 맞으며 하늘을 바라보니
샤갈의 꿈이 눈발 사이로 어른거렸다
그 꿈을 끌어안으며
내 꿈을 그 속에 다져넣고 있는 동안
슈베르트의 <겨울 나그네> 중
'보리수' 몇 소절이 함께 어우러져
아득한 하늘로 나를 들어올렸다

내리는 눈송이들 사이로 천사들과
바이올린이 날아다닌다
내 꿈도 날개를 단 듯
이 덧없는 떠돎마저 포근해진다

—「눈이 내릴 때」 전문

샤갈과 슈베르트의 꿈이 '나'의 꿈과 한데 엉겨 내리는 눈송이와 함께 그 비의적祕義的인 환상의 정경을 연출해 보았으며, 눈 내리는 숲의 포근한 분위기와 샤갈의 몽환적인 그림이 그런 정서를 두드려지도록 그렸다고 할 수 있다.

내 구두는 균형이 깨지곤 합니다
오른쪽의 뒤축은 오른쪽이 더 닳고
왼쪽의 뒤축은 왼쪽이 더 닳습니다

그러나 구두 탓은 아닙니다
순전히 내 탓입니다
살짝 팔자걸음이라서
오른발은 우편향이고
왼발은 좌편향이어서
그렇게 되고 맙니다
그러려고 그런 건 아닙니다

—「구두」 부분

이 시는 현실을 살아가면서 언제나 균형을 잃지 않으려 하지만 구두의 두 뒤축이 한쪽으로 더 닳은 모습에 착안하면서 "구두는 염치를 가르쳐주는 / 자성의 거울"로 바라본 경우다.

이 시집에는 「칩거 며칠」에서"아무래도 세상이 거꾸로 가는 것 같아" 마음 다잡기 위해 "누웠다가 앉았다가 섰다가 / <중략> / 자다가 깨다가 꿈꾸다 말다가" 하며 칩거하거나 「다시 세상 타령 2」에서 "내 탓을 네 탓으로 뒤집고 / 반대로 네 탓을 내 탓으로 뒤집는 / 세상은 연옥 같"다고 한 대목이 시사하듯이, 일련의 시에서는 현실 비판의 시각을 드러내 보이기도 했다.

이구락 시인은 해설에서 "뒤틀려 있는 현실과 틀에 박힌 일상 속에서 늘 흔들리고 닳아간다는 강박관념에 시달리며, 이 비극적인 삶을 뛰어넘으려는 초극의지를 낮은 목소리로 꿈꾸듯 읊조리는 자아성찰이 이태수 시의 본질이자 특징이다. 그러므로 그가 꾸는 꿈은 시를 낳고, 다시 시는 초월을 꿈꾼다"고도 풀이했다.

열여섯 번째 시집 『유리창 이쪽』(2020, 문학세계사)은 앞의 두 시집과 마찬가지로 1년 만에 펴냈으며, 73세를 맞아 73편의 시를 담았다. 내적 성찰을 바탕으로 한 관조의 시선으로 자아와 세계의 조화로운 합일을 꿈꾸고, 역시 삶의 이상적 경지를 추구하고 지향하면서 철학적 사유가 부드럽게 심화된 서정시들로 초월에 다다르는 길과 우주적 신성성에 가까이 다가가려는 형이상학적 성찰에 무게중심을 두었다.

해설을 통해 조창환 시인은 "그의 시는 명상과 관조, 정화와 화해를 읊고 있지만 내면에는 깊은 고독과 고통의 흔적을 지니고" 있으며, "자아의 내적 성찰을 바탕으로 멀리 있는 다른 세상을 향한 꿈을 펼쳐 보이는 지성적 관조자의 모습을 띠고 있다."고 했다. "이태수 시의 초월에 대한 감수성은 현세적 욕망 저편에 자리잡은 신비로운 절대 세계가 있음을 긍정하는 자세에서 우러난다. 그것은 현상적 존재자의 한계를 극복하려는 노력이며 자아와 세계의 조화로운 합일을 꿈꾸는 동양적 정관의 세계와 상통한다."고도 했다.

유리창의 투명한 경계는 넘을 수 없는 벽이면서도 투명하므로 안과 밖을 이어 주는 역할을 한다. 그러나 유리창 이쪽은 실존의 공간이며 저쪽은 초월의 공간이자 꿈꾸는 이상의 세계일 따름이다.

산 넘으면 산이,
강을 건너면 강이 기다린다
안개마을 지나면 또 안개마을이,
악몽 벗어나면 또 다른 악몽이

내 앞을 가로막는다

다람쥐가 쳇바퀴를 돌리듯이
잠자도 깨어나도 산 첩첩 물 중중,
아무리 가도 제자리걸음이다

눈을 들면 먼 허공,

그래도 산을 넘고 강을 건넌다
안개 헤치며 마을을 지나 마을로
악몽을 떨치면서 걸어간다
무명 길을 간다

—「무명無明 길」 전문

현실은 무명無明의 길 걷기인지도 모른다. 이 길 걷기는 자아의 참모습인 초월의 경지, 초극의 지점에 도달하지 못한 채 헤매야 하는 길이기 때문이다. 더구나 이 길은 “내가 나에게 글리어 다녔는지 / 내가 나를 끌고 다녔는지 / 내가 나를 만나지 못해 나를 내가 찾아 헤맸는지” 모를 길이기도 하다. 그런가 하면, 그 길은 끔속인가 싶으면 꿈 밖이고 꿈 밖인가 싶으면 꿈속인 내면을 향한 길이다.

담담해지고 싶다

말은 담박하게 삭이고
물 흐르듯이 걸어가고 싶다

지나가는 건 지나가게 두고
떠나가는 것들은 그냥 떠나보내고

이 괴로움도, 외로움도, 그리움도

두 팔로 오롯이 그러안으며

모두 다독여 앉혀 놓고 싶다
이슬처럼, 물방울처럼

잠깐 꾸는 꿈같이
—「잠깐 꾸는 꿈같이」 전문

이 시에서 그리고 있듯, 이 즈음에는 어떤 감정이든 담담하고 담박하게 변용시켜 포용하고 다독이려 했다. 또한 궁극적으로는 우주적宇宙的 질서, 우주적 신비神祕, 우주적 합일合一을 꿈꾸면서도 겸허하게 그 질서에 순응順應하고, 그 신비에 다가가면서 일치를 이루려는 지향을 거듭하기도 한다.

숨을 들이쉬면
바깥이 내 안으로 숨을 내쉰다
내가 숨을 내쉬면
바깥이 어김없이 나를 들이쉰다

나와 우주는 들숨날숨의 관계,
이 관계를 모르고
나는 속절없이 애태운 것일까

우주와 내가 하나인 줄 모르고
헤매기만 한 걸까
바깥에서도 안에서도 언제나
겉돌아온 걸까
—「우주와 나」 전문

'나'는 하잘것없는 우주의 한 부분이며 그 질서 속에 있을 뿐이다. 조창환 시인은 "이 융합된 들숨날숨의 관계는 마치 회전문과도 같다"면서 "담담하고 담박한 응시자의 시선으로 자신의 내면을 형상화"한다고도 풀이했다.

근래에도 외로움이나 쓸쓸함, 허무와 무명마저도 끌어안아 착색해 보려는 시도를 거듭했지만, 그 반대방향으로 길항拮抗하는 마음을 다잡을 수 없었다. 코로나 바이러스 팬데믹뿐 아니라 세상이 잘못 돌아간다는 비애와 아픔이 '따뜻한 적막'을 '삭막한 적막'으로 바꿔놓게 마련이었다.

열일곱 번째 시집 『꿈꾸는 나라로』(2021, 문학세계사)는 그런 소용돌이 속이었던 2020년 봄부터 한겨울까지 쓴 시들을 담았기 때문에 무겁고 갑갑하고 우울한 빛깔들이 짙게 배어 있다. 이 시집의 해설에서 이진엽 시인은 "실존, 현실, 초월(꿈)이라는 세 꼭짓점을 유기적으로 연결하면서 어둡고 삭막한 현실을 벗어나 본연의 자아를 되찾으려는 꿈을 드러낸다"고 했다. "이 세 개의 축을 팽팽하게 밀거나 당기면서 더욱 울림이 큰 서정의 세계를 펼쳐 보인다"고도 했다. 하지만 어둡고 무거우며 절망감에서도 자유롭지 못했던 게 사실이다.

가장 큰 아픔과 절망감은 외부 상황과 맞물리기도 했지만, 근본적으로는 진정한 '나'가 돌아오지 않는다는 자아 상실감과 부재의식, 그로 인한 갈등과 목마름 때문일 것이다. 실존적 방황과 뒤틀린 현실이 안겨주는 비애는 초월을 향한 꿈을 흔들고, 제자리걸음이나 뒷걸음질을 하게도 했다.

> 내가 나를 기다리는 동안
> 바람이 옷자락을 흔들다 간다
> 비행기 한 대가 아득히 멀어진다
> 어느 하늘 아래 떠돌고 있는지

돌아올 수 없어서 그런지

나는 돌아오지 않는다

내가 나를 기다리는 동안
새 한 마리가 날아왔다 간다
나는 다가오다 말고 되돌아간다
허공에 멀겋게 떠 있는 낮달
해가 서산 위에 기울어도

나는 돌아오지 않는다

내가 나를 기다리는 동안
참다못해 찾아 나서 보아도
끝내 내가 나를 만나지 못하면
그대로 되돌아오라는 것인지
나를 목마르게 불러 봐도

나는 돌아오지 않는다

—「나를 기다리며」 전문

삭막한 현실 너머의 세계는 여전히 멀다. 온전한 자아 회복을 꿈꾸고 찾아 나서기도 하지만, "나를 넘어서야 내가 보일까 / 지나온 길들도 죄다 지워야 할까 / 그러고 난 뒤 바깥에서 바라봐야 / 내가 고대하던 내가 보일까"(「먼 길 2」)라는 회의와 좌절감을 안겨 주기도 했다. 때로는 "범종 소리에 귀를 가져가면 // 내가 그 소리 안에 든다"(「범종梵鐘 소리 2」)는 환상에 젖고, "가장 깊숙한 곳, / 내면의 고요한 공간으로 내려"가면서 "그 내면에는 나의 / 온전한 모습이 자리잡고 있으며 / 아픔도, 슬픔도, 외로움도, 다정하게 / 친구가 되어"(「고요를 향하여」) 주리라는 꿈을 꾸기도 했다.

이 시기에는 어쩌면 상실의 아픔과 정신적 방황, 영혼의 상처와 소외감, 비판과 용서 등 복잡다단한 감정이 뒤엉켜 있었는지 모른다. 이 갈등과 비감은 코로나 바이러스 팬데믹 못잖게 한 번도 경험하지 못한 인간적 수모와 시련, 인간관계에 대한 회의와 단절감과도 두관하지 않다.

마스크를 끼고, 말에 마스크 채우고
집과 집 옆 글방을 오갔다
코로나 바이러스뿐 아니라
등 뒤로 날아드는 칼, 안 보이지만
꿈속에서도 잠을 깨게 하는
칼날 때문에 밤잠을 설쳤다

탈무드에서 읽은 물고기와 인간의
입이 자주 떠오르기도 했다
항상 입으로 낚이는 물고기,
입으로 걸리는 인간이지 않았던가
입 열고 싶어 돌 것 같아도
진실이 말을 해줄 때까지는
말에 마스크 채우고 있기로 했다

"저들이 무슨 짓을 하는지
모른다"고 한 사람의 아들,
그 십자가를 우러러 무릎을 꿇었다
저들이 하는 짓을 알아도
입 다물고 견디기로 했다
세상이 몰라주어도 참고 기다린다

—「사계四季, 2020」 전문

오죽하면 이런 시를 썼으며, “가까웠던 사람들이 등돌렸기 때문일까 / 오늘도 사람과 거리를 두면서”(「거리 두기 6」), “또 악령이 따라붙는다”(「악몽」)고 절규했겠는가. 하지만 궁극적으로는 더불어 따뜻하게 살아갈 세상을 향해 상처받고 훼손된 자아와 실존적 고독에서 벗어나려는 상승과 하강의 끈을 팽팽히 밀고 당기는 꿈에 점차 무게를 싣게 되기도 했다.

마음 어둡고 무거워지면
꿈꾸는 나라로

외롭고 슬프고
괴로워도 꿈꾸는 나라로

세상이 거꾸로 돌아가도
꿈꾸는 나라로

꿈속의 세상에
닿기까지 꿈꾸는 나라로

꿈을 꾸다 쓰러질지라도
꿈꾸는 나라로

시 바깥에서도
한결같이 꿈꾸는 나라로

—「한결같이」 전문

시는 더 나은 삶, 온전하고 따뜻한 세계를 향한 꿈꾸기라는 생각은 예나 지금이나 다름없다. 슬픔과 상처를 벗고 순수와 본래성이 손상되지 않은 꿈의 세계는 그러므로 언제나 동경의 대상이다. 자기성찰을 통한 참된 자아 회복과 그 실현은 언젠가 이루어야 성취해야 할 명제가 아닐 수 없다. 다음의 글은 이진엽 시인의 해설 중의 한 부분이다.

> 이태수 시인의 이 열일곱 번째 시집은 반세기에 가까운 시력이 말해주듯이, 깊은 사유와 울림으로 충전된 삶의 철학을 명징하게 구현하고 있다. 우울한 실존의 한계상황 속에서도 아프게 음각된 영혼의 상처를 외롭게 어루만지며, 시인은 꿈을 통한 초월 의지를 결코 포기하지 않는다. 때로는 상실감과 단절감으로, 때로는 삭막한 현실의 부조리에 그의 실존은 높낮은 파동으로 흔들리기도 하지만, 싱그러운 자연과 부단히 숨결을 나누면서 훼손된 자아의 동일성을 회복하려는 끈질긴 노력을 멈추지 않는다. 이 혼신의 몸짓이야말로 낯선 생의 지평에서 모든 번민과 고뇌를 판단중지해 내면의 괄호 안에 넣은 다음, 삶을 새롭게 투사하고 껴안아 보려는 꿈의 현상학임이 분명하다.

이태수 시론집
현실과 초월

초판 1쇄 발행 2021년 2월 5일

지은이 이태수
펴낸이 이은재
펴낸곳 도서출판 그루

출판등록 1983. 3. 26(제1-61호)
42452 대구광역시 남구 큰골 3길 30
TEL (053)253-7872 FAX (053)257-7884
E-mail / guroo@guroo.co.kr

값20,000원
ISBN 978-89-8069-441-9